Colección Támesis

SERIE A: MONOGRAFÍAS, 355

VANGUARDIA Y HUMORISMO GRÁFICO EN CRISIS

LA GUERRA CIVIL ESPAÑOLA (1936–1939) Y LA REVOLUCIÓN CUBANA (1959–1961)

JORGE L. CATALÁ-CARRASCO

VANGUARDIA Y HUMORISMO GRÁFICO EN CRISIS

LA GUERRA CIVIL ESPAÑOLA (1936–1939) Y LA REVOLUCIÓN CUBANA (1959–1961)

TAMESIS

First published 2015
Tamesis, Woodbridge

ISBN 978 1 85566 302 2

Tamesis is an imprint of Boydell & Brewer Ltd
PO Box 9, Woodbridge, Suffolk IP12 3DF, UK
and of Boydell & Brewer Inc.
668 Mt. Hope Avenue, Rochester NY 14620–2731, USA
website: www.boydellandbrewer.com

The publisher has no responsibility for the continued existence or accuracy of URLs for
external or third-party internet websites referred to in this book, and does not guarantee
that any content on such websites is, or will remain, accurate or appropriate

A CIP record for this title is available
from the British Library

This publication is printed on acid-free paper

Typeset by
www.thewordservice.com

Para Irene

Tabla de contenidos

Índice de figuras   ix

Agradecimientos   xiii

Introducción   1

Parte I
Humorismo y vanguardia. El tránsito hacia la militancia

1   Vanguardia y humor nuevo en España   21

2   Humorismo y vanguardia en Cuba: revistas modernas para una época   41
    de cambios: *Bohemia*, *Social* y *Carteles*

Parte II
Humorismo gráfico durante la Guerra Civil Española

3   El compromiso del intelectual y la plástica del humor   69

4   La historieta en el frente de batalla y en la retaguardia: prensa de   99
    trincheras y revistas humorísticas durante la Guerra Civil Española

5   Cárcel, destierro, travesía… y humor tras la Guerra Civil Española   153

Parte III
Vanguardia y militancia en la Revolución Cubana:
el papel de la historieta cubana

6   De la clandestinidad al poder: la historieta cubana desde los años
    cincuenta hasta el triunfo de la Revolución.   167

7   *El Pitirre* (1960–1961)   207

8   La historieta revolucionaria durante los años sesenta y la creación de   267
     una industria nacional

Conclusión   277

Bibliografía   295

Índice   311

Imágenes

El autor y la editorial agradecen a todas las instituciones y personas el permiso de reproducción de los materiales sobre los que tienen derechos de reproducción. Se ha hecho todo lo posible por contactar con dichas instituciones y personas. No obstante, quisiera expresar mis disculpas por cualquier omisión. La editorial enmendará con gusto cualquier omisión en las siguientes ediciones, si las hubiere.

1   'Buscando oficio a Pepito' de Valer (Cortesía de la Biblioteca Nacional   55
    José Martí, La Habana)

2   'Aventuras de Cornejo' de Bardasano, 13 junio 1937 (Cortesía de la   90
    Hemeroteca Valenciana, España)

3   'El Generalísimo "ayuda" al Estado Mayor' por Ley (Cortesía de la   96
    Hemeroteca Valenciana, España)

4   *¡Adelante la 13!* Canuto de Porto (Cortesía del Centro Documental de   103
    la Memoria Histórica, España)

5   *Hay que evitar ser tan bruto como el soldado Canuto* de Porto   105
    (Cortesía del Centro Documental de la Memoria Histórica, España)

6   'A menos pelos más higiene' de Porto (Cortesía del Centro Documental 106
    de la Memoria Histórica, España)

7   'Los hechos extraordinarios de dos nuevos voluntarios' por Goñi, 30   112
    abril 1938 (Cortesía del Centro Documental de la Memoria Histórica,
    España)

8   'Los hechos extraordinarios de dos nuevos voluntarios' por Goñi, 8   113
    mayo 1938 (Cortesía del Centro Documental de la Memoria Histórica,
    España)

9   'Aventuras de Jabato, para pasar un buen rato' de Bardasano (Cortesía   121
    del Centro Documental de la Memoria Histórica, España)

10   'El trajín de un emboscado por Babiano relatado' de Babiano   124
     (Cortesía del Centro Documental de la Memoria Histórica,
     España)

11   *La Traca*, portada de Bluff (CRAI Biblioteca Pavelló de la   128
     República, Universitat de Barcelona)

12   'Metralla' por Carnicero (CRAI Biblioteca Pavelló de la República,   129
     Universitat de Barcelona)

13   'Las conversaciones Italo-Británicas' por Carnicero (CRAI Biblioteca 132
     Pavelló de la República, Universitat de Barcelona)

14   'El Drak-Nach-Paraigües!' de Bofarull (CRAI Biblioteca Pavelló de la 136
     República, Universitat de Barcelona)

15   'Partido de rugby de las naciones' de Bofarull (CRAI Biblioteca   138
     Pavelló de la República, Universitat de Barcelona)

16   *La Ametralladora*, portada de Lilo (Cortesía de la Biblioteca de CC. 141
     Socials 'Gregori Maians', Universitat de València)

17   'Muuuh!' por Steinberg (Cortesía de la Biblioteca de CC. Socials   145
     'Gregori Maians', Universitat de València)

18   'Aventuras del señor Caradepato' por Lilo, 18 julio 1937 (Cortesía de la 147
     Biblioteca de CC. Socials 'Gregori Maians', Universitat de València)

19   'Presumido' por Lilo (Cortesía de la Biblioteca de CC. Socials   148
     'Gregori Maians', Universitat de València)

20   'Don Mario de la O' por Tono (Cortesía de la Biblioteca de CC. Socials 150
     'Gregori Maians', Universitat de València)

21   Tira cómica en *Sinaia* por Peinador (Cortesía del Centro Documental 155
     de la Memoria Histórica, España)

22   *La Codorniz*, portada de Tono (colección propia)   158

23   'Vitelio' de Fornés (Cortesía de la Hennessy Collection, The
     University of Nottingham)   159

24   'Suprema decisión' de Tono (colección propia)   160

25   'Desesperación' de Posada (Cortesía de la Biblioteca Nacional José   161
     Martí, La Habana)

26   'Juan Casquito' de Chago (Cortesía de la Biblioteca Nacional José   174
     Martí, La Habana)

27   'Sa-lo-mon' por Chago, 23 septiembre 1963 (Cortesía de la   201
     Hennessy Collection, The University of Nottingham)

28   'Sa-lo-mon' por Chago, 16 septiembre 1963 (Cortesía de la   202
     Hennessy Collection, The University of Nottingham)

29   'El ser y la nada' por Chago (Cortesía de la Hennessy Collection,   203
     The University of Nottingham)

30   'Julito 26' por Chago, 29 enero 1959 (Cortesía de la Biblioteca   204
     Nacional José Martí, La Habana)

31   'Don Sabino' de Fornés, 26 enero 1958 (Cortesía de la Biblioteca   228
     Nacional José Martí, La Habana)

32   'Paloma mensajera' por Fornés, *El Pitirre*, 12 marzo 1961 (Cortesía   232
     de la Biblioteca Nacional José Martí, La Habana)

33   Portada *El Pitirre*, de Fornés, *El Pitirre*, 5 marzo 1961 (Cortesía de   233
     la Biblioteca Nacional José Martí, La Habana)

34   Portada *El Pitirre*, de Chago, *El Pitirre*, 12 septiembre 1960   234
     (Cortesía de la Biblioteca Nacional José Martí, La Habana)

35   Portada *El Pitirre*, de Chago, *El Pitirre*, 5 julio 1960 (Cortesía de la   236
     Biblioteca Nacional José Martí, La Habana)

36   'El eterno hombre' de Chago, *El Pitirre*, 12 febrero 1961 (Cortesía   237
     de la Biblioteca Nacional José Martí, La Habana)

37   'El eterno hombre' de Chago, *El Pitirre*, 31 enero 1961 (Cortesía de   238
     la Biblioteca Nacional José Martí, La Habana)

38   'El cielo pesado' de Chago, *El Pitirre*, 5 febrero 1961 (Cortesía de la   240
     Biblioteca Nacional José Martí, La Habana)

39   'Literatura destructiva' de Chago, *El Pitirre*, 11 agosto 1960   241
     (Cortesía de la Hennessy Collection, The University of Nottingham)

40   'Héroe real' de Chago *Revolución*, 14 abril 1962 (Cortesía de la   242
     Hennessy Collection, The University of Nottingham)

41   Portada *El Pitirre*, de Sergio, *El Pitirre*, 26 marzo 1960 (Cortesía de   243
     la Biblioteca Nacional José Martí, La Habana)

42   Portada *El Pitirre*, de Sergio, *El Pitirre*, 29 agosto 1960 (Cortesía de   244
     la Biblioteca Nacional José Martí, La Habana)

43   Contraportada *El Pitirre*, de Sergio, *El Pitirre*, 29 agosto 1960   245
     (Cortesía de la Biblioteca Nacional José Martí, La Habana)

44   'Papi' de Sergio, *El Pitirre*, 21 agosto 1960 (Cortesía de la   248
     Biblioteca Nacional José Martí, La Habana)

45   'Amor' de Sergio, *El Pitirre*, 29 agosto 1960 (Cortesía de la   248
     Biblioteca Nacional José Martí, La Habana)

46   Portada *El Pitirre*, de Posada, *El Pitirre*, 10 abril 1960 (Cortesía de   249
     la Biblioteca Nacional José Martí, La Habana)

47   'Palmera y fábrica' de Posada, *El Pitirre*, 30 octubre 1960 (Cortesía   251
     de la Biblioteca Nacional José Martí, La Habana)

48   'Caimán' de Nuez, *El Pitirre*, 16 octubre 1960 (Cortesía de la   251
     Biblioteca Nacional José Martí, La Habana)

49   'Extraña aventura' de Posada, *El Pitirre*, 7 agosto 1960 (Cortesía de   252
     la Biblioteca Nacional José Martí, La Habana)

50   Portada *El Pitirre*, de Nuez, *El Pitirre*, 17 enero 1960 (Cortesía de la   254
     Biblioteca Nacional José Martí, La Habana)

51   Portada *El Pitirre*, de Nuez, *El Pitirre*, 24 enero 1960 (Cortesía de la   254
     Biblioteca Nacional José Martí, La Habana)

52   'CDR' de Nuez, *El Pitirre*, 25 marzo 1961 (Cortesía de la Biblioteca   256
     Nacional José Martí, La Habana)

53   'Ku-Klux-Klan' Guerrero, *El Pitirre*, 17 julio 1960 (Cortesía de la   256
     Biblioteca Nacional José Martí, La Habana)

54   'Sa-lo-mon' de Chago, Revolución, 24 junio 1963 (Cortesía de la   275
     Hennessy Collection, The University of Nottingham)

55 'Sabino' de Fornés, Revolución, 24 junio 1963 (Cortesía de la 275
Hennessy Collection, The University of Nottingham)

Agradecimientos

Este libro es fruto de años de estudio y escritura. Durante ese tiempo he conocido a muchas personas de las que he aprendido más de lo que estas breves líneas pueden expresar y con las que he mantenido incontables conversaciones. Mi profundo agradecimiento a todas y cada una de ellas.

Introducción

Permítaseme apelar a la *captatio benevolentiae* para proponer una imagen con la que explicar el propósito del presente libro. Imaginemos los mástiles de un navío de tres palos. El primer palo en la proa, el trinquete, sería el concepto de *vanguardia*. El palo situado más a popa, el palo de mesana, sería el *humor*. Y en medio de los dos, el más alto, el palo mayor, lo encarna en esta metáfora náutica el *humorismo gráfico*. La bodega del barco estaría repleta de la *prensa periódica* en sus diversas manifestaciones (periódicos, revistas, prensa clandestina, suplementos, revistas de trinchera, boletines, folletos, panfletos, etc). Pues bien, esta obra, como si se tratara de un navío en movimiento, está sustentada por la relación entre las partes que se acaban de mencionar, todas ellas necesarias para la correcta navegación que aquí comienza. La travesía propuesta tiene dos puertos de obligado atraque en la derrota del navío. Los dos son momentos de crisis, de profundos cambios que, como se podrá comprobar, influirán en la carga y el rumbo del barco. El primero será España durante la Guerra Civil Española (1936–1939). El segundo está en la isla de Cuba, en los primeros años del triunfo de la rebelión contra la tiranía de Fulgencio Batista (1959–1961).

La obra no tiene un carácter comparativo sino más bien diacrónico. Se recurrirá a la comparación entre ambos periodos cuando sea oportuno, pero el empeño radicará en comprobar el comportamiento del humorismo gráfico de vanguardia dirigido a adultos en dos países de habla hispana de muy estrechos vínculos y en dos periodos que representan, probablemente, los dos momentos culminantes del ámbito hispanohablante en la relación entre cultura y política. Ambos países responderán culturalmente a cambios de hondo calado en la cultura occidental, hacia una concepción marxista del rol de la cultura. En ese proceso de cambios, España se sumará a los debates del compromiso del artista a partir de los años treinta, recogiendo la experiencia de la revolución bolchevique y coincidiendo con la Segunda República Española. Con el intento frustrado de golpe de estado y el estallido de la guerra civil se llegará al cénit de la radicalización política del artista. En el caso de Cuba, la transformación de la cultura en una cultura política será una preocupación del gobierno revolucionario desde sus inicios, como bien reflejó Richard R. Fagen (1969) en su certero análisis. La conquista de una soberanía nacional sin injerencias externas involucrará a todos y los intelectuales y artistas no serán una excepción. José A. Portuondo abordó esta cuestión a través de un análisis del discurso de Antonio Gramsci. Portuondo define al intelectual orgánico como 'un forjador consciente de la conciencia social en cualquiera de sus manifestaciones: ética, estética, filosófica, política, etc.' (Portuondo 1965: 119). Entre las *categorías intelectuales* cabía incluir también a los artistas. Por lo tanto, el compromiso del artista e intelectual con su causa brillará con especial intensidad en ambos contextos. Por ello es de la mayor pertinencia, por su a priori extemporaneidad, examinar el acomodo de las propuestas vanguardistas que, dentro de los medios de comunicación, desarrolló el humorismo gráfico. Se estudiará de qué manera se adaptaron dichas propuestas a las circunstancias de una guerra civil en España y de un proceso revolucionario que toma el poder en Cuba. Se matizará si se priorizó la militancia por encima de la vanguardia artística o si se optó por una combinación de las dos que armonizara las convicciones políticas y las inquietudes artísticas. Como se verá, una parte importante de la producción cultural en torno al humorismo gráfico en ambos países se adaptará a las circunstancias de dos contextos de crisis para desarrollar una aproximación artística cohesionada que no renunciará a la vanguardia artística. En España, la revista humorística del bando nacional, *La Ametralladora* (y terminada la guerra civil, *La Codorniz*, continuadora de la anterior), ejemplificará la difícil (pero posible) supervivencia de la vanguardia artística asociada al humor. Hecho que se evidencia en la elección de materiales y colaboradores de su director, Miguel Mihura, que no podrá evitar la mediatización de una militancia política, pero que en modo alguno se dejará preocupar en exceso por este asunto, a no ser por las posibilidades humorísticas que, contrariamente a lo esperado, se presentaban. En Cuba, la revista *El Pitirre*, órgano principal del humorismo gráfico hasta finales de 1961, optará por fusionar vanguardia y militancia para elevar el nivel cultural del público lector, compartiendo los postulados de una revolución que se encuentra en proceso de formación durante sus dos primeros años en el poder (1959–1960). Se prestará especial atención a ambas experiencias porque, independientemente de sus postulados ideológicos, en lugar de adaptar la vanguardia artística a la militancia política, se acomodará la militancia a la vanguardia. Tal elección, que entraña un orden y, en última instancia, una jerarquía, tendrá que hacer frente a las suspicacias por parte de órganos directivos culturales y políticos, que entenderán dicha relación de manera inversa.

La elección de España y Cuba responde a que son dos países dentro del ámbito hispánico en los que el desarrollo vanguardista en torno al humorismo gráfico es particularmente intenso. No fueron los únicos países, ya que en Argentina, por ejemplo alrededor de la revista *Caras y Caretas*, cuyo primer número salió a la calle en 1898, el humorismo gráfico cobró un especial protagonismo, evolucionando de la caricatura deformante que exageraba los rasgos como una representación del individuo hacia un mayor impresionismo en la línea. Sin olvidar la introducción de la historieta, que también corrió a cargo de la revista a partir de 1912. Los trasvases e influencias entre españoles emigrados y artistas argentinos fueron también constantes, pero se sitúan en el plano de personalidades concretas, como el gallego José María Cao (1862–1918), exponente de la vieja escuela en la caricatura, o el asturiano Alejandro Sirio (seudónimo de Nicanor Álvarez Díaz 1890–1953), verdadero talento que adaptó las vanguardias artísticas al dibujo humorístico y la ilustración. Sin embargo, para este estudio las características que presentan el caso español y cubano son, además, de índole interna y servirán para explicar la evolución diacrónica del humorismo de vanguardia.

En España y Cuba, durante ambos periodos de crisis, se dan las condiciones para la pervivencia de un desarrollo vanguardista en el humorismo gráfico. Los autores se reúnen en torno a ciertos órganos de expresión y comparten un mismo posicionamiento, liderados por figuras con una larga experiencia, como Miguel Mihura en España y Rafael Fornés en Cuba, ambos directores, respectivamente, de las mencionadas revistas. Existe permeabilidad de autores de *La Ametralladora* y *La Codorniz* con respecto a *El Pitirre*, salvando la distancia cronológica que las separa. Ello apunta a que los artistas cubanos aprendieron de la experiencia anterior española, aun cuando una parte significativa de los humoristas españoles era de ideología conservadora y estuvieron alineados en el bando nacional durante la guerra civil. Otros, como Fernando Perdiguero (tras ser represaliado por sus colaboraciones en publicaciones republicanas durante la guerra civil) serán incorporados a *La Codorniz* durante la década de los cuarenta. Y más adelante, nuevas voces de enorme repercusión, como Chumy Chúmez (el cual es citado explícitamente como una referencia en *El Pitirre* cubano), compartirán una similar visión existencialista del ser humano en su relación con la muerte. Precisamente, estas coincidencias en estilo, el mínimo uso del lenguaje escrito y la preponderancia de la imagen para *contar una historia*, la línea escueta, mínima, con los elementos estrictamente necesarios para la narración (con una constante ausencia de fondos), vincula ambas experiencias más de lo que a primera vista pareciera indicar. Es por ello una elección motivada tanto por componentes de orden conceptual como formal.

En los dos primeros capítulos de la parte I se indagará sobre la relación entre humor y vanguardia en España y Cuba. A tal efecto, se estudiarán, en el capítulo uno, los planteamientos sobre el arte nuevo del filósofo español José Ortega y Gasset, quien ya alude a la relación entre humor y vanguardia, así como a la figura de Ramón Gómez de la Serna, que es quien mejor ejemplifica la relación entre vanguardismo y humorismo. Se estudiarán también las diversas posiciones en torno al humorismo por parte de Wenceslao Fernández Flórez, José López

Rubio, Miguel Mihura, Pío Baroja, Miguel de Unamuno, Alfonso Castelao, etc. El capítulo dos, dedicado a Cuba, llevará el discurso en torno al humor y la vanguardia a través del *choteo*, para lo que resultará especialmente relevante el estudio del filósofo Jorge Mañach, así como las consideraciones previas de José Antonio Saco, Francisco Figueras, Enrique José Varona o José Manuel Poveda. Se prestará especial atención a las tres revistas por excelencia portadoras de modernidad y vanguardia a principios del XX, *Bohemia, Social* y *Carteles*, para llamar la atención sobre la creciente presencia del humorismo gráfico (y particularmente de la historieta) entre sus secciones.

Stuart Hall, en *Formations of Modernity*, arguye que, contrariamente a la visión teleológica de la historia, que propone un desarrollo lógico de las sociedades hacia un progreso envuelto en lo que se conoce como *Modernidad*, 'events seem to follow no rational logic but to be more the contingent effects of unintended consequences – outcomes no one ever intended, which are contrary to, and often the direct opposite of, what seemed to be the dominant thrust of events' (Hall 2003: 9). Como se podrá comprobar, tanto en España como en Cuba ciertos artistas desarrollarán un humorismo gráfico que retomará esta máxima para expresar, a través de las inconsistencias cotidianas de nuestra existencia, una angustia vital envuelta en una sonrisa.

Este estudio, por tanto, se sitúa a medio camino entre la historia cultural (y por ello se incide en la elaboración de un discurso que relaciona vanguardia y humorismo gráfico) y los estudios culturales, por tratarse de una producción cultural en gran medida desatendida hasta la fecha. Es decir, por la elección y el espacio otorgado a productos de carácter subalterno que aporten un nuevo enfoque a periodos ampliamente estudiados desde otras perspectivas.

Se prestará especial atención a la historieta, que como producción cultural llega a su madurez con el desarrollo de los medios de comunicación de masas a principios del siglo XX. La historieta es, además, un producto propio de la Modernidad al configurarse como un relato en imágenes articulado principalmente por el concepto de secuencia, que rige una serie de imágenes dispuestas con un propósito por el autor. La concepción temporal que entraña la Modernidad incide en los conceptos de cambio, mutabilidad y progreso, negando el sentido cíclico de la historia. Se fundamenta, como destacó Octavio Paz en *Los hijos del limo* (1974), en que el tiempo finito es irrepetible y *secuencial* (Paz 1975: 28). La historieta combina dos componentes que configuran su razón de ser: el comunicativo y el artístico, además de un sustrato de entretenimiento vinculado a la prensa periódica, que paulatinamente incorpora el componente visual como reclamo para el lector, en lo que Annie Russell Marble identificó en 1903 como 'the reign of the spectacular' (Marble 2004: 7).

La parte II, dedicada a España, que comprende los capítulos tres, cuatro y cinco, analiza la radicalización y el compromiso del artista en la década de los treinta hasta el estallido de la guerra civil. Ya durante el conflicto (cap. cuatro), se opta por un enfoque panorámico, habida cuenta de la enorme cantidad de publicaciones durante los tres años de conflicto. Por ello se analiza una variedad de publicaciones de 'prensa de trinchera' republicana, para ofrecer una visión y un balance de la presencia del humorismo gráfico, especialmente de la historieta. Con respecto al bando nacional o franquista, se ha optado por el estudio específico de la revista humorística *La Ametralladora*, dirigida por el dramaturgo y humorista gráfico Miguel Mihura. Las razones de dicha elección estriban en su importancia durante y después del conflicto, siendo la antesala de *La Codorniz*, la revista humorística más importante durante el franquismo. Como ya se ha apuntado, los artistas cubanos de *El Pitirre* incluirán a *La Codorniz* entre sus referentes, compartiendo en varios aspectos una similar visión conceptual y formal. El capítulo cinco es un pequeño epílogo que lleva el discurso hasta la posguerra y el protagonismo de *La Codorniz*, destacando las similitudes entre los artistas cubanos y españoles para apuntar la asunción de varios componentes del modelo español de revista humorística en la composición de *El Pitirre* cubano. Algo, por otro lado, que no debería sorprender si se tiene en cuenta que el suplemento cultural dirigido por Guillermo Cabrera Infante, *Lunes de Revolución*, se inspiró en la *Revista de Occidente* española de Ortega.

La parte III, que se ocupa de Cuba, dedica tres capítulos a analizar la presencia del humorismo gráfico en la lucha clandestina contra la dictadura de Fulgencio Batista, el cambio en la función de los medios de comunicación donde se inserta tal humorismo (cap. seis) y el ejemplo más representativo de revista humorística una vez que la rebelión ha tomado el poder en enero de 1959. Se ha decidido prestar una atención más detallada al análisis de *El Pitirre* (cap. siete) por tratarse del verdadero órgano de expresión del humorismo gráfico de vanguardia durante los primeros años de la Revolución. Muy escasos son los estudios en torno a esta revista. El aporte de Javier Negrín (que se mencionará más adelante) es una valiosa contribución, pero no presta atención a los vínculos con los humoristas españoles, hecho que me parece de vital importancia. Por ello, así como en la parte española se opta por un enfoque panorámico, en Cuba se prefiere el enfoque en un caso concreto, que por su especial importancia y vínculos con el caso español merece una atención pormenorizada. Finalmente, el capítulo ocho, de manera similar al cinco, servirá como epílogo de las diversas manifestaciones del humorismo gráfico en la década de los sesenta en Cuba.

Abordar dos periodos profusamente documentados como la Guerra Civil Española y la Revolución Cubana entraña el riesgo de la redundancia por la ingente cantidad de estudios que han analizado sus causas, su desarrollo y sus consecuencias. En el caso de Cuba, los estudios internacionales que han analizado en su conjunto o de manera específica algún aspecto de la Revolución Cubana se han movido, como ha destacado Kapcia, entre lo excepcional y lo paradigmático.

Cuba ofrece, por tanto, un terreno 'exceptional at times and for long periods, exceptional in its genesis, development, leadership and survival, but curiously paradigmatic in its systems, and in its patterns of participation, loyalty and ideology' (Kapcia 2008: 650). Como veremos, el humorismo gráfico de vanguardia en Cuba a principios de los sesenta tendrá más que ver con experiencias similares durante y después de la Guerra Civil Española, reforzando, por tanto, el componente paradigmático, sin por ello olvidar *prácticas* y *experiencias* del caso cubano que entran en el terreno de lo excepcional, como se tendrá ocasión de comprobar. Vaya por delante que no es el propósito del presente libro comparar ambas experiencias revolucionarias, sino prestar atención al comportamiento del humorismo gráfico de vanguardia en periodos de crisis. En cuanto a España durante la guerra civil, el área de la cultura popular y visual en su vertiente humorística puede convertirse en un terreno desde el que mirar al conflicto con otros ojos que nos lleven a los *usos* y *costumbres* en un período de especial virulencia y repercusión mediática. El humorismo gráfico puede ofrecer ese prisma y abrir nuevas líneas de investigación. Buena prueba de ello es el renovado interés en el conflicto a través de las representaciones que, desde la narrativa gráfica (Hernández y Seguí 2008; Altarriba 2009; Dounovetz y Roca 2010; Giménez 2011; Gallardo 2012; 'Sento' 2013; Roca 2013), se aproximan a la guerra civil o a la represión posterior. Desde el ámbito académico, se aprecia un paralelo interés, adoptando un enfoque cercano a los estudios de la memoria (Winter 2006; De la Fuente 2011; Mitaine 2012; Merino y Tullis 2012).

A largo de las siguientes páginas se analizará la relación entre vanguardismo y humorismo gráfico, sus cambios y revisiones en periodos de crisis, así como el papel que las revistas desarrollaron como portadoras de dicha producción cultural. La elección de la prensa periódica resulta especialmente pertinente por cuanto los dos conceptos que articulan el presente trabajo, vanguardia y humorismo gráfico, adquieren su carta de naturaleza, en gran medida, gracias a la prensa periódica. Con ello no se quiere soslayar el papel fundamental que jugaron las galerías de arte (como las Dalmau de Barcelona) o los salones de exhibición en la dinamización de las vanguardias pictóricas, pero en el caso concreto del humorismo gráfico es, fundamentalmente, una historia de revistas. Y a ellas hay que acudir por la inmediatez que representan, por el reflejo de una parte de la sociedad del momento y por su estrecha vinculación con el público lector, del que dependen, en última instancia, para su supervivencia, ya sea en sociedades basadas en una ordenación cultural de corte capitalista o socialista. Como se verá, en la emergente sociedad socialista cubana, las revistas de humorismo gráfico tendrán que conectar, *llegar al lector*, o perderán su razón de ser. Por ello, las propuestas expresivas del humorismo gráfico de vanguardia en Cuba tendrán que hacer frente a debates de mayor calado; por ejemplo, cuando se ponga en tela de juicio el compromiso de los integrantes de *El Pitirre* con el proyecto socialista, que llevará a su cierre en 1961, para acto seguido poner en circulación una nueva revista humorística (*Palante*) que se alejará del vanguardismo, dando mayor protagonismo a la militancia.

No se exagera al afirmar que el humorismo gráfico en ambos conflictos ha recibido una escasa atención. Si se especifica más aún en el terreno de la historieta o cómic, el panorama es todavía más baldío. La pregunta que surge inmediatamente es el porqué de tal desatención. En primer lugar, puede explicarse tal vacío en relación a la historieta por el prejuicio en forma de cuatro pecados capitales que envuelve al cómic y que Thierry Groensteen ha certeramente identificado:

> 1° It is a hybrid, the result of crossbreeding between text and image; 2° Its story-telling ambitions seem to remain on the level of a sub-literature; 3° It has connections to a common and inferior branch of visual art, that of caricature; 4° Even though they are now frequently intended for adults, comics propose nothing other than a return to childhood. (Groensteen 2000: 35)

Groensteen se encarga de desmontar los cuatro pecados para explicar por qué todavía a estas alturas, y con más de cuarenta años de Estudios Culturales, hay quien piensa que el cómic todavía está buscando su legitimación cultural. Precisamente, la apertura de nuevas líneas de investigación en torno a los Estudios Culturales ha favorecido el enfoque en áreas que tradicionalmente no hubieran sido objeto de estudio académico. Mucho le debe este libro y su autor a los debates de los años cincuenta y sesenta en torno a los medios de comunicación y la cultura de masas. La preocupación de Richard Hoggart en *The Uses of Literacy* (1957) sobre el cambio de la sociedad británica hacia una imparable cultura de masas se refleja, por ejemplo, en su opinión sobre los cómics: 'a passive visual taking-on of bad mass-art geared to a very low mental age' (Hoggart 1957: 167). El libro de Hoggart marcó, junto con *Culture and Society 1780–1950* (1958) de Raymond Williams y *The Making of the English Working Class* (1963) de Edward P. Thompson, un momento fundacional para una nueva aproximación a los cambios y la relación entre cultura y sociedad. Al expandir la noción de cultura a áreas que no formaban parte del canon se pudo problematizar, precisamente, afirmaciones como la de Hoggart sobre los cómics y, en general, sobre los medios de comunicación. El Centre for Cultural Studies en la University of Birmingham, formado en 1964 bajo la dirección de Hoggart, se convirtió en un centro académico pionero en este sentido. Como Stuart Hall destacó en un artículo en el que reflexionaba sobre el desarrollo de los estudios culturales desde sus inicios, existió una dificultad al adscribirse a un marco teórico concreto. Los investigadores, en lo sucesivo, utilizarían aquellas disciplinas que mejor sirvieran a su propósito:

> Fending off what sociologists regarded sociology to be, we raided sociology.
> Fending off the defenders of the humanities tradition, we raided humanities.
> We appropriated bits of anthropology while insisting that we were not in
> the humanistic anthropological project, and so on. We did the rounds of the
> disciplines. (Hall 1990: 16)

Ciertamente tuvo que ser un escándalo en su momento por el atrevimiento de
pisar en 'terreno ajeno'. Era toda una declaración de intenciones que partía de
la rocosa fundación de las humanidades hacia el área mutable y dinámica de
las *prácticas culturales*.

Por otro lado, la elección de materiales provenientes de la cultura masiva
como susceptibles de estudio académico fue el aspecto que encendió las iras
de los cenáculos universitarios más reaccionarios tras la publicación de
Apocalittici e integrati: comunicazioni di massa e teorie della cultura di massa
(1964) de Umberto Eco. Dicho libro es una colección de artículos de prensa que
el autor publicó a finales de los años cincuenta y principios de los sesenta,
además de alguna ponencia, como la que presentó en Roma para el congreso
sobre desmitificación e imagen que tuvo lugar en el Instituto de Estudios
Filosóficos en 1962. Para este congreso, Eco pensó en el mito de Superman
como un mito propio de la época. Por lo demás, no hacía sino repetir la fórmula
clásica de la narración del héroe ya conocida por el público en las antiguas
civilizaciones, que se complementaba con otra tradición más reciente (de herencia
romántica) basada en lo imprevisible, en aquello que va a suceder:

> El personaje mitológico de los cómics se halla actualmente en esta singular
> situación: debe ser un arquetipo, la suma y compendio de determinadas
> aspiraciones colectivas, y por tanto debe inmovilizarse en una fijeza
> emblemática que lo haga fácilmente reconocible (y es lo que ocurre en la
> figura de Superman); pero por el hecho de ser comercializado en el ámbito
> de la producción 'novelesca' por un público consumidor de 'novelas', debe
> estar sometido a un desarrollo que es característico, como hemos indicado,
> del personaje de novela. (Eco 2004: 270)

En el discurso de Eco subyace la máxima, compartida por otros intelectuales,
de que productos *low brow*, pertenecientes a un circuito comercial masivo y
destinados a una vasta audiencia, pueden presentar características estructurales
que superen los límites impuestos por dicho circuito de producción y consumo,
y por tanto puedan ser juzgados como obras de arte con validez propia (Eco
2004: 82; Foster 1989: 18).

Los primeros análisis de comunicación masiva empezaron a tratarse desde
las universidades italianas en 1963 y 1964. Eco trabajó para abrir un seminario
en Turín sobre 'estética masiva y comunicación' en el que analizó aspectos que

luego recogió en *Apocalittici*. La recepción de la obra en 1964 generó un intenso debate mediático entre los que acogieron de buen grado la postura de Eco y los que la rechazaron por equiparar la cultura popular a la 'Alta Cultura'. Algunas de las reacciones poco favorables surgieron de la crítica marxista (Mario Spinella en *Rinascita*, 3 oct. 1964), que criticó la escasa atención por parte del autor a los factores socio-económicos que estaban detrás de la cultura de masas (Eco 2004: 15). Entre la crítica favorable, destaca la de Oreste del Buono en *La Settimana* (30 ago. 1964), quien luego se convertiría en editor en jefe de la revista sobre la historieta, *Linus*, una de las más prestigiosas a nivel internacional por empezar a tratar el cómic desde parámetros que lo consideraban como un medio artístico equiparable a otras producciones culturales (Eco 2004: 16).

Otra de las razones para la desatención en torno al humorismo gráfico en el periodo que nos ocupa tiene que ver con el soporte mismo de dicha manifestación cultural y las dificultades para su acceso, especialmente al tratarse de la llamada 'prensa de trincheras' en España. Las revistas humorísticas o de historietas, los periódicos, los folletos, etc., son un material fungible destinado a cumplir una función en *el aquí y el ahora*. Esa estrecha relación con el presente ha llevado al genial humorista gráfico Mingote a hablar de la sumisión del dibujante a la servidumbre de la actualidad (Tubau 1987: 225). Por ello no se ha considerado tradicionalmente un material cultural a preservar en los anaqueles del saber, lo que ha conducido a lagunas y vacíos en su conservación. En el caso de España, toda investigación debe partir ineludiblemente del mayor archivo sobre los tres años de guerra, que se encuentra en Salamanca. El Centro Documental de la Memoria Histórica es fruto de la Ley de Memoria Histórica (LEY 52/2007[1]), que dispuso la creación del centro con su actual nombre para, entre otras funciones, mantener y desarrollar el Archivo General de la Guerra Civil Española, creado por el Real Decreto 426/1999 del 12 de marzo. El archivo contiene la mayor colección de carteles durante la guerra, además de la mayor hemeroteca sobre el conflicto en España. Para realizar un estudio sobre la utilización y los cauces de transmisión del humorismo gráfico en las publicaciones periódicas y la prensa de trincheras se debería, pues, comenzar por el archivo salmantino. Para el presente libro se realizaron varias sesiones de trabajo en dicho archivo durante el mes de enero de 2010, que se complementaron con sendas sesiones en el archivo barcelonés del Pavelló de la República en diciembre de 2008 y múltiples sesiones de consulta en el Ateneo Mercantil de Valencia y en la Hemeroteca de dicha ciudad. Algunas de las revistas y ejemplos de historietas se han referenciado con anterioridad, como es el caso de la historieta 'Canuto' de Tomás Porto. En otros casos, como el del diario *La Hora*, un periódico que

---

[1] Se puede consultar la disposición de la ley aquí: http://www.boe.es/boe/dias/2007/12/27/pdfs/A53410-53416.pdf

hasta la fecha no ha sido analizado en profundidad, se incluyó la historieta de José Bardasano 'Aventuras de Cornejo' y las tiras cómicas de 'Ley', obra que no ha sido anotada en ningún estudio con anterioridad, por lo que supone un feliz hallazgo. Por lo general, al ser tan escasos los estudios sobre el humorismo gráfico durante la Guerra Civil Española (especialmente sobre la historieta), en muchos casos ésta será la primera vez que se analicen y se reproduzcan ejemplos de historietas en ambos periodos.

Por otro lado, la historieta infantil fue objeto de estudio de manera pionera por Luis Gasca en *Los cómics en España* (1969) y Antonio Martín en *Historia del cómic español: 1875–1939* (1978) y en *Apuntes para una historia de los tebeos* (2000). Martín ha abordado de manera magistral el inicio y desarrollo de la industria en torno a la historieta, tanto adulta como infantil, en los dos mencionados trabajos, además de en *Pioneros de la Historieta. Los Inventores del Cómic Español, 1873-1900* (2000). Más recientemente, obras de especial relevancia también han tratado el tema, como *Clásicos en Jauja. La historia del tebeo valenciano*[2] (2002) de Pedro Porcel y su continuación *Viñetas a la luna de Valencia. La historia del tebeo valenciano 1965–2006*, obra publicada en 2007 y elaborada por Pedro Porcel, Álvaro Pons y Vicente Sorní. Cabe resaltar el monográfico *Chicos, semanario infantil 1938–1956* (2002) de Antonio de Mateo, que siguió a la exposición en la Biblioteca Nacional de mayo a septiembre de 2002 sobre esta publicación infantil creada en plena Guerra Civil. Finalmente, el año 2010 terminó con la publicación de dos estudios de importancia. El primero, un nuevo libro de Pedro Porcel sobre la historieta de aventuras española titulado *Tragados por el abismo. La historieta de aventuras en España*, gracias a la incansable labor editorial de Edicions de Ponent. El segundo, *Tebeos mutilados: la censura franquista contra editorial Bruguera* del investigador Josep Vicent Sanchis Llàcer, analiza la censura franquista en la historieta de posguerra, pero dedica un capítulo a la producción durante la Guerra Civil Española (ver páginas 8–31). Hay que añadir, además, los artículos diseminados en obras colectivas o revistas especializadas, como es el caso de Benito Madariaga (1990), Vivianne Alary (2002), que utiliza como corpus las obras de Martín y Gasca, Manuel Barrero (2006), Évelyn Ricci (2006), Jorge Catalá-Carrasco (2014), además de la referencia tangencial en obras orientadas hacia otras investigaciones, pero que mencionan tebeos infantiles durante el conflicto, como es el caso de *Pionero Rojo* en Mayordomo y Fernández Soria (1993: 89). A estos esfuerzos se suma la investigación en curso de Michel Matly, que está realizando un completísimo archivo de todos aquellos comics que aborden la temática de la Guerra Civil Española (Matly 2014). Existen, además, dos obras con una

---

[2] Premio Romano Calizzi del Salón del Cómic de Roma al mejor estudio teórico del año.

abundante selección de ejemplos de historietas en revistas del bando llamado nacional (*Flecha*, *Pelayos* y *Flechas y Pelayos*[3]), compiladas por Juan Carlos Lorente (2000) y Luis Otero (2000), que resultan de utilidad por tratarse de un amplio corpus que expande el material de los catálogos ya existentes, como los de Delhom y Navarro (1980) y la revisión y ampliación del anterior a cargo de Delhom en 1989. Existen otros catálogos que abarcan periodos de la historieta española (y por ende lo publicado durante la Guerra Civil Española)[4], pero los reseñados son los más importantes, al menos hasta la publicación del 'Gran Catálogo de la Historieta' (2008), publicado en la revista digital *Tebeosfera* a cargo de Manuel Barrero y de libre acceso.[5] Por lo tanto, se aprecia un interés gradual por el estudio de la historieta infantil, aunque en no pocas ocasiones el análisis de dichas publicaciones sea superficial y tenga evidentes deudas con los primeros estudios serios que se hicieron décadas atrás.

La gran mayoría de fuentes citadas en estas líneas se refiere a la historieta infantil, algunas estudiando el periodo de la Guerra Civil Española. Sin embargo, el panorama de la historieta para adultos es muy diferente y todavía supone (especialmente en relación a la 'prensa de trincheras') un terreno cuasi inexplorado. Solo se encuentran referencias de utilidad en obras que abarcan la relación entre arte y política, como en Miguel A. Gamonal Torres (1987), donde sí recoge el autor algunos ejemplos de historietas, o en Rafael Abella (1975: 299–317), donde hay un buen recuento de revistas en la España republicana, con reproducciones de algunas aleluyas y referencias a caricaturistas e historietistas durante el conflicto. Destaca entre todos el trabajo de Díaz-Plaja 'La caricatura española en la Guerra Civil', publicado en la revista *Tiempo de historia* en 1980 y al que se hará referencia en el capítulo cuatro. De entre los estudios que se han ocupado de rastrear las tiras cómicas como instrumento en la transmisión de mensajes, destaca el de Fernández Soria (1990: 376–401), una excepción por el preciso análisis de los medios de comunicación y la extensión cultural en el ejército republicano, que no desestima la utilidad de la historieta gráfica en dicho proceso.

Respecto a Cuba, el panorama es similar. Solo recientemente, y por lo general a través de revistas académicas dedicadas al humor gráfico y la historieta, han

---

3 *Flechas y Pelayos*, fruto de la fusión de los dos anteriores, vio la luz el 11 de diciembre de 1938 y se publicó hasta 1949, llegando a una tirada de 140.000 ejemplares entre febrero y marzo de 1939 (Gasca 1969: 94). Su director, Fray Justo Pérez de Urbel, comentó sobre la revista que 'quería ante todo entretener, pero al mismo tiempo quería inculcar un sentido moral y patriótico, exaltando los ideales de España' (Pérez de Urbel 1977: 17).

4 Ver Barrero, Manuel (2008): 'La Catalogación de los cómics españoles', disponible en línea en: http://www.tebeosfera.com/documentos/textos/la_catalogacion_de_los_comics_espanoles.html

5 El catálogo está disponible aquí: http://www.tebeosfera.com/catalogos/

aparecido trabajos de rigor académico que aportan un análisis o alguna referencia del periodo del que se ocupa el presente estudio. *International Journal of Comic Art* (IJOCA) desde 1999, dirigida por John A. Lent, y la publicación trimestral cubana *Revista Latinoamericana de Estudios Sobre la Historieta* (RLESH) desde 2001, han publicado valiosos artículos, algunos de los cuales, como los de Javier Negrín (2003 y 2004) sobre *El Pitirre*, han sido de mucha ayuda para el presente estudio. Lent ha publicado y editado compilaciones sobre humor gráfico, como *Cartooning in Latin America* (2005), que incluye tres artículos sobre Cuba, uno del propio Lent sobre una panorámica del humor gráfico político y social, otro de Dario Mogno (editor de RLESH) sobre la historia de los cómics y los dibujos animados en la Isla y un tercero de Caridad Blanco (previamente publicado en RLESH) sobre la historieta de Santiago Armada (Chago) 'Salomón', la cual se tratará también aquí. Ana Merino, en su excelente libro *El cómic hispánico* (2003), dedicó un capítulo a la historieta cubana con especial atención a la revista *Mella* desde finales de los cincuenta. En forma de artículo o ponencia, Sarah E. Cooper (2008a; 2008b) ha prestado atención al humor gráfico de *Palante* y *Bohemia* de 1959 a 1961 en la tensa relación externa con los EE.UU., además de la problemática situación interna de una sociedad en proceso de cambio, pero con una tradicional visión respecto a los géneros. Yamile Regalado (2005) también ha examinado el mismo periodo a través de la cultura visual y la formación del hombre nuevo en los primeros años sesenta, con especial atención al humor gráfico. Finalmente, Catalá-Carrasco ha analizado en diversos artículos la creación de un humor gráfico de corte militante al comienzo de la revolución de 1959 (2008a); el desarrollo de la cubanidad a través del costumbrismo en la historieta cubana (2008b); el humor gráfico y la historieta durante el Periodo Especial, tras la caída del bloque socialista y la desintegración de la Unión Soviética (2011a); y el cambio de postura de la intelectualidad cubana al comienzo de la revolución de 1959 con respecto al cómic y la contribución de este medio al proceso revolucionario hasta la actualidad (2011b). En el ámbito doméstico cubano, además del aporte de Blanco, destacan los dos libros de Cecilio Avilés, *Historietas. Reflexiones y Proyecciones* (1989) e *Historieta Cubana. Sesenta narradores gráficos contemporáneos* (1990). También *La vida en cuadritos* (1993) de Paquita Armas, que compila los artículos que desde 1990 y en la sección del mismo nombre se emitieron en Radio Reloj. Además, Mirta Muñiz en *Magazine Mella, una publicación clandestina de la juventud cubana (1944–1958)* (1997) ofrece una sucinta panorámica de la revista juvenil *Mella* durante su etapa clandestina de mucha utilidad. Por otro lado, destaca entre los estudios mencionados el libro de Adelaida de Juan *Caricatura de la República* (1999), que incluye una sección sobre el personaje de 'el Loquito', creado por René de la Nuez en 1957 para la revista *Zig-Zag*. Más recientemente, Hernández y Piñero en su *Historia del humor gráfico en Cuba* (2007) aportan una visión diacrónica del humor gráfico realizado en Cuba desde sus orígenes hasta la actualidad. Y desde la prensa periódica, el investigador Axel Li, a través de artículos para *La jiribilla* (2007a) y *La Gaceta de Cuba* (2006; 2007b), ha seguido investigando en torno al humorismo de aquellos años, mientras Malena Balboa (2009) ha abordado también los años 1959–1962 a través del humor gráfico como un periodo de legitimación del proceso revolucionario cubano.

Terminología

A lo largo del libro se hará referencia al humorismo gráfico, entendido como toda aquella producción cultural que engloba la plástica del humor en soporte de publicaciones periódicas. Por tanto, bajo el paraguas del humorismo gráfico se encuadraría la caricatura, las aleluyas, el chiste o humor gráfico y la historieta. Ahora bien, en el presente estudio se va a privilegiar esta última manifestación, el cómic. En primer lugar, porque al tratarse de un medio que *cuenta en imágenes* y adquiere su edad madura con el despegue de los medios de comunicación impresos, resulta apropiado para el tránsito desde los inicios del siglo XX hasta la década de los sesenta, cuando la explosión *Pop-Art* encabezada por Andy Warhol y Roy Lichtenstein abrazará el cómic coincidiendo con una reevaluación por parte de la crítica académica en Francia, Italia, España o Argentina. En segundo lugar, porque el cómic en la España de los años treinta es una producción cultural perfectamente integrada en la sociedad del momento, como podía ser la radio. De manera similar, la historieta en Cuba a finales de los cincuenta y principios de los sesenta es un producto con una inserción en la sociedad pareja a la de la televisión. Su frecuencia y cotidianeidad en ambas sociedades representa un punto de partida idóneo para comprobar su vinculación con los movimientos de vanguardia y su comportamiento en periodos de una intensa actividad mediática. En tercer lugar, y aunque no parece necesaria a estas alturas una legitimación de la historieta como producto cultural y artístico (en este sentido difiero de Groensteen, quien afirma que todavía tiene una considerable falta de legitimidad (Groensteen 2000: 29), sí son necesarias algunas puntualizaciones. El investigador M. Thomas Inge ha subrayado que en el terreno del cine Federico Fellini, Orson Welles, Alain Resnais, George Lucas (o más recientemente Guillermo del Toro o Peter Jackson) han confesado en numerosas ocasiones las deudas contraídas con el lenguaje del cómic para sus conceptos cinematográficos, muchos de los cuales fueron empleados primero en la historieta y no al revés, como erróneamente se cree (Inge 1979: 638–9). De igual manera, en pintura a los ya mencionados Warhol y Lichtenstein hay que añadir por lo menos (a la que sería una larga lista) a Dalí, quien de niño dibujaba cómics para divertir a su hermana. O a Picasso, ávido lector de *comic strips* norteamericanos (en especial el vanguardista 'Krazy Kat' de Herriman) que sirvieron de inspiración para *Sueño y mentira de Franco*, obra comisionada por la República Española para el pabellón español en la Exposición Internacional parisina de 1937, que también acogió el *Guernica*. Los aguafuertes de *Sueño y mentira* se publicaron en el n. 4–5, junio-julio 1937, de la revista valenciana *Nueva Cultura*.

Por lo tanto, sin querer entrar en un largo recuento de artistas y contagios entre la historieta y otras producciones culturales, parece evidente, por las escuetas referencias aportadas, que la legitimación de la historieta no es una necesidad. Pero quizá sí lo sea una mayor presencia en el campo académico de las artes visuales a través de los estudios culturales. En ese sentido sí se espera que el presente libro pueda contribuir a *leer* (en lugar de mirar) la historieta con otros ojos.

Se aprecian, por otro lado, recientes síntomas de mejora. Si *Journal of Popular Culture* fue pionero en la inclusión de la historieta como objeto de estudio en el ámbito anglosajón, más recientemente en el Reino Unido han surgido varias revistas académicas sobre la historieta como *European Comic Art* (2008), *Journal of Graphic Novels and Comics* (2010) y *Studies in Comics* (2010), evidenciando un creciente interés por esta producción cultural.

Ello nos lleva a una pregunta de esquiva respuesta. ¿Qué es la historieta? Las definiciones son muchas y variadas. De la conocida definición de Will Eisner como 'Sequential Art [...] that deals with the arrangement of pictures or images and words to narrate a story or dramatize an idea' (Eisner 2006: 5) a propuestas más específicas que siguen incidiendo en el valor secuencial del cómic, como en la influyente *Understanding Comics* de Scott McCloud, donde se define la historieta como 'juxtaposed pictorial and other images in deliberate sequence' (McCloud 1994: 9). En España, el historiador y experto en cómics Antonio Martín definió la historieta como 'una historia narrada por medio de dibujos y textos interrelacionados, que representan una serie progresiva de momentos significativos de la misma, según la selección hecha por un narrador' (Martín 1978: 11). Y más recientemente le añadió a esa definición 'la máxima calificación del cómic: ser *medio de comunicación*' (Martín 2006: 13) [énfasis mío]. Judith Gociol y Diego Rosemberg han definido la historieta en *La historieta argentina. Una historia* (2000) de la siguiente manera:

> A diferencia del humor gráfico, es una narración secuencial en viñetas, sostenida en sucesivas entregas, con personajes fijos y parlamentos encerrados en un globo. Sin embargo, aplicar a ultranza esta definición hubiera sido reduccionista: ni las primeras tiras tenían globos –sino párrafos al pie de cada cuadro – ni la experimentación de las actuales puede reducirse a ese esquema. (Gociol y Rosemberg 2003: 15)

Como se puede apreciar, al intentar definir el medio comienzan los problemas. El énfasis en la reproducción de la historieta (y, por tanto, su vinculación con los *mass media*) y la secuencia también figura en la propuesta de David Kunzle en su monumental *The Early Comic Strip* (1973):

> I would propose a definition in which a 'comic strip' of any period, in any country, fulfils the following conditions: 1). There must be a sequence of separate images; 2). There must be a preponderance of image over text; 3). The medium in which the strip appears and for which it is originally intended must be reproductive, that is, in printed form, a mass medium; 4). The sequence must tell a story which is both moral and topical. (Kunzle 1973: 2)

En el prefacio al excelente libro de Kunzle, que traza los orígenes del cómic a través de la obra del ginebrino Rodolphe Töpffer, *Father of the Comic Strip. Rodolphe Töpffer* (2007), el autor puntualiza lo siguiente en cuanto a la terminología: 'I use the terms picture story and comic strip indifferently; I usually refrain from the tempting new coinage *graphic novel*, which has overtaken *comic book*, although that is exactly what Töpffer's are' (Kunzle 2007: xi). Por otro lado, Daniele Barbieri, que ha trabajado estrechamente con Eco, sugiere la posibilidad de entender el lenguaje del cómic como *ambientes*. Los lenguajes no son solo *instrumentos* para la comunicación, sino por encima de todo *ambientes* en los que *vivimos* y que en buena medida determinan aquello que *queremos*, además de lo que *podemos* comunicar (Barbieri 1991: 2). Por ello habrá ideas más susceptibles de ser expresadas en un lenguaje determinado. Propuestas más recientes, como la de Thierry Smolderen (2009), se aproximan a la historieta como un *relato en imágenes*, distanciándose de la categoría secuencial para incluir otras manifestaciones, como la de George Cruikshank en *The Living Ballad of Lord Bateman* (1839) o la *Pantomime* de Alfred Crowquill (1849). Para Smolderen, lo que actualmente entendemos como cómic sería la evolución, a través de la influencia de Rodolphe Töpffer, de una de las manifestaciones asociadas al relato en imágenes que privilegia la secuencia y por ello se inserta más íntimamente en la era moderna.

Evidentemente, cualquier definición plantea problemas. El concepto de 'secuencia' es en sí problemático, si se entiende únicamente como la sucesión de escenas (llámeselas viñetas o *strips*). Dejaría fuera de tal definición los ejemplos en prensa diaria de una sola viñeta pero que, sin embargo, contienen una narración interna, es decir, cuentan una historia y, por tanto, hay *un antes* y *un después* secuencial. En general, como apunta Groensteen, casi en cualquier ejemplo de definición es difícil su total aceptación. Por ejemplo, en el caso de Kunzle 'la trosième condition de Kunzle ne sert qu'à justifier le fait qu'il ait choisi l'invention de l'imprimerie pour point de départ de son *Historie de la bande dessinée'* (Groensteen 2006: 17). Por no hablar de la irrupción del cómic digital, que cuestiona la misma esencia de la impresión convencional. Groensteen ha desarrollado una sólida obra téorica estudiando la historieta desde tres ángulos complementarios. Primero como un *lenguaje* en *Système de la bande dessinée* (1999), en el que 'I wanted to emphasize the idea that comic art is an organic totality that brings together multiple parameters and procedures, a combination of elements and codes, of which some are specific and others are not' (Groensteen 2008: 89). En *Astérix, Barbarella & Cie* (2000) se concentró en el cómic como una forma artística y finalmente estudió el medio como un fenómeno cultural en *Un objet culturel non identifié* (2006). Lo importante y destacable, como recalca Groensteen, es que la dificultad para encontrar una definición plenamente satisfactoria no es privativa de la historieta: '[e]lle se pose en termes à peu près identiques pour la plupart, sinon la totalité, des formes artistiques modernes, comme le cinéma, et pour les formes dont l'évolution au cours de ce siècle a fait voler en éclat la définition traditionnelle (roman, peinture, musique...)' (Groensteen 2006: 20). Por lo tanto, resulta más útil no perder de vista que cualquier definición debe entenderse, como sugiere Roger Sabin, como un '"evolving" concept, and characteristics will accrue or disappear over time' (Sabin 1993: 6).[6] Sí es necesario hacer una distinción inicial de carácter general sobre la errónea consideración de la historieta como un *género*. Esto no quiere decir que no haya géneros dentro de la historieta, como, por ejemplo, los cómics de superhéroes. Pero la historieta en sí es un *medio*, con un lenguaje y unos recursos expresivos que lo distinguen de otras manifestaciones culturales. De la misma manera (y retomando a Groensteen al hablar de los pecados capitales arriba esbozados), la historieta no es un *híbrido*, no es mezcla de texto e imagen. La historieta, de manera resumida, *es un medio que cuenta una historia en imágenes*. Para el presente estudio se incidirá especialmente en su vinculación e inclusión dentro de los medios de comunicación, puesto que la prensa periódica escrita ha servido de soporte y plataforma para su desarrollo durante más de cien años.

Queda, no obstante, un último aspecto por dilucidar en esta introducción, y es la cuestión de la periodización elegida. En cuanto a España, queda justificado

---

6   Para profundizar en el tema, remito a otras obras, además de las citadas, con diversos enfoques en los que se problematizan algunas definiciones, como la de Kunzle. *The Aesthetic of Comics* de David Carrier (2000: 3–7) desde una aproximación a la estética de la historieta. *Reading Comics: How Graphic Novels Work and What They Mean* de Douglas Wolk , capítulo uno 'What Comics Are and What They Aren't' (2007: 3–28). *Comics: ideology, power and the critics* de Martin Barker (1989: 6–9). Sobre los orígenes del medio, además de Kunzle (1973) o Smolderen (2009), se puede consultar el excelente artículo de Mainardi 'The Invention of Comics' (2007), disponible aquí: http://www.19thc-artworldwide.org/index.php?option=com_content &view=article&id=145:the-invention-of- comics&catid=46:spring07article&Itemid=68

el periodo en el que se concentrará este estudio (1936–1939) por ser el que comprende los casi tres años de guerra, de julio de 1936 a abril de 1939. Un periodo especialmente cargado de resonancias en la historia de España por el compromiso del intelectual y el artista con su causa. En cuanto a Cuba, se ha elegido el periodo 1959–1961 por tratarse de aquellos años iniciales en los que la Revolución tiene de manera más evidente el carácter de *un proceso*, que paulatinamente y entrado ya el año 1961 adquiere conciencia de sí misma y se articula como un sistema orgánico y como un estado definido. 1961 supone también el punto de llegada de la revista humorística *El Pitirre*, órgano principal del humorismo gráfico de vanguardia en Cuba, que será clausurada en octubre del mismo año, un mes antes del cierre de *Lunes de Revolución*. Se abordarán también el periodo anterior y posterior, aunque con menor profundidad, con el fin de encuadrar y favorecer el discurso diacrónico en torno al humorismo gráfico de vanguardia. Comencemos, pues, la travesía, reflexionando sobre la relación entre vanguardia y humor en España y Cuba.

PARTE I.

HUMORISMO Y VANGUARDIA.
EL TRÁNSITO HACIA LA MILITANCIA

1

Vanguardia y humor nuevo en España

> Intentar definir el humor es como pretender atravesar
> una mariposa usando a manera de alfiler un poste de
> telégrafos.
>
> (Enrique Jardiel Poncela)

Con el título de 'Los humoristas del 27' el Museo Nacional Centro de Arte
Reina Sofía de Madrid inauguró una exposición, comisariada por Patricia
Molins, que desde el 28 de febrero y hasta el 22 de abril de 2002 rindió homenaje
a un grupo de intelectuales y artistas que renovó de manera decisiva la cultura
del humor que hasta el momento se venía desarrollando en España. Arropados
en su mayoría por publicaciones periódicas surgidas en la década de los veinte,
como *Buen Humor, Muchas Gracias, Gutiérrez, Macaco* o *El perro, el ratón
y el gato*, los llamados humoristas del 27 desarrollaron una prolífica actividad
humorística que incluyó poesía, teatro, narrativa, fotomontaje, humor gráfico
e historieta, siempre con la mediación de las revistas, verdaderos órganos de
difusión. De manera análoga al modo en que los movimientos de vanguardia
se fueron asentando en España mediante proclamas y manifiestos en multitud
de revistas, los humoristas del 27 supieron ver en éstas, en las revistas (como
también en el cine y en los periódicos), su medio de expresión y, sobre todo, la
forma de relacionarse con un público lector, erosionando el púlpito de la 'Alta
Cultura' para llevar su producción al quiosco de barrio.[1]

Pero cabe preguntarse quién y en qué circunstancias acuñó la expresión 'los
humoristas del 27' y cuál es la nómina de autores que integra esta 'generación'.
El escritor granadino José López Rubio, en su discurso de ingreso en la Real

---

[1]   Sobre la relación entre humor y vanguardia en los artistas de 'la otra generación del 27'
ver González Grano de Oro 2004 (69–105) y Stuart Green 2011. Para un estudio centrado en el
humorismo gráfico de dichos artistas ver Llera 2003 (31–38). Y para un estudio sobre el humor
y la poesía de vanguardia española, ver Martín Casamitjana 1996, en especial los apuntes sobre
humor y vanguardia (15–22).

Academia Española de la Lengua el cinco de junio de 1983, tituló su intervención 'La otra generación del 27'. En dicho discurso retomará las palabras de Pedro Laín Entralgo, quien refiriéndose a esa 'otra generación' declaró que '[h]ay una Generación del 27, la de los poetas, y otra generación del 27, la de los "renovadores" –los creadores más bien –, del humor contemporáneo' (López Rubio 2003: 42). Laín citaba cinco nombres que a su juicio formaron dicha generación y que López Rubio repite en su discurso: Edgar Neville (1899–1967), Antonio de Lara 'Tono' (1900–1977), Enrique Jardiel Poncela (1901–1952), Miguel Mihura (1903–1977) y el propio José López Rubio (1903–1996). A la nómina de autores cabe añadir a Antoniorrobles (Antonio Joaquín Robles Soler 1895–1983), Bon (Romà Bonet i Sintes 1886–1967), K-Hito (Ricardo García López 1890–1984) o Francisco López Rubio (hermano del anterior, 1895–1965), entre otros.

Si asumimos como cierta la afirmación de Pedro Laín Entralgo, se antoja necesario reflexionar sobre la repercusión de este grupo de intelectuales y artistas en el devenir de la escena humorística española. Son 'los creadores del humor contemporáneo', dice Laín, y sería razonable preguntarse el porqué de la creación de un *humor nuevo* en este momento de la historia. Una manera de hacer humor que no se agotó en el fratricida conflicto de la Guerra Civil Española. De hecho, una de las publicaciones clave para entender el humor de posguerra será una revista, *La Ametralladora*,[2] nacida en plena guerra civil (enero de 1937) e ideada para ser una publicación de trinchera 'gratis a los combatientes', como venía en su portada. Dirigida a partir del tercer número por Miguel Mihura (quien firmaba historietas con el seudónimo de 'lilo'), *La Ametralladora* sirvió de barómetro para medir la capacidad de alcance de esta nueva manera de hacer humor. Y el resultado no pudo ser más exitoso. Prueba de ello es la aparición de una nueva revista humorística, *La Codorniz* (1941), dirigida hasta 1944 por Miguel Mihura y en adelante por Álvaro de Laiglesia, quien tras la venta de la propiedad por parte de Mihura a una sociedad anónima se convierte en su director con tan solo 22 años. *La Codorniz* abarcará todo el largo periodo del franquismo, desapareciendo irónicamente en 1978 al evidenciar una falta de adaptación a la nueva coyuntura sociopolítica por la que atravesaba la sociedad española.

El éxito popular de *La Codorniz* en una España desgarrada por la guerra se debió en gran medida a su distanciamiento de la realidad, demasiado insoportable para el español medio, que en sus páginas disfrutó de espacios

---

[2]	En otra magnífica exposición del Centro de Arte Reina Sofía titulada 'Revistas y guerra 1936–1939', que estuvo vigente de enero a abril de 2007, se pudo comprobar la intensa publicación de aquellos años a través de 18 revistas tanto del bando republicano como del nacional. Entre ellas se encontraba la mencionada *La Ametralladora*, que gracias a la página web creada para tal efecto permite la revisión de dos de sus números completos. (http://www.magazinesandwar. com/sp.html)

de evasión y divertimento, sin mayores ínfulas que ejercer un humor sano con el que tal vez curar más de una herida. El cambio de perspectiva con respecto a la realidad y la exaltación de la imaginación que postulaba Mihura como conductores de la publicación nos conducen irremediablemente al concepto de vanguardia en el arte.

El concepto de vanguardia ha sufrido alteraciones en su vinculación y representación en una determinada sociedad. Lo que resulta necesario destacar aquí es la íntima relación entre política y cultura en el origen del término, o lo que es lo mismo, la diferenciación entre vanguardia histórica y vanguardia artística. Si Claude Henri de Saint-Simon aporta ya a principios del XIX una de las primeras referencias del término *avant-garde* en su acepción revolucionaria, el crítico de arte Gabriel-Désiré Laverdant recalcó en su obra *De la mission de l'art et du rôle des artistes* (1845) la supeditación de la imagen de vanguardia a los ideales de radicalismo político. Como destaca Renato Poggioli, el contenido semántico de la palabra entronca con las ideas y revueltas anarquistas, prueba de ello es la efímera publicación titulada *L'Avant-garde* de Bakunin en 1878 (Poggioli 1971: 9). Sin embargo, la vanguardia histórica (de carácter político) cederá, con el paso de los años, la preponderancia en el uso de la expresión a la vanguardia artística, evidenciando las pulsiones internas que comenzaban a aflorar y que entrado el siglo XX adquieren mayor notoriedad.

El desarrollo científico y tecnológico no tardó en mostrar sus sombras, que la Primera Guerra Mundial terminó por confirmar. Se constataba una crisis en el modelo occidental basado en el capitalismo y se vislumbraban modelos políticos y sociales alternativos con el triunfo de la Revolución Rusa en 1917. Las vanguardias artísticas no estarán al margen de tan cruciales cambios, que afectarán irremediablemente la relación entre arte y vida. Pero, de la misma manera, la relación entre vanguardia política y artística resultará cada vez más compleja y con el paulatino compromiso político de buena parte de los artistas la ecuación pasará a formularse en términos de arte social frente a arte nuevo, como se explicará en detalle en el capítulo tres. Al arte puro de los años treinta se le acusará de falta de compromiso frente a la pujanza de los grandes movimientos de masas del momento, el fascismo y el comunismo. Finalmente, en los sesenta, asistiremos a una remozada versión de vanguardismo en el arte de la mano del movimiento pop, con una industria cultural plenamente asentada y unos medios de masas que impelen a replantear la configuración y concepción del objeto artístico.

Para este estudio, el nombre vanguardia o el adjetivo vanguardista se utilizarán de manera amplia para definir aquellos movimientos artísticos que pretenden renovar la cultura y el arte a través de una profundización en la idea y la forma, extremando su autonomía y planteando otra relación entre la vida y el arte, rompiendo con la tradición. Por ello, se incidirá en especial en la plástica del humor de carácter vanguardista, aunque también se prestará atención (particularmente durante la Guerra Civil Española) a aquella producción que priorice el compromiso político del artista como contrapunto a la corriente vanguardista. Gran parte de las manifestaciones vanguardistas en torno al humorismo que se estudiarán gravitan por el sendero del escepticismo y el existencialismo, mostrando un sustrato agónico presente en un plano más profundo. Para comenzar esta andadura se proponen dos textos capitales que reflejan la incidencia de los movimientos de vanguardia en España. El primero, *La deshumanización del arte e ideas sobre la novela*, obra de José Ortega y Gasset, publicado en 1925.[3] El segundo, *Literaturas europeas de vanguardia*, publicado el mismo año y escrito acaso por el mayor conocedor del fenómeno de vanguardia en la literatura española, Guillermo de Torre.[4] Es el propio de Torre quien aclara el porqué de la expresión literaturas de vanguardia:

> resume con innegable plasticismo la situación avanzada de 'pioneers' ardidos que adoptaron, a lo largo de las trincheras artísticas, sus primeros cultivadores y apologistas. Traduce el estado de espíritu combativo y polémico con que afrontaban la aventura literaria. Temple anímico que al manifestarse, en ocasiones, de modo burlón o irónico, algunos quisieron confundir con la simpleactitud de 'bluff' [...] En último extremo, el punto de llegada les importaba entonces menos que la ruta: quijotescamente preferían el camino a la posada. (de Torre 1965: 20–21)

Brihuega apunta que en 1919, seis años antes de la publicación de los dos textos mencionados arriba, la revista catalana *L'Instant*, dirigida por Joan Pérez Jorba, publicó el artículo 'Divagacions sobre art d'avantguarda', que recoge una de las máximas del arte nuevo, adelantándose a la célebre frase de Ortega 'en arte es nula toda repetición' (Ortega 1947: 360).[5] El texto de Pérez Jorba decía

---

3   Jaime Brihuega, en su excelente estudio *Las vanguardias artísticas en España. 1909–1936*, recoge las tiradas del libro de Ortega a través de un trabajo de López Campillo. La primera edición contó con 2.500 ejemplares. En septiembre de 1928 se tiraron otros 1.994 y en junio de 1936 otros 2.000 (1981: 255).

4   Brihuega menciona, además, la obra *Realismo mágico*, del crítico alemán Franz Roh, publicada en su edición española en 1927 por *Revista de Occidente* como la tercera obra capital con las cuales 'quedaron formadas en nuestro país las tres piedras angulares de la filosofía del nuevo arte y la nueva literatura, al menos hasta la aparición, en 1929, de la edición castellana de *El arte y la vida social*, de Plejanov, y, en 1930, *El nuevo romanticismo*, de José Díaz Fernández, obras con las que se habrían de establecer instrumentos antagónicos a los anteriores para el enjuiciamiento de la producción artística contemporánea' (Brihuega 1981: 16).

5   *L'Instant* nació originalmente en París en 1918 y, por consiguiente, en francés. Pérez Jorba se había asentado en París tras dejar Barcelona en 1901. Allí se relacionó con Apollinaire y difundió su obra entre los lectores de habla catalana. La edición catalana de *L'Instant* comienza en agosto de 1919.

así: 'La representació no és funció d'art i malhaurat qui la cerca. És funció de baix estament. Qui representa imita. Qui imita és esclau. Qui és esclau en creación (sic) mai s'allibera. L'artista qui imita és un falsificador qui es desgrada en el más baix servilisme, el mental' (Brihuega 1981: 204).

Sin embargo, será Luigi Pirandello en su ensayo *L'umorismo* (1908) uno de los primeros teóricos en Europa que advierta sobre el servilismo de la imitación, precisamente en la cuna de la cultura clásica, en Italia, donde el valor de la imitación de la obra de arte había adquirido su culmen. Pirandello se refirió a este preciso asunto en el capítulo cuarto que compara la Retórica y el humor. Según la Retórica, el arte era una actividad que debía obedecer ciertos principios universales y absolutos que validaban un objeto concreto como obra de arte. Pirandello censura los desmanes que en nombre de la tradición se han perpetrado: 'la Retórica enseñó a los escritores a imitar lo que es inimitable: estilo, carácter, forma. No entendía que cada forma no debe ser ni vieja ni moderna sino única e inalienable, porque sólo puede pertenecer a una obra de arte y por lo tanto ninguna tradición puede o debería existir en el arte' [trad. mía] (Pirandello 1974: 29–30). Por el contrario, recalca Pirandello, el proceso esencial del humor necesariamente desentraña, desmantela el arte que, enseñado en las escuelas por la Retórica, se tenía por una composición lógica y ordenada bajo presupuestos concretos (1974: 31).

Es más que probable que Ortega hubiera leído *L'umorismo* de Pirandello, a tenor de la relevancia del intelectual italiano. Además, Ortega reconoce la importancia de Pirandello al referirse en *La deshumanización del arte* a la obra de teatro *Sei personaggi in cerca d'autore* (1921) como ejemplo de vanguardismo en el teatro. Es necesario detenerse en la obra de Ortega (donde el humor tiene también un papel relevante) por tratarse de una aproximación teórica al *arte nuevo*, que para el filósofo español presenta una característica esencial: es un arte *deshumanizado*.

Para Ortega, existe una tendencia natural en el ser humano a equiparar las ideas (a través de las cuales nos relacionamos con el mundo) con la realidad misma. Dice Ortega 'pensar es el afán de captar mediante ideas la realidad' (Ortega 1947: 375), aunque como bien advierte, entre la cosa y la idea existe siempre una absoluta distancia, que es solventada ya que 'nuestro prurito vital de realismo nos hace caer en una ingenua idealización de lo real. Esta es la propensión nativa, "humana"' (1947: 376). En su disquisición sobre la humana tendencia a idealizar lo real, que ineludiblemente lleva al sujeto a suponer que lo que percibe con sus sentidos es la realidad misma y no una representación de ella, Ortega está claramente influido por Kant y Schopenhauer, quienes, como se verá más adelante, también reflexionaron sobre el humor. El arte de vanguardia pone del revés esta *propensión humana* al no estar sujeto a una estricta representación de la realidad a través de conceptos. Y es aquí donde

Ortega vislumbra la clave del arte de vanguardia: 'si nos proponemos deliberadamente realizar las ideas -, habremos deshumanizado, desrealizado éstas. Porque ellas son, en efecto, irrealidad. Tomarlas como realidad es idealizar –falsificar ingenuamente' (1947: 376). Para aclarar su argumento, Ortega se refiere a la mencionada obra de teatro de Pirandello *Sei personaggi in cerca d'autore*, en la que los personajes no son representaciones de personas, sino meros personajes (ideas), y es a través de esta distorsión como se consigue interesar al espectador, a través de las ideas mismas y no de la vida.

Miguel de Unamuno desarrolla con anterioridad este concepto de Ortega al crear en sus *nivolas* las primeras novelas de ideas de la literatura española. En *Amor y pedagogía* (1902) se anuncia la fusión de lo trágico y lo cómico. En *Niebla* (1914), su más celebrada *nivola*, el escritor anticipa la búsqueda del autor de Pirandello cuando Augusto Pérez, protagonista de la misma, se entrevista con el propio Unamuno y le espeta sobre su futuro. Tras la intensa discusión, Unamuno decide matar al personaje, que fallece páginas después, hacia el final de la obra.

Se alejaría del objeto de este capítulo estudiar globalmente el arte de vanguardia. Concentrémonos, pues, en vanguardia y humorismo para tratar de dilucidar la relación entre estos dos conceptos. Partamos de una definición de humor y humorismo para ir desentrañando en las páginas que siguen las sutilezas y las complejidades de tales conceptos. El humor es una actitud ante la vida que entraña una mirada distanciada, en ocasiones escéptica, en otras melancólica, que aflora revelando las inconsistencias de la existencia humana basada en códigos que se asumen como estables y, por ende, prescriptivos, pero que en manos del humorista son desmantelados y presentados de nuevo mostrando facetas ocultas, más profundas, que nos confirman su mundana arbitrariedad. El humor tiene, por tanto, un carácter subversivo y para desarrollarse en plenitud debe adoptar una posición a contracorriente, o como apuntaba Palacio Valdés, el humorista debe poner en contradicción su pensamiento con el pensamiento universal. El humorismo, finalmente, será la puesta en práctica del humor.

Guillermo de Torre se refiere, en su definición de vanguardias, al modo burlón o irónico en que se manifestaron en tantas ocasiones los artistas de vanguardia, pero es Ortega quien identifica una esencial raíz cómica en la inspiración del arte nuevo:

> la nueva inspiración es siempre, indefectiblemente, cómica [...] el artista de ahora nos invita a que contemplemos un arte que es una broma, que es, esencialmente, la burla de sí mismo. Porque en esto radica la comicidad de esta inspiración. En vez de reírse de alguien o algo determinado – sin víctima no hay comedia –, el arte nuevo ridiculiza el arte. (Ortega 1947: 382)

Subraya Ortega que si el arte dotado de humanidad implicaba una fuerte carga de patetismo, de seriedad, el arte nuevo se fundamenta en su intrascendencia, en su vaciado de carga patética, con lo que el arte nuevo se despoja de lastres para presentarse como arte, sin mayores pretensiones. Ahora bien, es cuestionable trazar una clara línea entre patetismo y angustia en contraposición al humor. Donald L. Shaw, en un artículo que estudia la relación del humorismo y la angustia en la literatura española moderna, postula que el humorismo es 'a response in terms of humour to the tragic sense of life' (Shaw 1959: 166). A través de numerosos ejemplos, que van desde Juan Valera a Pío Baroja, pasando por Armando Palacio Valdés, Ángel Ganivet, Ramón Pérez de Ayala o Unamuno, Shaw construye una argumentación teórica en la que humorismo y angustia están indisolublemente ligados: 'there is an intimate connection between the technique and outlook implied in the term humorismo and the acute metaphysical malaise which emerged in modern times during Romanticism and re-emerged in Spain, after a period of submersion, in the Generation of 1898' (Shaw 1959: 176). En esencia, no difieren las posturas de Ortega y Shaw, sino que se aprecia una gradación en la utilización del humor que, una vez superada la visión pesimista noventayochista, aparece con mayor protagonismo en los movimientos de vanguardia.

José Carlos Mainer mantiene una opinión coincidente con Shaw al afirmar que es el Romanticismo el 'movimiento que perfiló el *status* definitivo del humorismo (Mainer 2002: 19). Hasta llegar al Romanticismo el concepto de humor, destaca Mainer, amplía su significado etimológico, desde su primigenia acepción relacionada con la teoría fisiológica hipocrática, por la cual el comportamiento humano se debía a la interacción de cuatro fluidos o *humores* que circulaban por el organismo, tal y como reflejó el Venerable Beda en el siglo VIII. Mariano José de Larra y José de Espronceda fueron definidos como *humoristas* por el agustino Padre Francisco Blanco García y el filólogo e historiador Marcelino Menéndez Pelayo, respectivamente (Mainer 2002: 20). Si en 1865 Juan Valera acuña uno de los primeros usos del término *humorístico* para referirse a Ramón de Campoamor (Shaw 1959: 171), de todos los escritores decimonónicos Armando Palacio Valdés sobresale con una definición del humorista (de nuevo al referirse a Campoamor) que nos acerca a la postura de Ortega y Gasset cuando reflexionaba sobre la deshumanización del arte nuevo y su actitud contestataria y a contracorriente:

> Humorista no es el que pone en contradicción su pensamiento con sus palabras, pues esa contradicción se observa en cualquier escritor satírico, sino más bien el que pone en contradicción su pensamiento con el pensamiento universal. El escritor que sólo aspire a producir un efecto cómico no llegará jamás a este punto. Es necesario poner un alma superior

y lúcida, que aprecie las cosas de este mundo en su verdadero tamaño y no en el que se ofrecen a los ojos del vulgo. El humorismo es un soplo delicado que se esparce por todos los pensamientos del escritor, limando su aspereza, refrenando sus tendencias a lo absoluto y tiñéndolos todos con el color de lo relativo. (Mainer 2002: 21; Shaw 1959: 172)

Esta interesantísima apreciación de Palacio Valdés es, sin proponérselo, acaso una de las primeras consideraciones del futuro arte de vanguardia cincuenta años antes de los planteamientos teóricos de Ortega y de Torre. Con una inusitada clarividencia, Palacio Valdés da con una moderna definición de *humorismo*, vigente hasta la actualidad, al mismo tiempo que enfatiza el individualismo del artista (de herencia romántica) para desafiar el pensamiento universal a través del humor. En estos términos, el humorista excede la mera elocuencia satírica o la visión irónica del mundo para entrar en un terreno de ruptura con lo establecido, próximo al arte de vanguardia. Ortega nos recuerda que además de la metáfora, 'el más radical instrumento de deshumanización' (Ortega 1947: 374), hay otros mecanismos para conseguir la deshumanización en el arte, como *la realización de las ideas* (ya mencionado) o el cambio de perspectiva. Este último vincula, a mi modo de ver, el concepto de humorismo que sostiene Palacio Valdés con el arte de vanguardia que analiza Ortega.

Recordemos, por otro lado, la mencionada novela de Unamuno, *Amor y pedagogía* (1902), en la que para el esforzado Avito Carrascal la lógica se convierte en religión, mientras que para su mentor, Fulgencio Entrambosmares, la única manera de ser libres es el acatamiento de la lógica sin discusión. Son, claro está, representantes de una tradición que acoge el positivismo como una religión. En el epílogo, Unamuno vislumbra en la comicidad un deseo de libertad contra la (supuesta) lógica ordenación del mundo y la relaciona con don Quijote: '¿Y hay, a propósito, nada más cómico que don Quijote? ¿No luchó desesperadamente contra la lógica de la realidad que nos manda que sean molinos de viento lo que en el mundo de la realidad son y no lo que en el mundo de nuestra fantasía se nos antoja que sean?' (Unamuno 1983: 142). La comicidad, por tanto, la desarrolla Unamuno como un concepto de posibilidades emancipadoras, como un medio a través del cual asir la libertad que un mundo dictado por la lógica se empeña en eludir: 'Y siendo lo cómico una infracción a la lógica y la lógica nuestra tirana, la divinidad terrible que nos esclaviza, ¿no es lo cómico un aleteo de libertad, un esfuerzo de emancipación del espíritu?' (1983: 140).

El cambio de perspectiva habitual consiste en invertir el orden de las cosas y la jerarquía que viene determinada por un punto de vista humano. Valle-Inclán, por ejemplo, encontró en el cambio de perspectiva, más concretamente, en una estética deformada, la base sobre la que entender el sentido trágico de la vida española. El esperpento, esa 'cierta cualidad que puede conducir a una gran variedad de efectos: cómicos y patéticos, aterrorizadores y trágicos, monstruosos y absurdos' (Cardona y Zahareas 1970: 30) es, por encima de todo, una perspectiva distanciada. El esperpento implica una cierta mirada a la realidad que exhibe aspectos comúnmente soterrados, lo cual implica un grado de cercanía con el humorismo. Si bien Valle-Inclán conocía las corrientes literarias modernas, el esperpento comparte con el teatro del absurdo y con la literatura existencial una visión común en la que el absurdo 'anda bordeando el humor y la angustia a un mismo tiempo; es decir, la inquietud también provoca risa y generalmente señala alguna disparidad de la que uno puede "reírse" o indistintamente "cabe tomar en serio"' (Cardona y Zahareas 1970: 30). Esta idea, como pudimos ver páginas atrás, conecta de manera esencial con lo postulado por Shaw al tratar la relación entre humorismo y angustia en la literatura española moderna.

Según Ortega, esa visión diferente de la realidad se puede conseguir por exceso o por defecto de realidad, lo que Ortega llama Supra e Infrarrealismo. Representantes del Infrarrealismo son, para Ortega, Marcel Proust, James Joyce y Ramón Gómez de la Serna porque al extremar el realismo en sus obras se le supera (1947: 374). Cabe recordar que Ramón y Ortega mantuvieron una estrecha amistad, que se intensificó cuando Ramón celebró uno de sus famosos banquetes, en esta ocasión en honor al filósofo español. Fue en 1920 y acudieron como invitados de excepción Azorín y Juan Ramón Jiménez. Antes del banquete, Ramón escribió veinticinco páginas dedicadas a la figura de Ortega entre las que destaca el siguiente extracto, que da cuenta de la relevancia y el prestigio de Ortega entre la intelectualidad y la realidad artística del momento:

Ortega es, además, el pedagogo increíble, porque es el pedagogo de los artistas rebeldes, personales, muchas veces formados después de su aparición en la cátedra pública. Es el pedagogo en cuya obra, debemos confesarlo, se busca la corroboración, la seguridad en las seguridades adquiridas, la última persuasión de lo que salvajemente habíamos intuido. (Vega 1984: 322)

Era el turno de Ortega para retribuir las dádivas y agradecer el homenaje brindado. En un estimulante discurso, Ortega desarrolla la metáfora de la celebrada tertulia de la *Sagrada Cripta de Pombo* como el único mito del presente y al mismo tiempo la última barricada. En sus palabras, la historia forma ciclos históricos de tradición y liberalismo, siendo este último desarrollado decisivamente con la Revolución francesa y sus barricadas, 'el alojamiento del liberalismo'. Con la liberación política se da carta de libertad al liberalismo artístico, que se desarrolla plenamente en el período romántico. Ortega advierte que el propio liberalismo será fagocitado cuando no quede tradicionalismo al que oponerse. Para Ortega, al menos en el género poético, 'son ustedes la última generación liberal, y esta Sagrada Cripta, donde se alojan, la última barricada. Han derribado ustedes los postreros, casi impalpables reductos de la tradición literaria, y ante ustedes vuelve la tierra estética a ser rasa y desierta' (Vega 1984: 324).[6] Se podría aventurar que, del mismo modo en que la poesía tuvo su última barricada en la Cripta de Pombo, el humorismo tuvo su punta de lanza en dicha tertulia, y en Ramón a su más intrépido explorador.

Con el reconocimiento por parte de Ortega de la Cripta de Pombo como baluarte del liberalismo artístico y, al mismo tiempo, de vanguardia frente al tradicionalismo, se llega a comprender la importancia de Ramón Gómez de la Serna en el ámbito artístico del momento.[7] Para el presente análisis, ningún intelectual aúna de manera más precisa vanguardia y humor. Es, al mismo tiempo, el representante máximo del vanguardismo en España (su introductor y difusor en España) y un ejemplo sobresaliente de humorista tal y como se viene definiendo el concepto. Cabe detenerse en la figura de Ramón Gómez de la Serna por su singular aporte en ambos caminos estéticos, que en este capítulo se pretende esclarecer.

Ramón Gómez de la Serna fue una figura clave en el Madrid de las dos primeras décadas del siglo XX a través de su voluntariosa iniciativa, propagando los movimientos de vanguardia en suelo español. Es él quien en 1910 publica en el n. 20 de *Prometeo* las proclamas futuristas de Marinetti. Fue también Ramón quien, habiendo conocido el cubismo durante su estancia en París entre 1909 y 1910, monta en Madrid la primera exhibición de obras cubistas que ve la capital española, en marzo de 1915, y que lleva por nombre 'Exposición de Pintores Íntegros'. Entre obras de Diego Rivera, Gutiérrez–Solana, Bartolozzi, Picasso, Delaunay, Barradas y Marie Laurencin, también acoge 'caricaturas de los pintores Néstor, Romero de Torres y Nieto, del caricaturista "Echea", del escritor Tomás Borrás, del periodista Cánovas Cervantes y del mencionado Luis Bagaría' (Brihuega 1981: 183). Gracias a él, señala Brihuega, 'puede explicarse de una manera directa la aparición de una isla "cubocaricaturista" en el refractario panorama madrileño de 1915' (Brihuega 1981: 184). Recuerda Brihuega a tal efecto que en Pombo existía la costumbre de dibujar en colectivo.

---

6   La negación de la tradición como *raison d'être* de la vanguardia, tal y como se deduce de la cita de Ortega, sería, tal y como postula Sharman siguiendo a Derrida, mostrarse ajeno a la repetición, a la memoria y a un cierto tradicionalismo: 'If writing inventively of and against modernity cannot involve taking refuge in tradition (i.e., following an order that will always be the same tomorrow), nor can it entail being a stranger to repetition, to memory and to a certain traditionality' (Sharman 2006: 186).

7   El origen del término *vanguardia* proviene originalmente, como se ha recogido con frecuencia, de su uso militar.

En la tertulia de Pombo, 'inmediato a la Puerta del Sol, detrás de su ministerio de Gobernación, a un paso de todos los tranvías y por lo tanto propicio a todas las citas' (Gómez de la Serna 1974: 296), se citaban los escritores, dibujantes, intelectuales y artistas que renovarían en gran medida el panorama cultural español. A su vez, Ramón se convierte en inspiración para los artistas más jóvenes, como los miembros de 'la otra generación del 27'.

El humor había entrado en la escena artística expositiva de principios de siglo desde que en 1914 se celebró en Madrid el Primer Salón de Humoristas. José Francés fue su impulsor y se tiene constancia de que los hubo desde 1916 de humoristas catalanes, en 1925 en Avilés, además de canarios y aragoneses en 1926 (Brihuega 1981: 85).[8] Francés será el crítico y mecenas de mayor relevancia durante esta época, director de la prestigiosa publicación *El Año Artístico* e impulsor de la creación de los salones de humoristas, privilegiando la caricatura como manifestación artística.[9] Por lo tanto, tenemos un panorama ante nosotros en el que el humor se erige como una fuente de inspiración, cultivado por una extensa variedad de artistas desde diversas disciplinas.

Las líneas generales del concepto de humor quedaron esbozadas con la definición de Armando Palacio Valdés, pero si se vuelve la mirada a Ramón, quien dedicó un ensayo al humorismo para la *Revista de Occidente*, titulado 'Gravedad e importancia del humorismo' (1930), se puede todavía precisar más el asunto. En dicho ensayo, que se incluiría como capítulo en su referenciada obra *Ismos* (1931), Ramón distingue el humorismo de aquellas substancias con que se le imita, siendo éstas el chiste, el retruécano, la tomadura de pelo, el choteo y la burla.[10] Así pues, quedan fuera de su definición el sarcasmo, la ironía y el ridículo, dándole al humorismo una categoría superior: '[c]asi no se trata de un género literario, sino de un género de vida, o mejor dicho, de una actitud frente a la vida' (Gómez de la Serna 1930: 351). Similar postura tomó Wenceslao Fernández Flórez, quien en su discurso de ingreso en la Real Academia Española de la Lengua, 'El humor en la literatura española' (1945), definió el humor como una posición ante la vida, retomando palabras anteriores del dibujante y padre del nacionalismo gallego del siglo XX, Alfonso Castelao, que ya dilucidó sobre el asunto en las conferencias que dictó de 1910 a 1915 en varios lugares de la geografía española sobre el dibujo humorístico y la

---

8   En *El Año Artístico* 1916 José Francés refleja la celebración, en octubre, de una exposición de caricaturas germanófilas en el salón Iturrioz de Madrid (Brihuega 1981: 185). En diciembre del mismo año se organizó un concurso de caricaturas organizado por la Sección de Artes Plásticas del Ateneo de Santander con un premio de 500 pesetas (Brihuega 1981: 132).

9   Francés escribió tres obras pioneras en el estudio de la caricatura española: *La caricatura española contemporánea* (1915), *El arte que sonríe y que castiga* (1924) y *La caricatura* (1930).

10   El n. 11 de la *Revista de Occidente* publicó 'El chiste y su teoría' (1923), texto en el que Manuel G. Morente analizaba el ensayo de Freud *El chiste y su relación con lo inconsciente* (1905).

caricatura. Se hablará de Castelao más adelante, pero volvamos a la reflexión de Fernández Flórez:

> El humor se coge del brazo de la Vida, con una sonrisa un poco melancólica, quizá porque no confía mucho en convencerla. Se coge del brazo de la vida y se esfuerza en llevarla ante su espejo cóncavo o convexo, en el que las más solemnes actitudes se deforman hasta un límite que no pueden conservar su seriedad. El humor no ignora que la seriedad es el único puntal que sostiene muchas mentiras. Y juega a ser travieso. Mira y hace mirar más allá de la superficie, rompe las cáscaras magníficas, que sabe huecas; da un tirón a la buena capa que encubre el traje malo. Nos representa lo que hay de desaforado y de incongruente en nuestras acciones. (1945: 15)[11]

Con ello, tanto Ramón como Fernández Flórez se posicionan contra el humorismo sistemático, asunto que analizó el filósofo francés Henri Bergson en *Le rire. Essai sur la signification du comique* (1899). Para Bergson, 'lo cómico no existe fuera del ámbito de lo que es estrictamente humano' (Bergson 1999: 9) [trad. mía]. Como manifestación humana, lo cómico debe tener un significado social, apunta el filósofo francés, ya que difícilmente se podría apreciar la comicidad en aislamiento. La risa, dice Bergson, parece necesitar un eco para que se produzca (Bergson 1999: 11). Sin embargo, Ramón estima la risa como un acto mecánico, sistemático, y, por ello, limitado.

Alfonso Castelao, amigo e ilustrador de varias obras del también gallego Fernández Flórez, reflexionó, asimismo, sobre el humorismo y su vertiente gráfica en una conferencia publicada en *A Nosa Terra* en 1920. El texto, titulado 'Humorismo. Debuxo humorístico. Caricatura',[12] contiene en su primera parte un relato humorístico que se publicaría de manera independiente en 1922 como *Un ollo de vidro*. Castelao considera que su humorismo 'ven dos labregos e dos mariñeiros (únicos dinos do espírito da Terra) tiña de falar en galego, pol-a Verdade e pol-o Arte'. Es, por tanto, un humorismo ligado a las circunstancias propias gallegas, a la tradición familiar 'herdado de meus abós'.[13] Es incluso

---

[11]   El texto del discurso, con mínimos cambios, se incluyó como prólogo (pp. VII-XXIII) para la *Antología del Humorismo en la Literatura Universal*, que publicó la editorial española Labor en 1957.

[12]   Existe versión digital en http://www.museocastelao.org/albumnos/humorismo.html, que es la que se ha utilizado.

[13]   Castelao, siempre atento a la realidad circundante, fijaría su atención en la representación del *negro* durante su visita a Cuba de noviembre de 1938 a febrero de 1939, cuando se desplazó a la isla para recabar apoyos para la causa republicana. La visita tuvo una importante repercusión en Cuba, que en el ámbito artístico se tradujo en conferencias en su honor elogiando la figura de Castelao como el renovador de la caricatura al introducir la nota social y el enfoque costumbrista (Neira 1988: 103).

un humor nacionalista, '[e]u non teño nada que ver cos chamados humoristas hespañoles, que, pol-o visto, somente son os de Madrid', aunque reconoce y admira a los humoristas catalanes, en especial a Apa y Bagaría. Las siguientes dos partes de la conferencia son una ampliación de las conferencias dictadas entre 1910 y 1915, como se ha apuntado más arriba. Para Castelao, el dibujante humorista debe trabajar el impresionismo, que va más allá de la mera imitación de ciertos aspectos definitorios del personaje. El humorista no pretende hacer reír, le imprime un *sentido crítico* a su obra, que debe reflejarse en la elección de la línea tanto como en la elección del concepto:

> O dibuxante humorista fai algo máis: diante da vida o seu senso crítico vai desfrangulladno canto fita e dispois de descompôr e analizar, esterioriza o seu análisis amostrándonos somente os elementos escollidos por il. Ahí tendes porqué, un dibuxante humorista, ten de sere impresionista. (Castelao 1920)

Por otro lado, Pío Baroja, también abordó el mismo asunto en *La caverna del humorismo* (1919). Poco satisfecho con la obra de Bergson, 'yo creo que este libro está lleno de fallas y que no resiste una crítica detenida' (Baroja 1948: 404), se refirió a la imposibilidad de la sistematización del humorismo: 'el humorismo no puede tener una fórmula, una fórmula de humor sería una cosa desagradable y repulsiva, además; cuando una fórmula permite su repetición penetra en el dominio de la retórica, cuanto más permite su repetición automática es más retórica' (1948: 419). Para Baroja, el humorismo es improvisación, en franca oposición con la retórica, que es tradición, tal y como postula también Pirandello. Para Baroja, el humorismo es 'lo cómico serio, lo trivial trascendental, la risa triste filosófica y cósmica' (Baroja 1948: 406). Coincide con Unamuno al estimar que acaso lo que en tantas ocasiones se refiere como humorismo sería mejor definido como *malhumorismo*.

Precisamente, 'Malhumorismo' es el título de un artículo de Unamuno para *La Nación* de Buenos Aires en 1910. Unamuno concuerda con Baroja en valorar al pueblo británico como el más propicio y el que mejor ha estilizado el desarrollo del humorismo en Europa. A los españoles les achaca caer en las pasiones y, por tanto, perder la distancia necesaria para ejercer el humorismo.[14] La posición de Unamuno es peculiar por su asociación del humorismo con la enfermedad.[15]

---

14   En *Luces de bohemia*, Don Filiberto responde a la pregunta de quién es el primer humorista español aludiendo a Unamuno, a lo que Dorio de Gadex replica que 'El primer humorista es Don Alfonso XIII [...] Don Alfonso ha batido el récord haciendo presidente del Consejo a García Prieto' (Valle-Inclán 2002: 112, Acto I, escena 7).

15   Baroja también abordaría esta cuestión en el citado texto: 'Otra causa de humorismo, aunque mal conocida, sería la enfermedad. Es indudable que las enfermedades tienen una influencia predominante en el espíritu. Después de una larga enfermedad se mira la vida de una manera distinta a como se la ve en plena salud y parece que cambian su valores' (Baroja 1948: 461).

Se basaba en el origen etimológico de carácter médico del término 'humor', pero concluye con una lúcida reflexión que entronca con las opiniones vistas hasta el momento al considerar el humorismo una posición ante la vida, una *valoración*, al fin y al cabo, de la vida:

> Y el humor, en efecto, me parece que casi siempre es de origen, no ya fisiológico, sino patológico. El humor suele ser un mal humor, engendrado, tal vez, por dispepsia. El humor suele ser hijo del Spleen o murria, y la murria proviene de que se hacen mal las digestiones o de otro motivo análogo.
>
> Lo cual, entiéndase bien, no es denigrar ni rebajar el humor y el humorismo, sino tal vez –y en mi opinión, seguramente – exaltarlo. Acaso no puede apreciar el verdadero valor de la vida sino un enfermo. (Unamuno 1958: 619)

El humor adquiere, por tanto, una dimensión más intelectual, universal, no tan sujeto a las realidades físicas del acto mecánico de la risa, como recuerda Ramón: 'El buen humorismo no exige que se ría, porque la risa, después de todo, es un acto esporádico, como el estornudar' (Gómez de la Serna 1930: 365; 1968: 174). El humorismo tendría una trascendencia mayor que las distintas realizaciones de lo cómico, ya fueran éstas la sátira, el sarcasmo, la risa o lo ridículo. El intelectual español nos ofrece una de las mejores definiciones de humorismo: 'El humorismo es una anticipación, es echarlo todo en el mortero del mundo, es devolvérselo todo al cosmos un poco disociado, macerado por la paradoja, confuso, patas arriba' (Gómez de la Serna 1930: 351; 1968: 163). A Ramón le interesa el humor en tanto en cuanto introduce desorden en la realidad, así pues, funcionaría como un resorte desestabilizador del orden establecido. Esta es la gran enseñanza de Ramón a los artistas que formarán 'la otra generación del 27': el humor entendido como actitud subversiva frente a la vida y, en ese sentido, es profundamente vanguardista. Aunque al mismo tiempo uno podría siempre cuestionar el grado de subversión que subyace en esas prácticas que, en no pocas ocasiones, terminan sacralizando una manifestación artística que se origina con el propósito de desacralizar otras tantas.

Esa disociación a la que se refiere Ramón, ese humorismo que es devolverle al mundo otra perspectiva 'confuso, patas arriba', entronca en su valoración del surrealismo con las teorías incongruentes del humor que elaboraron siglos atrás Kant y Schopenhauer. En su *Crítica de la razón pura* (*Kritik der reinen Vernunft*), publicada en 1781, Kant propone una teoría para entender la risa y el chiste. Subraya Kant que donde hay una risa convulsiva hay algo de absurdo, donde el raciocinio no encuentra satisfacción. Kant considera el humor en un plano cercano al de la risa porque del mismo modo produce una gratificación al espíritu:

Humor in the good sense means the talent of being able voluntarily to put oneself into a certain mental disposition, in which everything is judged quite differently from the ordinary method (reversed, in fact) and yet in accordance with certain rational principles in such a frame of mind. He who is involuntarily subject to such mutations is called a man of humors [launisch]; but he who can assume them voluntarily and purposively (on behalf of a lively presentment brought about by the aid of a contrast that excites a laugh) –he and his exposition are called humorous [launight]. (Morreall 1987: 50)

Schopenhauer ofrece una explicación de la risa y el humor en la línea de la teoría del absurdo. Lo esencial de su teoría es la disociación que proviene del conflicto entre lo que se percibe y lo que se piensa, ya que lo que se percibe se toma como verdad incuestionable. Es en Schopenhauer donde se encuentra la base del posterior pensamiento que desarrollaron tanto Pirandello como Ortega. Apunta Pirandello que una de las características del humor es una fundamental contradicción que proviene de la disociación que los sentidos y el pensamiento descubren entre la realidad y la idealización humana o entre las aspiraciones humanas y su fragilidad, cuyo principal efecto es una cierta perplejidad entre el llanto y la risa. Dicho escepticismo sería la base de la mirada humorística (Pirandello 1974: 109). Recordemos también que Ortega reflexiona sobre la realidad percibida por los sentidos y el ideal humano, que toma dichos estímulos como verdad absoluta. Subvertir dicha asociación es una de las bases del arte de vanguardia (la deshumanización), siendo procesos de carácter análogo (vanguardismo y humor).

Las ideas abstractas del pensamiento, sin embargo, no pueden dar cuenta de las infinitas aristas y grises de lo concreto, subraya Schopenhauer. Para el filósofo alemán la victoria del conocimiento de la percepción sobre el pensamiento nos proporciona placer. Ahora bien, establece claras distinciones en el absurdo y su propósito (o carencia del mismo). El absurdo intencional es el chiste. Pero si el chiste se oculta tras la seriedad, entonces nos encontramos con la ironía. Y finalmente, el humor sería la seriedad que se oculta tras el chiste:

humor depends upon a subjective, yet serious and sublime mood, which is involuntarily in conflict with a common external world very different from itself, which it cannot escape from and to which it will not give itself up; therefore, as an accommodation, it tries to think its own point of view and that external world through the same conceptions, and thus a double incongruity arises. (Morreall 1987: 62)

Para el filósofo alemán la ironía implicaría objetividad, mientras que el humor es subjetividad; así encontramos obras maestras de la ironía en los clásicos antiguos (Sócrates, Protágoras, Gorgias, Hippias), mientras que el humor estaría más cercano en el tiempo, sería más moderno. Dicha opinión, bastante generalizada en la intelectualidad europea, fue criticada por Pirandello, así como por Baroja (1948: 401), que la confrontó matizando el sentido del concepto *humor*, negando esa supuesta línea definitoria del humor que estaría vinculada al desarrollo artístico centroeuropeo. Pirandello aboga por una re-definición del término ya que, según el dramaturgo italiano, el sentido habitual que se tiene del humor es erróneo. Pirandello sugiere una concepción transnacional y atemporal del humor, incidiendo en que si bien cada nación tiene su peculiar forma de entender y desarrollar el humor, el problema radica en la apropiación de 'verdadero humor' que hacen los distintos pueblos o en la distinción poco fundamentada de que el humor de los antiguos difiere del de los modernos (Pirandello 1974: 24). No se entrará en más detalle respecto al estudio diacrónico del humor que realiza el autor italiano, pero valgan estas pequeñas notas para ubicar su importancia al concretar y reubicar el concepto de humor despojándolo de dominios nacionales y temporales en un sentido que cala hondo en los movimientos de vanguardia de principios del siglo XX.

Falta mencionar otro de los pilares del pensamiento finisecular, Sigmund Freud, quien también reflexionó sobre el humor. Freud le otorgó al humor un efecto *liberador* a la par que *rebelde*, que se fundamenta en una victoria narcisista del ego, en una auto-afirmación cuando las circunstancias reales que rodean la acción humorística son del todo adversas y marchan en camino contrario (Morreall 1987: 113). Es fácil comprobar las reminiscencias de Schopenhauer en la teoría del humor freudiana. Si el primero dotaba al humor de un *modo sublime*, el segundo subraya que el humor tiene una característica *ennoblecedora* de la que carecen tanto el ingenio como lo cómico y es el triunfo del narcisismo, la aserción victoriosa del ego y de su invulnerabilidad. Es decir, el triunfo del absurdo frente al imperio de la realidad.

Son muy pertinentes para este estudio las teorías que sobre el humor desarrollaron tanto Kant como Schopenhauer, ya que esa incongruencia que está en la base del humor adquiere plena vigencia en el siglo XX a través del efecto trasgresor de las vanguardias. Como ya se ha subrayado, Gómez de la Serna y Ortega le otorgan un papel relevante en el desarrollo del arte nuevo. Pero todavía se puede hilar más fino, ya que además de su carácter subversivo el arte de vanguardia y el humorismo se relacionan estrechamente por su condición intrascendente. Ortega explica que 'para el hombre de la generación novísima, el arte es una cosa sin trascendencia' (Ortega 1947: 383). No significa, se apresura a matizar Ortega, que el arte nuevo carezca de importancia o tenga menos importancia que en el pasado. El artista ve su arte como una labor intrascendente, extirpando toda la carga de seriedad y de 'salvación de la especie humana' con la que los artistas se aproximaban al arte en el periodo decimonónico. Ortega va más allá, relacionando la intrascendencia del arte con una etapa en la que lo nuevo adquiere pleno valor positivo en oposición a lo viejo, lo caduco.[16]

Basta comparar esta reflexión de Ortega con el manifiesto fundador de *La Codorniz*, revista humorística heredera de *La Ametralladora*, dirigidas ambas por Miguel Mihura. Corría el año 1941, la Guerra Civil había terminado y la experiencia exitosa durante el conflicto de *La Ametralladora* auguraba nuevos proyectos. Mihura se refería en estos términos a la revista que habría de acompañar a los españoles cada semana hasta 1978:

> *La Codorniz* será como una pieza musical, como una canción, como un disco de música de baile, que se escucha para pasar el rato y nunca para aprender álgebra y trigonometría. El que quiera aprender matemáticas o ganar unas oposiciones en Hacienda no debe leer *La Codorniz*, porque no le resultará eficaz. (Prieto y Moreiro 2004: 11)

Si de algo era consciente su director era de la *intrascendencia* de su empresa. Más aún por tratarse de una publicación periódica que no aspiraba, por definición, a la dignificación del anaquel de biblioteca. Era consciente Mihura de la traumática situación que atravesaba España, cauterizada con bisturí por los vencedores, destruida y empobrecida y con poquísimos motivos para la sonrisa. Por ello, la base de la revista, como también lo fue en *La Ametralladora* durante la Guerra Civil (en menor medida por las circunstancias de un conflicto bélico en curso), será el absurdo. Melquíades Prieto y Julián Moreiro, en la antología crítica sobre *La Codorniz* que se publicó en 1998, destacan del semanario *La Ametralladora* que en manos de Miguel Mihura 'se transformó en una publicación de humor *revolucionario*: no es la anécdota, ni la intención política la que desencadena la gracia; es la dislocada asociación de imágenes con nuevos comentarios; son relatos incoherentes que buscan y encuentran relaciones chocantes' (Prieto y Moreiro 2004: 12–13).[17] Resulta cuando menos curioso el adjetivo *revolucionario* para una revista de humor del bando nacional y, sin embargo, define de manera certera el carácter de la publicación y su enfoque innovador en cuanto al humor.

Pese a lo esbozado, no se debe pasar por alto la situación política existente en España durante la década de los veinte, especialmente a partir de 1923 con el golpe de estado del general Primo de Rivera, cuyas consecuencias se

---

[16] Ortega llega a decir que Europa entra en una etapa de puerilidad.

[17] La base de estos experimentos que en *La Ametralladora* formarán la sección "Diálogos estúpidos" hay que buscarla en los *Diálogos triviales* que inventa Ramón al reproducir las conversaciones de café entre los escritores y artistas del momento (Gómez de la Serna 1974: 245).

prolongarán hasta enero de 1930. En esa fecha, Primo de Rivera dimite de sus funciones (falleciendo meses después a causa de una embolia) y el general Dámaso Berenguer tiene la misión, encargada por Alfonso XIII, de pacificar la situación político-social que durante siete años se ha enrarecido en la nación. La *dictablanda* de Berenguer durará poco más de un año, hasta el 14 de abril de 1931, cuando se proclame la Segunda República Española.

La dictadura de Primo de Rivera impuso una férrea censura de prensa, hecho que ha motivado que investigadores como Antonio Martín[18] afirmen que las revistas humorísticas de este período (*Buen Humor, Muchas Gracias, Gutiérrez, Macaco, El perro, el ratón y el gato*) desarrollaron un humor no comprometido con la realidad social del momento, de cariz intrascendente, rayano en el absurdo. Al mismo tiempo, Martín destaca la importante renovación del humor que supuso la entrada en escena de estas publicaciones de alta calidad expresiva y técnica. Precisamente, la evolución del lenguaje expresivo de la historieta, que se traduce en una narración con total integración de dibujo y texto, será su principal característica y aporte al desarrollo de la historieta española (Martín 1978: 79–80). Tras una década en la que la historieta empezó a desplegar su potencial como medio de entretenimiento (y educativo) para los infantes, siendo materia habitual en las revistas para niños, el desarrollo expresivo del medio había retrocedido considerablemente a causa de la escasa libertad que disfrutaba el artista para explorar nuevos caminos estéticos. Ya en 1910, destaca Martín, José Robledano había desarrollado plenamente la integración de texto e imagen mediante el globo o bocadillo en una serie para la revista *Infancia*, llamada 'El suero maravilloso' (1978: 45–48). Sin embargo, la infantilización del medio se había convertido en un lastre para su desarrollo expresivo.

Si bien negar la influencia que a través de la censura de prensa pudo ejercer la dictadura de Primo de Rivera sobre las publicaciones periódicas (y, por tanto, sobre los escritores y artistas que éstas englobaban) sería poco menos que un disparate, no lo sería tanto afirmar que el humor no comprometido al que se refiere Martín tiene un claro antecedente en el humor de carácter abstracto tal y como postularon Kant y Schopenhauer. Vincular ese tipo de humor descontextualizado únicamente a la presión gubernamental me parece subestimar la influencia (de larguísimo recorrido) de los movimientos de vanguardia en España y el decisivo papel que jugó el humor en su desarrollo.

---

[18] 'La dictadura del general Primo de Rivera simplemente llevó un paso más lejos el control de la prensa. Además y respecto del tipo de humor que los dibujantes de historietas de aquel tiempo hicieron, es importante fijarse en lo tarde que aparece *Gutiérrez*, cuando la dictadura ya estaba consolidada y aún no había comenzado a dar signos de descomposición, lo que permite aventurar que K-Hito sabía muy bien lo que pretendía hacer al dirigir en aquellos momentos una revista de humor, que no podía ser satírico y a la que llevó hacia un humor no comprometido' [entrevista con el autor, 15 diciembre 2008].

Vanguardia y humor están, por tanto, más íntimamente relacionados de lo que a primera vista pudiera pensarse. En el contexto español se deben rastrear las revistas de los años veinte y la nómina de autores conocidos como los humoristas del 27 para formarse una idea aproximada de cómo esa conjunción de vanguardia y humor se trasladó al medio de la historieta. Y más aún, cómo su impronta no cesa con el comienzo de la Segunda República en 1931 ni con el estallido de la Guerra Civil Española en 1936, sino que se prolonga durante la dictadura franquista en publicaciones como *La Codorniz*, si bien no fue, en modo alguno, la tónica habitual del momento. La dictadura franquista impondría férreos cauces para la actividad artística. La historieta, entendida como entretenimiento de carácter infantil, volverá a la esfera del costumbrismo y la aventura dejando los derroteros vanguardistas que habían guiado una parte significativa de su producción previa al conflicto bélico.

2

Humorismo y vanguardia en Cuba: revistas modernas para una época de cambios: *Bohemia*, *Social* y *Carteles*

Tratar de definir el humorismo es aventurarse por una senda que transitan múltiples disciplinas como en un interminable cruce de caminos entre psicología y sociología; a poco que uno se adelanta un trecho debe desandar lo avanzado y tomar la traviesa de la filosofía, que discurre paralela a la del arte. Y ello sin olvidar otras carreteras que discurren solapadas como la parodia, la sátira, la ironía o la risa. Como se puede colegir, no es tarea sencilla. Aunque si para tal labor nos propusiéramos una nación como Cuba, impregnada de chanza y guasa que en buen cubano se denomina choteo, quizá tal empresa resultara menos riesgosa y un tanto más asequible, al menos, *a priori*. Sin embargo, no es tan solo el propósito del siguiente capítulo llamar la atención sobre las particularidades del humorismo en Cuba, sino incidir concretamente en su relación con las artes de vanguardia durante las primeras décadas del siglo XX. Y más aún, subrayar la consolidación de un gusto por las artes plásticas asociadas a la prensa periódica, que abona el terreno para una revolución en el humorismo gráfico que se venía practicando hasta el momento y la gradual incorporación de la historieta cubana en las revistas ilustradas de la época (y posteriormente en la prensa diaria durante los años treinta), que muy pronto tendrá que competir con los sindicatos norteamericanos que llegarán a dominar el mercado en Cuba. La revolución que se produce en el humorismo gráfico durante estos años, de 1915 a entrada la década de los treinta, es solo comparable con la llevada a cabo tras el triunfo revolucionario de 1959 en las páginas de *Revolución* y de las revistas *Mella* y *El Pitirre*.

A la frecuente confusión entre humorismo y choteo que ya se enuncia –el primero, concepto de atribuidas características positivas que ha recibido no desdeñable atención en los últimos años, el segundo, asociado al conjunto de censurables hábitos o costumbres que desde un enfoque etnográfico y positivista se encargaron de denunciar durante el siglo XIX y principios del XX personalidades como Félix Varela, José Antonio Saco, Francisco Figueras, Mario Guiral Moreno o Enrique José Varona– se debe añadir la carencia de un estudio sistemático sobre el humorismo y su desarrollo en sus diversas manifestaciones artísticas. El texto al que se acude como –insuficiente– salvavidas es el ensayo de Jorge Mañach *Indagación del choteo* (1928) que, amén de ser el estudio más riguroso sobre esta cuestión, inaugura en Cuba una forma de expresión nueva, el ensayo filosófico y una nueva perspectiva epistemológica, la Fenomenología (Valdés 2002: 3). Mañach, en las primeras líneas de su conferencia-ensayo, que dedica a explicar la razón de su estudio sobre el choteo, reivindica lo menudo recogiendo las observaciones de Georg Simmel de llevar a la sociología el procedimiento microscópico, distanciándose de las abstracciones para concentrarse en las menudas concreciones. Con ello, Mañach reconoce la influencia de la escuela filosófica alemana que a través de las traducciones de la *Revista de Occidente* penetraron en América Latina. *Indagación del choteo*, aun siendo una pieza sobresaliente en el análisis de la identidad y la psicología cubana a través de su carácter burlesco, se inscribe más bien en una tradición literaria más amplia de estudios sobre los males en Cuba. Mañach se aproxima al choteo como 'una repugnancia a toda autoridad', definición que nos retrotrae cien años atrás, cuando José Antonio Saco publica su influyente *Memoria sobra la vagancia en la Isla de Cuba* (1830). No reflexiona Saco sobre el choteo como el origen de los males que asolan la isla, sin embargo, en su disquisición sobre la influencia que el juego, el exceso de días festivos, la indisciplina o el rechazo al trabajo mecánico (que venía realizando la población esclava) tiene sobre la vagancia, subyace, también, una común repugnancia a toda autoridad, un *tirarlo todo a relajo*, como cuando advierte de los excesos que se producen en días festivos, contrarios a la original instauración por parte de la Iglesia: '[e]lla mandó que los trabajos mundanos cesasen en estos días, para que entregado el hombre a contemplaciones religiosas, depurase su alma de los afectos terrenales' (Saco 2006: 61). Y cada cual hizo de su capa un sayo, podría haber añadido el ilustre intelectual. No pretende Saco que el pueblo se impregne de una celosa seriedad, como se encarga de recalcar '[q]ue el pueblo baile y cante, que meriende y se pasee, racional y provechoso es' (Saco 2006: 53), pero trasluce su memoria una crítica velada a ese exceso de jovialidad, a esa carencia de disciplina que a fin de cuentas es precisamente lo que denuncia Mañach a través de su ensayo sobre el choteo. Ese hacer su real gana de los españoles, que decía Ganivet y nos recuerda Mañach. De igual manera, ya entrado el siglo XX, Francisco Figueras (a quien también cita Mañach) en *Cuba y su evolución colonial* (1907) apunta que 'la indolencia tropical, madre de la vagancia y abuela del juego, del baile y de otros varios excesos y defectos, es hija legítima, habida en el legítimo matrimonio del clima con la esclavitud' (1907: 383). Y más aún, al hacer recuento de la idiosincrasia cubana y de los males contemporáneos que asolan a Cuba, Marcelo Pogolotti destaca un artículo del director de *Cuba Contemporánea* (1913–1927), Mario Guiral Moreno, para esta revista, en el que define el choteo como la 'propensión a burlarse con sorna de todo lo estimable y a escarnecer las personalidades, lo cual equivale al relajamiento del respeto mutuo' (Pogolotti 2002: 59). También el poeta José Manuel Poveda se refiere al choteo en un texto de 1914 al relacionar la comedia bufa con una forma degradada en la que el humorismo se presenta en 'la forma violenta, vacía y rudimentaria del choteo. La única manera *plástica* de servir al humorismo y al interés político del público es la caricatura, y de ahí que en cuanto surgiera fuese unánimemente aceptada' (Poveda 1980: 84). Ese carácter popular que le atribuye Poveda a la caricatura, al humorismo en su vertiente gráfica, cabe relacionarlo con la reflexión de uno de sus mayores conocedores en Cuba, Bernardo G. Barros, cuando declara que el humorismo gráfico no solo se propone reflejar 'lo que ve y lo que oye', sino desentrañar el espíritu, el alma de la persona en cuestión. Cuando dicho propósito no se consigue nos encontramos ante un arte de cómoda factura, carente de riesgo:

> un arte que no exalta ni rebaja, ni siquiera discute el valor de un concepto, la justeza de una apreciación; un arte que no se propone algo determinado, sino que, por el contrario, es apto para todas las concepciones y fácil a todas las interpretaciones; un arte que no se atreve a romper el molde que formaron la armonía estatuida y la serenidad superficial, tiene que ser forzosamente popular. (Barros 2008: 100)

Barros argumentará, como se verá más adelante, el cambio fundamental que ciertos autores desarrollan en Cuba a principios del siglo XX, optando en algunos casos por una línea de arriesgada factura (como es el caso de Rafael Blanco) que supone un salto cualitativo sin parangón. También se retomarán las palabras de Poveda que anuncian una tendencia en el gusto del público por la caricatura, por la conjunción de humorismo y plasticidad, pero sobre todo —y esto es de vital importancia— al amparo de la revolución y modernidad que las publicaciones periódicas de los medios de masas traerán a Cuba. La *Modernidad* es un concepto que se presta a relativos estiramientos temporales, como ha postulado Habermas, quien se refiere al siglo V como el momento en el que aparece el término 'moderno' para delimitar el presente cristiano con relación al pasado romano-pagano (Habermas 2002: 375). Fue el propio Habermas quien concretó temporalmente la *Modernidad* y la vinculó al proyecto ilustrado del XVIII:

> El proyecto de la Modernidad, formulado en el siglo XVIII por los filósofos de la Ilustración, consiste en desarrollar las ciencias objetivadoras, los fundamentos universalistas de la moral y el derecho y el arte autónomo, sin olvidar las características peculiares de cada uno de ellos y, al mismo tiempo, en liberar de sus formas esotéricas las potencialidades cognoscitivas que así manifiestan y aprovecharlas para la praxis, esto es, para una configuración racional de las relaciones vitales. (Habermas 2002: 385)

Ahora bien, sin querer entrar en una larga digresión que nos haga retroceder hasta el pensamiento ilustrado de finales del XVIII como postula Habermas o incluso a la invención de la imprenta y la nueva concepción de la *episteme* con la llegada a América, la Modernidad entrañó a finales del XIX un proceso de industrialización y expansión de mercados que Stuart Hall, en *Formations of Modernity*, resumió como el resultado de una sociedad que ha adoptado 'a monetarized exchange economy, based on the large-scale production and consumption of commodities for the market, extensive ownership of private property and the accumulation of capital on a systematic, long-term basis' (Hall 2003: 6).[1] Sin embargo, la Modernidad en América Latina presenta unas características propias debido a su pasado colonial y a procesos dispares de desarrollo presentes, por ejemplo, como destaca Vivian Schelling, en la combinación y simultaneidad de modos de producción y formas de vida modernos y pre-modernos (Schelling 2000: 7). A los cambios de orden económico-estructural hay que sumar los de orden intelectual, es decir, el cambio en la percepción de la historia como una continua e inexorable marcha hacia el progreso y el bienestar. Los conceptos de justicia y libertad se asociaban de manera indisoluble al de razón, que sustituye la primacía de la religión y la superstición. Sin embargo, la creencia en la razón y el progreso como portadores de una mejora de las condiciones humanas (la suplantación, en última instancia, de una religión por otra) ha desvelado, como apuntó Octavio Paz, que lo que ayer parecían maravillas del progreso se han convertido en desastres (Paz 1974: 150). De manera más precisa para este estudio, la relación entre humorismo gráfico y Modernidad, en su acepción de transformación de la realidad y mejora de las condiciones sociales de vida, ha sido subrayada por Luz Merino Acosta:

> En el horizonte histórico de los primeros veinte años del pasado siglo se entendía que la caricatura servía de vehículo al humorismo, por la función social y ética, lo que le permitía obrar como un ente transformador. Desde esta perspectiva el humorismo debía hablar a las masas, combatir los prejuicios, errores y comportarse como un factor renovador y un procedimiento democratizador. (Merino Acosta 2007: 66)

Volviendo al discurso en torno al humor y al choteo, en no pocas ocasiones se ha asociado el carácter alegre del cubano a dos factores que tienen su origen fuera de su contorno geográfico: la picaresca y la presencia del negro. Acaso

---

[1]   Pese a todo, es complicado (y ciertamente sería erróneo) afirmar que Cuba en su conjunto se desarrolló como una sociedad moderna en estos términos a principios del siglo XX. La Habana, como espacio geográfico-social, sí presenta por sí misma una evolución equiparable en muchos sentidos a ciudades europeas o norteamericanas, mientras el resto del país seguía anclado en prácticas y modos de hacer pseudo-feudalistas.

recordando aquel aforismo de José de la Luz y Caballero de que 'en nuestra tierra ha sido todo, es y será importado, hasta lo más importante' (2006: 116), la picaresca española se impregnó de componentes africanos y se desarrolló en Cuba a través del choteo. Más recientemente, a esa actitud del *vivo* se le ha añadido la popular voz *resolver*, de connotaciones más positivas, cajón de sastre en el que cabe picaresca, ingenio y viveza. Una costumbre muy hispana –la importación, por otro lado– como recuerda la polémica entre Unanumo y Ortega y Gasset con la célebre frase del primero *que inventen ellos* en relación a la europeización de España o la españolización de Europa. En cualquier caso, y aunque Fernando Ortiz aludió a la influencia africana en el carácter jovial del cubano, seguimos lindando el humorismo a través del choteo, cuya equiparación resulta errónea. El propio Mañach, para diferenciar uno de otro, recurre a uno de los textos clásicos en literatura española sobre el humorismo y que ya se comentó en el capítulo uno:

> Es indudable – dice Pío Baroja en *La caverna del humorismo* – que allí donde hay un plano de seriedad, de respetabilidad, hay otro plano de risa y de burla. Lo trágico, lo épico, se alojan en el primer plano; lo cómico en el segundo. El humorismo salta constantemente de uno a otro y llega a confundir los dos; de aquí que el humorismo pueda definirse como lo cómico serio, lo trivial trascendental, la risa triste, filosófica y cómica.' Pero el choteo ignora deliberadamente ese plano de respetabilidad de que habla Baroja y se instala, inquilino contumaz, en el plano de lo cómico. (Mañach 1955)

El humorismo, por tanto, se acompaña de un aura de respetabilidad que estriba en el ejercicio intelectual de abordar lo serio y lo cómico saltando de uno a otro, invirtiendo expectativas y envolviendo todo con un aura de comicidad melancólica, trascendental, seria a la par que humorística. Esta meditación implícita en el humorismo es similar al efecto de distanciamiento en las artes escénicas promulgado por Bertolt Brecht. Dicho efecto teatral implica un hiato emocional del espectador respecto a la representación con el fin de conseguir una aproximación intelectual sobre los distintos aspectos que integran la obra dramática. Al desenfocar la mirada del espectador de la empatía clásica al reconocimiento de la obra como artificio se renuncia (al menos en un primer momento) a la empatía y se la sustituye por el intelecto. El 'desenfoque' será crucial en la obra del historietista Rafael Fornés, como se verá en la parte III. Si lo llevamos al terreno de lo humorístico, ¿no es la risa el terreno propicio para la empatía? ¿No es acaso un síntoma de emotividad social, casi involuntario, el acto de reírse, como postuló Henri Bergson en su estudio *Le rire* (1899)? ¿No es, por tanto, la sonrisa un indicio de comprensión, y por ende de inteligencia, guiado más por la reflexión meditada que por la automática e involuntaria risa?

Finalmente, ¿no representa el humorismo una voluntaria distancia respecto al mundo, un mirar de otra manera, distanciada? En cualquier caso, es cierto que el humorismo no renuncia al sentimiento, a la empatía, en todo caso hay una negación inicial de lo humano, del punto de vista humanizado que Ortega y Gasset teorizó con respecto al arte de vanguardia. Si entre la cosa y la idea existe siempre una distancia, ésta se solventa, argumenta Ortega, ya que 'nuestro prurito vital de realismo nos hace caer en una ingenua idealización de lo real. Esta es la propensión nativa, "humana"' (Ortega 1947: 376). El humorismo dinamita esa idealización presentando una cara desconocida que permite acercarse a aspectos desconocidos de la realidad. Pero como ya recalca Ramón '[e]l humor parece que va a excitar a la risa, y después aduerme en lo sentimental. Presenta a su héroe como un dislocado y acaba por conmoverse con él y hacer cierta y profunda su tragedia, al parecer, grotesca' (Gómez de la Serna 1930: 352). La distancia inicial, la *dislocación*, termina resolviéndose con el sentimiento en una conjunción de enfoque y apreciación (sentimental) que reúne la esencia del humorismo.

Para Mañach, como el choteo carece de inteligencia en su proceder, implica una simpleza en lenguaje y actitud que convierte a quienes lo practican en individuos incapaces de admitir que haya en nada motivos o merecimiento de respeto. Según Mañach, '[s]on los negadores profesionales, los descreídos a ultranza, los egoístas máximos, inaccesibles a otra emoción seria que no sean las de rango animal' (Mañach 1955). En su definición nos recuerda un aforismo de José de la Luz y Caballero, compañero de estudios y amigo de Saco: 'La burla siempre es descreída. Las caras siempre risueñas no pertenecen a hombres meditadores. Sin embargo, éstos tienen una sonrisa suave y oportuna' (de la Luz 2006: 143). La dicotomía risa/sonrisa se antoja útil para este menester, aun cuando se es consciente del peligro que entrañan las categorías binarias, de apariencia estable. Si la risa es un acto mecánico como el estornudar, la sonrisa deja entrever meditación, desarrollo del intelecto. A la espontaneidad incontenible de la risa se podría oponer la precisa sonrisa fruto de una reflexión previa.

Trascendencia y melancolía como elementos subyacentes del humor que amagan un profundo escepticismo ante el mundo, cualidades que el Romanticismo se encarga de catalizar como analizaron Shaw y Mainer. Es el siglo XIX el que termina conformando el sentido que el término todavía mantiene en la actualidad. Pero, si como dice Julio Casares, el humorismo no es fruto de pueblos jóvenes, sino 'planta de otoño y su florecimiento exige, además de una fase cultural avanzada, cierto clima político y moral' (Casares 1961: 24), tal vez se entienda mejor la agria denuncia de Mañach sobre ese vicio del choteo que tiene por objeto no encontrar ni un ápice de respetabilidad en ninguna acción humana. Mañach escribe su estudio en 1928, tres años después de la elección de Gerardo Machado como presidente de la República, que gradualmente modificaría la constitución cubana a su antojo para perpetuarse en el poder. Un clima político hasta el momento que distaba de ser estable, con una ganada independencia de España en 1898 bajo la tutela militar de los EE.UU. hasta 1902, que volvería a intervenir militarmente en Cuba de 1906 a 1909 en virtud de la ominosa Enmienda Platt a la constitución cubana (abolida en 1934 tras la caída de Machado), que le otorgaba poderes de intervención en el país. Este clima de inestabilidad llevó a personalidades como el intelectual Enrique José Varona a mirar hacia la cuna de la tradición europea, hacia el pueblo británico y su sistema parlamentario. En su artículo 'Humor y tolerancia' de 1899, en el que reproduce una disputa dialéctica de tintes humorísticos entre un diputado irlandés y uno británico respecto a la resistencia de los boers frente al imperio, recoge una idea común en la época (y que llega hasta nuestros días) como es la predilección del británico por el humorismo –dice Varona–, casi como un atributo de raza. Afirma Varona que 'el humorismo del pueblo inglés es una de las manifestaciones de la conciencia de su fuerza' (Varona 1907: 139), y alguien podría añadir, siguiendo el discurso de Mañach, que el choteo del pueblo cubano es una de las manifestaciones de la conciencia de su flaqueza. Mañach, que recoge la cita de Varona en su *Indagación*, lo resume así: 'En el pueblo pequeño, la conciencia de que, por su debilidad, no se le respeta, hace que todos dentro de él se respeten menos, anulando aquellos contrastes que invitan al humorismo' (Mañach 1955).

Dos artículos más de Varona, 'No smoking' de 1894 y 'A Plutarco. Fabricante de grandes hombres' de 1904, son magníficos ejemplos de humorismo. Especialmente el segundo, en el que utilizando un formato epistolar y tono grave, demanda ayuda al insigne historiador y ensayista griego para que le envíe no hombres egregios sacados de su *Vidas paralelas*, ya que 'aquí los tenemos a porrillo, hasta por exportar; y si te hicieran falta algunas docenas, podemos cedértelos, con descuento sobre el precio de catálogo' (1907: 248–9), sino hombres mediocres que compensen la abundancia de excelsas figuras. En las palabras de Varona se entrevé un prurito de melancolía, de tristeza escéptica ante la situación del país, que decide afrontar con humor, combinando, como se apuntaba anteriormente, seriedad y comicidad.

Si estos son los ingredientes necesarios para dirigir la orquesta del humor, lo serio que se presenta cómico y viceversa, el piano acompañado de la trompetilla, una de las mejores muestras de humorismo en Cuba a finales de los años veinte y principios de la década del treinta la tenemos en las viñetas diarias de humor gráfico de 'El Bobo' de Eduardo Abela. De 1926 a 1934 *La Semana, Información* y ocasionalmente *Diario de la Marina* darían cabida al popular personaje de Abela, que en 1926 ya es un 'nombre conocido de la plástica cubana, como pintor y como caricaturista' (de Juan 1999: 92). El personaje, de oronda cabeza y escaso cabello, bonachón en apariencia, ingenuo, se convirtió en un pulsómetro de la actividad social y política en Cuba durante la dictadura de Machado. Dibujado con líneas escuetas, alejado de la representación caricaturesca imperante en las revistas del XIX y principios del XX (el Liborio de Ricardo de la Torriente será un modelo superado), en el que el tamaño desproporcionado de la cabeza y la acentuación de rasgos físicos aspira, erróneamente, a desentrañar la psicología del personaje, Abela prefiere la línea justa y resuelve cada viñeta con los elementos fundamentales y sin excesos. El texto que acompaña (aunque no siempre) las escenas lo hace a modo de diálogo integrando texto e imagen de una manera más orgánica a como se venía haciendo hasta el momento. El humor gráfico hasta la fecha, salvo excepciones, presenta una imagen subordinada al texto sin el que no puede funcionar. 'El Bobo' de Abela no significa que el texto pase a un papel secundario (sus juegos de palabras, sus dobles referencias a la actualidad sociopolítica y su ironía prueban lo contrario), sino que la línea, por así decirlo, sube un peldaño en el proceso comunicativo, ganando una mayor independencia respecto al texto que años después llegará a prescindir de éste, como demuestran las creaciones de Santiago Armada (Chago) en los sesenta.

El humorismo, recapitulando lo expuesto hasta el momento, se nos presenta, como ya apuntó Baroja, como 'invención, intento de afirmación de valores nuevos' (Baroja 1948: 416). Si el XIX fue esencialmente un siglo marcado por el positivismo, por el valor del método científico que aspira a entender y explicar el mundo, esa carga de responsabilidad facilita la válvula de escape del humor. Ante desarrollos cruciales para el ser humano como la revolución industrial, que abre posibilidades ignotas hasta la fecha, el humor ejerce de contrapeso de esa carga de patetismo y trascendencia (y de ahí el desarrollo de la caricatura y el humor gráfico del XIX) que significan no solo los avances tecnológicos sino el determinismo desarrollado por la novela naturalista. El humor deviene una mirada escéptica de la realidad que, habida cuenta de los avances en la teoría de la relatividad de Einstein, nos presenta un mundo incomprensible, lleno de posibilidades, alejado, por así decir, de los postulados positivistas. Por ello, siguiendo a Baroja, 'La tesis: "Todo es nuevo, nada está hecho, todo fluye y cambia constantemente", hace pensar en la posibilidad de nuevos sistemas' (Baroja 1948: 416) que reconfortan al ser humano y le liberan del excesivo patetismo finisecular. El humor estuvo presente en los albores del cine también. Los años finales del XIX son testigo de la invención del cinematógrafo a cargo de los hermanos Lumière. El 28 de diciembre de 1895, un año después de patentar su creación, se exhibió a una limitada audiencia varias cintas, entre las que figuraban *La sortie des ouvriers des usines Lumière à Lyon Monplaisir* o *L'Arrivée d'un Train a la Ciotat*, pero también *L'arroseur arrosé*, primera película de ficción de Louis Lumière, a todas luces una copia plano a plano de una historieta del mismo título de Hermann Vogel publicada por *Quantin* en 1887, en la que un regador se queda sin agua porque un individuo pisa la manguera. El efecto cómico al estilo *slapstick* de la época tiene lugar cuando la manguera es liberada y el regador termina regado. El humor sigue presente en los primeros pasos del cine con las comedias de Mack Sennet en Keystone Studios desde 1912. Y desde 1914 cuenta con la colaboración de Charles Chaplin, que rueda más de treinta películas para esta productora. El mismo Chaplin fue amigo de Neville y López Rubio durante su estancia en Hollywood.

Revistas de vanguardia: *Bohemia, Social* y *Carteles*

En la segunda década del XX, Ortega y Gasset publica su influyente estudio sobre el arte nuevo: *La deshumanización del arte e ideas sobre la novela* (1925). Por lo tanto, si Ortega atisbaba una raíz cómica en el arte nuevo, podríamos preguntarnos en este punto qué influencia pudo tener el humorismo en el desarrollo de los movimientos de vanguardia en Cuba. Mucho se ha escrito sobre el Grupo Minorista,[2] que acogió a lo más granado de la intelectualidad cubana del momento y no menos se ha comentado la incidencia de la Exposición de Arte Nuevo de 1927, con Víctor Manuel García Valdés a la cabeza, que da inicio formalmente a la vanguardia pictórica cubana.[3] Sin embargo, la tradicional historiografía olvida o subestima la importancia de los medios gráficos de prensa que, recogiendo la rica tradición del periodismo ilustrado del XIX, irrumpe en el siglo XX con unas revistas que ya incorporan los avances tecnológicos recientes en tipografía, composición gráfica y contenidos, conformando un momento álgido que queda definido por tres cabeceras sobresalientes: *Bohemia, Social* y *Carteles*. No se exagera al afirmar que la presencia de estas revistas modernas es crucial para entender el desarrollo de las vanguardias en Cuba. Me adscribo a lo dicho por Jorge R. Bermúdez, especialista en comunicación, cuando afirma que solo es parcialmente cierto que las vanguardias comiencen en Cuba con la mencionada exposición y la guía de Víctor Manuel si se excluyen

---

[2]   El nombre se debe a Jorge Mañach, quien tituló un artículo referido a los 'almuerzos sabáticos' que realizaba el grupo y en los que se homenajeaba a alguna personalidad. Las reminiscencias con las tertulias de los sábados noche de La Sagrada Cripta del Pombo en Madrid organizadas por Ramón Gómez de la Serna son evidentes. Dicho artículo, 'Los minoristas sabáticos escuchan al gran Titta', publicado en *Social* en febrero de 1924, acuña el término del grupo. El estudio hasta la fecha más completo sobre el Minorismo es *El Grupo Minorista y su tiempo* (1979) de la investigadora cubana Ana Cairo Ballester.

[3]   Víctor Manuel realiza su primer viaje a Europa en 1925. Recibe el influjo de las vanguardias parisinas y vuelve a Cuba en 1927 para participar en la primera exposición de arte de vanguardia. Vuelve a marchar a Europa y regresa en 1929, año en que elabora la famosa obra 'La gitana tropical', síntesis de estilos modernistas y obra representativa del periodo.

las manifestaciones de la gráfica de comunicación. Es decir, si se obvia el protagonismo visual que, desde finales de la primera década hasta la del veinte, inclusive, empezó a tener en nuestro ámbito artístico manifestaciones tales como la caricatura, el cartel y la ilustración artística relacionada con el anuncio publicitario y las publicaciones periódicas. La precocidad de este protagonismo gráfico-comunicativo, su posterior minimización y soslayo a tenor con los dominantes criterios elitistas sobre el arte, y el espacio preferente que ocupó en la labor crítica de Barros, interrumpida prematuramente por la muerte, fueron factores que contribuyeron a relegarla del estudio de las nuevas generaciones, en la misma medida que la plástica iba ganando el espacio que le correspondería en la modernidad. (Bermúdez 2008: 6)

Las revistas que desde 1910 entran en la escena cultural cubana servirán de órgano difusor de las tendencias artísticas más renovadoras en el campo de la publicidad, la ilustración y el diseño gráfico, adaptando las diferentes corrientes de vanguardia. El resultado de esta estrecha colaboración arte nuevo-prensa periódica se puede comprobar en las portadas para *Carteles* de Heriberto Portell Vilá a base de formas geométricas, tiralíneas y escuadra y cartabón, de un estilo muy similar al que practica Antonio de Lara (Tono) esos mismos años para las revistas humorísticas españolas *Buen Humor*, *Muchas Gracias* o *Gutiérrez*. Como también en los *affiches* publicitarios del catalán afincado en Cuba, Jaime Valls, que supo adaptar, como destacó el escritor y crítico de arte especializado en la caricatura y el humorismo Bernardo G. Barros en 1916, las innovaciones que en el cartel había realizado la escuela germana en *Simplicissimus* (en especial la obra del sueco Olaf Gulbransson) y el arte decorativo del checo Alphonse Mucha, uno de los máximos exponentes del *Art Nouveau* (Barros 2008: 159).

Bohemia, la veterana y más longeva de las tres, comienza a editarse el 7 de mayo de 1910 bajo la dirección y administración de su fundador y propietario Miguel Ángel Quevedo.[4] La revista, a partir de octubre de 1915, incrementa su número de páginas y el tamaño de las mismas, pero, sobre todo, decide apostar claramente por el aspecto gráfico, hecho que ya se anuncia en el n. 39 del 26 de septiembre de 1915 en un artículo titulado 'Las reformas de *Bohemia*', en el que se menciona la próxima aparición de historietas en la revista. El 3 de octubre de 1915, en otro artículo, esta vez firmado por el bibliófilo Antonio Alemán Ruiz, éste declara lo siguiente:

---

[4] Dato que constata el *Diccionario de la Literatura Cubana*, pese a la confusión que sugiere 1908 como el año de inicio por unas declaraciones de Jorge Quintana refiriéndose a 'unos pocos números en 1908'.(*Diccionario* 1980: 140).

La prensa gráfica hermana la expresión de los pensamientos por medio de la palabra escrita con la reproducción de cuanto nos rodea, valiéndose para esto último de los servicios inapreciables de la fotografía y el grabado [...] Igualmente bellas e importantes son las revistas de esta clase en los Estados Unidos y en Inglaterra, en Alemania y en Italia. De España no diremos nada, porque circulando tan profusamente en Cuba las principales revistas gráficas españolas, todos conocen el grado de adelanto que ellas han alcanzado, sobre todo en los últimos años. Y respecto de Cuba...parécenos que cometería una manifiesta injusticia el que, en presencia del actual número de Bohemia, no declarara que en este país se hacen enormes y plausibles esfuerzos por que la prensa gráfica alcance el esplendor que tiene en otras naciones [...] Los que gustan sólo de hojear al descuido las revistas para ver 'los muñecos' no pueden darse exacta cuenta de la importancia en el orden cultural que estas publicaciones tienen. (Alemán 1915: s/p)

La cita interesa por varios motivos. Primero, por la expresa valoración de la prensa gráfica y la referencia a modelos extranjeros, con especial mención al progreso técnico de las revistas españolas y a su amplia distribución en Cuba.[5] En segundo lugar, por la expresa declaración que marca una nueva tendencia en *Bohemia* en la que el apartado gráfico tendrá una capital importancia. Y, finalmente, por la confirmación de la pujanza del humor gráfico, la caricatura y también tímidamente de la historieta en la prensa gráfica del momento. La displicente censura de Alemán sobre aquellos que gustan solo de hojear al descuido 'los muñecos' es de vital importancia para este estudio porque confirma una tendencia, un hábito y una apreciación por parte del público lector. Este proceso de adaptación de la imagen a una prensa periódica renovada que paulatinamente incorpora el reclamo comercial de la publicidad discurre paralelo al establecimiento definitivo de la tira de prensa de corte humorístico y a su utilidad para fidelizar lectores. La crítica literaria Annie Russell Marble identificó este cambio de costumbres en la sociedad estadounidense en un visionario artículo para *The Dial*, el primero de noviembre de 1903, titulado 'The Reign of the Spectacular': 'the literature that is episodic and pictorial, gains the popular favor. The eye of the senses is regnant, –often a substitute for ear, imagination, and reason' (Marble 2004: 7). Marble observó un interés y una demanda por la ilustración que llegó al punto de que incluso 'in homes refined in other ways,

---

5   Es un hecho conocido que las revistas ilustradas españolas antes y después de 1898 tuvieron una amplia distribución en Cuba. Como muestra de esta situación, la revista *El Bobo* (1895–1896), en su editorial del primer número, declara que publicarán 'artículos jocosos, chascarrillos de actualidad, revistas cómicas, crónicas de salones [...] y cuanto pueda dar la nota alegre en un semanario que aspira a remontarse con el favor del público a la misma altura del *Blanco y Negro*, del *Madrid Cómico* y de otros de esta índole por el esfuerzo en la elección de los trabajos de texto y del mérito artístico de sus caricaturas y grabados' (*Diccionario* 1980: 140).

the "picture section" of the Sunday newspaper is given to the children as amusement' (2004: 7).

Bohemia, en este sentido, se adaptaba a los cambios. Del pionero *The Penny Magazine* londinense de 1832 (el primer periódico ilustrado) se había llegado a la era de la imagen y al desarrollo del moderno relato en imágenes que es la historieta. Es en este número de *Bohemia* del 3 de octubre de 1915 cuando comienza la primera historieta seriada, de regular y prolongada aparición en la prensa gráfica cubana. No significa que no haya podido haber otras (casi con toda seguridad debe haberlas), pero hasta la fecha, y este campo es una tarea constante de recuperación, no conozco ninguna otra publicación que presente una historieta que integre los conceptos básicos de la historieta humorística moderna: mantenimiento de los personajes principales; continuación de la historia semana tras semana (no es un factor necesario, pero su desarrollo implica regularidad y desarrollo narrativo); dibujo sencillo con tendencia a la caricatura; ausencia de detalles, ya que el lector debe comprender la situación de manera inmediata; secuencia temporal por medio de viñetas e integración de texto e imagen a través de globos (o bocadillos) para expresar el diálogo de sus personajes. La historieta en cuestión, 'Aventuras de Pepito y Rocamora', llevaba el subtítulo 'Historieta cómica', venía firmada por Peter Relav, seudónimo del dibujante y editor gráfico Pedro Valer [fig. 2.1].[6] La historieta se basa en un humor blanco de situación en la que dos granujas, un joven de rasgos caucásicos y baja estatura llamado Pepito y su amigo 'el negrito de la bulla…el moreno Rocamora' vivirán una serie de aventuras por los diversos oficios en los que se desempeñará sin éxito Pepito.

El recurso de dos personajes regulares y una historia por entregas al estilo del folletín decimonónico es una estrategia más de fidelizar lectores para la revista, de distinguirla del resto de publicaciones al alcance del comprador. La composición de página mantiene seis viñetas numeradas por episodio, con alguna variación en el número y tamaño de las mismas en sucesivas entregas. La historia llevará a los personajes a viajar por Europa durante la Primera Guerra Mundial, enrolados como soldados contra Prusia. Años después, otro personaje vendrá a sumarse a la dupla, Virulilla, un muchacho de baja estatura y raza negra al que, para distinguirlo del mulato Rocamora, el autor le pintará la cara de color negro. Probablemente Pedro Valer tomara la idea para la historieta de la revista argentina *Caras y Caretas*, en la que desde el 27 de abril de 1912 se venía publicando la primera historieta considerada propiamente argentina: 'Las Aventuras de Viruta y Chicharrón', que no era sino la versión local de la estadounidense 'Spare Ribs and Gravy' de George McManus, creada para el

---

6   La historieta adoptó inicialmente el título 'Buscando Oficio a Pepito' y posteriormente lo cambió con la inclusión de un tercer personaje para pasar a denominarse 'Pepito, Rocamora y Virulilla'.

diario *The New York American* ese mismo año. El cómic llegaba en envíos periódicos hasta que con la Primera Guerra Mundial se interrumpió su sindicación y, dada su popularidad, se decidió su continuación con artistas de su propia redacción. Se asume que fueron Manuel Redondo (emigrante español) y Juan Sanuy los autores de los episodios de los primeros años que aparecieron sin firma (Seoane 2008: 58–59; Gociol 2003: 65).

Aunque gráficamente ambas historietas difieren sustancialmente, el concepto de la pareja de opuestos (alto/bajo; gordo/flaco; blanco/negro), que basa su comicidad tanto en sus propias diferencias como en los accidentes o trompazos al modo *slapstick*, sí es una constante en ambas obras. Otra posible fuente, y la más plausible, sería la historieta francesa de Louis Forton 'Les Pieds Nickelés', que comenzó en 1908 y pronto adquirió gran popularidad. En la obra de Forton, tres vagabundos, Croquignol, Filochard y Ribouldingue, se ven envueltos en diversas aventuras e incluso son enviados a luchar en la Primera Guerra Mundial, como ocurre en la historieta de Valer. 'Pepito y Rocamora', pese a desarrollar los conceptos básicos de la historieta moderna, adolece de un esquematismo en el dibujo que lleva a su autor a dibujar a ambos personajes casi exclusivamente de frente (a Pepito) y de perfil (a Rocamora). Otro rasgo de su primitivismo gráfico, además de la casi inexistente expresividad de los rostros, es el dibujo de las manos, al que renuncia Valer (cuando lo acomete es de manera muy rudimentaria). Pese a todo, dada la regularidad de las entregas y la buena acogida del público lector, la historieta de Valer, que se ha consultado hasta febrero de 1922, es un ejemplo sobresaliente en el acomodo de la historieta en la prensa periódica cubana.

La figura de Pedro Valer, en un artículo firmado por El Curioso Impertinente del 26 de marzo de 1922 (que incluye una caricatura firmada por Riverón del artista), se describe como 'nuestro humorista por excelencia' y se incide en la característica principal de su humorismo, que es su 'fácil comprensión que lo hace estar al alcance de todos'. Además, se dan algunas pistas del impacto de su historieta de larga duración en la audiencia cuando destaca el redactor que

En la historieta de 'Pepito, Rocamora y Virulilla', que bajo el pseudónimo de 'Peter Relav', viene ofreciendo Valer a los lectores de BOHEMIA hace varios años, ha hecho este dibujante verdaderos derroches de ingenio y humorista, con tan feliz resultado, que sabemos de muchas personas que si están suscritas a la revista es por regocijarse cada domingo con las aventuras y los lances de esos humorísticos personajes creados por Valer. (El Curioso 1922: 6)

La importancia de las historietas humorísticas en revistas y periódicos, medios de comunicación de masas desde los que despega la historieta a partir de finales del XIX y principios del XX, es un tema ampliamente estudiado. Sin embargo, conviene recalcar su efecto reclamo para las revistas de este período que, en Cuba, deriva de las experiencias propias con personajes tan populares como el Liborio, esto es, con la caricatura deformante del XIX o a través de revistas españolas, la argentina *Caras y Caretas*, pero sobre todo de las publicaciones norteamericanas. El uso de dos personajes de características opuestas fue desarrollado por el autor norteamericano George McManus, siguiendo modelos anteriores de éxito como 'Mutt and Jeff' de Bud Fisher o los traviesos 'Max und Moritz' del alemán Wilhem Busch, considerada una de las obras precursoras de la historieta moderna. Sobre esta obra el inmigrante alemán Rudolph Dirks creó una de las historietas más populares, 'The Katzenjammer Kids', que apareció por primera vez en 1897 en el suplemento dominical del *New York Journal* del magnate de la prensa William Randolph Hearst.[7]

El poeta José Manuel Poveda incide en este asunto en un artículo de 1914 para el *Heraldo de Cuba* titulado 'El humorismo en la caricatura', en el que se hace eco de la aceptación del medio en la sociedad cubana. Pese a realizar una dura crítica sobre el humorismo que impregna la caricatura cubana, que para Poveda, al carecer de cepa intelectual, de psiquismo e ideas no expresa nada, sí reconoce un consolidado gusto del público cubano por la caricatura y el dibujo publicitario. De las seis categorías que establece Poveda respecto a las manifestaciones de arte cubano que el público *demanda* y *paga*, tres corresponden a la música (clásica, popular y zarzuelas bufas), una a la poesía popular y, finalmente, las dos últimas corresponden a la caricatura y a dibujantes anunciadores. El escritor reconoce ciertos logros en el campo de la caricatura a Conrado Massaguer y Rafael Blanco en su voluntad de aunar humorismo y caricatura que *grosso modo* define como 'lo cobarde de rostros sorprendidos en el momento en que confesarán su miseria, la expresión que se oculta, la que el psicólogo espía y el caricaturista roba' (Poveda 1980: 85).

Aunque le reconoce a Massaguer haber llegado a una 'comicidad de síntesis', estima que dicho logro recala más en el terreno del dibujante que en el del humorista. A Blanco lo sitúa un peldaño por encima, 'ha ido virtualmente más allá' pero, como Massaguer, se pierde en la línea o en lo grotesco sin llegar a la esencia del humorismo. Alejado de esta renovación formal que sí constata Poveda, estaría Ricardo de la Torriente, exponente de una escuela anterior deformante 'que ha ofrecido al medio lo que el medio pide'. Como veremos, la opinión de Poveda difiere sustancialmente de aquella de Barros, quien sí considera a Blanco, Massaguer y Jaime Valls los tres exponentes principales de la

---

[7] En abril de 1922 una nueva historieta (también con una pareja protagonista) aparecerá en *Bohemia*, esta vez a cargo de Heriberto Portell Vilá: 'Aventuras de Bacilo y Microbio'. He localizado un ejemplar del 23 de abril de 1922, pero carezco de datos sobre la duración de la misma.

Fig. 1: Valer, *Bohemia*, 5 dic 1915

vanguardia llevada al humorismo gráfico en Cuba. En cualquier caso, de las consideraciones de Poveda se extrae una conclusión que confirma la hipótesis inicial: la consolidación de un gusto por las artes plásticas asociadas a la prensa periódica, que prepara el camino para la implantación de la historieta nacional en las revistas ilustradas de la época, como las 'Aventuras de Pepito y Rocamora' que, recordemos, comenzaron en 1915.

El estudio del humorismo en su vertiente plástica le reserva un lugar privilegiado a Bernardo G. Barros, figura clave para entender el tránsito rapidísimo de la antigua caricatura deformante (Landaluce, Torriente, Cilla, Peoli, Del Barrio, Henares) a un impresionismo lineal que se impregna de los movimientos de vanguardia (Massaguer, Blanco, Valls, Maribona, Abela). Barros deja tras de sí en el momento de su muerte el 20 de mayo de 1922, con tan solo 32 años, una dilatada carrera como crítico de arte, refrendada con la obra más importante de todo este período no ya en Cuba, sino en todo el ámbito hispanohablante. *La caricatura contemporánea* se publica en 1918 en Madrid y todavía hoy (a falta de una reedición completa)[8] es una autoridad para entender las corrientes artísticas que, influidas por el refinamiento y la línea impresionista japonesa (Utamaro, Hokusai,[9] Toyokumi, Kiyonaga) actualizaron sus planteamientos, optando por una línea más sutil y definitoria en la búsqueda de esa psicología esquiva que para Barros había que buscar en los artistas de la revista alemana *Simplicissimus*. El humorismo contiene, según Barros, cuatro orientaciones perfectamente distinguibles: la caricatura, la parodia, la fantasía y la sátira. De las cuatro, el crítico se centrará en la caricatura para ofrecer un detalladísimo estudio de la situación contemporánea del humor en su vertiente gráfica. De todo el estudio, acaso se echa en falta alguna mención, alguna pista o comentario sobre el desarrollo de historias a través de imágenes, que por estas fechas comienza a estabilizarse en la prensa periódica. La historieta es un asunto al que Barros dedica apenas algunas líneas. El mismo autor nos da la clave de dicha ausencia de manera involuntaria. En su introducción, al meditar sobre la evolución del humorismo como una manifestación artística válida para ser estudiada, reconoce un cierto prejuicio de fondo por estudiar aquello que nos divierte, como si tal efecto en el público deslegitimara el objeto artístico: 'Esto es lo que va haciendo del humorismo un arte que no se resiente "del incomprensible desdén", que –según Sacha Guitry– experimenta "casi todo el mundo por lo

---

8   Hay una reciente edición publicada en Cuba a cargo de Jorge R. Bermúdez titulada *Caricatura y crítica de arte* (2008) que ofrece al lector una selección muy cuidada de textos del crítico cubano.

9   Katsushika Hokusai (1760–1849) publicó a partir de 1814 una serie de bocetos y dibujos que llegó a los 15 volúmenes y recibieron el nombre de *Hokusai Manga*. Aunque Hokusai acuñó la voz *manga* para sus trabajos, el actual uso del término se refiere a la historieta producida en Japón o siguiendo su escuela en la que se relata una historia a través de secuencias elípticas.

que le divierte'" (Barros 2008: 32). No se equivocaba el dramaturgo francés. La caricatura invita a pensar, nos recuerda Barros. Pero ¿acaso no invita a pensar también la historieta? Si, como postula el crítico, en la caricatura hay artistas que conectan con el público al repetir una fórmula exitosa basada en el aspecto deformado o en el gag cómico en la historieta, la variedad en ambas disciplinas es amplia y a las caricaturas de trazo vanguardista que desentrañan la psicología del personaje y nos invitan a la reflexión se podrían añadir las oníricas historietas del norteamericano Winsor McCay y su 'Little Nemo in Slumberland', precursoras del surrealismo, en las que la experimentación narrativa se une a un dibujo de elegante trazo *Art Nouveau*.

La psicología es, para Barros, una de las claves que eleva el humorismo gráfico de su pátina predecesora de *clown*, creándole su verdadero espíritu. Para Barros el parecido no estaba solo en los rasgos matemáticos y justos, sino en 'el espíritu, solapado enemigo de los pinceles, esquivo y travieso como un colegial' (Barros 2008: 60). El 'rasgo difícil' o el 'punto característico' (que para Barros es la semántica de la línea y la psicología) era la clave que humoristas como Monnier o Daumier atisbaron, pero que no se domina hasta finales del XIX y, más concretamente, con la revolución en la línea que portan las vanguardias. Para Barros, en Cuba no existió una evolución formal, sino una transición rapidísima que se puede comprobar en la obra de tres artistas fundamentalmente, Rafael Blanco, Conrado W. Massaguer y Jaime Valls, portadores de tres tendencias diferenciadas. A Blanco lo considera el revolucionario del humorismo contemporáneo que rompió con lo convencional, con la uniformidad rutinaria, apoyándose en una línea sintética y en una propensión al claroscuro goyesco (Barros 2008: 152–3). Massaguer se erige como el artista que supo adecuar la plástica a las necesidades de la modernidad. Fue él quien introdujo en Cuba el anuncio ilustrado e incluso creó el pasquín político ilustrado (Barros 2008: 158). Valls, finalmente, elevó el cartel a la categoría de arte con elegantes composiciones *Art Nouveau*, síntesis de una adecuación comercial sin perder el concepto estético refinado que Valls aplica en sus creaciones.

Al retomar el recuento de las revistas clave portadoras del estandarte de la modernidad, *Social* (1916–1933, 1935–1938) es la revista más importante de las tres en promocionar los movimientos de vanguardia en Cuba, hecho que le debe en gran medida a la labor de su fundador y director Conrado W. Massaguer (que además ejerció como principal ilustrador gráfico y caricaturista) y a la del intelectual Emilio Roig de Leuchsenring (ambos pertenecientes al Grupo Minorista) que fungirá como director literario de facto desde 1918 y con tal denominación desde 1923. *Social* acogerá al grupo de caricaturistas más renovador del momento que, además de Massaguer, incluía principalmente a Rafael Blanco, Jaime Valls y Armando Maribona. Su apuesta por la gráfica refinada y vanguardista junto con la difusión de textos del llamado Grupo Minorista, sin importar su preferencia ideológica, la convirtieron en la mejor revista de toda América Latina. Además, el número de enero de 1917 convirtió a *Social* en la primera revista del mundo impresa en su totalidad en *offset* o impresión fotolitografiada indirecta (Bermúdez 2011: 80). Concebida como una lujosa publicación mensual para la burguesía cubana, con amplios reportajes sobre, por ejemplo, los logros de la arquitectura cubana en sus más refinadas mansiones, daba cabida al mismo tiempo a la ilustración humorística de Enrique García Cabrera, a las caricaturas de Her-Car (José Hernández Cárdenas) o a los trabajos de Enrique Riverón, que experimentó con el cubismo. Sobre Riverón, que apenas contaba con veinte años en 1922, en un artículo firmado por José Antonio Giralt para *Bohemia*, éste se refiere al artista como '[d]iríase que Riverón no dibuja en Cuba y para publicaciones cubanas sino en París y para "La Vie Parisienne" o "Le Rire" [...] se encuentra ante el dilema de si dedicarse exclusivamente al género humorístico o al simbólico' (Giralt 1922: 6; 26). En un artículo de 1923 titulado 'Diez años de labor', Leuchsenring reconocía su intención de agrupar bajo el paraguas de la revista a todos los intelectuales nuevos de Cuba, dato que confirma la publicación como verdadero órgano difusor del Minorismo al menos hasta 1927, en que aparecerá la *Revista de Avance*. Hasta tal fecha ninguna otra publicación en Cuba canalizó y dotó de visibilidad a las distintas manifestaciones artísticas de vanguardia como *Social*:

> Cuando asumí en 1923 la Dirección Literaria me propuse agrupar junto a la revista a los elementos intelectuales nuevos de Cuba, valiosísimos la mayor parte de ellos, pero dispersos y disgregados, como se encontraban también todas las demás figuras de nuestro mundo literario y artístico. Y mis propósitos los he visto, con creces, realizados. Para demostrarlo ahí está ese *Grupo Minorista*, conocido ya en América y en España, cuya importancia y trascendencia en el moderno desenvolvimiento intelectual de Cuba será reconocido y apreciado por los críticos e historiadores que estudien y juzguen nuestra época. Al Grupo Minorista debe *Social* su auge y esplendor literario y artístico, lo que hoy significa y lo que hoy vale. Sin los *minoristas*, mi labor hubiera sido incompleta y defectuosa. Hoy la bandera de *Social* y la de ese grupo se confunden, y *Social* se enorgullece de ser su órgano, su revista. (*Diccionario* 1984: 973)

Si Leuchsenring fue esencial al aglutinar a esos artistas 'dispersos y disgregados', la figura de Massaguer destaca como el caricaturista de más prestigio del momento. Reconocido nacional e internacionalmente como un caricaturista de primer orden, colaboró en *Life*, *The New Yorker* o *Vanity Fair*, lo que le valió la consideración del público norteamericano también. Ejerció una labor de promoción importante al organizar en 1921 el Primer Salón de

Humoristas de Cuba.[10] La noticia de la organización se recogió en un texto de marzo de 1921 en *Bohemia* firmado por Riverón, en el que además de enumerar una amplia lista de artistas dedicados al dibujo humorístico subrayaba la importancia de celebrar un salón dedicado al humor donde el público pudiera darle 'el verdadero valor al arte del dibujo humorístico' que pasa en gran medida inadvertido en un Salón de Bellas Artes. Dicho evento situaría a Cuba a la par que 'otros países civilizados del planeta' (Riverón 1921: 11). Massaguer también teorizó sobre la técnica del retrato humorístico en un artículo de noviembre de 1927 titulado 'La taquigrafía del retrato' en el que explicaba las características del género y mencionaba a artistas tanto cubanos como internacionales (Lobo et al. 1996: 130). Por *Social* pasaron, además de las firmas más sobresalientes de las letras cubanas, ilustres colaboradores foráneos como Rubén Darío, Gabriela Mistral, Paul Valéry, Juan Ramón Jiménez, Federico García Lorca, Vicente Blasco Ibáñez, Manuel y Antonio Machado, Max Henríquez Ureña o Miguel de Unamuno. En sus páginas se dio cabida a propuestas literarias de nueva factura, como la novela *Fantoches*, que desde enero de 1926 se publicó por entregas durante once meses consecutivos firmada por once escritores distintos[11] o *Cinco soluciones de un triángulo amoroso* (ambas profusamente ilustradas) que comenzó en 1927 con la misma estructura por entregas mensuales (Lobo et al. 1996: 129). Tal experimento literario, otro de los métodos para fidelizar lectores a la revista con el reclamo de firmas de la importancia de Mañach, Leuchsenring o Martínez Villena, muy probablemente pudo servir de modelo para experiencias similares en España, como la llevada a cabo por Editores Reunidos, que en su revista 'La Novela de una Hora' publicó un capítulo final en trece de sus dieciocho números con la novela *Cien por Cien. Novela Multiplicada* de marzo a junio de 1936.[12] La fórmula de la novela popular que Eduardo Zamacois pone en marcha en España a principios de siglo (una adaptación, en principio, de la *nouvelle* francesa) tuvo un éxito sin precedentes. 'La Novela Corta' o 'El Cuento Semanal' se orientaban a un público urbano de clase trabajadora que revitalizó la novela española de principios del XX. Sobre el éxito de la fórmula Benito Pérez Galdós declaró lo siguiente:

---

10   En España, tal labor la desempeñó José Francés al organizar en Madrid en 1914 el 'Primer Salón de Humoristas' (Brihuega 1981: 85).

11   Los autores fueron Carlos Loveira, Guillermo Martínez Márquez, Alberto Lamar Schweyer, Jorge Mañach, Federico de Ibárzabal, Alfonso Hernández Catá, Arturo Alfonso Roselló, Rubén Martínez Villena, Enrique Serpa, Max Henríquez Ureña y Emilio Roig de Leuchsenring (Lobo at al. 1996: 129).

12   La novela tuvo trece entregas y la nómina de autores fue la siguiente: Concha Espina, Eduardo Zamacois, Tomás Borrás, Pedro Mata, Mariano Tomás, Benjamín Jarnés, Alberto Insúa, Artemio Precioso, Emilio Carrere, Cristóbal de Castro, Roberto Molina, Ramón Martínez de la Riva y Wenceslao Fernández Flórez.

Poco, muy poco leían los españoles de mi tiempo. Una edición de dos mil ejemplares tardaba en venderse ¡qué sé yo el tiempo! Y el precio de los libros mejores era irrisorio: dos, tres pesetas... Ahora estos jóvenes [se refería a los novelistas de 'El Cuento Semanal'] hacen tiradas de cuatro mil ejemplares y las agotan en menos de un año. Han logrado el milagro de que el pueblo se apasione por las novelas. De rechazo nos han beneficiado a los escritores de mi tiempo, ya que también vendemos bastante más... ¡Yo les estoy muy agradecido! (Galindo 1996: 4)

Como refiere Asunción Galindo, en 1936 la fórmula en España está en franca decadencia, pero la novedad de presentar una novela colectiva intentó funcionar como nuevo reclamo para el lector. En realidad, tal novedad recoge experiencias anteriores, como un folletín publicado en 1886 por *Madrid Cómico*, 'su título *Las Vírgenes Locas*, constituido por diez capítulos, más prólogo y epílogo, a cargo de doce colaboradores de la revista semanal jocoso-satírica' (Galindo 1996: 37). Ahora bien, teniendo en cuenta la repercusión de *Social* en la esfera de las letras durante este periodo y la permeabilidad de autores, no sería aventurado afirmar que la experiencia de *Social* con *Fantoches* o *Cinco Soluciones de un triángulo amoroso* pudo servir de modelo para el lanzamiento español de *Cien por Cien*.[13]

En la última etapa de *Social* (1935–1938), Massaguer logró publicar de nuevo la revista pese a graves problemas financieros que le acuciaron los años precedentes. Aunque la etapa dorada ya quedaba atrás, firmas de la calidad de Onelio Jorge Cardoso, Lino Novás Calvo, Gastón Baquero, Emilio Ballagas o José Lezama Lima dan buena muestra de la calidad que todavía atesoraba el ocaso de la revista.

Carteles (1919–1960) es la tercera de las revistas que nos ocupa, fundada en co-propiedad entre Óscar y Conrado Massaguer. De manera similar a *Social*, *Carteles* se convierte en el primer semanario a escala mundial en imprimirse por el sistema fotolitográfico *offset* (Bermúdez 2011: 103). En ella laboraron

---

13 En un texto que antecede la obra, titulado 'Explicación de los editores', no se hace mención expresa a ninguna experiencia previa: 'Ofrecemos a los lectores de LA NOVELA DE UNA HORA una experiencia literaria del mayor interés: Una novela cada uno de cuyos capítulos será escrito por un autor diferente. Será un torneo literario donde medirán sus plumas los mejores novelistas de España: una feria del ingenio en la que cada autor aportará una muestra de su sensibilidad artística, de su estilo personalísimo' (*La Novela* 1936: 51). No tengo evidencias que sostengan esta hipótesis, pero dado que Lino Novás Calvo había publicado en *Social* en su última etapa (previamente lo había hecho en *Revista de Avance*, donde se dio a conocer) y se encontraba en España en los años treinta (donde publicó en *Revista de Occidente*, *Mundo Gráfico* o *El Sol*) bien pudiera haber sido el que aconsejó la publicación de *Cien por Cien*. A ello se suma que en el n. 15 del 26 de junio de 1936 de 'La Novela de una Hora' (que recoge el último capítulo de la novela colectiva) se publica *Un experimento en el barrio chino*, novela corta de Novás Calvo que trata sobre los bajos fondos barceloneses.

Federico de Ibárzabal, Leuchsenring, Carpentier o Cabrera Infante con su conocida sección de reseñas cinematográficas. Como parte de su línea editorial las artes plásticas recibieron una cuidada atención. El humor gráfico, la caricatura y las portadas de la revista corrieron en su mayor parte a cargo de Massaguer, pero será la historieta la que, de nuevo en una de las revistas clave para el advenimiento de la modernidad en Cuba, juegue un papel sobresaliente. De 1932 a 1933 Horacio Rodríguez Suriá publicará 'Bola de Nieve, MACHO MANGO y Cascarita', una historieta similar a la de 'Pepito y Rocamora' en el seguimiento del *slapstick* como efecto cómico, aunque en el caso de Horacio se aprecia un mayor desarrollo gráfico en la expresividad de los personajes, el uso de diferentes planos y perspectivas, la inclusión de onomatopeyas, así como en la propia tipografía de los globos para expresar sorpresa, indignación o temor. En el ejemplar del 15 de mayo de 1932, en la última viñeta uno de los globos presenta una línea irregular que se corresponde con una tipografía 'temblorosa' que dice '¡Mamaa! Ven a dormir que yo tengo miedo!' (Rodríguez(a) 1932: 6).

Estos pequeños cambios que gradualmente incorpora la historieta en sentido general estilizan el discurso del cómic, indagando en la especificidad del medio y en sus recursos propios para narrar. Los tres personajes principales que dan título a la historieta son tres hermanos que pasan el día planeando travesuras unos contra otros hasta que su madre los descubre y les propina una golpiza. El dibujo es caricaturesco, con exageración de rasgos físicos, ojos grandes, brazos y piernas flacos y zapatones al estilo de los cartones cinematográficos. La historieta destaca por el protagonismo de personajes negros sin un contrapunto blanco. Es difícil saber de dónde pudo sacar Horacio su inspiración, acaso sea la propia observación diaria y la historieta de equívocos y golpes de Pedro Valer en *Bohemia*. Lo que sí parece claro es que la representación del negro que hace Horacio a través, principalmente, de los tres pilluelos, aunque estereotípica en su representación física no los discrimina por cuestiones de raza, como sí ocurrió en varios cómics norteamericanos de principios de siglo.

Como describe Ian Gordon en su excelente estudio *Comic Strips and Consumer Culture 1890–1945*, '[t]here are few thematic surprises in white artists' depictions of blacks in the early illustrated humor journals. Joseph Boskin argues that representations of African Americans have largely adopted a single stereotypical image, of Sambo' (Gordon 1998: 60). En esta línea, William Marriner fue el autor de 'Sambo and His Funny Noises', un cómic que se distribuyó en diferentes periódicos de 1905 a 1914. Contenía tres personajes principales, Mike y Jim Tanks, dos niños de raza blanca que ensayan las más variadas travesuras con un niño afroamericano, Sambo, en el que se refuerzan unos estereotipos de ingenuidad y torpeza asimilados por la sociedad estadounidense. Como dice Gordon, sería demasiado fácil hablar de racismo en este cómic (sin tener en cuenta el contexto de principios del siglo XX), pero lo interesante es que Marriner se basó en estereotipos contemporáneos y en las convenciones de las tiras de prensa de humor (Gordon 1998: 69). Ambas historietas presentan similitudes destacables, pero sobre todo hay llamativas diferencias. Para entender algunas de ellas cabe recordar la formación ideológica de (en este caso) Horacio. Horacio 'comienza en la caricatura en 1930 con Pablo de la Torriente Brau en la publicación *Bandera Roja* [...] también divulgó trabajos en *La Palabra*, primer periódico comunista editado en Cuba, luego en las páginas de *Hoy, Masas, Mella, Mediodía* y la publicación *Revolución* cuando aún era clandestina' (Hernández y Piñero 2007: 72).

El partido comunista se había fundado en 1925 en Cuba y los años posteriores, al igual que en España, son considerados claramente de compromiso político del artista con su causa, hecho que nos ofrece pistas para entender la distinta consideración de la raza que presenta Horacio. La raza, lejos de ser un elemento diferenciador como en el cómic de Marriner, es un factor igualitario, todos los personajes principales son negros. Y cuando no lo son, el color de la piel es un factor de clase social (los blancos llevan coche, por ejemplo). El elemento humorístico se basa en las travesuras que se dedican unos a otros y no dos (blancos) contra uno (negro). Se incide en la viveza y el ingenio de los tres personajes negros, como en el ejemplo del 8 de mayo de 1932, en el que la madre le asigna a Cascarita la tarea de llevar una carretilla con la ropa lavada al Vedado. Mango y Bola de Nieve se ocultan dentro de la carretilla para que su hermano los lleve sin caminar un paso. Cascarita, que no puede con el peso, deja un momento el carro para descansar y un coche choca con él, saliendo despedidos Mango y Bola de Nieve. Lo interesante es la airada respuesta de Cascarita al conductor (blanco): 'Ahora me tiene que pagar la carretilla; llevarme con la ropa al Vedado y comprarme un nickel (sic) de boniatillo. Si no, lo denunciaré...' (Rodríguez (b) 1932: 6). El conductor lo mira estupefacto y en la última viñeta se ve a un contento Cascarita con lo que parece un níquel en la mano, sonriente, mientras el conductor, cariacontecido, lo lleva en su vehículo y los dos pilluelos al fondo presencian asombrados la escena.

Conclusiones

La historieta, pese a durar tan solo dos años, lo hizo en circunstancias difíciles, ya que los sindicatos norteamericanos comenzaban su distribución masiva de cómics en la isla, como recuerda Edmundo Desnoes (Desnoes 1964: 115).[14] La década de los treinta marcaría el despegue de la historieta nacional ('José Dolores. La creación criolla' de Rafael Fornés, por ejemplo) en los dominicales

[14] Lobo Montalvo et al. comentan que en los años finales de *Social*, dibujos y tiras cómicas de Horacio aparecieron en la revista (Lobo et al. 1996: 115), pero no he podido comprobar tal dato.

de la prensa diaria, pero ello se aleja del propósito de este capítulo. A lo largo de estas páginas se ha querido incidir en la importancia de las revistas ilustradas como agentes de modernidad y renovación, órganos de difusión de los cambios tecnológicos en la impresión y el grafismo, pero también de las ideas de progreso y justicia. A través de las revistas ilustradas asistimos al desarrollo industrial y tecnológico de las mismas y a la incorporación del humor como reclamo de ventas. A tenor de lo argumentado, y teniendo en cuenta la consolidación de un gusto por la imagen que se confirma en la apuesta de las revistas por el elemento gráfico, la historieta se inserta como un factor más de dicha modernización, que con una presencia paulatina del personaje negro tiende a una normalización de su presencia (a una mejora de su situación social acorde con los planteamientos modernos de emancipación del ser humano), pese a lo estereotípico de sus inicios. Es un reclamo para captar lectores, como en el caso de *Bohemia*, una *commodity*, factor que se quiere destacar dentro de los cambios económico-culturales que conlleva la modernidad. Dentro de una proyección más amplia, el humorismo gráfico se utilizará con fines publicitarios o recreativos. El desarrollo que durante dos décadas, desde 1915, en que aparece la historieta de Valer en *Bohemia*, hasta la historieta de Horacio en *Carteles*, apunta a una modernización también del lenguaje propio del medio, estilizando el dibujo (de clara influencia norteamericana) y la manera de contar una historia a través de varias secuencias. Pero la década de los treinta también marcará el apogeo del cómic norteamericano, que en su propia trayectoria y tras la depresión de 1929 demanda héroes más sobrios, de carácter realista acorde a los tiempos.

La aparición de cómics de factura realista por parte de Alex Raymond (*Flash Gordon*) o Harold Foster (*Prince Valiant*) supone un salto cualitativo inmenso en la representación de los personajes, siguiendo los cánones clásicos de proporción en el cuerpo. En 1938 estos héroes adquieren facultades fuera del alcance humano con el nacimiento de Superman, creado por Jerry Siegel y Joe Shuster tras varios años de infructuosa búsqueda de casa editorial. Además de la renovación de personajes y estilo, el formato del cómic cambia y evoluciona de la página dominical (de grandes dimensiones, que favorece las tres o cuatro viñetas por tira) al *comic book*, un cuadernillo de 26 cm por 17 cm (el número de viñetas se reducirá para no perder legibilidad) que se venderá de manera independiente, hecho que da comienzo a toda una industria que cambiará el medio de manera radical. Estos cambios, además de la rentabilidad de la compra de las historietas distribuidas por los *syndicates* estadounidenses que tenían tras de sí tres décadas de asentamiento industrial, dificultó enormemente el desarrollo de la historieta nacional cubana, que no solo debía competir con la calidad de una generación de brillantes artistas foráneos, sino con el factor económico, ya que pocos diarios decidían arriesgarse en la contratación de un historietista cubano.

El desarrollo de los medios de comunicación gráficos no se limitó a figurar como una más de las vertientes que los movimientos de vanguardia desplegaron en Cuba. Su protagonismo fue decisivo y la apuesta de las revistas ilustradas así lo atestigua. La revisión de las tres cabeceras propuestas (*Bohemia, Social* y *Carteles*) demuestra que el humorismo gráfico (en sus diversas realizaciones, caricatura, tira de prensa, historieta) ocupó un espacio relevante y de manera gradual fidelizó a un público lector que demandaba dicho objeto artístico. Cuando se produzca el triunfo revolucionario de 1959, los encargados de la política cultural de la Revolución desde un principio entenderán la utilidad y el poder de los medios de comunicación y tratarán de adecuar las diversas manifestaciones, en medio de un período de dramáticos cambios, para que cumplan un papel útil y acorde a los tiempos. Como se demostrará más adelante, el valor dado al componente didáctico resultará en una reducción de las posibilidades expresivas de medios como la historieta, en el que algunos autores (en especial Santiago 'Chago' Armada y Rafael Fornés) no encontrarán espacio para su labor artística.

La diferencia fundamental con el período de las vanguardias es que si en la década de los veinte revistas como *Social* condensarán los diversos aportes artísticos y las propuestas de renovación, al comienzo de la Revolución el humorismo contará con un órgano propio, con una revista (*El Pitirre*) que se encargará de revolucionar el humor en sus diversas vertientes (literatura, caricatura, humor gráfico e historieta). Tal cambio solo será posible teniendo en cuenta la experiencia exitosa de las revistas de vanguardia que ya anuncian la aparición de suplementos humorísticos como 'El Boniato', que hizo su entrada en las páginas de *Bohemia* el 27 de septiembre de 1931.[15] Como se verá, los artistas que liderarán esta renovación se fijarán en el periodo de vanguardias por dos motivos fundamentales. Primero, porque será la primera generación de artistas militantes, comprometidos con una causa social de regeneración no solo cultural sino política, en aquel momento contra la dictadura de Gerardo Machado. En segundo lugar, porque nombres como Blanco, Valls, Abela o Massaguer serán rescatados como agentes de la modernidad, revolucionarios en su día que apostaron por un humor gráfico de nueva factura, liberándose del peso de grandes nombres como Ricardo de la Torriente. Sin embargo, a ellos deberían sumarse también Pedro Valer, Horacio Rodríguez Suriá y Rafael Fornés, tres exponentes de la historieta nacional cubana que injustamente no han merecido el mismo reconocimiento.

El peso del cómic estadounidense se dejaba notar y la reacción contra el imperialismo por parte de la Revolución Cubana dejaba en un lugar ambiguo

---

[15] La duración de 'El Boniato' fue de escasos tres meses. Con anterioridad una sección fija llamada 'Humorismo' y que contenía muestras de humor gráfico internacional cubría este espacio.

este medio de comunicación. La intelectualidad cubana colocará al cómic en el mismo lugar que a la novela sentimental en revistas femeninas o a los folletines. La cultura de masas, argumentarán, será la causante del empobrecimiento de la sociedad y contra ella cargarán sin darse cuenta de que en el caso de la historieta no era fruto de una moda pasajera, era el largo proceso (y esto sería también aplicable en cierto modo a los dos géneros mencionados arriba) de la consolidación de la imagen en la sociedad, con el consiguiente cambio de costumbres y hábitos lectores. Como ha destacado Martín-Barbero:

A lo largo de esa evolución hay algo que marca de manera explícita la distancia que ahonda y encubre a la vez la popularización de las imágenes. Se trata de que mientras la pintura de caballete al romper con la forma-retablo va a rechazar la puesta en imágenes de una temporalidad secuencial, de una secuencia narrativa, ésta va a continuar presente y va a desarrollarse en la iconografía popular. La que hallará en la historieta su punto de llegada. En el recorrido hasta allá juegan un papel decisivo las 'imágenes de Épinal'. (Martín-Barbero 1998: 121)

Si desde el siglo XVII se pueden datar ejemplos de coplas de ciego que se ayudan de dibujos para relatar escabrosos crímenes por las aldeas (como se encargó de estudiar Julio Caro Baroja en *Ensayo sobre la literatura de cordel*), la utilización de la historieta por parte de los magnates de la prensa norteamericana para captar lectores consolidará un gusto por el relato en imágenes que, pese a la apocalíptica visión de una parte de la intelectualidad, seguirá su curso inexorable conectando con un público que llevaba décadas de acomodo cultural.

PARTE II

HUMORISMO GRÁFICO DURANTE
LA GUERRA CIVIL ESPAÑOLA

El compromiso del intelectual y la plástica del humor

Los dos impulsos ciegos que han desencadenado sobre
España tantos horrores, han sido el odio y el miedo.
Odio destilado lentamente, durante años, en el corazón
de los desposeídos. Odio de los soberbios, poco dispuestos a soportar la 'insolencia' de los humildes. Odio de las
ideologías contrapuestas, especie de odio teológico, con
que pretenden justificarse la intolerancia y el fanatismo.
Una parte del país odiaba a la otra, y la temía.

(Manuel Azaña, 1939)

El historiador Santos Juliá, hace algunos años, lanzaba dos preguntas sobre la
Guerra Civil Española que han acompañado al pueblo español durante varias
décadas: '¿Cómo fue posible tanta crueldad, tanta muerte? Y luego cuarenta
años después, ¿es cierto que nos hemos olvidado de tanto crimen, de tanto
muerto?' (Juliá 2006: 11). Para tratar de entender el alcance de tanta muerte hay
que encuadrar el fallido golpe de estado de julio de 1936, que da inicio al
conflicto, en una escalada de violencia[1] en la que la toma del poder por vías no
pacíficas había permeado la sociedad española sin distingos de ideología política:

> Lo intentaron los anarcosindicalistas de la CNT con la llamada a la huelga
> general insurreccional contra los gobiernos presididos por Manuel Azaña
> y Diego Martínez Barrio en 1932 y en 1933; lo intentaron los militares,
> cuando un grupo de jefes creyó en agosto de 1932 llegada la hora de echar
> por tierra al Gobierno de coalición republicano-socialista; lo intentaron los
> socialistas de la UGT y del PSOE y los nacionalistas de izquierda catalanes
> con una revolución en toda regla en octubre de 1934. Y como resultado o
> incitación a la rebelión o a la revolución, la legitimación de la violencia
> en nombre de la sociedad pasada o de la futura: de la revista monárquica
> *Acción Española* al periódico anarcosindicalista *Solidaridad Obrera*, la

---

[1]   Remito al lector al capítulo uno, titulado 'Los comienzos de la guerra social: 1931–1933'
(29–70) del libro *El holocausto español. Odio y exterminio en la Guerra Civil y después* (2011),
en el que el historiador británico Paul Preston realiza un detallado recorrido por la escalada de
violencia e incitación al odio que desembocó en la Guerra Civil Española.

violencia fue cortejada como gran partera de la historia. El mundo futuro, que esperaba la revolución, o el mundo pasado, que anhelaba la reacción, habría de nacer o renacer entre dolores de parto. (Juliá 2006: 15)

En tales condiciones la supervivencia de la República Española presentaba nefastos augurios. En el ámbito internacional se presenciaba el conflicto español como una lucha entre el fascismo totalitario que se imponía gradualmente en Europa y la lucha por las libertades de un pueblo atenazado por unos aparatos ideológicos (Iglesia y estratificación pseudo-feudal principalmente) que impedían el desarrollo del país. Pero también como un asunto de *raíces españolas*, aunque éstas aflorarán en Berlín, Roma y llegarán hasta Moscú con el desarrollo del conflicto. Ello determinaría la vergonzosa política de no intervención que impediría, entre otras cosas, la legítima compra de armas por un gobierno electo amenazado por un alzamiento militar. La profunda modernización que acometió el gobierno de la República desde su proclamación el 14 de abril de 1931 vino acompañada de una no menos profunda fractura social que chocó frontalmente con tradiciones y modos de hacer íntimamente asumidos por el conjunto de la población española.

Conservadurismo versus liberalismo sería una síntesis reduccionista del mapa de España durante la década de los treinta. Sin embargo, entronca con dos visiones de España (las citadas dos Españas) que se concretizan tras la invasión napoleónica y la Guerra de Independencia. En ese momento el liberalismo se opone al absolutismo. Tan solo tres años duraría el primer intento liberal, el llamado Trienio Liberal, encabezado por Rafael de Riego de 1820 a 1823. A la tradición conservadora española se oponía un pensamiento liberal que, heredado en gran medida del ejemplo republicano francés, se consumó en la proclamación de la Primera República Española el 11 de febrero de 1873. Segunda experiencia, ésta sí plenamente republicana, que no llegó a los dos años (el pronunciamiento del general Martínez Campos el 29 de diciembre de 1874 preludia la Restauración Borbónica en España), pero que indudablemente supuso una piedra de toque en el devenir político-social español. Pasados sesenta años de aquel primer intento republicano, España volvía a los desastres de la guerra. El *Duelo a garrotazos*, cuadro que pintara Francisco de Goya, se ha convertido en la ejemplificación de la lucha fratricida para el inconsciente colectivo español. Con la Guerra Civil Española se repite en el país (que ha cargado ya con tres Guerras Carlistas) dicha lucha, pero en esta ocasión alcanza cotas de polarización y radicalización de posturas como nunca antes se vivió en España.

Sin querer entrar en un meticuloso análisis histórico de la contienda, el interés de este capítulo estriba en el gradual compromiso del artista e intelectual, así como en la plástica del humor (en especial, la historieta) reflejada en los medios de comunicación. En numerosas ocasiones se ha discutido sobre la *otra* guerra librada entre los contendientes, aquella que tuvo en la propaganda su escenario bélico, siendo los medios de comunicación el caballo de batalla durante los casi tres años de conflicto, desde el golpe de estado fallido el 17 de julio de 1936 (y el comienzo formal del conflicto el 18 de julio) hasta que llegó a su fin el primero de abril de 1939.

Industrialización y popularización de la historieta

Las tres primeras décadas del siglo XX confirman el desarrollo y la implantación de la historieta española como medio de comunicación ligado a la prensa escrita, en cuyo soporte adquiere carta de naturaleza. No quiere decir que la historieta como tal *nazca* en este período, pero sí se confirma su desarrollo estético a la par que industrial. Las revistas humorísticas de principios de siglo como *Gedéon*, *¡Cu-Cut!* y *Monos*, a la vez que las ilustradas *Blanco y Negro*, *Nuevo Mundo* o *Mundo gráfico* ejercen esa vital labor de soporte del medio junto a las nacientes revistas infantiles.

Por un lado, el carácter diegético de la historieta se estiliza al prescindir paulatinamente de los textos al pie, recalando la importancia en la imagen y en la secuencia que pueda crear el historietista para producir el efecto narrativo. Se interrelacionan plenamente texto e imagen (a través del *bocadillo* o *globo*, pero no siempre), superando la inicial subordinación de las imágenes al texto. Se consigue de este modo una verdadera narración a través de momentos seleccionados por el autor (que pueden contener o no textos) en los que es necesaria la colaboración del lector para, en primer lugar, *rellenar* los espacios entre una y otra viñeta (a través de la integración de la elipsis en el discurso narrativo) y, en segundo lugar, *realizar el acto narrativo* a través de las imágenes que tiene delante. Como sugiere el semiólogo Daniele Barbieri, tanto en cine como en historieta las imágenes que se le presentan al lector son en sí mismas pre-narrativas: 'A rigore, infatti, se vogliamo essere molto precisi e definire "racconto" solo ciò che viene *raccontato* da qualcuno, le sequenze di immagini (fisse o in movimento) di fumetto e cinema *non sono racconti*. Sono piuttosto *sequenze prenarrativizzate*, ovvero sequenze di eventi montate in modo che chi le percepisce le possa facilmente interpretare in termini narrativi' (Barbieri 2008: 39).

Por otro lado, el entramado industrial impulsado por una burguesía ya plenamente instalada en la realidad social española permite la creación de revistas orientadas a un público infantil (cuyo origen está en los 'periódicos para la infancia' del XIX de corte moralizante) que contienen rompecabezas, adivinanzas, juegos de palabras, concursos y también historietas. Es así como nace el tebeo, siendo el primero de todos *Dominguín* 'publicado en Barcelona en 1915 bajo la dirección de José Espoy' (Martín 1968: 8). Le seguirán *Charlot* (1916), *Charlotín* (1917) y *Max Linder* (1917). En ese mismo año, 1917, surge *TBO* 'en el taller litográfico de Arturo Suárez, en la calle Universidad de Barcelona, el 17 de marzo de 1917' (Martín 1968: 9). Dada la popularidad que adquirirá el *TBO* no solo en Cataluña sino en el conjunto nacional el título de la revista dará nombre a la voz más popular en España para referirse a la publicación de historietas: *tebeo*.[2] En 1921 la editorial El Gato Negro de Barcelona lanza *Pulgarcito* con una exitosa planificación comercial a cargo de su director, Juan Bruguera, que tras la Guerra Civil se convertirá en el editor de mayor influencia dando nombre (Escuela Bruguera) a todo un grupo de historietistas que laboran en sus publicaciones.

Como ya se ha subrayado (Martín 1968: 7; Moix 2007: 145), la burguesía debe ceder parte de sus postulados ideológicos, de su representación del mundo, para superar las formas de producción propias del XIX y adentrarse en el consumo de masas en pleno siglo XX. El paternalismo y la moral decimonónica de los 'periódicos de la infancia' son un lastre tanto formal como temáticamente. Sin embargo, esta lucha de intereses (ideológicos y comerciales) se prolongará durante las primeras décadas del siglo, impidiendo en muchas ocasiones un desarrollo mayor de las posibilidades estéticas de la historieta en tanto en cuanto medio de comunicación y representación de la realidad del momento. Dice Moix que 'el cómic es, ante todo, progresión y explicación del mundo' (Moix 2007: 145) que se refleja, por ejemplo, en la plasmación del discurso oral o en la estrecha vinculación con el *aquí* y el *ahora*, como resultado del soporte donde alcanza el carácter masivo, es decir, la prensa escrita.

La producción industrial de tebeos se concentra en tres ciudades principalmente: Barcelona, Madrid y Valencia. Antonio Martín ha documentado la existencia en Barcelona de, al menos, quince editores cuyos títulos, tirada, difusión y duración fueron destacables. En Madrid son nueve los editores por tan solo uno en Valencia. Gradualmente, se incorpora material foráneo que con el paso de los años y al llegar a los años treinta es mayoritariamente estadounidense.

Paralelo al desarrollo industrial de la historieta figura la preocupación de la República por reducir los niveles de analfabetismo. De hecho, una de las primeras medidas de la recién estrenada República en abril de 1931 fue duplicar las 32.680 escuelas a razón de 5.000 por año y ampliar el cuerpo de 36.680 maestros (Bécarud y López 1978: 39). Beevor señala que durante el período comprendido entre 1909 y 1931 la Iglesia construyó 11.128 escuelas primarias, mientras que la República construyó en el primer año 9.600 (Beevor 2007: 503). Paralelamente se pusieron en marcha las Misiones Pedagógicas, que tenían como fin la

---

2   Las tiradas que aporta Martín para el *TBO* son las siguientes: '39.000 ejemplares en 1920, 80.000 en 1925, 150.000 en 1930, 220.000 en 1935' (Martín 1968: 10).

propagación de la cultura a través de bibliotecas circulantes (con el valioso trabajo de María Moliner), sesiones de cine, conferencias, museos, etc. Y tampoco hay que olvidar la experiencia universitaria de La Barraca, el grupo de teatro ambulante liderado por Federico García Lorca, que comenzó su primera gira en julio de 1932 y funcionó hasta 1937.

En términos más amplios, si en 1860 aproximadamente el 70% de la población de 10 o más años no podía escribir o/ni leer, en 1900 baja al 56.2, en 1938 es del 32.4 y en 1950 del 14.2 (Viñao 1990: 574). Este hecho hay que relacionarlo con la emigración del campo a la ciudad y el desarrollo de la clase obrera, vital para el despegue de la industria que lidera la burguesía. Por tanto, a pesar de la reducción gradual de los niveles de analfabetismo es todavía muy acusado durante las primeras tres décadas de siglo, lo que apunta hacia la incipiente civilización de la imagen, cuyo poder visual sirve de reclamo para la venta de tebeos (cimentando su industria editorial) aun cuando en ocasiones la habilidad lectora de grafías fuera muy limitada. Y aquí es necesaria una puntualización, ya que la *narración en imágenes* implica distintas estrategias, por lo general equiparables a la lectura de grafías, como el orden de izquierda a derecha y de arriba abajo. Sin embargo, las posibilidades expresivas de la historieta en cuanto a composición son múltiples (tamaño de la viñeta, enfoque, perspectiva, uso de claroscuros, inclusión de didascalias, etc), lo cual permite un grado de libertad, *a priori*, mayor para el lector que puede acometer la lectura de la página sin la rigidez implícita de la escritura.

Se ha dedicado mayor atención en este apartado al despegue de la producción industrial de historietas para un público infantil. Hay que relacionar este desarrollo con la presencia de la historieta en la prensa para adultos, tímida pero constante hasta los años veinte, con la aparición de ciertas revistas humorísticas como *Buen Humor* (1921), *Muchas Gracias* (1924) y *Gutiérrez* (1927), que adquieren una notable aceptación popular además de modernizar decisivamente el lenguaje expresivo de la historieta con un humor absurdo, descontextualizado y vanguardista, siguiendo el magisterio de Ramón Gómez de la Serna.[3]

Radicalización de la esfera cultural hasta 1936: arte puro y arte social

Es necesaria una reflexión que dé cuenta de la evolución del arte de vanguardia en una gradual radicalización de posturas, paralela a los dramáticos cambios que se venían operando en la realidad española. La deshumanización que destacaba Ortega como rasgo definitorio del movimiento de vanguardia viene acompañada

---

[3]   *Gutiérrez* llegó a vender de 15.000 a 20.000 ejemplares semanales. Martín sostiene que ésta 'era una cifra baja, incluso para la época' (Martín 1978: 83).

de la búsqueda de un arte puro, que si bien es imposible, según recalca Ortega, sí es posible una tendencia a su purificación (Ortega 1947: 359). Precisamente, en los años treinta la disyuntiva estriba entre arte puro-arte social. Y esto es resultado de múltiples cambios que se vienen operando en la realidad española y que determinan una polarización de posturas en la intelectualidad reinante. Polarización que viene marcada por una profunda radicalización que, por ende, recupera el carácter humano del arte en la esfera cultural española. A modo de resumen, es muy acertada la opinión de Brihuega cuando afirma que

> [e]staríamos en lo cierto si afirmásemos que la razón que mueve la aparición de la mayoría de las alternativas plásticas hasta los años treinta habría que buscarla en los intentos de ciertos sectores de la burguesía española por solidificar el patrimonio de una cultura visual que, como atributo simbólico, estuviese más acorde con sus proyectos (o sus realidades) de protagonismo social. Es decir, que podrían ser definidas como prácticas burguesas de clase tendentes a la modificación de una parte de la ideología dominante desde plataformas y objetivos igualmente burgueses [...] También estaríamos en lo cierto si dijésemos que, a partir de los años treinta aparecen, junto a las anteriores, algunas alternativas implicadas en proyectos de modificación de radio más amplio, como es el caso de las alternativas artísticas de directriz política, y que por ello cuestionan en sus programas (con más o menos coherencia, con más o menos retórica) otros aspectos de la producción artística o que, conscientemente, buscan constituirse en simples instrumentos al servicio de esas directrices. (Brihuega 1981: 416)

El empuje de las vanguardias artísticas está presente en Las galerías Dalmau o en las Layetanas de Barcelona. Por otro lado, el mecenazgo del crítico de arte José Frances en Madrid (director de la esencial publicación *El Año Artístico* 1915–1926) es clave para el desarrollo y popularización de los salones de humoristas, pero al mismo tiempo se muestra reticente al evaluar las vanguardias, de las que recelaba por sus excesivos arribismos y esnobismos. De hecho, en 1926 propone la vuelta al clasicismo, defendiendo el trabajo, la voluntad y el sentimiento. Frente al arte deshumanizado, el arte humanizado (Villalba 2001: 377). Las exposiciones del Museo de Arte Moderno o del Ateneo de Madrid son algunas muestras de cómo las vanguardias surgieron con una fuerza inusitada y lejos de extinguirse se (re)ajustaron a unas nuevas condiciones sociales, caracterizadas por la lucha sindical y la convulsión política que produjo el compromiso del artista con su arte.

Por un lado, los siete años de dictadura del general Primo de Rivera (1923–1930), con el acoso constante a los intelectuales (Miguel de Unamuno, Luis Jiménez de Asúa y Rodrigo Soriano son confinados fuera de la península por sus ataques al dictador), que los confirma como representantes de un *contrapoder*

(Bécarud y López 1978: 3), derivó en un casi inevitable compromiso político y social del artista/intelectual. Por otro lado, el ejercicio de la censura y el descontento generalizado entre la población, pese a un inicial despegue de la economía, terminó por agudizarse a partir de 1927, seguido del crack del 29 y la manifiesta incapacidad del sistema financiero e industrial español para hacer frente a la crisis. El suelo español, nutrido todavía del fermento caciquil, ponía de manifiesto unas desigualdades de tal magnitud que hacían necesaria una profunda refundación del Estado, como se encargó de recalcar Ortega, indignado por la inoperancia del monarca, en un famoso artículo publicado en *El Sol* el 15 de noviembre de 1930:

> Quiere una vez más *salir del paso*, como si los veinte millones de españoles estuviésemos ahí para que él *saliese del paso*. *Busca* alguien que se encargue de la ficción, que realice la política del 'aquí no ha pasado nada.'
> Encuentra solo un general amnistiado.
> Este es el error Berenguer, de que la historia hablará.
> Y como es irremediablemente un error, somos nosotros, y no el Régimen mismo; nosotros, gente de la calle, de tres al cuarto y nada revolucionarios, quienes tenemos que decir a nuestros conciudadanos: Españoles, ¡vuestro Estado no existe! ¡Reconstruidlo!
> *Delenda est Monarchia* (Ortega 1969: 278–279)

Ortega se muestra testigo, en *La rebelión de las masas* (1930), de los grandes movimientos sociales y de la radicalización de sus posiciones ideológicas, que indefectiblemente influirán en el ámbito cultural: '[b]ajo las especies de sindicalismo y fascismo aparece por primera vez en Europa un tipo de hombre que no quiere dar razones ni quiere tener razón, sino, sencillamente, se muestra resuelto a imponer sus opiniones' (Ortega 1947: 189). Para Ortega, la insurgencia de las masas en la vida pública es un impedimento para el correcto desarrollo social, del cual ya había avisado en *España invertebrada* (1921): '[u]na nación es una masa humana organizada, estructurada por una minoría de individuos selectos' (Ortega 1947: 93). El problema que vislumbraba en España era precisamente el imperio de las masas.

En medio de ese panorama cada vez más dominado por las masas, el ideario fascista penetra en España a través de Italia por mediación de Ernesto Giménez Caballero (personaje destacado de las vanguardias literarias en España) y Ramiro Ledesma Ramos. Giménez Caballero funda en 1927 la *Gaceta Literaria* (soporte habitual de la Generación del 27), donde podrán leerse los primeros textos programáticos del fascismo español. A la entrevista del 15 de febrero de 1927 a Ramiro Ledesma en la *Gaceta Literaria*, titulada 'Conversaciones con un camisa negra', le sigue a principios de 1929 'Carta a un compañero de la joven España' de Giménez Caballero, donde empiezan a tomar cuerpo las ideas de un fascismo a la española (Bécarud y López 1978: 28). Dos años después, en febrero de 1931, Ledesma Ramos toma las riendas del fascismo español con el manifiesto *La Conquista del Estado*. Finalmente, desde principios de 1932 se publica *Acción Española*, dirigida por Ramiro de Maeztu, en la que Giménez Caballero publica el ensayo 'El Arte y el Estado', que en palabras de Brihuega supone 'uno de los primeros intentos (y quizás el único de peso) de construir una teoría de la función del arte desde la perspectiva fascista' (Brihuega 1981: 357).

En las antípodas de este primerizo fascismo español figuran los intelectuales y artistas cada vez más vinculados a un socialismo militante, contagiado por las luchas sindicales de estos años. Si la *Gaceta Literaria* fue el órgano difusor del fascismo en España, sobre todo a partir de 1930, desde posiciones ideológicas cercanas al Partido Comunista nace el primero de junio de 1933 *Octubre. Escritores y artistas revolucionarios*. Está dirigida por Rafael Alberti y es el órgano de expresión de la A.E.A.R. (Asociación de Escritores y Artistas Revolucionarios) que acababa de formarse (Brihuega 1981: 342–343). Del 1 al 12 de diciembre la A.E.A.R. organiza en el Ateneo de Madrid (con una tendencia cada vez más izquierdista) la '1ª Exposición de Arte Revolucionario', que además de pintura y dibujos también contenía dibujos para periódico de Yes, Puyol, Carnicero, y Galán, autores de los que se hablará más adelante por su vinculación al humor y a la historieta. La muestra recogía también fotomontajes de Josep Renau y Manuel Monleón (Brihuega 1981: 345). Tras *Octubre* (que saca sus últimos números en 1934), la revista más combativa, en la que el compromiso del artista/intelectual se plasma de manera más radical previamente a la Guerra Civil y más adelante durante el propio conflicto, es *Nueva Cultura*, editada en Valencia.[4]

En el editorial del n. 9 de *Nueva Cultura* (diciembre de 1935), titulado 'Los intelectuales españoles en esta hora', José de Benito resume la coyuntura del momento aludiendo a factores internacionales y nacionales. En cuanto a los primeros, se alegra de los éxitos cosechados en la Unión Soviética, que en el ámbito de la cultura se concretan en un verdadero humanismo que coloca al hombre como verdadero protagonista del socialismo. Recoge también el Congreso Internacional de la Cultura celebrado en París, que se interpreta como un acto en defensa de la cultura ante los discursos totalitarios del fascismo italiano y el nacionalsocialismo alemán. Por otro lado, en el ámbito nacional recalca el heroísmo de la revolución de octubre de 1934 en Asturias

---

[4]   Nueva Cultura nace en enero de 1935, dirigida por Josep Renau. En 1932 un grupo de intelectuales y artistas fundan en Valencia la U.E.A.P. (Unión de Escritores y Artistas Proletarios), filial española de la francesa A.E.A.R (Association des Écrivains et Artistes Révolutionnaires) (Brihuega 1981: 334).

y Cataluña y la represión injusta e inhumana del gobierno. Alude a la inmoralidad pública y a la pequeñez de la política actual para constatar la polarización de los hombres de la cultura de la que se hablaba al principio del capítulo. En las líneas que siguen, de Benito declara el giro politizado de la revista:

> NUEVA CULTURA inicia una nueva etapa de su existencia con la promesa –que ya en este mismo número empieza a ser realidad de concretar más aún su atención en los problemas de la lucha ideológica contra el fascismo, y de la organización de los intelectuales [...] NUEVA CULTURA quiere contribuir así a la lucha por una cultura, una política y una historia de viva comunión con el pueblo. (de Benito 1977: 3)

Por otro lado, Rosa Chacel, en el ensayo 'Cultura y pueblo', publicado en el primer número de *Hora de España* (enero 1937), indagaba en la relación de los dos conceptos con que titulaba su escrito, que para la escritora se encuentra en la *moral*.[5] Chacel se preguntaba: '[h]asta ahora el intelectual se empeña en dejar de ser dómine y convertirse en camarada, pero, ¿cómo se atreve a llamarse camarada el intelectual que es ciego a la vida de la calle, que no ha sabido crear nada profundamente arraigado en la realidad circundante?' (Chacel 1937: 20). *Hora de España* en el ámbito literario y *Nueva Cultura* en la esfera del compromiso intelectual y artístico son las dos publicaciones de mayor relevancia durante la guerra civil.

La consecuencia de este proceso de polarización de posturas en el arte cuando la guerra está a las puertas es, como ya se ha apuntado, en parte un rechazo del concepto de *arte puro* (término que comienza a usarse en lugar de *arte joven* o *arte nuevo*) entendido como una visión elitista del arte, alejado de la realidad y promovido por intereses burgueses. Antitéticamente se habla de arte comprometido, arte militante o simplemente *arte social*. Es en este clima de convulsión (des)esperanzada donde se encuentra un desarrollo sin parangón de la prensa gráfica y, en general, de los medios impresos.

En cuanto a la historieta para adultos en revistas de humor, se aprecia una frecuente intencionalidad política (Martín 1978: 137), que se refleja en el nuevo rumbo de la revista *Gutiérrez* que, pese a mantener su línea del absurdo, también se hace eco de la realidad del momento. Un destacado ejemplo de utilización política de la historieta se encuentra en la revista *Gracia y Justicia*, fundada en 1931 por Manuel Delgado Barreto. Desde sus páginas se criticó a los políticos republicanos de izquierda, en consonancia con las propias ideas

---

5   Similar discurso volverá a la palestra en los primeros años de la Revolución cubana.

de su fundador, que durante la dictadura de Miguel Primo de Rivera dirigió el diario *La Nación*, órgano de la dictadura.[6] *Cascarrabias*, sin embargo, destacó por sus historietas anticlericales, así como la valenciana *La Traca*, que durante estos años no tiene una presencia importante de historietas y sí de humor gráfico y caricaturas. Como se verá más adelante, *La Traca* se convertirá en una de las revistas más cáusticas durante la guerra con sus implacables ataques a los sublevados y a la desidia de la comunidad internacional amparada por el Comité de No Intervención.

La radicalización de la esfera cultural viene acompañada de una normalización de la historieta en la prensa diaria en forma de tiras cómicas, que en dicho formato no presentan todavía una intencionalidad política. Estas tiras de temática trivial se verán fuertemente politizadas con el conflicto.

Cultura y medios de comunicación

Desde la prensa escrita hasta la radio o el cine, los medios de comunicación se afanaron en su particular lucha ideológica, ejerciendo de altavoces de una cultura que estaba en franca oposición a la del otro bando contendiente. El historiador Manuel Tuñón de Lara lo resumió en estos términos: 'Lo que hay ya en España, desde finales de julio de 1936, es dos poderes en pugna, apoyados en dos sociedades; necesariamente, cada uno tiene un *modelo de cultura* no sólo diferente al del otro, sino opuesto' (Tuñón de Lara 1997: 6). En ambos bandos es en los medios impresos donde se encuentra el soporte de mayor calado para la difusión de mensajes ideológicos. Con una salvedad, pues en el lado republicano la atención prestada a la cultura excede con mucho el tratamiento que las fuerzas sublevadas le otorgaron. Mientras el bando franquista establece una identificación unívoca entre España y una civilización de corte cristiano, la República (en términos generales y siendo consciente de las profundas diferencias internas que operaban en su seno) emana su concepción de cultura en la 'valoración, incluso exaltación, de la cultura y de los bienes culturales como medio de realización humana individual y colectiva, como instrumento liberador (o coadyuvante a la liberación)' (Tuñón de Lara 1997: 28). Respecto al modelo cultural de la España de Franco, queda ejemplificado en las palabras de Pedro Sáinz

---

6   También participa Delgado, como director, en el lanzamiento del primer y único número de *El Fascio*, en el que colaboraron, además de José Antonio Primo de Rivera y Ramiro Ledesma Ramos, Rafael Sánchez Mazas y Juan Aparicio. Llegaron a alcanzar los 125.000 suscriptores, pero tras el primer número fue prohibida por el gobierno (Bécarud y López 1978: 80). Delgado fue detenido tras el alzamiento en su vivienda de Madrid. Fue encarcelado, y, más tarde, tras un traslado, se le dio por desaparecido, con lo que muy probablemente tuvo que ser fusilado.

Rodríguez,[7] nombrado ministro de Educación del primer gobierno de Franco en enero de 1938, quien en la clausura de un curso de enseñanza superior en junio de 1938 declaró lo siguiente: 'Es preciso que analicemos todo esto fielmente para hacer comprender a los españoles cómo la cultura es lo mejor y lo peor, y cómo cuando no está dominada por un sentido de disciplina, austeridad y moralidad, la cultura no sirve más que para engendrar un espíritu luciferino' (Tuñón de Lara 1997: 29).

Los tres años de contienda vieron surgir decenas de periódicos de uno u otro bando en un intento por controlar los medios de comunicación, que si bien en la zona republicana eran fruto, en numerosas ocasiones, de la ocupación sindical de los talleres de impresión, en el bando franquista cabría destacar, por un lado, la acción dispersa emprendida por Falange Española y, por otro, las medidas acometidas por la Junta de Defensa Nacional en Burgos hasta la unificación política en abril de 1937:

> En realidad, el embrionario Estado franquista estuvo en un primer momento más preocupado por la administración burocrática que por la propaganda exterior o interior, y el poder militar, que había permitido a Falange la obtención de la primacía en las actividades de prensa y propaganda, veía ahora con profunda preocupación cómo esa misma autonomía había coadyuvado a la transformación del insignificante partido del período republicano en un potente movimiento de masas. Para el entorno de Franco y Serrano Súñer resultaba evidente que sin un control adecuado de su prensa, el partido falangista podría transformarse en el verdadero garante, o lo que era peor, en una alternativa autónoma al 'Nuevo Estado', lo que agudizaría sus tensiones con el Ejército hasta cotas insospechadas. (González 1990: 506)

Las disensiones dentro del propio bando no fueron privativas de los sediciosos. Como es bien sabido, la zona republicana experimentó un movimiento revolucionario de enorme envergadura (especialmente en Cataluña) que desde las filas comunistas se interpretaba como un lastre para conseguir el objetivo principal, que era ganar la guerra. Lo anterior, sumado a las críticas que desde algunos sectores políticos se vertían sobre las purgas estalinistas (la escisión del trotskismo tuvo un considerable número de seguidores), era un problema para Moscú y su aparato ideológico internacional de la Comintern. Las posiciones anarquistas (CNT y FAI principalmente) fueron mucho más lejos, entendiendo el conflicto armado como también el de la liberación del

---

7   Monárquico e intelectual relevante de este período, fue uno de los pocos intelectuales permanentes en las tres Cortes de la República, junto a Claudio Sánchez Albornoz, Fernando de los Ríos, Luis Araquistáin y Julián Besteiro (Bécarud y López 1978: 34).

hombre. Desde posiciones críticas con la línea oficial del Partido Comunista nace el POUM (Partit Obrer d'Unificació Marxista), fundado y dirigido por Joaquim Maurín y Andreu Nin, que también priorizó la revolución social.[8] Así pues se recelaba, no sin fundamento, de la férrea estructura comunista, mientras estos últimos acusaban a anarquistas y poumistas de ser miembros de la Quinta Columna.[9] Este clima de agitación quedó reflejado en numerosos artículos y ejemplos de humor gráfico de la prensa del momento.

En la zona republicana nacieron numerosas cabeceras, tal es el caso de *La Batalla* o *Avant* en Cataluña, configurado en los talleres de *El Correo Catalán* confiscado por el POUM. Al mismo tiempo, continuaron su tirada otras cabeceras como *La Vanguardia* o *Solidaridad Obrera*. Similar situación se produjo en Valencia, donde continuaron editándose diarios como *El Mercantil Valenciano* o *El Pueblo* a la vez que surgían *Verdad* (impreso en los talleres de *Diario de Valencia*), *Fragua Social* (en lugar de *Las Provincias*), *Frente Rojo* (diario de corte comunista) o *Adelante* (órgano de la Federación Socialista Valenciana). Por su lado, en Madrid, *CNT* se publicó en los talleres de *El Siglo Futuro*, *El Sindicalista* en los de *La Época* y se mantuvieron los diarios de izquierdas *Heraldo de Madrid*, *Diario de la Noche*, *El Sol*, *La Voz*, *Diario madrileño de la tarde*, *El Liberal*, *La Libertad*, etc. Finalmente, con la actividad del País Vasco quedan definidos los cuatro núcleos principales de periodismo en la zona republicana. Al comenzar las intervenciones, en los talleres de *El Pueblo Vasco* se editaron los diarios *Tierra Vasca*, *Euzkadi Roja* y *Unión*. Ya en 1937 los periódicos *El Nervión*, *El Noticiario Bilbaíno* y *La Gaceta del Norte* fueron incautados y sus talleres adjudicados respectivamente a anarquistas y comunistas.

En la zona franquista es necesaria la distinción entre la acción desarrollada por Falange los primeros meses del conflicto y las progresivas medidas de la Junta de Defensa Nacional en Burgos, orientadas al control y estructura de los medios de comunicación y propaganda en las zonas conquistadas por los sublevados.[10]

---

[8]   Andreu Nin fue torturado y luego ejecutado por la policía secreta rusa, NKVD, al mando del agente ruso Alexander Orlov. Las acusaciones contra Nin eran de orden quintacolumnista, por una supuesta vinculación con el gobierno de Burgos, pero en realidad las 'pruebas' de tales acusaciones fueron fabricadas por la NKVD en una purga coordinada desde Moscú. Como ha destacado Beevor, la Comintern empezó a *preocuparse* de manera efectiva del anarquismo al menos desde el 17 de julio de 1936, cuando se avisó de la necesidad de tomar medidas preventivas contra el anarquismo, tras cuya mano (decían), se escondía el fascismo (Beevor: 2007: 40–41).

[9]   La expresión Quinta Columna se atribuye al general Mola cuando comentó qué columna sería la que entraría en Madrid. Cuatro eran las atacantes, pero la toma de Madrid la llevaría a cabo la 'quinta columna' compuesta por partidarios del alzamiento ocultos en Madrid (Abella 1975: 134).

[10]   Con la Ley de Estructuración del Estado del 1 de octubre de 1936, la Junta de Defensa Nacional es sustituida por una Junta Técnica, presidida por el general Dávila, siendo Franco declarado Jefe del Gobierno del Estado.

Falange Española, gracias al monopolio casi indiscutible que ejerció en los medios de comunicación de la zona sublevada los primeros meses de guerra, consiguió convertir un movimiento minoritario y descabezado en una potente organización de masas.[11] El conglomerado mediático de Falange, una vez iniciada la Guerra Civil, comienza con *Arriba España* en Pamplona el 1 de agosto de 1936 en los talleres del periódico nacionalista *La Voz de Navarra*. Como menciona Eduardo González, el caso de Pamplona sirvió de acicate y ejemplo para los diversos grupos de falangistas de la zona rebelde, que llegaron a controlar en septiembre de 1936 17 diarios y 23 semanarios (González 1990: 496–497).

Por otro lado, el nuevo gobierno sublevado a través de su Junta Técnica elaboró un decreto el 14 de enero de 1937 por el que creó una Delegación del Estado para la Prensa y Propaganda, dirigida por el general José Millán Astray. Poco después, Millán Astray sería sustituido por el catedrático de la Universidad de Salamanca Vicente Gay y en marzo de 1937 el cargo recaería en Manuel Arias Paz.[12] La dirección de Millán Astray al frente de la Delegación (donde impuso una ordenación militar pero poco efectiva), los continuos cambios en la cúpula y las luchas internas entre monárquicos, falangistas y ex-cedistas viene a explicar su escasa actuación, en comparación con la metódica incautación de talleres y control de medios que ejerció en estos primeros meses la Falange. También señala Eduardo González que los mayores esfuerzos se orientaron a recabar una positiva opinión pública exterior y reforzar los lazos con países amigos, los cuales 'distrajeron energías que podrían haber revertido en la creación de una potente cadena de medios de comunicación escrita de titularidad estatal, en réplica a la creciente autonomía de la propaganda falangista' (González 1990: 505). Esta situación experimenta un considerable cambio con el decreto de Unificación de abril de 1937, por el que se agruparon todas las fuerzas políticas del bando franquista y se centralizaron todas las dependencias, con la consecuente pérdida de autonomía para Falange.

Al hablar de la proyección cultural no habría que pasar por alto la importante contribución del teatro tanto en la retaguardia como en el frente de batalla, además del papel activo de los intelectuales, que especialmente en la zona republicana (Miguel Hernández, Rafael Alberti, Antonio Machado, María Zambrano, etc) tuvieron un acusado protagonismo insuflando moral a la población

---

[11]   En las elecciones del 16 de febrero de 1936, que ganó el Frente Popular, obtuvo tan sólo 46.000 votos (Beevor 2007: 42).

[12]   No era la oficina el elemento natural de Millán Astray. Fundador de la Legión, tullido en acciones de guerra y agrio opositor de Unamuno con la luctuosa frase '¡Muera la inteligencia!', pronunciada tras varios discursos encendidos con motivo de la celebración del Día de la Raza, el 12 de octubre de 1936. El conocido evento tuvo lugar en el paraninfo de la Universidad de Salamanca, finalizando con la célebre réplica de Unamuno y la salida entre gritos e insultos del brazo de Carmen Polo, esposa de Franco.

y a la tropa. Del lado franquista hay que subrayar el papel de personalidades del mundo de la cultura como Eugenio D'Ors o José María Pemán, además del papel desempeñado por Fray Justo Pérez de Urbel, que concretamente en el ámbito de la historieta infantil, fue el director de una publicación clave: *Flechas y Pelayos*, que nació en diciembre de 1938 y llegaría hasta 1949 con 536 números y cifras de ventas que llegaron a las 140.000 copias.[13]

En cuanto al cine, en la España republicana de 1936 a 1939 se filmaron 360 películas documentales y de ficción por 93 en la zona franquista (Crusells 2003: 55). Dos principales diferencias llaman la atención. La primera es el distinto ejercicio de la censura. Mientras en las filas republicanas la censura operaba una vez se entregaba la copia de la filmación, en la zona franquista había que solicitar primero un permiso para rodar y luego, una vez realizada la obra, ésta debía pasar una censura de orden político, religioso y militar. Por otro lado, en el bando sublevado se permitió y fomentó la iniciativa privada, pero los films republicanos fueron en su gran mayoría realizados por las organizaciones sindicales, los partidos políticos y los organismos gubernamentales, siendo muy escasos los de capital privado (Crusells 2003: 58).

En el ámbito concreto de la industria gráfica, los artistas fueron agrupándose en organizaciones y sindicatos de carácter ideológico diverso desde las primeras semanas del frustrado golpe de estado de julio de 1936. Diversos manifiestos se publicaron en prensa sobre la adscripción de los artistas y profesionales de la industria gráfica a uno u otro organismo. Así, el Sindicato Único de Profesionales Liberales (que representaba el anarcosindicalismo de la CNT-AIT)[14] lanzó su manifiesto, que fue publicado el 30 de julio de 1936 en *La Vanguardia*, abogando por una alianza de plumas y pinceles, de lápices y cinceles de Cataluña (Gamonal 1987: 91–92). La 'Agrupación de Escritores y Artistas Sociales' (AEAS) también lanzó su proclama en *La Batalla* el 21 de agosto de 1936, reclamando una cultura socialista: '¡Por una cultura socialista! Desterremos de nuestra tierra las corrientes literarias depravadas, hijas de una sociedad languideciente' (Gamonal 1987: 93). La Sección de Artes Plásticas de la Alianza de Intelectuales Antifascistas, tras incautar un chalet en el Paseo de la Castellana, donde estableció su taller, pronto se puso a la tarea de confeccionar periódicos murales, pasquines, carteles, dibujos o cabeceras de periódicos milicianos. José Bardasano fue el director del taller de Artes Plásticas de las Juventudes Socialistas Unificadas (JSU), otra de las organizaciones más activas, como se verá en el siguiente capítulo, con la revista humorística *No Veas*, el proyecto más significativo de humorismo gráfico dirigido por Bardasano.

---

[13]   *Flechas y Pelayos* es el resultado de la desaparición de las revistas *Flecha* (falangista) y *Pelayos* (carlista) debido al citado proceso de Unificación de 1937.
[14]   La Confederación Nacional del Trabajo (CNT), fundada en 1910 en Barcelona, está adherida a la organización transnacional Asociación Internacional de Trabajadores (AIT).

Entre las diversas manifestaciones de las artes visuales en pleno conflicto bélico cabe mencionar la pintura; el cartel; el dibujo en forma de los llamados *álbumes de guerra*, entre los que se tiene constancia de los de Alfonso Castelao, Vicente Martín, Francisco Mateos, Ramón Puyol o Arturo Souto; la caricatura, con un extraordinario desarrollo en la prensa de aquellos años; hermanada con la caricatura cabe mencionar el humor gráfico, de amplísimo desarrollo desde las cabeceras republicanas; las aleluyas; y, finalmente, la historieta, en la que diversos artistas vislumbraron las posibilidades que presentaba como lenguaje comunicativo, de más fácil acceso en comparación con la literatura, para una población todavía lastrada por índices de analfabetismo demasiado altos, pese al empeño del gobierno de la República por alfabetizar masivamente a la población.

A la historieta, especialmente a aquella parte de la producción incluida dentro de la 'prensa de trincheras', se le dedicará especial atención en el siguiente capítulo, pero recapitulemos brevemente las diversas aportaciones que desde la prensa escrita y en terrenos liminales a la historieta se realizaron durante este período.

El álbum de guerra

Un fenómeno muy destacable de la esfera cultural española fue la publicación de los llamados *álbumes de guerra*, compuestos por dibujos que reflejaban diversos aspectos de la dramática realidad que asolaba España. Se puede citar la aparición del álbum *Dibujos de Guerra* de Vicente Martín[15] en julio de 1937. Francisco Mateos, pintor y dibujante con una previa trayectoria artística[16] también elaboró un álbum de dibujos sobre el cerco de Madrid, recogido en una nota de prensa del periódico *CNT*.[17] Ramón Puyol desarrolló una intensa actividad artística a favor de la República publicando caricaturas (tenía sección propia en el diario *Frente Rojo*, llamada 'La cara del día', en la que retrataba a

---

15   Del autor se conoce, gracias al profuso reportaje publicado en el diario *Adelante* n. 138, 13 de julio 1937 (p. 5) bajo el título 'El arte en las trincheras', que deja el camino del seminario por la pintura. Posteriormente milita en las Juventudes Socialistas, se alista en las Milicias y llega a ocupar el cargo de capitán, a la par que desarrolla el dibujo en el Comisariado del tercer Cuerpo del Ejército. Se cita en el mismo reportaje una exposición de 1935 en la que le fueron otorgados un primer y un segundo premios, pero no he podido documentar dicha exposición como un evento de relevancia nacional. *Adelante. Diario Socialista de la Mañana* fue el órgano de la Federación Socialista Valenciana, editado en Valencia, cuya circulación comenzó el 2 de febrero de 1937.

16   Forma parte de la magna exposición que acogió París en 1935, titulada 'L'Art espagnol Contemporain', fruto de un acuerdo bilateral entre Francia y España, formada por cerca de 500 obras entre las que figuraron muestras de Picasso, Juan Gris, Pinazo, Maruja Mallo, Arturo Souto, Zuloaga y un largo etcétera (Brihuega 1981: 369–370).

17   'El cerco de Madrid. Dibujos de Francisco Mateos' en *CNT*, Madrid, 17 de febrero de 1937.

figuras de importancia de la República, además de a personalidades de ámbito internacional), humor gráfico, dibujos y carteles que aparecieron en *Frente Rojo, Mundo Obrero, El Sol, El Altavoz del Frente* o en la revista editada en Valencia *Nueva Cultura*. Publicó un álbum de guerra de 32 dibujos, que se vendía a 7,50 pesetas, con el título *La Guerra Civil*, editado por el Taller de Artes Plásticas del sello El Altavoz del Frente (bajo cuyo auspicio se llevaron a cabo proyectos en formato radiofónico o impreso a través de revistas o periódicos). Además, también publicó otro álbum de diez litografías, cuatro de las cuales se recogieron en *Nueva Cultura*.[18] En una nota de prensa del 10 de abril de 1937 en *Frente Rojo*, titulada 'Nuestro Puyol' y firmada por Nistal, se elogia al artista, a quien se le define como 'el dibujante de la revolución'. Interesa la referencia que se hace al humor cuando se dice que 'El arte de Puyol nos muestra una segunda faceta inseparable en un dibujante revolucionario: la crítica, la sátira, el humor sangriento'. Concluye Nistal diciendo que las ocho láminas desprenden un 'humor agrio, español'. Pese a la dramática situación española, incluso en los álbumes de guerra hay espacio para el humor, al menos en el caso de Puyol, demostrando su importancia en un momento histórico trágico para España.

Cabe destacar también la producción del pintor gallego Arturo Souto, quien expuso un conjunto de obras durante los meses de mayo y junio de 1937 en Valencia, compuesto por óleos y dibujos de guerra que produjeron una huella indeleble entre la intelectualidad que residía en la entonces capital de la República (Porta 1985: 61–62). Algunas de las obras expuestas en Valencia fueron luego llevadas a Bruselas, donde se expusieron de enero a febrero de 1938; junto con el Pabellón de la República Española en la Exposición Internacional de París (donde, recordemos, se expuso el Guernica de Picasso), son dos hechos muy significativos de la vinculación del arte con la militancia por la causa republicana. Souto, además, publicó numerosas litografías y dibujos para diversas revistas, algunos de los cuales fueron luego recogidos en el álbum *Dibujos de la guerra*, publicado en 1937 por la redacción de la revista *Nueva Cultura* (Porta 1985: 68).[19]

Además de las publicaciones individuales hubo al menos, según indica Pablo Porta, dos álbumes colectivos: *Los dibujantes de la guerra de España* (1937)[20] y *Madrid, álbum homenaje a la gloriosa capital de España* (1937).[21] El primero recoge 26 dibujos de Ramón Puyol, Rodríguez Luna, Francisco Mateos, Eduardo

---

18   En *Nueva Cultura*, año III, n. 2, abril de 1937 (p. 16).
19   Para un detallado estudio de la etapa de Souto en Valencia se puede consultar el mencionado libro de Pablo Porta Martínez *1937, Castelao e Souto en Valencia*. Do Castro: A Coruña, 1985 (pp. 57–74).
20   Publicado por Ediciones Españolas-Ministerio de Propaganda en Valencia.
21   Editado en Madrid por el Ministerio de Instrucción Pública y Sanidad de la República Española.

Vicente, Miguel Prieto y Arturo Souto. El segundo contiene obras de Antonio
Machado, Solana, Victorio Macho, Miliciano, Jesús Molina, José Bardasano,
Ramón Puyol, José Espert, Julián Lozano, Servando del Pilar, Francisco Mateos,
Eduardo Vicente y Arturo Souto (Porta 1985: 63–67).

Por su amplia difusión y reproducción en diarios de la época destacan los dos
álbumes de Alfonso Castelao, *Galicia mártir* y *Atila en Galicia*, fechados en
1937, y, en menor medida, *Milicianos*, publicado en Nueva York en agosto de
1938. Cada álbum constaba de diez estampas (término preferido por el autor),
precedidas de un texto autógrafo, además de una frase que acompañaba el dibujo.
El artista gallego fue trasladado de Madrid, donde ostentaba el cargo de diputado
por el Partido Galeguista del Frente Popular, hasta Valencia a finales de 1936.
En el mes de noviembre del mismo año queda constituido el gobierno de la
República en Valencia y se decide el traslado de renombrados intelectuales hasta
la capital del Turia, instalándose en el antiguo edificio del Hotel Palace, en el n.
42 de la calle La Paz, cedido por un sindicato de la CNT para tal efecto.

Sobre *Galicia mártir*, Antonio de Toro reseñó su publicación desde las páginas
de *Nueva Cultura*.[22] Fernando Valera también recogió la aparición del álbum
en *El Pueblo*,[23] así como Eduardo Zamacois en *Fragua Social*.[24] Pablo Porta,
en su estudio sobre la presencia de Castelao y Souto en Valencia en 1937, recoge,
además de las reseñas mencionadas, tres textos aparecidos en las revistas *3ª
Brigada*, *Madrid* y *España*.[25]

---

[22] En *Nueva Cultura*, año III n. 1, marzo 1937, (p. 23). 'Y aquí la sorpresa. Hoy, ante nuestra
mirada boba de asombro, un cuaderno editado por el Ministerio de Propaganda sacude nuestra
atención con su portada: Galicia MARTIR–Estampas por Castelao. La voluntad del hombre hizo
el milagro: en diez estampas de un realismo ingenuo, en diez frases donde la lengua familiar
apura todas sus resonancias cordiales, se cuaja todo el dolor de Galicia que es su propio dolor.
"A os Galegos que andan pol-o mundo". "Estas estampas, arrincadas da miña propia door van
dirixidas a vós que sempre amáchedes a libertade e sodes única reserva que nos queda para
reconstruir o fogar desfeito"'.

[23] 'La Galicia mártir, estampas de Castelao' en *El Pueblo*, Valencia 11 de abril de 1937 (p.
1). 'Las estampas de Castelao nos han estremecido de emoción y, al contemplarlas, nos han
corrido escalofríos por la médula. Nuestra guerra no ha logrado aún su poesía, ni su música. Una
colección de carteles del Frente Popular acá, sería para las generaciones futuras el mejor poema
de nuestra gran epopeya revolucionaria. Entre el arte épico de nuestros pintores, destaca como
una joya lírica la *Galicia Mártir*, que es el reflejo de la odiosa e injusta guerra en el alma suave
y triste de Castelao'.

[24] "Postales del camino" en *Fragua Social*, Valencia 24 de noviembre de 1937 (p. 8).
'Mientras no surja entre los jóvenes otro artista de la talla de Castelao, éste –por el brío trágico
de sus concepciones y la sobriedad clásica de su técnica– será el "pintor-cumbre" de la Revolución.
Luego de escrito el presente artículo sabemos que Castelao padece de la vista, que pinta con
gran trabajo, casi a tientas...Lo que nos sugiere la ocurrencia de que este hombre tiene el valor
de un símbolo. ¿Acaso la Revolución que hacemos no marcha también, un poco a tientas, hacia
la Victoria?'.

[25] Ver Pablo Porta. *1937, Castelao e Souto en Valencia* (p. 40).

Aleluyas

Las aleluyas todavía gozaban de considerable popularidad en la sociedad española cuando comienza la guerra. Sus orígenes se remontan a la *literatura de cordel*, con lo que adquieren una enorme popularidad en la España de los siglos XVII y XVIII. En cuanto al proceso formal de composición y dibujo, apunta Julio Caro Baroja lo siguiente:

> el procedimiento de cuadricular una superficie, para dibujar o grabar algo en cada cuadrícula, de suerte que en el conjunto se desarrolle un tema, es viejísimo [...] lo podemos hallar aplicado en los retablos medievales y renacentistas, con las vidas de santos [...] en los azulejos que en Valencia y Cataluña tienen una evidente correspondencia formal con las aleluyas. (Caro Baroja 1969: 411)

Sus características formales, que inciden sobre la imagen, convertían la aleluya en un privilegiado vehículo para la transmisión de mensajes de carácter militante/político. Como ya se apuntaba en un artículo para *Mundo Gráfico* de febrero de 1937 sobre la actividad de la JSU, las aleluyas '[c]on ese tono ingenuo, sencillo y claro – auténticamente popular –, de la verdadera aleluya' (Gamonal 1987: 113), representaban un medio idóneo para llegar al lector y contribuir a la lucha ideológica. Por su estrecha relación con la historieta (considerada por algunos estudiosos como su precursora) se quiere hacer un pequeño recuento de su utilización, principalmente en la prensa escrita. Si se toman los meses de junio a agosto de 1937, la cantidad de aleluyas publicadas no es baladí. En *Adelante* se publica un ejemplo al año de iniciarse el conflicto,[26] sin firma, pero cotejando los ejemplos de Bluff del periódico se puede afirmar su autoría con cierta seguridad. En *Ahora* también hay un par de ejemplos de Peinador fechados en julio y agosto.[27] En *Claridad* Bardasano realizó tres aleluyas de 12 cuadros durante el mes de junio.[28] En *Fragua Social* se publicó una aleluya a toda página de 20 cuadros con texto de Félix Paredes y dibujos de Gallo alusiva al año de guerra.[29] *La Hora* también incluyó aleluyas de Peinador y Del Arco.[30] Hay que añadir, además, las aleluyas publicadas en revistas humorísticas como

---

[26] *Adelante*, 18 de julio de 1937: 'Doce aleluyas de guerra, o un pueblo que está luchando por defender su tierra'.

[27] *Ahora*, 28 de julio de 1937: 'Ni están todos los que son, ni son todos los que están ¿estamos?' y 8 de agosto de 1937: 'Descomposición'.

[28] *Claridad*, 12, 19 y 26 de junio de 1937.

[29] *Fragua Social* 19 de julio de 1937.

[30] *La Hora*, n. 65, 22 de agosto de 1937, p. 5: 'Cuento en aleluya sana – los hechos de la semana' (Peinador); n. 180, 1 de enero de 1938, p. 8: 'El año que se va' (Del Arco).

la republicana *La Traca*, donde se utilizaron de manera profusa, al igual que en *La Ametralladora*.

Cabe destacar también la edición de una colección de 12 pliegos de aleluyas editada por el Comisariat de Propaganda de la Generalitat, dirigido por Jaime Miravitlles que, como ha destacado Antonio Martín, demostró 'la lucidez de planteamientos de Miravitlles y sus colaboradores [...] al servirse de un medio sumamente popular, al que su eficacia expresiva hace especialmente apto para dirigirse a un público masivo, formado en gran parte por adultos de escasa preparación cultural' (Martín 1978: 201).[31]

Caricatura y humor gráfico

A tenor de la abundancia de ejemplos que poblaron la prensa española en los casi tres años de guerra, la caricatura y el humor gráfico demostraron ser un medio excelente para la transmisión de consignas y la implantación de un discurso ideológico propio de un tiempo de guerra. Se enfatizó desde ambos bandos la ridiculización del enemigo, en el caso franquista su vinculación al fascismo italiano y al nacionalsocialismo alemán, lo cual servía de mofa para los republicanos ante las proclamas del bando franquista que se atribuían la verdadera esencia española. Los moros fueron protagonistas de numerosos ejemplos de humor gráfico, pero las más comunes son aquellas en las que aparecen Hitler, Mussolini y Franco, ya fuera de manera individual o, más frecuentemente, los tres juntos. Otro de los objetivos de buena parte del humor gráfico de esos años en las filas republicanas (desde diarios comunistas especialmente) tuvo como objetivo desacreditar los movimientos libertarios de anarquistas y poumistas en la propia retaguardia. Como recalca Díaz-Plaja, '[e]s imposible, por ejemplo, encontrar en periódicos de Burgos o de Sevilla chistes gráficos contra el ala falangista de Hedilla, mientras es fácil verlos contra el desgraciado POUM en diarios de Barcelona y Valencia' (Díaz-Plaja 1980: 4).

En general, hay que mencionar la colaboración de Luis Bagaría para *La Vanguardia*, el autor más importante del humor gráfico español del momento, así como las de Alfonso Castelao que aparecieron en diversos medios, o las de Andrés Martínez de León en *Frente Sur* y posteriormente en *Frente Rojo*. Tras ellos Robledano, Puyol, Bardasano, Guasp, Ley, Gallo, Del Arco, Sawa, etc. Desde publicaciones franquistas como *Diario Vasco*, *Domingo*, *Vértice* o *El Norte de Castilla* destaca especialmente la producción de Antonio de Lara (Tono) y Miguel Mihura (Lilo) para la revista de humor *La Ametralladora*;

---

[31] Todavía queda por hacer un estudio riguroso sobre la utilización militante de la aleluya durante la Guerra Civil Española.

ambos desarrollaron con maestría un humor inteligente, incisivo, pero sin la excesiva crueldad demostrada por Valentí Castanys (As).[32]

La Hora: 'Las aventuras de Cornejo'

En términos generales, la historieta (en forma de tiras cómicas o de manera seriada) se practicó desde las cabeceras republicanas con cierta discontinuidad en contraste con el humor gráfico y la caricatura, que fueron las disciplinas más utilizadas. Muchos de los autores mencionados anteriormente en la sección de caricatura y humor gráfico incursionaron en la tira cómica, pero muchos menos lo hicieron en la historieta seriada.

De entre todos los diarios editados en el bando republicano, *La Hora. Diario de la juventud* (cuya sede social estaba en la calle Gobernador viejo n.19, Valencia) fue probablemente el que mayor presencia de historietas tuvo en su escaso año de vida, desde su primer número el 8 de junio de 1937 hasta su desaparición a finales de mayo de 1938. *La Hora*, editado por la JSU (Juventud Socialista Unificada, fusión de las Juventudes Socialistas y Comunistas), se orientó hacia la juventud como una prolongación del diario prorrepublicano *Ahora*, fundado en Madrid en 1930. Hay que subrayar la historieta seriada 'Las aventuras de Cornejo. Un joven unificado que en la vida será viejo', dibujada por Bardasano (José Bardasano Baos) y con textos rimados de Renales al pie de las viñetas. Bardasano (1910–1979) realizó una prolífica labor durante el conflicto en labores editoriales (fue el fundador y director de la revista humorística *No Veas* en 1937) y participó en la muestra del mismo año del Pabellón de la República en París. Además de su actividad como humorista gráfico, destacó en el cartelismo y en la pintura.[33]

En junio de 1937, Bardasano se encontraba en Valencia, como queda reflejado en una nota irónica de la revista *No Veas*[34] en la que su redacción se queja en

---

[32] Para profundizar en este asunto se puede consultar el magnífico estudio de Díaz-Plaja 'La caricatura española en la Guerra Civil' *Tiempo de Historia* n. 73. Madrid: 1980, donde el autor recoge numerosos ejemplos tanto de prensa republicana como franquista. En lo tocante a Bagaría, ver específicamente sobre su producción durante la Guerra Civil el libro recopilatorio de Jaume Capdevila *Un llapis contra les bombes (caricatures antifeixistes a La Vanguardia 1936–1938)*. Duxelm: Barcelona, 2007. También *Caricaturas republicanas. Luis Bagaría* editado por José Esteban. Rey Lear, 2009. Sobre Martínez de León ver el artículo de Manuel Barrero 'Martínez de León. Humor gráfico en la Guerra Civil y bajo el Franquismo' en *Cincuenta años de humor gráfico en España*. Facultad de Ciencias de la Información de la Universidad Complutense: Madrid, 2007. Y también el prólogo a cargo de Antonio Martín en la reedición de *Historietas Sevillanas*. Bizancio: Sevilla, 2008. Sobre la caricatura republicana ver el monográfico de Mª Ángeles Valls Vicente *La caricatura valenciana en la II República (1931–1939)*. Ayuntamiento de Valencia: 1999.

[33] Dos aguafuertes del autor reflejando la brutalidad de la guerra figuran en la portada de *La Hora* del 20 de febrero de 1938.

[34] *No Veas* n. 2, 29 mayo de 1937 (p. 13).

forma de parodia de la crueldad del director: 'Aprovechamos para dar esta nota ahora que se ha marchado unos días a Valencia (además, eso, mientras los demás quedamos aquí rompiéndonos el coco entre cuartillas y obuses)'. En dicha estancia, Bardasano colaboró con *La Hora* para publicar su historieta 'Las aventuras de Cornejo', de formato similar a las que aparecían en *No Veas*. Tan solo cuatro episodios se editaron sobre Cornejo, un muchacho socialista unificado llamado a filas del que se narra su periodo de instrucción, su marcha al frente, su heroísmo en la batalla y el permiso ganado en la región de Levante. Es destacable que la historieta se publicara a toda página y, pese a que es muy rudimentaria en su ejecución, muy próxima a la aleluya por los versos rimados al pie y la dependencia de la imagen respecto al texto, es un ejemplo destacable por el uso militante que se hace del medio.

El diseño de 'Las aventuras de Cornejo' es uniforme en su composición de página: nueve viñetas de igual tamaño en tres filas, ausencia de diálogo y textos rimados al pie. Utiliza una *línea modulada* que le permite crear cierta profundidad en el dibujo o resaltar la densidad de los objetos. De esta manera, en el primer episodio [fig. 2], cuando Cornejo desfila con sus compañeros en la tercera viñeta, la línea que define el rostro es más fina que la que traza los pantalones del protagonista, resaltando de esta manera, además de los pliegues de la prenda, su densidad en cuanto a objeto, distinta de la del contorno de la cara de Cornejo. Se utiliza un delineado grueso de pincel 'que da un efecto muy vigoroso y dramático. Además las líneas no deben ser uniformemente continuas, sino que se pueden "cortar" y aparecer nuevamente sin definir el contorno en su totalidad' (Lipszyc y Vieytes 1966: 21).[35] Interesante es este ejemplo también porque muestra el uso del autor de las manchas en negro para conseguir un efecto de perspectiva y profundidad en la imagen. En la parte inferior de la viñeta, dibujada con trazo grueso, ágil, se intuye otra compañía de soldados que *leemos* gracias al dibujo en primer plano de Cornejo (la posición de las piernas, la gorra, el fusil al hombro en posición de desfile), que se reproduce en la compañía en un plano más profundo.

Bardasano resuelve la historieta con gran economía de medios, haciendo uso de un dibujo tosco pero efectivo cuando debe recrear los efectos de perspectiva. Se comprueba en el segundo episodio, viñeta siete, en la que el autor sitúa en primer término una cerca de alambradas sobre una colina y a nuestro protagonista tratando de acercarse a las líneas enemigas. Con tan solo el contorno del casco,

---

35   Para una explicación detallada de la técnica y el diseño en el dibujo de historietas se puede consultar el excelente manual *Técnica de la historieta* (1966) editado por la Escuela Panamericana de Arte. o también el libro de Daniele Barbieri *I linguaggi del fumetto* (1995), muy influido por el anterior. Para la parte específica del dibujo, la línea y los diversos materiales ver páginas 13–66.

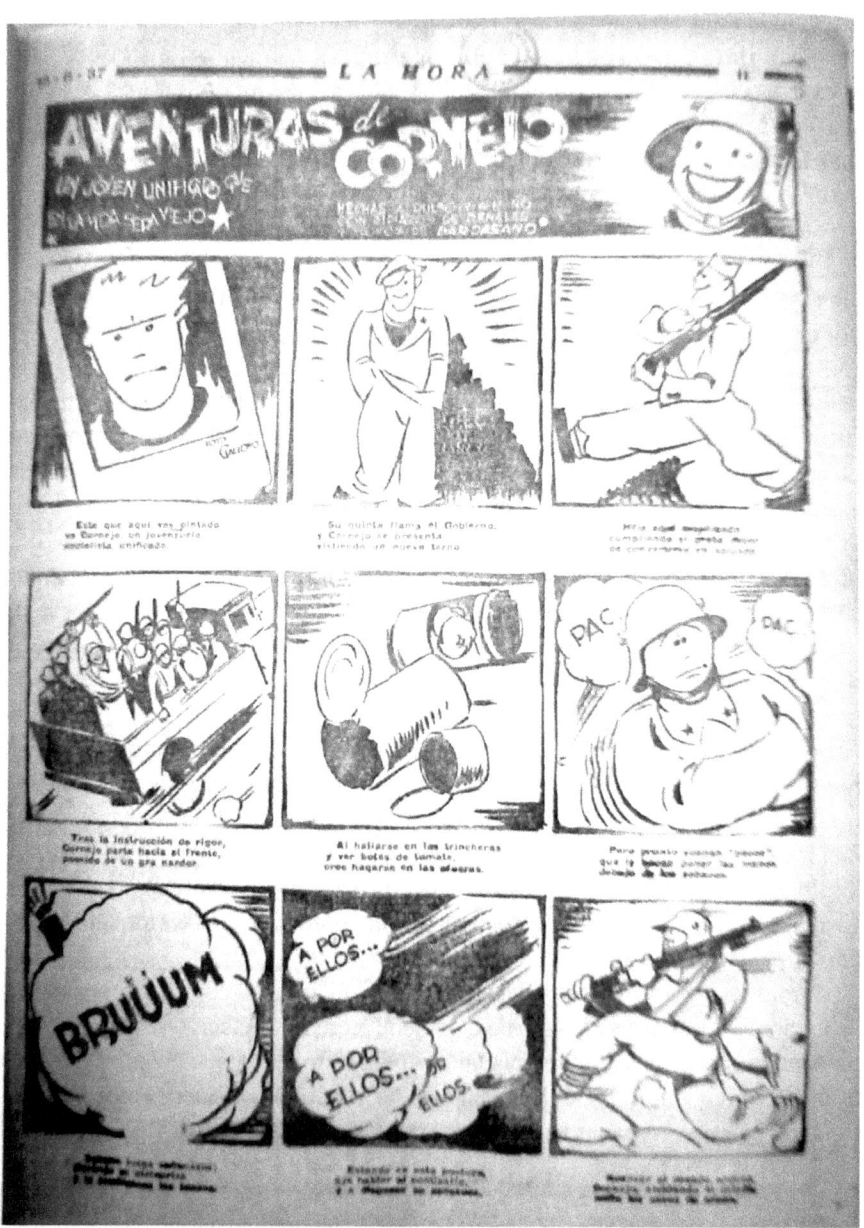

Fig. 2: Bardasano, La Hora n. 6, 13 junio 1937, p. 11

pegado al suelo, se sugiere que Cornejo está arrastrándose a hurtadillas, con lo que en este caso (y no es el único) los textos rimados son innecesarios. Sin embargo, en ocasiones el efecto de secuencia, que es uno de los elementos de la historieta, es ciertamente primario y la ausencia de diálogo no hace sino dificultar la narración. Se cuenta, eso sí, con los ripios al pie de las viñetas, pero es un retroceso en el desarrollo del medio, que en estos años ya había interrelacionado texto e imagen a través del bocadillo.

Con todo, la importancia de la historieta no reside en su aspecto técnico, como se puede intuir, sino en su uso militante-ideológico, en la utilización de la historieta como medio de comunicación para transmitir ideas de manera directa, sencilla y asequible para el lector. Desde el primer episodio, se refuerza la idea de la organización y el orden militar a través de la propia vestimenta de soldado de Cornejo. La organización militar de los llamados a filas, su entrenamiento y la obediencia debida a los mandos fue un asunto de capital importancia iniciado el conflicto. Al inicial empuje voluntarioso de las milicias que consiguieron abortar el golpe de estado, tras la decisión de distribuir fusiles entre los sindicatos de UGT y CNT en Madrid, le siguieron numerosos conflictos de orden interno, sobre todo con los grupos anarquistas, muy reacios a la disciplina militar. Para los comunistas la reordenación militar de las fuerzas republicanas bajo un mando único era vital para el éxito militar: '[c] omintern agents were meanwhile instructed to construct a disciplined army, with a single command, to develop the war industries and achieve united action among all political groups' (Beevor 2007: 287). El resultado fue una lucha por el poder interna que duró desde el invierno de 1936 a la primavera de 1937. Es por ello que se esforzaron en lanzar el mensaje de 'primero ganar la guerra y luego hacer la revolución'. La historieta de Cornejo (recordemos que comienza en junio de 1937) pone de relieve el cambio de mentalidad hacia una organización militar del ejército basada en la disciplina. En el segundo episodio, además de mencionarse la figura del comisario ('[e]stando en esta postura, oye hablar al comisario y a disparar se apresura'), se refuerza la obediencia a los mandos: '[a]vanzar el mando ordena. Cornejo, olvidando el miedo, salta los sacos de arena'.

En el episodio tercero aparece de nuevo la obligación de cumplir las órdenes en las viñetas tres y cuatro: 'Cornejo lo está pensando, cuando un soldado le dice que le quiere ver el mando'; '[v]a a cumplir su obligación, mas los fascistas se acercan lo mismo que un aluvión'. Cornejo sobresale por su heroicidad e ingenio, que son recompensados en el cuarto episodio con un permiso de 15 días que pasa en Valencia. En la cuarta viñeta, además de reflejar un bombardeo en la ciudad, se insiste de nuevo en la disciplina del soldado no solo en el frente sino en la retaguardia: '[a] Valencia ya ha llegado. Y decide ser allí un hombre disciplinado'.

No cabe duda, a tenor de los múltiples ejemplos en tan solo una historieta de cuatro páginas, de la importancia de transmitir un mensaje de obediencia, disciplina y esfuerzo. A estas tres consignas hay que añadir la característica representación del enemigo (en el episodio segundo) como 'fascistas', portando la esvástica en sus uniformes o incluso tatuada como el pobre infeliz que huye con los pantalones bajados en la tercera viñeta. Pero no parece del interés de los creadores insistir en la crítica al enemigo tanto como en el protagonismo del propio 'Cornejo', en sus aptitudes para el combate y su diligencia como soldado de la República. La historieta se centra en este aspecto, convirtiendo a Cornejo en un modelo a seguir positivo, eludiendo la ácida crítica que de manera constante se vertía sobre el enemigo a través de caricaturas y humor gráfico. En este sentido, 'Las aventuras de Cornejo' se relacionan con las múltiples historietas aparecidas en la *prensa de trincheras*, con protagonistas soldados en el frente de batalla.

La Hora: tiras cómicas

De entre los diversos periódicos que albergaron tiras cómicas, también destaca *La Hora* por la regularidad en su publicación, la gran mayoría a cargo de 'Ley' (José Soriano Izquierdo 1908–1996), además de contadas colaboraciones de 'Del Arco' (Manuel Del Arco Álvarez). Prácticamente todas son de corte militante/político. Soriano Izquierdo, de vocación pedagógica (era maestro de profesión), fue represaliado en el ejercicio de la docencia (Porcel 2002: 87) por su activa implicación en la prensa republicana, no solo en *La Hora*, también en *Verdad*, además de ejercer labores de dirección para la revista *Trincheras* (Cuadrado 2000: 1187). Sin embargo, llama la atención que pudiera continuar con su labor creativa una vez terminada la guerra, en la Editorial Valenciana.

Sus años de formación los pasa en la Escuela de Bellas Artes de San Carlos en Valencia. Durante la Segunda República empieza sus colaboraciones en *Pueblo* y *La Correspondencia de Valencia* y trabaja como ilustrador en semanarios satíricos como *Papitu*, *La Traca* o *Gutiérrez*, además de realizar historietas en *TBO* (Porcel 1992: 433). Tras la guerra, Soriano Izquierdo colabora con Editoral Valenciana, empresa de Juan Puerto, a la que imprime su sello personal. Actúa como director artístico en el lanzamiento de publicaciones clave de la historieta infantil española como *Jaimito* o *Pumby*. Soriano Izquierdo ha pasado a la historia como uno de los historietistas infantiles más importantes de este país, con una capacidad para imprimir diferentes estilos a su obra digna de mención, ya que en los primeros años de posguerra la Editorial Valenciana tenía una plantilla de tres personas, por lo que Soriano multiplica sus estilos y firma con nombres diferentes: '[b]ueno, la plantilla era yo y mis amigos Grau y Liceras, un excelente abogado y uno de los grandes del tebeo español. Y nadie más. Por eso yo mismo lo que hago es inventarme un montón de estilos diferentes y firmo con nombres siempre diferentes [...] Era como para volverse loco el lector y yo mismo' (Porcel 1992: 57).

De las tiras cómicas de Ley para *La Hora* se desprende un estilo amable, infantil, bondadoso incluso con el enemigo, eludiendo la saña y sustituyendo la crueldad por la caricaturización. Ello no le impide al autor desplegar un mensaje claro y al mismo tiempo mantener una coherencia en su estilo. De alguna forma, se sabía el autor fuera de su elemento natural (la historieta cómica infantil), pero ello no fue óbice para desplegar un muy efectivo uso de la historieta política. Cabe relacionar entonces los inicios de Ley con el posterior acontecer de su carrera artística, siempre a través de un humor limpio, amable. Al referirse a las revistas de la posguerra que ayudó a fundar afirma que '[s]í, el humor nuestro era un humor limpio. A mí me hubiera gustado ser maestro de escuela y educar a los críos en los valores de la honestidad, de la dignidad, y por eso en mis historietas destacaba esos valores, eso sí, desde la óptica del humor, siempre del humor' (Porcel 1992: 57–58). Veamos, pues, el humor de Ley aplicado desde una óptica política/militante.

Se pueden observar tres áreas temáticas en las tiras cómicas del autor: las referidas al Comité de No Intervención, las que atacan a la Quinta Columna y las que retratan al enemigo. Ley comienza sus tiras cómicas en *La Hora* con 'Jugando a los "mayores"',[36] referida al asunto de la No Intervención, en la que un niño le propina una golpiza a otro infante mientras el resto presencia la escena. Una mujer se acerca dando voces e increpa a los chicos para que intervengan en la pelea, pero estos responden que están jugando a las guerras y ellos tienen el papel del Comité de No Intervención. La pasividad de la comunidad internacional también se critica en otra tira titulada 'Todo se acaba',[37] en la que se adapta la historia bíblica de Job, que sufre diversos intentos por minar su paciencia, pero solo las deliberaciones del Comité de No Intervención le hacen estallar de rabia. Por lo general (y esto se hace extensivo a otros diarios y revistas), la representación del Comité de No Intervención se individualiza en 'Mr. Eden' (Anthony Eden), ministro de Asuntos Exteriores del gobierno británico presidido por Neville Chamberlain de 1935 a 1938. Chamberlain es recordado por su política de contención frente a la Alemania nazi. Asimismo, Eden era partidario de la no injerencia en la guerra española, aunque en 1938 dimitió de su cargo precisamente por desavenencias con el gobierno Chamberlain y su política de contención.

Las tiras de mejor factura de Ley para *La Hora* tienen como protagonista a un señorito, Sancho Pérez, que en zona republicana se acomoda hipócritamente

---

36 *La Hora* n. 26, 7 de julio de 1937, (p. 2).
37 *La Hora* n. 41, 24 de julio de 1937, (p. 2).

a las circunstancias sin participar en la contienda. El lápiz del autor tiene como objetivo la Quinta Columna, asunto que se trató de manera extensa en la prensa republicana. La primera historieta de este asunto, 'Sancho Pérez se hace trabajador (De las cosas de Sancho Pérez)', son cinco viñetas que sintetizan el sentir de una parte de la población respecto a la clase burguesa y su pasividad en el conflicto. En la primera, un estupefacto Sancho lee en el diario el comienzo del conflicto y se dirige cauteloso a su casa (viñeta 2) para cambiar traje, camisa y corbata por una vestimenta más adecuada a las circunstancias. En la tercera viñeta arroja a la basura sus prendas y en la siguiente proclama orgulloso que se decide a ser un trabajador al tiempo que saca de un baúl un mono de trabajo. La historieta termina con Sancho relajado en la mesa de un bar, disfrutando de una cerveza y un cigarrillo y *ayudando* a ganar la guerra. Bajo la historieta figura un 'continuará' que nos indica futuras peripecias de Sancho Pérez, como así sucede.

En la siguiente historieta de Sancho Pérez aparece nuevamente ataviado con traje y corbata mientras oye a una persona en la calle llamando a la juventud para que se aliste a filas. En las dos siguientes viñetas Sancho se despide de su novia y de sus padres, pero de nuevo las expectativas se rompen en la última viñeta, cuando se esconde bajo la cama, leyendo un libro y con una botella al lado. Con aire pensativo dice '¡[c]uántos sacrificios impone la guerra!'.

Cabe destacar otro ejemplo sin título con la misma estructura de los anteriores (cuatro o cinco viñetas y uso de textos integrados en cada cuadro) en el que se alude a un problema real en la zona republicana, como fue la escasez de dinero, en especial de monedas para devolver el cambio al comprar un producto. La ocultación de moneda de curso legal fue un fenómeno temprano (agosto de 1936) y se prolongó durante ese año con el consiguiente problema para el ciudadano de a pie. Pero antes de terminar el año los diferentes gobiernos autónomos regionales decidieron emitir su propio papel moneda para hacer frente a la escasez de liquidez en la calle (Abella 1975: 320). El gobierno republicano autorizó dichas prácticas ante la imposibilidad de resolver el problema.[38]

En dicha historieta un personaje trajeado, con corbata, chaleco y bastón invita a Sancho a tomar café y éste se niega. Insiste de nuevo, esta vez proponiendo ir al cine, pero Sancho vuelve a negarse aduciendo como excusa que son tiempos de guerra. El interlocutor queda admirado de su entereza y su preocupación por

---

[38] Hay que añadir, además, la proliferación de 'vales' emitidos por las diversas organizaciones sindicales o la emisión de piezas metálicas o similares que discurría de manera paralela al papel moneda. Rafael Abella ha contabilizado más de diez mil modelos distintos entre unidades y variantes, procedentes de unos dos mil organismos emisores, la mitad de ellos en Cataluña. La situación no comenzó a mejorar hasta 1938, cuando la emisión de papel moneda por parte del gobierno estatal empezó a dejarse notar (Abella 1975: 326–328).

la guerra, pero Sancho le saca de su error en la última viñeta respondiendo que el motivo verdadero es la ausencia de cambio debido a la guerra. De nuevo la estructura de la historieta nos hace creer que Sancho es una persona comprometida con la causa republicana para finalmente invertir dichas expectativas retratándolo como un holgazán, cobarde y despreocupado.

Se apuntaba anteriormente que estas historietas son las más logradas de Ley en *La Hora* y ello responde a dos motivos fundamentales. En primer lugar, el aspecto formal de las mismas demuestra un buen uso del lenguaje del cómic con secuenciación de la acción, uso de elipsis narrativas e integración de textos dentro de la viñeta, lo cual aporta mayor agilidad en la lectura y un natural efecto de narración. En segundo lugar, el autor mantiene el mismo personaje principal en varias ocasiones, con lo que se distancia del humor gráfico puntual para acercarse a la historieta a través del recuento de sucesos de un mismo personaje. Ley utiliza un estilo infantil, que se aleja del realismo, con una línea plana que define el contorno de personajes y objetos de manera clara. Evita cierto dramatismo que acompaña a la línea modulada, como vimos en 'Las aventuras de Cornejo', pero ello no le impide transmitir un mensaje directo y crítico de una manera amable. En otras colaboraciones para el periódico en las que los textos vienen al pie de los dibujos (son descriptivos, con ausencia de diálogo) se aprecia una rigidez en la narración y una subordinación de la imagen al texto. Esto lleva a pensar que en dichos casos el dibujante estaba trabajando con un guionista (posiblemente un redactor del periódico) que escribía los textos, para los cuales Ley elaboraba las viñetas.

El lápiz de Ley no elude la representación del enemigo, que se encarna en las figuras de Franco, Hitler y Mussolini. En ocasiones es Franco quien aparece solo, como en 'Franco pide el sí a las margaritas', en la que aparece el general deshojando la flor (con clara representación afeminada) para llevarse un chasco en la última viñeta al ser *no* la respuesta final. En 'El Generalísimo "ayuda" al Estado Mayor' [fig. 3], Franco acude a la que parece ser una reunión de mandos, pero tras entregarle unos pares de botas, el general aparece limpiándolas en la última viñeta, dislocando la imagen pública del militar por otra doméstica e ignominiosa para alguien de su rango en el escalafón militar. Similar sátira se produce en 'Franco toma café en Madrid…o los sueños sueños son', en la que un triunfante Franco llevado en andas por una multitud de *señoritos* entra en Madrid finalmente para tomarse un café en la Puerta del Sol. En la tercera viñeta, Franco a punto de tomar su café dice: '¿[q]ue no tomaba café en Madrid? ¡Ah…!', pero al llegar a la última viñeta el general aparece en pijama bebiendo de su propio orinal en la cama. El motivo de la historieta fueron unas declaraciones del general Mola que, ante la inminencia de la conquista de la capital, había anunciado su deseo de tomar café en Molinero. No llegó a producirse tal conquista y en Madrid comenzaron a circular chascarrillos haciendo burla de la bravuconada de Mola (Abella 1975: 134). Incluso en esta historieta de corte escatológico o en la reproducida en la figura 3, el autor no se ensaña con la representación del enemigo. Franco es dibujado en traje de general, con el fajín al cinto, medallas y botas militares. Es una figura regordeta y bonachona, si nos fijamos en la expresión de su cara, con una dosis de afeminamiento, como era usual en su descripción durante la guerra. Ley no pierde su personalidad (el trazo amable) ni siquiera en la representación del enemigo.

Fig. 3: Ley, La Hora n. 24 septiembre 1937

De manera colectiva, Franco, Hitler y Mussolini aparecen en la tira 'Incertidumbre (Historieta para la historia)', en la que son retratados como ladrones y asesinos, asaltando una casa ante la atenta mirada de dos policías de nombre Blum[39] y Eden (Antony Eden). Tras apoderarse del botín y matar a los residentes, Blum pregunta si deberían detenerlos, pero Eden responde que no tienen pruebas. Los cinco personajes que aparecen en apenas tres viñetas son caricaturizados de manera efectiva, siendo fácilmente reconocibles por sus atributos físicos y anímicos. Ley resuelve la historieta de manera modélica al dotar a los cinco personajes de una personalidad propia a través de sus acciones o sus rasgos físicos. Otra historieta en la que comparten protagonismo los tres dirigentes es en '[q]uien escupe al cielo…le cae a la cara (refrán popular)'.[40] En este caso, los tres personajes disparan un cañonazo a una oronda representación de la República Española. En la siguiente viñeta los tres esperan atentos la caída, que se produce aplastando a los tres.

El interés por la infancia de Soriano Izquierdo (con el seudónimo Ley, pero firmando textos con su apellido, Izquierdo) es, probablemente, el impulsor de un suplemento dominical infantil llamado 'Garabatos', con tan solo una página, que vio la luz en el n. 54 de La Hora [8 agosto 1937]. Una nota explicativa en su primera aparición daba cuenta del contenido del suplemento y su orientación,

---

[39]   El socialista Léon Blum fue elegido primer ministro francés con el Frente Popular, en junio de 1936. Seguiría en el cargo hasta junio de 1937 y posteriormente, en 1938, volvería a ocupar el cargo de marzo a abril.

[40]   La Hora n. 65, 20 de agosto de 1937, (p. 5).

que enfatizaba la colaboración de los lectores.[41] 'Garabatos' tendría una
aparición semanal hasta su último número el seis de marzo de 1938, cuando
la carestía de recursos en la zona republicana era cada vez más acuciante,
especialmente de papel. El 15 de marzo el periódico *La Hora* reduce sus
contenidos hasta las seis páginas y a finales de mes tan solo saca a la calle
cuatro páginas. El siguiente mes reduce de nuevo el diario y para finales de
abril solo dos páginas componen el periódico.

Para 'Garabatos' el autor desarrolló principalmente las historietas de humor
'Las cosas de Sesohueco' y 'Aventuras de Garabato y Potrotrote'. Son historietas
de carácter infantil que no interesan para el presente estudio. Tan solo mencionar
que el suplemento, pese a no estar excesivamente politizado (a medida que
avanzan los números comienza a incluir tiras cómicas norteamericanas también),
no pudo librarse de cierta carga ideológica, como se demuestra en la edición n.
73 de *La Hora* [29 agosto 1937]. Allí, además de una sección titulada 'Nuestros
Héroes' en la que se recuerda la vida y muerte de un dirigente de las Juventudes
Comunistas o una nota al margen que habla sobre tullidos de guerra (no
precisamente el tema más común en un suplemento infantil), hay una historieta
intrascendente de Ley titulada 'Un toro antifascista' en la que dos soldados
republicanos que llevaban un carromato son emboscados por un grupo de
regulares (soldados moros incorporados a la zona franquista). Estos, tras abrir
el cajón de madera, deben poner pies en polvorosa, ya que lo que transportaban
los republicanos era un toro. Llama la atención también la colaboración infantil
de un lector en forma de humor gráfico, en la que dos hombres (un soldado
barbudo y un civil) conversan y uno le dice al otro: '[a]quí donde me ves ya
llevo muertos más de treinta moros.' El interlocutor le responde: '[n]o; ¡si yo
creo que eres un miliciano con toda la barba!'. El doble juego de referencias en
torno a la expresión 'con toda la barba' (literal por el dibujo y metafórico por
tratarse de un miliciano en toda regla) no elude la fuerte carga ideológica que
especialmente en este número es muy llamativa.

De septiembre a octubre de 1937 *La Hora* publicó la colaboración de Ramón
Peinador con la historieta 'Aventuras de Pinillos'. Comenzó el 10 de septiembre
de 1937 y se trataba de una historieta seriada que narra las peripecias de Pinillos,
previas al estallido de la guerra civil, a través de los variados trabajos que
desempeña y en las que se subraya la denuncia del terrateniente explotador y
la necesidad de la organización sindical del proletariado. Pinillos, siguiendo el

---

41   'LA HORA quiere ponerse en contacto con los niños. Con este fin ha creado la presente
sección. Nuestros propósitos, que iremos realizando y ampliando a medida que las circunstancias
nos lo permitan, son muchos. Historietas cómicas, reportajes, aventuras, amenidades y concursos,
a los que podrán concurrir todos los niños; llenarán cada domingo la página de "Garabatos".
Habrá una sección dedicada a colaboración infantil, que publicará los dibujos, chistes y cuantas
cosas nos remitan los lectores'.

formato del antimodelo que tan popular fue en las historietas humorísticas republicanas (se tratará este asunto con mayor profundidad en el próximo capítulo), se ve envuelto en múltiples y variadas situaciones, siendo testigo del alzamiento revolucionario de 1934 hasta llegar al comienzo de la guerra. La historieta incluía ripios al pie de las viñetas, que venían numeradas. Ello hacía que fuera esquemática, siendo la imagen supeditada al texto, con lo que ello implica de rudimentaria fluidez en el relato en imágenes. La última entrega localizada en el diario de 'Pinillos' fue el 26 de octubre de 1937, siendo su frecuencia durante el mes y medio de publicación prácticamente diaria.

Por lo general, la historieta no tuvo una implantación masiva ni en los diarios republicanos ni en los franquistas. Fue mayor en la prensa de trincheras o en las revistas humorísticas como *La Ametralladora*, *La Traca*, *No Veas* o *L'Esquella de la Torratxa*. No obstante, hubo ejemplos aislados en muchos de ellos, a manera de tira cómica. El caso de *La Hora* es llamativo por el espacio que otorgó al cómic y puede que fuera una excepción por el público lector al que estaba dirigido, jóvenes en general y niños, como lo prueba el suplemento 'Garabatos'.[42] Como se ha podido comprobar, la politización del medio es manifiesta, en función de las condiciones históricas del momento. Tan solo en el suplemento 'Garabatos' se aprecia una mayor distancia de la realidad con algunas historietas no politizadas, siempre de la mano de Ley. En cualquier caso, la efectividad del medio para la transmisión de mensajes militantes parece fuera de toda duda. El humor, ya fuera a través del chiste lingüístico o mediante la caricaturización del enemigo, fue un componente que dotó de atractivo a las historietas publicadas en *La Hora*. El humor absurdo y deshumanizado, que se practicó desde revistas como *Gutiérrez* o *Buen Humor* durante los años veinte, ha sido sustituido por una implicación ideológica del artista que le lleva a trabajar el humor de situación con una fuerte carga militante.

---

[42] 'Del suplemento "Garabatos", publicado durante la guerra por la revista *La Hora*, no conocemos otra referencia que la que Antonio Martín da en su documentado libro *Historia del cómic español 1875–1939*. No parece que la historieta ocupase allí un lugar destacado ni que autores de prestigio prestasen su colaboración' (Porcel 2002: 64). No es éste el lugar para el estudio del suplemento 'Garabatos', orientado a un público infantil, pero cabe decir que fue Soriano Izquierdo el autor más prolífico del suplemento, en el que también se publicaron tiras cómicas estadounidenses. La historieta tuvo un papel destacable y queda para un futuro estudio llevar a cabo un pormenorizado análisis del mismo.

4

La historieta en el frente de batalla y en la retaguardia: prensa de trincheras y revistas humorísticas durante la Guerra Civil Española

> Hay tres clases de caricaturistas. El caricaturista cómico que sólo persigue un fin: hacer reír. El caricaturista satírico, que tiene una fe, puesto que piensa; sabe que si destruye contribuye sincrónicamente a mejor reconstruir. Y, en fin, hay el caricaturista humorístico: es una flor que nace del escepticismo. Del humorista podríamos decir que dibuja sonriendo y con lágrimas en los ojos. Llora por no creer en nada...
>
> (Luis Bagaría, *Voz de Madrid*, 1938)

La historieta en la prensa de trincheras: un terreno por explorar

El estudio de la historieta publicada durante la Guerra Civil Española es, en realidad, un rastreo de revistas, de decenas e incluso cientos de ellas (sin olvidar los pasquines, octavillas y hojas volanderas, que se contaron por millares). Para tratar de delimitar este *a priori* inabarcable corpus bibliográfico se ha decidido analizar solo la historieta publicada en aquellas revistas orientadas a un público adulto (con especial atención a la prensa de trincheras). Se destacarán aquellos autores o revistas que mantengan un enfoque vanguardista (como en *La Ametralladora*) o que conjuguen militancia y vanguardia, como es el caso de Bofarull en *L'Esquella de la Torratxa*.

Como destacó el historiador Antonio Martín en una exposición en Salamanca sobre tebeos infantiles durante la Guerra Civil Española,

> [d]urante la guerra, la principal y más importante edición de tebeos, con un contenido de historietas, se produjo vinculada al público infantil. Hubo también historietas dirigidas a los lectores adultos, con una relativa abundancia en la prensa republicana, sobre todo en los periódicos políticos y sindicales y muy frecuente y significativa en lo

que hemos dado en llamar la prensa de trincheras, y en las revistas de humor satírico. (2008)[1]

Martín, gracias a su perseverante investigación durante más de cuatro décadas, ha logrado recuperar para la memoria cientos de publicaciones de una historia cultural en gran medida olvidada. No en vano, ha destacado que '[h]asta la fecha, estas publicaciones han sido ignoradas absolutamente por los historiadores profesionales que han estudiado la guerra civil española. También estos tebeos son desconocidos para la inmensa mayoría de los investigadores específicos de la historieta y los cómics españoles' (2008). Con anterioridad, pero en similares términos, se pronunció Gema Iglesias Rodríguez, autora de la tesis doctoral *La propaganda política durante la guerra civil española: la España republicana*[2] (1993), al subrayar que

> [n]o sólo la palabra logra la modificación de una conducta o idea, también la imagen lo consigue. Durante la GC varios fueron los elementos empleados en los que la imagen ocupaba el lugar preferente: el cine, los carteles, las postales, los dibujos humorísticos. De los dos primeros se han ocupado intensamente historiadores como Román Gubern o C. Grimau, aunque quizás han obviado el análisis propagandístico. Sin embargo las postales o el humor todavía no han sido investigados, con excepción de las alegorías republicanas. (Iglesias 1993: 88)

Iglesias obviaba dos estudios fundamentales: el de Fernando Díaz Plaja, *La caricatura española en la guerra civil* (1980) sobre caricatura y humor gráfico, y el de Antonio Martín, *Historia del cómic español: 1875–1939* (1978), sobre la historieta española. Sin embargo, la afirmación es, *grosso modo*, correcta, habida cuenta de los escasísimos estudios en este ámbito, si bien es cierto que se han ido sumando aportes en diversos campos, como el de Mª de los Ángeles Valls (1999) sobre la caricatura valenciana durante la Segunda República. Pero en el ámbito específico de la historieta orientada a adultos se mantiene tal laguna. Por ello, el presente estudio se centra en tal producción, específicamente en la producción asociada al humor en relación a dos manifestaciones principales: la militancia y la vanguardia en el humorismo gráfico.

El grado de desconocimiento que todavía existe sobre la historieta para adultos durante la Guerra Civil Española es considerable, algo que ciertamente llama la atención en un campo de estudio que ha producido más bibliografía

---

1   No se indica página por tratarse de un texto digital. Ver bibliografía para el acceso al documento.
2   El texto completo de la tesis doctoral es accesible a través de www.ucm.es. El servicio de publicaciones de la Universidad Complutense de Madrid publicó el correspondiente libro en 2001.

que las dos Guerras Mundiales juntas. En la mayoría de ocasiones, no trasciende la mera anotación puntual en referencia a los periódicos de trinchera: 'la melancolía se contrapesaba con las historietas cómicas como *Un mañico de pistón en el frente de Aragón* o *Molleja, con gran amor, es soldado zapador*' (Abella 1975: 304).[3] En un texto más reciente, el investigador Manuel Barrero, que llevó a cabo un rastreo del archivo salmantino orientado principalmente a las publicaciones infantiles, comentaba las carencias de la historiografía cultural española sobre este campo, que suele obviar estudios de referencia como el de Fernando Díaz-Plaja (1980) incurriendo en errores e imprecisiones (Barrero 2006: 55). Precisamente, el estudio de Díaz-Plaja, aunque se centre fundamentalmente en la caricatura y no aborde en profundidad la prensa de trincheras (el corpus lo forman diez periódicos republicanos y ocho nacionales), es un trabajo fundamental para comprobar el uso que ambos bandos hicieron del humorismo gráfico para, entre otras cosas, *animalizar* al enemigo, práctica común en los nacionales, y denunciar las disensiones o la acción de la quinta columna en el propio bando, caso de los republicanos:

> La campaña de los partidos socialista y comunista contra quienes pretendían hacer al mismo tiempo la Revolución y la Guerra es constante. En el lado nacional, la censura militar impidió, tanto en el primer momento como en las horas cruciales de la Unificación, que Tradicionalistas y Falangistas – tan separados entre ellos como Socialistas y Anarquistas – expresaran gráficamente la profunda antipatía que sentían los unos contra los otros. (Díaz-Plaja 1980: 15)

El libro de Díaz-Plaja se centra en varios periódicos, aunque también recoge numerosos ejemplos de la publicación de trinchera más importante del bando nacional: *La Ametralladora*. Sin embargo, todo el ámbito de estudio de la prensa de trincheras sigue, en gran medida, inexplorado, pese a la constante y valiosa labor de actualización que lleva a cabo Antonio Martín en el ámbito de la historieta infantil. En el artículo de Barrero mencionado arriba, el investigador se hace eco de tal desconocimiento y asegura que el cotejo y análisis que lleva

---

3   Abella ofrece un sucinto pero certero análisis de la trascendencia del periódico de guerra en las siguientes líneas: 'Todo un haz de sentimientos, de manifestaciones espontáneas de un pueblo en guerra, llevado a combatir contra la otra mitad del mismo pueblo, se reflejaba con sus notas de alegría, de tristeza, de humor y de pena, como exponente sincero de un momento altamente comunicativo. Para el combatiente, ver publicado un trabajo suyo, aunque fuera una 'oda al jersey', era alegría que compensaba de muchas horas de frío o miedo. El verse citado en letras de molde era orgullo que hacía salir del anónimo y sentirse alguien. El empeño que muchos ponían en evadirse del analfabetismo venía dado, en ciertos casos, por la ilusión de leer aquel papel en que se hablaba de uno. Otros prosperaban en su expresión escrita, deseosos de que les aceptaran un trabajo dedicado a la novia. *El periódico de trinchera era solaz, acicate, ilusión, compensación*' (1975: 305, énfasis mío).

a cabo (una selección de la prensa con viñetas desde 1937) constituye, casi setenta años después, un feliz hallazgo para todos aquellos investigadores interesados en la prensa republicana (Barrero 2006: 34). Queda, pues, justificada la afirmación de que el campo de estudio de la historieta para adultos, en especial la prensa de trincheras, es todavía un área por estudiar.

Didactismo en la trinchera: los *antimodelos*

El muestreo que se llevó a cabo en el Archivo General de la Guerra Civil Española aspiró a cubrir una representación de la 'prensa de guerra', estimada en casi 500 publicaciones.[4] De hecho, fue tal la efervescencia editorial que no es raro encontrar anuncios como el siguiente: 'EDITORIAL ESTAMPA. Las brigadas, los grupos juveniles, las organizaciones, encontrarán en nuestra editorial las mejores condiciones para hacer sus periódicos, boletines y folletos. Pedid presupuesto' [*Ahora* 22 ago 1937, p. 6]. El propósito principal de tan vasto material fue comprobar, dentro de una selección amplia de títulos (editados por comunistas, republicanos, socialistas, anarquistas, brigadas internacionales, etc), la presencia de la historieta en dichas publicaciones y las funciones que vino a desempeñar. A tal efecto, y contando de manera global los diversos archivos consultados especificados más arriba, se han manejado 70 publicaciones de trinchera, entre las cuales 30 contenían alguna forma de humorismo gráfico y dentro de éstas, 15 publicaron historietas. En algunas de ellas, tan solo se ha podido documentar un ejemplo aislado, bien sea porque no se conservan más números de la publicación o porque no aparecieran más historietas. Tal es el caso de *Nuevo Cinema* [Año 1, n. 2, junio 1938], en la que encontramos una historieta de Pedraza Blanco o en *A L'Assaut. Journal de la XII Brigade International* [n. 15, 7 abril 1937], donde se publicó una ocasional tira de Peinador (p. 4).[5]

Sin embargo, en ocasiones, encontrar una sola historieta puede tener mayor importancia, como es el caso de la tira del personaje 'Canuto' en *¡Adelante la 13!*, órgano de la 13ª Brigada Mixta (Tercera Brigada Internacional). Dicha publicación, que comenzó el 21 de mayo de 1937 y publicó al menos cuatro números hasta junio de 1937, reprodujo en su n. 3 [4 junio 1937, p. 8] una historieta del popular personaje republicano que llevaba textos en español,

---

[4]   Gracias al trabajo de Mirta Núñez, se cuenta con un estudio que cataloga todas las publicaciones de las que se tiene referencia en el bando republicano. La obra, *La prensa de guerra en la zona republicana durante la guerra civil española (1936–1939)*, fue publicada en tres tomos por Ediciones la Torre en 1992. En total, Núñez ha catalogado 454 publicaciones, más otras 23 que la autora conoce por referencias. pero que no ha conseguido consultar en archivos o hemerotecas (Núñez 1992: 15).

[5]   Dibujante, historietista y cartelista republicano que desarrolló su labor previa a la Guerra Civil en revistas como *Chiquilín*, *Macaco* y *Macaquete* (Cuadrado 2000: 971).

francés y alemán [fig. 4]. La tira de cinco viñetas, que en este caso concreto avisa sobre los peligros de no cuidar el equipamiento, es un ejemplo típico de la historieta 'Canuto', el personaje más popular en las filas republicanas. Canuto es un soldado holgazán, algo desaliñado (con una barba descuidada) y representa todos aquellos vicios que la República quería erradicar en la tropa.

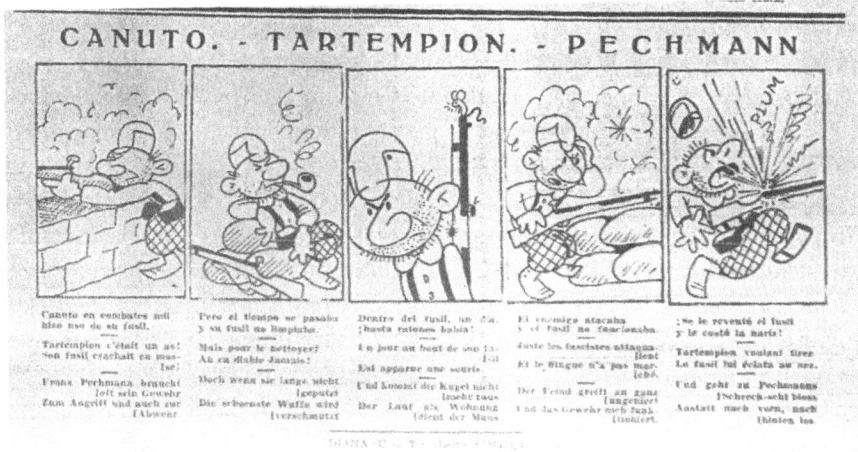

Fig. 4: Porto, *¡Adelante la 13!* 4 junio 1937, p. 8

A través de este anti-modelo se reforzaban los mensajes en torno al analfabetismo, la higiene, el cuidado del material bélico, el acatamiento de las órdenes, el compañerismo y los vicios. Su autor, Tomás Porto y del Vado (1918-¿2005?), se inició en la revista *Pichi* (c. 1933) y trabajó para el Comissariat de Propaganda como soldado voluntario, periodo en el que elaboró su famosa historieta.

Tras la guerra fue encarcelado dos años y en 1941 se incorporó a las casas editoriales Molino y Cliper, pudiendo continuar con su carrera historietística (Cuadrado 2000: 1010). La primera aparición de 'Canuto' fue en *La Voz del Combatiente*, donde se publicó de manera regular desde el n. 67 [8 de marzo 1937], en el que encontramos el primer ejemplo de la popular historieta, titulada 'El alcohol es peor que los tanques', hasta el n. 637 [4 de marzo 1939], último número documentado. Por lo tanto, dos años de publicación seriada hasta casi los últimos días de la guerra. En todo ese tiempo tan solo existe un periodo en el que se interrumpe su publicación, del n. 515 [15 de octubre 1938], cuyo título es 'Con permiso ilimitado a su pueblo es enviado', hasta el n. 554 [23 de noviembre 1938], cuando vuelve de nuevo la historieta.

El ejemplo encontrado en *¡Adelante la 13!* evidencia la popularidad que el personaje estaba consiguiendo en el bando republicano. Apenas tres meses después de su primera aparición, se incluye esta historieta en una publicación de las brigadas internacionales, con su pertinente traducción ya en el título de la misma 'CANUTO. – TARTEMPION. –PECHMANN' y en el texto al pie. El cómic viene con textos rimados que en muchos casos resultan innecesarios, ya que la estructura narrativa del dibujo funciona de manera independiente, hecho que tuvo que contribuir a su popularización entre los soldados internacionales. De igual manera, en la revista *Fusil y libro. Semanario órgano de las Milicias de la Cultura de la 31ª División*, una publicación modestísima en mimeógrafo, también se incluyó la popular historieta de Canuto en la sección 'Humorismo'.[6] Se publicaron 'A menos pelos más higiene' [n. 7 y 8, 10 diciembre 1937, p. 12] y 'Las municiones no se gastan tontamente' [n. 9, 20 diciembre 1937, p. 11].

Tal fue la popularidad del personaje que el Subcomisariado de Agitación y Propaganda del Comisariado General de Guerra realizó tres compilaciones de sus historietas con el sello Diana (U.G.T.). Llevaron el título *Hay que evitar ser tan bruto como el soldado Canuto (peripecias y desdichas de un mal soldado)* [fig. 5]. Las tres se publicaron en 1937, siendo la primera, de 32 páginas (que se vendió a 30 céntimos) especialmente interesante por tratarse de la presentación de Canuto, aunque por las mismas palabras de la introducción, el personaje era bien conocido entre la tropa:

> Canuto es sin duda el soldado más popular de nuestro Ejército. Las peripecias de su azarosa vida militar, las desdichas que constantemente sufre por culpa de su torpeza, han sido seguidas con vivísimo interés por todos los soldados del Ejército Popular a través de las historietas de 'La Voz del Combatiente'.
>
> Tanta es la popularidad del contumaz soldado Canuto que constantemente llegan a la redacción de 'La Voz del Combatiente' infinidad de cartas solicitando detalles de sus descalabros, unas veces; interesándose, otras, por su salud, tan frecuentemente maltrecha, y, las más, pidiendo se publiquen recopiladas todas las incidencias y desdichas que le han ocurrido en el frente. CANUTO ES INDISCIPLINADO, SUCIO, DESCUIDADO, BORRACHO, MIEDOSO, IMPRUDENTE, MAL COMPAÑERO, NO QUIERE APRENDER A LEER...
>
> Canuto es el compendio de todos los defectos que acreditan a un combatiente de mal soldado. CANUTO ES LO CONTRARIO DE LO QUE DEBE SER

---

6   Su primer número salió el 6 de octubre de 1937, y en la editorial se decía lo siguiente: 'Salimos a la luz, en nuestra División, con el firme propósito del cumplimiento de la consigna del Comisariado General de Guerra: "Lucha contra el analfabetismo en nuestro ejército. Ni un solo soldado de la República, que no sepa leer ni escribir" [...] Encontrarán páginas de interés los Milicianos de la Cultura, con instrucciones concretas para el desarrollo de sus actividades'. En la sección 'La Inspección del Frente' se publicaban estadísticas, se enseñaba sobre geografía y se informaba sobre la creación de bibliotecas. La consulta de *Fusil y libro* se realizó en el archivo del Pavelló de la República (Barcelona).

UN SOLDADO DEL PUEBLO.
Los heroicos combatientes deben ver en Canuto cómo todos los actos de su reprobable conducta tienen siempre su merecido castigo; cómo su inconsciente actuación es perniciosa para la causa que defendemos.
Canuto es recalcitrante; pero alentamos la esperanza de que EL BUEN EJEMPLO DE LA MAYORÍA DE SUS COMPAÑEROS, los soldados de nuestro glorioso Ejército, le ha de transformar en un soldado modelo.
Y decimos esto, porque nos consta que CANUTO, EN EL FONDO, ES UN ANTIFASCISTA SINCERO. (*Hay que evitar* 1937a: 2)

Fig: 5 *Porto, Hay que evitar ser tan bruto como el soldado Canuto*, 1937

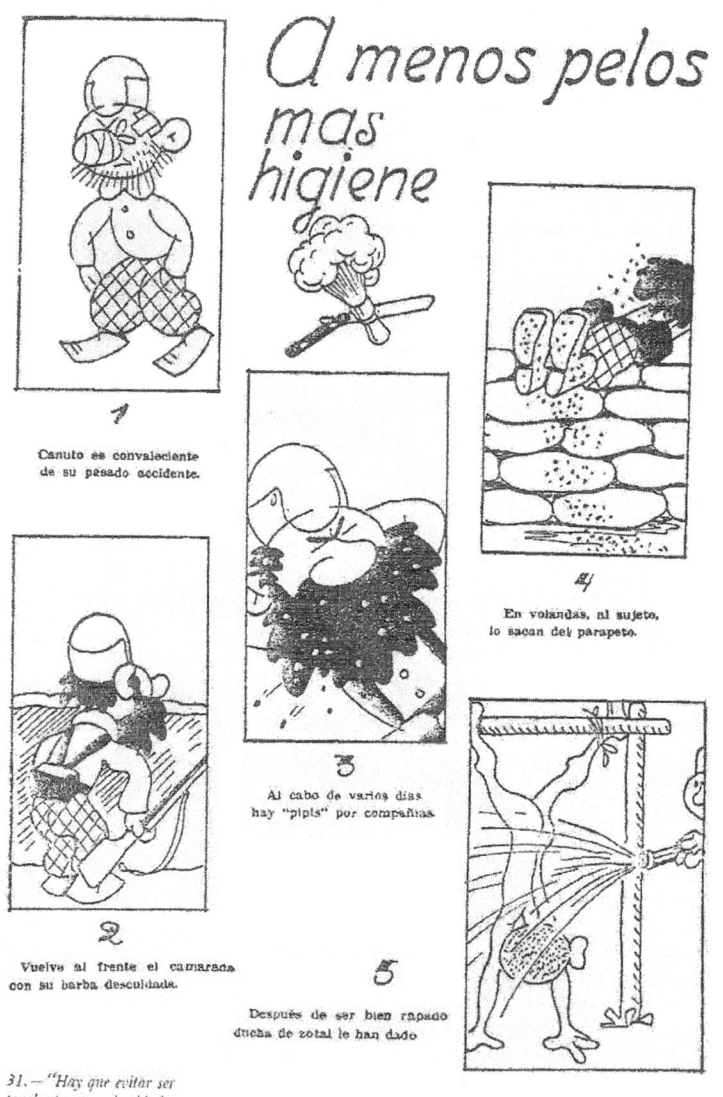

Fig. 6: Porto, tomado de Gamonal 1987: 347

Los títulos de las historietas compiladas inciden en los hábitos a erradicar, 'La suciedad no fué (sic) nunca gloriosa' (4), 'A menos pelos más higiene' (5, fig. 6), 'Los peligros del alcohol' (8), 'Automutilación' (13), 'Analfabetismo' (27), o en potenciar la disciplina (16), el compañerismo (29) o el cuidado de las armas (21). Hubo una segunda edición del primer cuadernillo que incluyó el mismo prólogo, además de todas las secciones de la primera edición, pero se introdujeron nuevos temas relacionados con la higiene sexual. Así, en la serie de tres historietas 'Mucho cuidado con Venus', en la primera entrega contrae una infección tras mantener relaciones sexuales con una mujer (42), en la segunda entrega, entre picores y escozores, no puede seguir a la tropa y, finalmente, en la tercera (44) debe intervenir el médico. Como ha destacado Gamonal, la pedagogía impregnó la gráfica del humor 'a través de la historieta educativa que toma las estructuras de la narrativa en imágenes, tanto la popular tradicional como la nueva surgida de las convenciones del *comic*' (Gamonal 1987: 45). La utilización de la historieta con un sentido didáctico y educativo se combinaba con historias que todos los soldados podían reconocer y se apropiaban como parte de su realidad. Sin duda éste fue el gran éxito de Porto, al saber utilizar un lenguaje narrativo que conectó con su público lector, al que le *hablaba* sobre una realidad compartida y verosímil. Los consejos en forma de textos introductorios no caían en la simple moralina, al menos en esta edición. Se limitaban a plantear recomendaciones: 'La primera medida para evitar las enfermedades venéreas debe ser el empleo de preservativos de goma' (*Hay que evitar* 1937b: 40).

La segunda parte de las aventuras de Canuto amplió el número de páginas hasta 66 y fue editada en los Talleres Rivadeneyra, saliendo el 25 de octubre de 1937 con el mismo formato que la anterior. Como diferencias apreciables con respecto a los dos cuadernillos anteriores, se aprecia un mayor uso del globo para el texto, que evidencia, cada vez más, lo innecesario del texto rimado que acompañaba las imágenes, a no ser por el propio efecto humorístico de los ripios. En esta segunda parte se introducen temas como el de la capacitación técnica en motos, camiones, manejo de focos lumínicos, aviones, etc. Pero sobre todo se incide de nuevo en la higiene sexual, y en este caso sí se percibe un refuerzo de la moral tradicional y los valores de familia que no aparecieron en las dos entregas anteriores: 'La masturbación produce en el hombre males tan graves como pudiera hacerlo la peor de las enfermedades venéreas' (48) y sigue '[p]ero, en realidad, está demostrado científicamente que ningún trastorno puede ocasionar al hombre la abstinencia prolongada durante muchos meses [...] En el seno de la familia desaparecen todos los problemas sexuales' (49).

En la revista *Trincheras* encontramos otro popular personaje de historieta, 'Restituto', que advierte sobre las enfermedades de transmisión sexual.[7] 'Aventuras de Restituto "soldao" más tonto que bruto' de Castillo Canedo, que también ha recogido Antonio Martín (1978: 207), es un cómic con una estructura estable de seis viñetas en tres tiras que tiene como protagonista a un soldado del Ejército Popular. Comparada con 'Canuto', la obra de Castillo Canedo adolece de una mayor dependencia de los textos al pie, más si cabe al no utilizar globos para los parlamentos de los personajes, por lo que la narración de la historia reside en la imagen, pero apoyándose en exceso de los textos rimados.[8] En el ejemplo de *Trincheras*, titulado 'Muchachos vais a leer lo que no tenéis que hacer', Restituto, tras cobrar la paga mensual, decide gastarse el dinero en un burdel con una prostituta. Tras el encuentro sexual implícito, que lo deja sin blanca y fatigado (representado en el dibujo con los bolsillos sacados del pantalón y unas ojeras pronunciadas), Restituto vuelve al cuartel a dormir, pero unos fuertes dolores en su entrepierna lo martirizan. En la última viñeta, de acusado sadismo, en la que se presenta a varios doctores con cuchillos, sierras, berbiquíes y martillos, al pobre Restituto le han cortado un pie, pero se espera que le corten 'algo' más, como dice el texto que acompaña la viñeta. Además del uso de la historieta, se reforzaba el mensaje con textos referentes a la higiene y el aseo personal del soldado, como una columna lateral sobre aseo personal que reza 'cómo emplear el agua fría'.

Parece evidente que, entre los mandos del Ejército Popular, existía una considerable preocupación respecto a los hábitos sexuales de la tropa, como bien destacan Abella (1975: 310) y Fernández Soria (1990: 378–9), hábitos que, en no pocas ocasiones, acarreaban ausencias y visitas a los hospitales, ya de por sí masificados por los heridos de guerra. Tal preocupación se extendió al ámbito de la prostitución y fue motivo de artículos y reflexiones en esta línea. Por ejemplo, la revista *A. Lorenzo. Portavoz del Cuartel de Sanidad*,[9] publicación de carácter anarquista editada en Barcelona,[10] dedicó cinco textos con continuación al tema de la prostitución, a cargo del Dr. A.D.O. en la sección 'Sanidad Social', siempre en su página cuatro. El Dr. A.D.O. identificó la

---

[7]   *Trincheras. Semanario del soldado* era una revista editada por la J.S.U. en Barcelona, cuyo primer número salió el 30 de abril de 1938. Constaba de 24 páginas y en su primer editorial apelaba a su público lector: 'Soldado: este semanario es para ti, no tiene otra voluntad que la de fortalecer tu fe de luchador dándote los medios que te hagan más español y mejor soldado' (3). Mantuvo su regularidad semanal hasta el n. 12, siendo los siguientes de irregular periodicidad hasta el n. 18 (26 de noviembre de 1938), el último que se ha consultado. Jesús Cuadrado apunta que su director fue el historietista José Soriano Izquierdo 'Ley' (Cuadrado 2000: 1187).

[8]   La primera historieta de 'Restituto' que he podido localizar figura en la revista *Nuevo Ejército: Órgano de la 39 División. Órgano de la 47 División* [n. 16, 28 octubre 1937, p. 7].

[9]   Su primer número fue el 18 de marzo de 1937, llegando a editar al menos 12 números hasta julio de 1937.

[10]   El editorial del n. 3 abogaba por ganar la guerra 'pero sin olvidarnos de hacer la revolución' [año I. n. 3, 3 abril 1937, p. 1].

prostitución como una enfermedad social crónica e incurable y aludió a la responsabilidad del conjunto de la sociedad en su desarrollo, ya que 'lo es por nuestra deliberada e inteligente contribución, y que o ella merece nuestro respeto y ayuda o nosotros merecemos como ella el desprecio de los seres dignos si los hay' (*A. Lorenzo* 1937: 1 mayo p. 4).[11]

La historieta 'Canuto' de Tomás Porto es un ejemplo significativo del empleo de un medio popular con fines didáctico-educativos. El cómic no hubiera funcionado de no ser por el acertado ojo de su autor en la elección de un personaje principal que conectaba fácilmente con el público lector y, aunque la obra tiene un componente didascálico de formación del individuo a nivel moral, educativo y militar, las disparatadas situaciones de Canuto y el buen empleo del lenguaje narrativo del cómic a buen seguro convirtieron su lectura en un entretenimiento humorístico para la tropa, a la vez que se interiorizaba el contenido de los mensajes.

No es un caso aislado el de 'Canuto', ya que en otras tantas revistas de trincheras se encuentra similar estructura en función de un antimodelo con el que instruir a los soldados sobre su comportamiento en la trinchera. Tal es el caso de *Nuevo Ejército: Órgano de la 39 División. Órgano de la 47 División*, otra modesta publicación de 12 páginas (que en números posteriores aumentó hasta 14), cuya redacción se encontraba en Chamartín. En su primer número (15 agosto 1937, segunda época) comienza la historieta del personaje 'Zenón', con una estructura muy similar a la de 'Canuto', pero con peor desarrollo técnico, como demuestra el estatismo del personaje, la nula expresividad facial o el cambio de planos. Con todo, es otro intento por parte de los mandos por inculcar un comportamiento adecuado a las circunstancias de guerra en unos soldados que, o bien no habían pasado por una disciplina militar anterior o la que habían recibido era muy limitada, con lo que no se habían interiorizado las costumbres castrenses. El primer ejemplo lleva por título 'Cuatro viñetas en verso, de Zenón, tonto y travieso' (3), y llevaba una leyenda que acompañaba la historieta y que rezaba 'Al recoger la munición has de tener precaución'. La historieta la componen cuatro cuadros. En el primero se le encomienda a Zenón la tarea de recoger la munición. En el segundo, una vez terminada la tarea, se tumba a fumar un cigarrillo y al quedarse dormido (tercero) se produce una explosión y Zenón termina maltrecho y colgado de un árbol (cuarto). Las historietas de Zenón continuaron en el n. 2 [21 agosto 1937, p. 4] y n. 3 [28

---

11   Fernández Soria cita el periódico mensual *La Intendencia*, editado por el Tercer Grupo Divisionario de Intendencia, en el que aparecieron artículos como 'Moral sexual y prostitución' (n. 2, mayo 1937) o 'Deberes de la juventud' (n. 3, junio 1937), en el que el médico José Aparici carga contra las enfermedades venéreas y aboga por una salud e higiene adecuadas con la mirada puesta en la procreación de hijos útiles a la sociedad. Llega incluso al extremo de proponer el certificado médico preconyugal (1990: 379).

agosto 1937, p. 12]. Otra nueva historieta apareció en el n. 9 [10 octubre 1937, p. 5], 'El soldado Mascarón, el eterno protestón'.

Historietas de parecido corte aparecieron para reiterar, de manera machacona, la necesidad de eliminar del quehacer diario de todo buen soldado ciertos hábitos extendidos entre la tropa. En la mencionada *Trincheras*, Ramón Peinador es el autor de otra historieta, 'Heliodoro', en la que un motorista soldado republicano, que visita con demasiada frecuencia el Bar Rojo, sirve como dechado de defectos para el lector modelo. Peinador, que fue uno de los responsables de la revista *Hierro*, órgano del Batallón de Hierro, Brigada Motorizada de Ametralladoras, publicó entre septiembre de 1936 y mayo de 1937 un conjunto de caricaturas e historietas que luego el sello 'Diana (U.G.T.)' recopiló en el *Álbum de Peinador Hierro*. En el n. 33 [8 mayo 1937] de *Hierro* una nota del comandante de la base anuncia la salida del *Álbum* y elogia la labor del dibujante.

De la misma manera, en *Blindajes. Portavoz de las Fuerzas Blindadas del Ebro*, una publicación mensual editada en Barcelona, el humor gráfico ocupó espacio desde su primer número (Año 1, n. 1, 1 octubre 1938) y ya en su tercera entrega (¿diciembre 1938? s/p) se publica la historieta 'Peripecias de Bautista, el peor de los tanquistas', de estilo infantil, con textos rimados al pie en la que se narran las desventuras de un tanquista nada ejemplar. También publicó en *Blindajes* una historieta (año 1, n. 4, 19 enero 1939, p. 2) el dibujante 'Bluff', seudónimo de Carlos Gómez Carreras (1903–1939), que fue fusilado al término de la Guerra Civil y del cual me ocuparé más adelante, especialmente de sus colaboraciones en la revista valenciana *La Traca*.

La 'quinta del biberón' en *Trincheras*: 'Los hechos extraordinarios de dos nuevos voluntarios'

La prensa de trincheras, como ha destacado Fernández Soria, se valió del humor para arremeter contra el derrotismo y los quintacolumnistas:

> Estos mensajes son reflejados a menudo con técnicas más asequibles al soldado medio: *mediante tiras cómicas*. Así, a través de versos pareados y dibujos caricaturescos, se estimula hacia una acción deseada; por ejemplo, en el mencionado semanario [*Trincheras*], con dibujos de Goñi, se narran 'los hechos extraordinarios de dos nuevos voluntarios', donde padre e hijo, éste menor de edad y aquél bastante entrado en años, porfían en acciones loables y dignas de imitación por el soldado. (1990: 377, énfasis mío)

En efecto, una de las colaboraciones que destaca por la regularidad y calidad de la obra es la historieta 'Los hechos extraordinarios de dos nuevos voluntarios', publicada en *Trincheras* por Lorenzo Goñi (Jaén 1911-Lausanne 1992). Goñi, destacadísimo dibujante, pintor e ilustrador jienense, se incorporó al Sindicat de Dibuixants Professionals de Catalunya durante la guerra, donde despuntó como excelente cartelista.[12]

Desde su primer número incluyó la historieta de Goñi, en la que un padre (Tío Paco) y su hijo (Chico Pepe), tras ver un cartel de voluntarios, deciden ambos alistarse sin decírselo el uno al otro. En esta primera entrega, a Pepe le asignan a su propio padre como cabo, ante la sorpresa de ambos, que se habían ocultado sus intenciones de alistarse. La obra de Goñi es un reflejo de la situación de la guerra en el bando republicano en un periodo que, durante el mes de mayo de 1938, vio cómo las acciones militares en Levante amenazaban con cortar la zona republicana en dos. Tal objetivo se consiguió, finalmente, con la caída de Castellón el 13 de junio y de Villarreal el 14 (Tuñón de Lara: 1966: 608). Ante esta dramática situación, el presidente Manuel Azaña autorizó la leva de las quintas de 1940 y 1941, todos aquellos jóvenes que habrían tenido que cumplir con el servicio militar en aquellos años venideros. Los jóvenes que integraron 'la quinta del biberón' tenían 16 y 17 años y habían recibido una casi inexistente instrucción militar antes de ser integrados en los cuerpos de ejército que librarían la Batalla del Ebro en julio de 1938. En la historieta del primer número de *Trincheras* [fig. 7], Chico Pepe miente al declarar su edad, 17 años, '[d]emostrando sus "reaños" se aumenta Pepe tres años'. Pronto se llamaría también a filas a la quinta de 1919, compuesta por hombres de cuarenta años (Thomas 1977: 925).[13]

De la historieta de Goñi cabe destacar ciertos detalles. Por ejemplo, que la vestimenta de ambos soldados ya no es al estilo miliciano, sino que presentan un uniforme reglamentario con cartucheras, botas y casco, alejado en este sentido del personaje 'Canuto'. Hay que tener en cuenta aquí los esfuerzos de la República por conseguir un ejército profesional estructurado en mandos y bajo disciplina militar. Por otro lado, el mensaje que contenían las historietas se complementaba con textos laterales en los que se informaba sobre asuntos de la JSU, la muerte en combate de algún mando o se reforzaban los propios mensajes de la historieta, como en el siguiente ejemplo [fig. 8], en el que se

---

12   De Goñi, cuya sordera le impidió luchar en el frente, recoge Miguel Sarró 'Mutis' en su libro *Pinturas de Guerra. Dibujantes antifascistas en la guerra civil española* (2005) lo siguiente: '[d]urante la posguerra se vio obligado bajo amenazas a realizar carteles para el Frente de Juventudes de la Falange firmando con su segundo apellido: Del Árbol. Desde los años cincuenta Goñi trabajó como ilustrador y caricaturista en *ABC*, *Ya* y *La Codorniz* utilizando este seudónimo' (2005: 42).

13   La República había movilizado desde 1936 a 1.000.000 de soldados. El ejército del bando nacional, en otoño de 1938, se componía de 61 divisiones y un número global parejo de soldados, aunque el rango de edad en los nacionales iba de los 18 a los 31 años (Thomas 1977: 924–5).

Fig. 7: Goñi, *Trincheras*, n. 1, 30 abril 1938, p. 8

subraya la importancia de escuchar a los veteranos y, al mismo tiempo, la ayuda que estos últimos podían prestar a los más jóvenes. Es un ejemplo sobresaliente de la capacidad comunicativa de imagen y texto en el que el valor imperativo del texto al margen se refuerza con la historieta de corte humorístico que facilita la aprehensión del mensaje comunicativo.

Goñi demuestra dominar el lenguaje propio de la historieta. La integración de texto e imagen es total a través del globo y las cartelas narrativas (como en la viñeta cinco que sirve de transición en la historia). Emplea de manera efectiva las onomatopeyas (viñeta seis), los distintos planos (basta comparar, por ejemplo, la profundidad de la primera y la última viñeta) y las líneas cinéticas que indican movimiento (como en la viñeta cuatro, en la que Pepe expulsa el humo del cigarro, o en la seis con las líneas que rodean el 'BOOM' para expresar la dispersión). Incluso la tipografía es de carácter expresivo, como en la explosión de la viñeta seis, cuyas letras *temblorosas* del 'BOOM' dan cuenta de manera efectiva de la detonación que se ha producido.

Los hechos extraordinarios de dos nuevos voluntarios

¡JAMÁS...

2.ª   Historieta, por Goñi

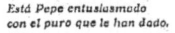

debes abandonar tu fusil! ¿Conoces las penalidades, las dificultades y sacrificios que cuesta facilitártelo? Que tu conciencia conteste a esta pregunta cuando vaciles en la lucha.

Está Pepe entusiasmado con el puro que le han dado.

Contentos con el tabaco, Paco y Pepe hacen el «Paco».

ACONSEJA

tú, veterano, a los jóvenes voluntarios, a los hombres maduros que llegan llenos de fe a las trincheras. Tienes el deber de enseñarles todo aquello que pueda serles útil en la guerra, con la mayor rapidez.

Esto no sólo aumentará su fuerza, sino también la tuya, porque juntos lucháis por la misma causa.

Paco, como perro viejo, le da primero un consejo.

Pepe es indisciplinado, como hijo y como soldado.

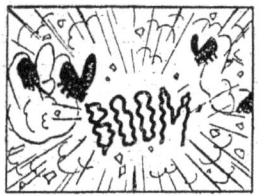

ESCUCHA

siempre, joven voluntario, recluta, el consejo de los veteranos. Una nueva vida tienes ante ti. En ella la ayuda de los veteranos te será muy útil. Pregúntales todo aquello que ignores. No sientas vergüenza en preguntar; pregunta siempre. Si aparentas saber lo que desconoces, jamás serás un buen soldado, ni sabrás defender tu vida al tiempo que defiendes la patria.

Del «enemigo el consejo» puede costarte el pellejo.

Del tiro que les «endiñan», los dos por poco «la diñan».

Tío Paco hecho un león le impone una corrección.

La letra con sangre, al fin, entra en aquel adoquín.

11.

Fig. 8: Goñi, *Trincheras*, n. 2, 8 mayo 1938, p. 11

Goñi prescinde prácticamente de todo texto en otro ejemplo [n. 5, 29 mayo 1938, p. 16] (excepto en la primera viñeta), lo que evidencia el dominio narrativo en imágenes del autor. La historieta muda, como se escribe en el título, permite potencialmente llegar a un número mayor de lectores que, empero, deben *leer* las imágenes en secuencia narrativa. No implica la ausencia de unos códigos de lectura compartidos y aprendidos (de arriba abajo, de izquierda a derecha), pero tan frecuente era la historieta gráfica en periódicos y revistas de la época (tanto de adultos como de niños) que incluso alguien con una muy rudimentaria formación letrada podría seguir la *historia narrada* sin dificultad. Por tanto, las cifras que se barajan de alfabetización en 1938, y según las cuales el 32.4% de la población española mayor de diez años no podía leer ni escribir (Viñao 1990: 574), deben tomarse con cautela porque estamos ante un *proceso de lectura en imágenes*, en una sociedad que se orienta de manera decisiva hacia la cultura audiovisual (las retransmisiones de radio comenzaron en 1923), que vivirá un periodo de especial intensidad durante la guerra civil. En el caso de la historieta tratada, el cuidado del equipamiento del soldado es el mensaje a destacar, además de los peligros que entraña un mal uso del material.

Las peripecias de Chico Pepe y Tío Paco continuaron a la par que los movimientos en el frente de batalla. La zona republicana estaba partida en dos y el progreso de las operaciones en el Mediterráneo amenazaba la caída de Valencia, pese a la resistencia que había logrado mantener a los nacionales al norte de Sagunto, a escasos 35 km de la que fuera capital de la República. Es por ello que el presidente del gobierno, Negrín, declaró en Barcelona la necesidad de lanzar un ataque diversivo para salvar la ciudad. A tal efecto, se formó un nuevo 'ejército del Ebro' que estaría formado por 80.000 hombres, 70 u 80 baterías de campaña y 27 armas antiaéreas (Thomas 1977: 896).

El paso del río Ebro, que dio comienzo a la Batalla del Ebro, se realizó la noche del 24 al 25 de julio de 1938. Las operaciones militares se prolongarían hasta noviembre del mismo año, cuando un contraataque nacional logró recuperar el terreno cedido. Precisamente el 11 de agosto se montó un contraataque contra la sierra de Pàndols, escenario en el que Goñi sitúa otra de sus historietas 'Tío Paco y Chico Pepe en Sierra Pàndols' [n. 14, 29 agosto 1938, p. 5].

Finalmente, *Trincheras* buscó la colaboración del público lector mediante dibujos, chistes o textos ocurrentes para fortalecer la relación entre la edición de la revista y el receptor de la misma. La valoración de Abella sobre la importancia del periódico de trinchera como vínculo comunicativo entre la trinchera y la realidad fuera del campo de batalla se refleja en la preocupación por involucrar al soldado en el proceso de creación de dichas revistas. Ante una subordinación del individuo frente a la colectividad, como representa el ejército, la publicación, por ejemplo, de una historieta de humor, era una vía de escape, un entretenimiento y una reafirmación de la individualidad creadora en las condiciones más adversas. Al menos se publicaron dos historietas enviadas por soldados: 'Ved lo que le ocurrió a Calixto – repartiendo el suministro' [n. 1, 30 abril 1938, p. 17], obra del soldado Juan López de la 91 Brigada y 'De la fascista humorada o al quinto, la novatada' [n. 7, 12 junio 1938, p. 21] por el soldado Solans de la 27 División. Ambas de carácter didáctico, siguen la estructura formal de las historietas que se publicaban en el frente, división en viñetas con textos rimados al pie.

Revistas de humor en guerra (el bando republicano)

Al comienzo de la Guerra Civil, diversas revistas para público adulto en Madrid, como *Estampa*, *Mundo Gráfico* y *Crónica*, continúan publicando historietas que venían apareciendo en sus páginas. Otras revistas populares, como *Blanco y Negro*, en la que se publicaban las 'Siluetas de la semana' de Sileno,[14] desaparecen por una larga temporada.[15] Son todas de carácter infantil, destacando las series 'La vuelta al mundo de Colás y Barullo' de Emilio Ferrer en *Mundo Gráfico*, 'Canito y su gata Peladilla' por Piti Bartolozzi[16] en *Crónica* y 'Aventuras de Pipo y Pipa' por Salvador Bartolozzi[17] (padre de Piti) en *Estampa* (Martín 1978: 164). Aunque como ha destacado Martín no añadieron expresivamente nada al medio en términos de innovación, y pese a la calidad de Emilio Ferrer y los Bartolozzi con sus mundos oníricos, sí cabe resaltar la

---

[14]   Sileno era el apodo de Pedro Antonio Villahermosa y Borao (1869–1945), humorista gráfico que dirigió el semanario satírico *Buen Humor* (1921–1931). Ver el capítulo uno en el que se trata de *Buen Humor* y el resto de revistas portadoras de la vanguardia en el humorismo gráfico.

[15]   *Blanco y Negro* publicó su último número antes del estallido de la Guerra Civil el 19 de julio de 1936 y volvió a aparecer bajo control republicano el 17 de abril de 1938. Solamente se publicarían 21 números hasta el 21 de marzo de 1939 (Altabella 1990: 281). La efímera vuelta de la publicación durante la guerra se debe a los esfuerzos de Antonio Barbero Núñez (1889–1962), historietista, ilustrador y uno de los críticos cinematográficos más prestigiosos del momento. Barbero, que fungió como director de esta etapa de la revista, había dirigido y publicado sus historietas con anterioridad en la revista infantil *Chiquilín* (1924), además de colaborar en *Buen Humor* y *Gutiérrez*. El periodo bélico de la revista no incluyó historietas.

[16]   Doña Piti Bartolozzi estuvo entre los tres ganadores del concurso de pintura, escultura y dibujo organizado por el Ministerio de Instrucción Pública convocado el 30 de agosto de 1937. Bartolozzi consiguió uno de los tres premios (1.000 pesetas) en la modalidad de grabado por 'Pesadillas infantiles', tal y como se recoge el 15 de abril de 1938 en *Gaceta de la República* (Gamonal 1987: 129–132).

[17]   En 1925 empieza a publicarse bajo su dirección *Pinocho*, revista 'que inicialmente dio prioridad a las secciones literarias, con textos de Manuel Abril, Magda Donato, Luis de Tapia, Antoniorrobles, Edgar Neville [...] la historieta ocupa escaso espacio en los primeros números, ya que sólo se le dedican dos páginas, una a la serie cómica que crea K-Hito con el título genérico "De cómo pasan el rato Currinche y D. Turulato", y la otra a publicar una serie de aleluyas, dibujadas primero por Robledano y después por López Rubio' (Martín 1978: 89). La revista desapareció en 1931.

politización marcada por las dramáticas circunstancias del momento. Así, si tomamos *Estampa* y la historieta de Salvador Bartolozzi, ésta adquiere un enfoque militante y tras presenciar el bombardeo de un pueblo leemos lo siguiente: '"[n]unca hicieron tanta falta a nuestro país, como ahora, héroes que por él se sacrifiquen. La República está en peligro, hay que defenderla, hay que salvarla". Y esta arenga de nuestro gran Pipo basta para que en el acto los tres amigos corran a alistarse en las Milicias Populares'. Este episodio lleva por título 'Pipo se hace miliciano' y, en las últimas tres viñetas, podemos ver a los tres personajes convertidos en milicianos y enfermera para servir a la República. Las aventuras de Pipo y Pipa continúan con 'El bautismo de sangre de Pipa' [n. 460, 7 noviembre 1936], donde ya vemos a los personajes atrincherados ante el enemigo, para luego en 'Pipo estratega' [n. 461, 14 noviembre 1936] enfrentarse con astucia a un grupo de regulares marroquíes y así sucesivamente.

Caso contrario es el de otras revistas de similar factura, como *Lecturas*, en la que se publicaron historietas a cargo de Mondragón, Urda, Niu, Kim, L. Teixi, Bartolí, Moreno, Alloza, A. Coll, Xirinus, Martí Bas, D'Oc y que mantuvo la línea editorial previa al inicio del conflicto, caso cuando menos llamativo, como apunta Martín, 'si tenemos en cuenta que la empresa editorial había sido colectivizada, sin que ello diera una nueva dimensión a los contenidos de la revista, que no sólo no se vincula, siquiera parcialmente al clima de estos años, sino que además continúa ofreciendo al lector un conjunto de propuestas míticas' (Martín 1978: 198). Similar es lo ocurrido con *En Patufet*, revista que nació en 1904, dirigida a un público infantil, pero que para la década de los treinta, ya se orienta a un público juvenil.

De las diversas revistas de humor que se publicaron durante la Guerra Civil, destacan en el bando republicano principalmente tres por el espacio que otorgaron a la historieta en sus páginas. Se trata de *No Veas* (Madrid), *La Traca* (Valencia) y *L'Esquella de la Torratxa* (Barcelona).[18]

No Veas: la lucha en el frente y en la retaguardia

No Veas será la única publicación de las tres que nazca con el conflicto fruto de la intensa actividad cultural y propagandística del grupo *La Gallofa*, dirigido por el pintor, cartelista y dibujante José Bardasano Baos (1910–1979), quien

---

[18]   Otra revista humorística de importancia que nace en plena Guerra Civil, pero que no incluyó historietas, fue *Criticón: semanario humorístico*, editada en Barcelona por Unió Gràfica. Comenzó el 22 de mayo de 1937 y no se tiene constancia de su publicación en 1938. Cabe mencionar la colaboración del más importante caricaturista del momento, Bagaría (en portada en varias ocasiones), además de Echea, Kenny, Luki y Rim. Era una publicación semanal de cuatro páginas en formato grande (50 cm), de la cual se conservan seis números en el archivo del Pavelló de la República.

también fungió como director de la revista. Cada portada corrió a cargo de un artista distinto y se vendía como semanario humorístico a 20 céntimos.[19]

En su primer número del 22 de mayo de 1937, el 'editorialazo' presenta la revista de la siguiente manera:

> En los periódicos facciosos hemos leído que los moros, alemanes, italianos, portugueses, etc., luchan por la libertad de España.
>
> En algunos periódicos leales leemos todos los días que los comunistas son enemigos del socialismo y que el P.O.U.M. no es una tribu fundada y sostenida por Hitler y Franco. Otro día nos enteramos de que pedir una política de guerra es una maniobra repugnante, y exigir el castigo de los sublevados contra el Gobierno, un ejemplo patente de proselitismo.
>
> Comprenderéis que cuando se dicen por ahí cosas tan graciosas, también tenemos derecho nosotros, los ases de NO VEAS, a decir alguna que otra impertinencia.
>
> Pero no lo haremos, sin embargo. NO VEAS es un periódico serio, cuya finalidad principal es decir la verdad. Está hecho para las trincheras y para la retaguardia.
>
> Si alguno de nuestros comentarios desagrada –para eso los haremos, por otra parte –, nosotros, como todos los hombres importantes, 'declinamos la responsabilidad.' (*No Veas*, n.1, 22 mayo 1937, p. 4)

Desde su primer editorial, el semanario se define como un periódico hecho para las trincheras y para la retaguardia. López Ruiz ha destacado, en su estudio sobre las revistas humorísticas madrileñas, que *No Veas* era 'un semanario de circunstancias y que, a pesar de esas extraordinarias circunstancias, intentó insertar en la lucha inevitable una posibilidad de buen humor, y para ello contó – de grado o por fuerza porque, además, no había otra – con la colaboración de la práctica totalidad de los caricaturistas 'cogidos' en el Madrid sitiado' (1995: 254). Es, por tanto, una publicación que nace en función de unas circunstancias muy concretas y que determinarán su enfoque a lo largo de los, al menos, 19 números que se conocen hasta septiembre de 1937.[20] La fecha de este primer número explica las críticas contra el POUM y la defensa de los comunistas.[21] La mención de una política de guerra (en lugar de la revolución reclamada por

---

[19]   N. 1 Bardasano, n. 2 Peinador, n. 3, n. 4 Echea, n. 5 Méndez, n. 8 Gallofo, n. 10 Leo, n. 11 Olimpia Torres, n. 13 Babiano, n. 14 Alonso Moyano, n. 15 Kim, n. 18 Cañavete, n. 19 Alfaraz.

[20]   El n. 19, último número de la publicación que se conserva en el archivo salmantino, no tiene fecha y me baso para datar su trayectoria hasta septiembre en el anterior, el 18, cuya fecha es del 18 de septiembre de 1937. López Ruiz apunta que la publicación 'moriría el 2 de octubre del mismo año 1937' (1995: 254).

[21]   El POUM se fundó en 1935 por la fusión de la Izquierda Comunista y del Bloque Obrero y Campesino.

los grupos asociados al anarcosindicalismo, FAI, CNT) describe un contexto de máxima tensión que se resolverá entre abril y mayo de 1937 con la castración político-militar del POUM (el partido fue descabezado con la detención, tortura y desaparición de su secretario político, Andreu Nin) y el debilitamiento de los diversos grupos anarquistas, acusados de quintacolumnistas en colaboración con los gobiernos de Burgos y Berlín. Como apunta Díaz-Plaja, la campaña contra el POUM, liderada por los comunistas y la izquierda moderada, llevada a las páginas de revistas y periódicos por los humoristas gráficos españoles en territorio republicano, es tan solo comparable en su virulencia con los ataques al fascismo (1980: 17). La situación iba más allá de la mera lucha interna por promover u obstaculizar la revolución en la España republicana.[22] Cataluña (en virtud de su autonomía) y gran parte de Aragón operaban *de facto* ajenas al poder que emanaba del gobierno republicano sito en Valencia. Los sucesos acaecidos entre el tres y el ocho de mayo en Barcelona se tradujeron en tiroteos sangrientos, dejando un saldo de 218 víctimas (Solé y Villaroya 2006: 241) por las mismas calles de una ciudad que, por otro lado, vivía en gran medida ajena a la guerra que se libraba en los diversos frentes de batalla. El 5 de mayo se enviaron contingentes armados desde Valencia y el gobierno se apoderaba del orden público en Cataluña. Fue la oportunidad de solucionar de un plumazo varios asuntos de índole interno. Por un lado los comunistas, muy probablemente con la connivencia de Negrín, buscaban aplastar la influencia trotskista en España, tal y como se estaba llevando a cabo en la Unión Soviética. Por otro lado, era urgente la necesidad de adoptar una verdadera política de guerra (como reseñaba el primer editorial de *No Veas*) que antepusiera el propio conflicto bélico contra los sublevados a la ansiada revolución social. Por último, estratégicamente, el gobierno republicano podía entonces controlar en términos reales todo su territorio y armonizar mejor una serie de medidas (control de precios, abastecimiento,[23] militarización de sus fuerzas) con el fin de resistir mejor y tener posibilidades reales de ganar la guerra. Como resultado de este mayo sangriento el POUM fue declarado fuera de la ley y el Gobierno central retiró el control del orden público a la Generalitat y se reorganizó el gobierno de la República, con la salida del socialista Largo Caballero de la Presidencia y la entrada de Negrín.[24]

---

[22] 'It was the antagonism between those who wished the revolution to go forward and those who wished to check or prevent it –ultimately, between Anarchists and Communists' (Orwell 1964: 114).

[23] 'Partly it was the result of safety of life in Barcelona, where there was little to remind one of the war except an occasional air-raid. Everyone who had been in Madrid said that it was completely different there. In Madrid the common danger forced people of almost all kinds into some sense of comradeship' (Orwell 1964: 112).

[24] Negrín ocupó las carteras de Presidencia, Hacienda y Economía; Estado pasaba a manos del republicano Giral; Defensa Nacional al socialista Prieto; Justicia al nacionalista vasco Irujo;

La campaña contra el POUM conllevó las *desapariciones* de figuras de importancia, como la del propio líder del partido, Andreu Nin,[25] quien fuera secretario de Trotsky durante sus años en Moscú. Solé y Villaroya mencionan que hasta el 24 de junio no se hizo pública su detención (2006: 242), sin embargo, el diario barcelonés y republicano *El Diluvio* publicó una nota de prensa en portada el día 23 de junio sobre el descubrimiento de una organización dedicada al espionaje que tenía elementos infiltrados en el POUM y aportaba el dato de 300 detenidos:

> Andrés Nin, el dirigente más destacable del P.O.U.M., ex consejero de justicia de la Generalidad, fue trasladado a Valencia, seguidamente de detenido, y después a Madrid. Entre los detenidos de más importancia se encuentran Jorge Arquer, David Rey, Andrade, Ortiz, Escudé y otros. También fue clausurado el local de 'La Batalla' y detenidos varios de sus redactores. (*Diluvio* 23 junio, 1937, p. 1)

Los asesinatos se sucedieron, como el de Erwin Wolf, otro de los secretarios de Trotsky, el socialista Kurt Landau, el periodista Marc Rhein (Thomas 1977: 761), pero quizá uno de los más escabrosos fue el de José Robles Pazos (1897–1937).[26] Robles había sido el traductor al español de la obra de su amigo John Dos Passos, además de profesor en la universidad americana de John Hopkins. Durante la guerra fungió como traductor y su asesinato fue motivo de la ruptura de la amistad entre Dos Passos y Hemingway al justificar este último su muerte (Beevor 2007: 275). Como resumió el periodista austríaco Franz Borkenau, testigo del conflicto,

> political antagonism breaks through, not in open fight to win over public opinion, but in backstairs intrigues, assassinations by anarchist bravoes, legal assassinations by communist police, subdued allusions, rumours; in one word all those forms of political activity which may be inevitable in a revolution, but which certainly must, if unchecked, affect most disastrously

Gobernación al también socialista Zugazagoitia; al frente de Instrucción pública seguía el comunista Jesús Hernández; lo mismo ocurrió con la cartera de Agricultura, en la que siguió al frente Vicente Uribe; Obras Públicas y Comunicaciones con Giner de los Ríos; finalmente, Trabajo y Seguridad Social quedó a cargo del catalanista Aiguadé. La CNT y los socialistas de izquierda que apoyaban a Largo Caballero quedaron fuera del gobierno (Girona 1986: 231).

25 'Nin había sido consejero de Justicia en la Generalitat catalana. Hombre que había vivido en la década de los veinte en Moscú y que mantenía estrechas relaciones personales con Trotsky, estaba entregado de lleno a la causa de la revolución socialista y, como señalan los estudiosos de su obra teórica y de su actividad política F. Bonamusa o P. Pagès, era de los pocos dirigentes revolucionarios con sólida base intelectual' (Solé y Villaroya 2006: 242).

26 El libro de Ignacio Martínez de Pisón, *Enterrar a los muertos* (2005), analiza este suceso en profundidad.

both the present morale of the country and the creative power of its political parties in the future. (2000: 235)

Por todo ello, la primera portada del semanario alude a los acontecimientos de Barcelona en una tira de cuatro viñetas de Bardasano, en la que primero tenemos una antorcha de la JCI (Juventud Comunista Ibérica, rama joven del POUM) que lleva la leyenda 'Fuego provocado'; en la siguiente, 'El incendio', representa a Cataluña; la tercera alude a 'El sofocamiento' y aparece un bombero; y finalmente la última, 'Autores del siniestro', presenta al Frente Popular con una porra que da los golpes al compás 'poum, poum'. Por otro lado, Bardasano ya había incidido en este asunto meses antes, como en una viñeta publicada en *Ahora* el 27 de enero de 1937. En dicho ejemplo, un puño aplasta una rana y se utiliza la referencia onomatopéyica del propio golpe, equiparándola con las siglas del POUM.

En este primer número, integrado por varias secciones como 'Risa española' (2), 'Rebuznos de sociedad' (6), 'Narraciones del frente' (7) o 'Cuentos de "No Veas"' (11) ya se encuentra la primera entrega de la historieta 'Aventuras de Jabato, para pasar un buen rato' (16), obra de su director, José Bardasano.[27]

El cómic, que adolece de una rudimentaria secuencialidad, a medio camino entre la aleluya (incluye los característicos ripios al pie de la imagen) y la narración gráfica (el uso de bocadillos para el texto es casi inexistente), es un ejemplo de historieta militante que no consigue acercarse al estilismo ni al efecto cómico de Goñi en 'Los hechos extraordinarios de dos nuevos voluntarios', en la que sí hay un manejo de la especificidad del lenguaje historietístico más desarrollado (narración, uso de globos, integración de texto e imagen, mayor expresividad del dibujo, efecto cómico). Es por ello que probablemente la historieta de Bardasano, que se basa en dibujos sencillos sin un recargamiento detallista de la viñeta, reforzando los estereotipos del enemigo, como en el ejemplo del n. 4 [12 junio 1937, p. 12], no debió conectar con el público lector de la manera esperada y el n. 5 [19 junio 1937, p. 11] es el último revisado en el que aparece Jabato.

El n. 2 de la revista [29 mayo 1937, p. 13] publica otra serie de Bardasano que solo alcanzó dos entregas, hasta el n. 5 [19 junio 1937, p. 6]. Se trataba de 'Aventuras de Colás' y continuaba el estilo de 'Jabato'. Acaso lo único destacable de 'Colás' sea su enfoque en la retaguardia, para complementar las aventuras de Jabato que tienen lugar en el frente de batalla.

No será casual la atención prestada a la retaguardia, como se quiere recalcar. *No Veas* es una publicación de *circunstancias*, nace con el propósito principal

---

[27] Como se vio en el capítulo tres, Bardasano aprovechó un viaje a Valencia para publicar la historieta 'Las aventuras de Cornejo' en cuatro entregas en el diario *La Hora*.

12

Fig. 9: Bardasano, *No Veas*, n. 1, 22 mayo 1937, p. 16

de combatir el diversionismo ideológico interno, la llamada quintacolumna que se equipararán con el POUM. Por ello, muchos de los dardos en la revista apuntarán en la misma dirección, alertando sobre los desmanes en la propia retaguardia, que impiden una eficaz lucha en el frente. Por ejemplo, en el n. 10 [24 julio 1937], una paródica carta de Mussolini a Hitler, titulada '¿Quién es el padre del POUM?', firmada por Benito e ilustrada por Tomilo y Méndez apuntaba en esa misma dirección:

> ¿Es que yo no he enviado de todo a España? ¿Es que no tengo mis 'Flechas Negras'? [...] ¿Es que yo no protejo a Trotski y ayudo a mantener el P.O.U.M.? [...] Y que quede bien claro que si tú mangoneas el P.O.U.M., una obra tuya, mía y de varios mentecatos 'antifascistas' que –¡todo porque ya no tienen enchufos, ésta es la verdad!– hacen el juego a nuestros muchachos. (*No Veas*, n. 10, 24 julio 1937, p. 4)

El mensaje a repetir estaba meridianamente claro. Hitler, Mussolini y Trotski eran una tríada indivisible y cualquiera que les hiciera el juego (POUM) era tan traidor como ellos y merecía el peor de los castigos,[28] como se encargó de reflejar Robledano en las páginas de *Claridad* el 12 de mayo de 1937 en un crudo ejemplo de humor gráfico en el que aparecen varias personas ahorcadas. En un primer plano, y evocando la macabra práctica de los 'narcomensajes' en el México actual, un cartel con la frase '¡por traidor!' cuelga del cadáver. El ejemplo de Robledano solo se podría encuadrar dentro del humor gráfico por el soporte que utiliza (prensa diaria) y las convenciones formales de brevedad, referencia a la actualidad mediática y dibujo de trazo caricaturesco. En todo caso, es un humor negro, ciertamente lo que presenciamos no es sino la utilización de un medio de masas en la transmisión de un mensaje político de la mayor severidad.

En la línea apuntada, Babiano (Desiderio Babiano Lozano Olivares, Madrid 1909-Barcelona 1996),[29] desarrolló otra historieta con temática en la retaguardia y protagonismo de un 'camuflado', don Matías, que cambia su vestimenta y discurso para adecuarse a las circunstancias, mientras siembra el diversionismo ideológico, ataca la moral republicana y colabora con los fascistas, que le premian con abundancia de suministros.

---

28 'A Trotskyist, in communist vocabulary, is synonymous with a man who deserves to be killed' (Borkenau 2000: 240).

29 Babiano también colaboró en *La Voz de la Trinchera*, órgano de la 106 Brigada Mixta cuyo primer número apareció el 11 de septiembre de 1937. Desde el n. 5 [1 nov 1937] se cuentan las colaboraciones de este autor con 'Breve historia mal contada de un chico de la Brigada – La escribió Casal a mano y la ha ilustrado Babiano' (7 y 8). Jesús Cuadrado apunta que tras la Guerra Civil estuvo recluido en el campo de concentración de Albátera (Alicante) para, posteriormente, establecerse en Barcelona, donde continuó trabajando en el mundo del tebeo y la ilustración (2000: 747).

Como ha documentado Girona en el caso valenciano, los milicianos que custodiaban edificios o patrullaban las calles y debían alimentarse con los productos de los mismos sindicatos fueron los primeros en lanzarse a la requisa de alimentos por los pueblos cercanos (1986: 36). Pagaban los alimentos sustraídos con el conocido 'vale', una especie de recibo del partido o sindicato que iba cuñado y firmado. Pero se produjeron numerosos abusos con el 'vale', así como con la utilización fraudulenta de los carnés de partido o sindicato, como en la historieta de Babiano. La primera entrega de la historieta data del n. 13 [fig. 10][30] y nos presenta a don Matías como un anti-modelo del ciudadano en la retaguardia. En primer lugar, ha presenciado el estallido del conflicto recluido en su casa y sale a la calle una vez la situación está en calma. Acto seguido cambia su discurso (saludando a la portera a la manera republicana) y su identidad con una vestimenta obrera y un carné 'de fecha anterior a julio'.[31] La adopción de este rol estratégico-performativo, en términos butlerianos, se completa con la falsificación de un carné de filiación política que lleve una fecha anterior al estallido del conflicto. A partir de ese momento, don Matías camina sin peligro por las calles y siembra la desunión con su discurso sobre la revolución. En resumidas cuentas, un ejemplo más de los ya comentados, basados en el anti-modelo. Con la peculiaridad de que, si bien por Canuto o por Chico Pepe sentimos cierto cariño y empatía pese a sus barrabasadas, ello es imposible con la historieta de Babiano. El propósito es la denuncia y la eliminación de todo agente infiltrado en la propia retaguardia, apuntando directamente a lo sucedido tres meses antes en Barcelona con el POUM.

Como se ha mencionado previamente, el último número consultado fue el 19 y, por tanto, ignoro si la publicación continuó publicándose más allá de septiembre de 1937. De cualquier modo, en sus dos decenas de números, *No Veas* representa uno de los ejemplos más logrados de humor militante en las filas republicanas. Su proyección en el frente (Jabato) y en la retaguardia (Colás y Emboscado) dio muestras de su voluntad de transmitir sus mensajes tanto al lector de la trinchera como al que vivía alejado del frente.

---

[30]   La historieta se publicó al menos hasta el n. 15 [28 agosto 1937, p. 15].

[31]   En la portada del periódico barcelonés *Diluvio. Diario Republicano Democrático Liberal* apareció el titular 'Saneamiento de la retaguardia', seguido de un subtítulo que ocupaba media página y hacía referencia a la emisión fraudulenta de carnés sindicales o de partido anteriores al estallido de la guerra: '[p]ara evitar futuras traiciones y maniobras fascistas, en los estamentos sindicales y políticos del Frente Popular deben constituirse Comisiones mixtas encargadas de revisar los carnets concedidos después del 19 de julio' (*Diluvio* 9 mayo 1937). Tres días más tarde, el mismo diario volvía con otro artículo firmado por E. Díaz Lasheras, titulado 'La revisión de carnets', e incidiendo en la necesidad de examinar los carnets emitidos hasta el momento para confirmar su autenticidad (*Diluvio* 12 mayo 1937).

Fig. 10: Babiano, No Veas, n. 13, 14 agosto 1937, p. 2

La Traca: la militancia como sátira festiva

La Traca, revista satírica escrita originalmente en valenciano, se encuadra dentro de la tradición del XIX de semanarios ilustrados, que entrado el XX se orienta hacia la llamada prensa sicalíptica.[32] Apareció por primera vez el 15 de noviembre de 1884 y tenía como director a Manuel Lluch i Soler. Duró escasos tres años, hasta el número del 13 de marzo de 1887, fecha en que encarcelaron a su director por insultos a la Corona. Reapareció en 1894 como *La Nova Traca* con igual suerte y no logró publicar diez números antes de que la censura gubernativa clausurara la revista. En septiembre de 1912 reaparece recuperando su original nombre, *La Traca*, esta vez de la mano de Vicent Miquel i Carceller, que será su director hasta la etapa final, entrado ya el conflicto de la Guerra Civil Española. Durante los años veinte, cambia su nombre de nuevo (*La Sombra* en 1924 y *La Chala* en 1926) para burlar la censura primorriverista. Con el advenimiento de la Segunda República vuelve a publicarse como *La Traca* y consigue unas tiradas espectaculares para la época, 500.000 ejemplares, según ha relatado el ensayista valenciano Joan Fuster, de las cuales 70.000 iban destinados a Barcelona (Brines 2002: 372–374).

De nuevo se ha de mencionar la ausencia de estudios que incluyan la prensa humorística durante la Guerra Civil Española. El caso de *La Traca* no es, por tanto, una excepción. La referencia a *La Traca*, como en López Ruiz (1995: 250), no viene acompañada de un somero análisis y un vaciado de sus contenidos. Desde un punto de vista centrado en la caricatura, sí se encuentran ejemplos de dicha revista en Valls (1999), así como información biográfica de sus autores, que complementa las diferentes tendencias en torno a la caricatura que aporta su autora. Pero resulta llamativo que incluso en obras recientes que han investigado el conflicto desde sus diversas aristas centrándose en la Comunidad Valenciana, como los 18 tomos de *La Guerra Civil en la Comunidad Valenciana* (2007), ni siquiera se mencione dicha publicación. En el tomo 12, titulado *Prensa, propaganda y agitación*, aun cuando recoge en su primer ensayo la importancia y el aprovechamiento de los medios de comunicación y entretenimiento de masas para la transmisión de mensajes que influyeran al individuo, se alude únicamente a la caricatura dentro de los medios populares, pero nada se dice de la historieta. Se mencionan diversas revistas (entre ellas incluso *La Ametralladora*, del bando nacional, de la que se recogen hasta las tiradas), pero se obvia la importancia de la revista humorística valenciana *La*

---

[32] 'Con este calificativo aparecieron durante los primeros años del s. XX una serie de publicaciones socarronas y desvergonzadas [...] Estas revistillas eróticas tuvieron un rápido auge durante la primera década del siglo, para ir decayendo poco a poco a partir de 1915, y desaparecer en la década de los años veinte' (García Delgado 2009: 26).

Traca como medio transmisor de mensajes de carácter militante-político (Calzado 2007: 9 y siguientes).

Para el estudio de *La Traca* me concentraré en analizar los aportes más significativos que, dentro del humorismo gráfico, dotan a la revista valenciana de una autonomía propia y de una voz inconfundible durante la Guerra Civil Española. Queda para un estudio ulterior un análisis más exhaustivo.

Como preámbulo en el que encuadrar la actividad de dicha revista, cabe recordar que la tradición satírica del pueblo valenciano es una cualidad de su identidad nacional. La celebración de festividades, como 'las Fallas' cada mes de marzo, en la que se configuran monumentos de cartón piedra con el fin de parodiar la vida pública valenciana, una suerte de catarsis colectiva de todo un año que el fuego purifica cada noche de San José (19 de marzo) para dar inicio al comienzo de la festividad del año próximo. Pues bien, incluso en pleno conflicto bélico, el 11 de febrero de 1937, la *Gaceta de la República* publicó una orden del Ministerio de Instrucción Pública concediendo 40.000 pesetas a la Aliança d'Intel.lectuals per a la defensa de la Cultura para la construcción de cuatro fallas de carácter antifascista (Blasco 1978: 66). Gori Muñoz fue el encargado de los bocetos y Josep Renau, Director General de Bellas Artes, el responsable del control artístico, aunque no se llegaron a plantar en la calle como es la costumbre. Sin embargo, sí se realizó una exposición fallera en el salón columnario de la Lonja. Como ha destacado Seguí, 'el arte popular, en forma de fallas, asumió las consignas y críticas antifascistas para demostrar que podía elaborar un discurso que se acercaba a las exigencias del momento' (Seguí 2007: 69). La sátira festiva se hacía presente en las circunstancias más necesarias y menos propicias. En tales condiciones, no era de extrañar que una revista de eminente carácter valenciano orientara su humorismo, en plena guerra civil, hacia la sátira festiva, teñida en ocasiones de dramatismo, en otras, de guasa. Pero en último término, el propósito era la elaboración de un discurso acorde a 'las exigencias del momento' y desde una plataforma popular.

Durante los primeros años treinta *La Traca* se inscribe dentro de la tradición anticlerical, de la que fue su más fiel representante en España, fruto de los cambios que se operaban en la Segunda República Española. En el n. 141 [4 feb 1934] se lanzaba la pregunta '¿Qué haría usted con la gente de sotana?' y los lectores participaron enviando sus respuestas sobre cómo deshacerse del clero en España. Es por ello que aparecieron historietas en esta línea de Modesto Méndez Álvarez (1895–1939), una figura de importancia para entender el desarrollo expresivo del medio hacia una estilización de la secuencia en imágenes, con un estilo caricaturesco.

También colaboraron en *La Traca*, durante estos años, Fernando Perdiguero Camps 'Menda' (1898–1970), Cabrero Arnal (1909–1982), José Soriano Izquierdo 'Ley' (1908–1996) y anteriormente lo había hecho Antonio de Lara Gavilán

'Tono' durante su etapa en Valencia. En estos primeros años treinta la revista tenía un formato de ocho páginas tamaño A4 plegables con texto e imágenes por las dos caras.

Con el desarrollo del conflicto bélico se produce un cambio sustancial en el estilo de la revista con la participación, primero, de Carlos Gómez Carreras 'Bluff' (1903–1939) y, a partir del n. 1176 [3 marzo 1937], de Carnicero como colaborador habitual. Los dos artistas serán los que mejor representen la tendencia artística de la revista humorística (por su calidad, similitud de estilo y cantidad de producción) durante la guerra. De manera similar, veremos en el bando franquista la asunción de estilos de Mihura y Tono en sus historietas en *La Ametralladora*. El formato ahora dará mayor presencia a la imagen (como se puede comprobar por las portadas de Carnicero y Bluff [fig. 11] que ocupan toda la página con composiciones que atraen la atención del lector por su impacto visual), reduciendo el número de páginas (cuatro A4) y aportando un uso cuidadoso del color. La revista se vendió de mayo de 1937 a enero de 1938 a 20 céntimos.

La etapa bélica de la revista muestra la militancia del humorismo gráfico en sus páginas a través de tres grandes bloques temáticos en los que se centrará la crítica: la retaguardia disconforme con las ideas del gobierno; el comité de 'no intervención'; y finalmente la equiparación de Franco con Hitler y Mussolini en ideología política, aunque siempre representado en posición servil, afeminada e inoperante con respecto a los otros dos. En cuanto al enfoque formal, destacaron en *La Traca* las dobles páginas centrales al estilo periódico mural, que tan popular fue durante los años de conflicto en el bando republicano.

Prácticamente cualquier asociación, ya fueran talleres, escuelas militares, clubs de jóvenes u hospitales, dispusieron de su periódico mural, al que

se le encomiendan no sólo tareas de difusión cultural sino también otras más inmediatas y necesarias para la buena marcha de la contienda: orientar políticamente al soldado, aclarar las dudas que puedan surgir en su mente, reforzar constantemente su moral, plantear problemas y solucionarlos, capacitarle militarmente, etc. (Fernández 1990: 389)

Tanto Carnicero como Bluff practicaron su propia visión del periódico mural, pasado por el tamiz del humorismo gráfico [fig. 12], a medio camino entre la agrupación de chistes gráficos [n. 1203 '¡Oh…la retaguardia!' s/f] y la polivalencia de un periódico mural con multiplicidad de mensajes que en ocasiones servía de resumen cronológico del pasado mes [n. 1193, 30 junio 1937 'Julio'] o año [n. 1195, 14 julio 1937 'Un año de guerra'] y en otras se buscaba un motivo que diera coherencia a toda la composición, como la olimpiada internacional [n. 1208 'Deportes. La olimpiada internacional']. La sección gozó de regularidad en la revista, lo cual lleva a pensar en una buena

Fig. 11: Bluff, *La Traca* 16 junio 1937

Fig. 12: Carnicero, *La Traca* n. 1192, 23 junio 1937

aceptación por parte del público lector y en la eficacia de la composición gráfica de este 'periódico mural humorístico'.

También se publicaron aleluyas dedicadas a Queipo de Llano [n. 1175, ¿24? febrero 1937], Franco [n. 1187, 19 mayo 1937] o a los 'camuflados' en la retaguardia [n. 1202 s/f]. En cuanto al ámbito específico de la historieta, Carnicero y Bluff compartieron un estilo de trazo infantil, caricaturesco, exagerando los rasgos o las actitudes definitorias del personaje caricaturizado. De ese modo, Queipo de Llano es presentado como un beodo señorito muy aficionado a las alocuciones radiofónicas (famosas fueron sus constantes arengas en la radio). Franco es caricaturizado como un ser indolente y afeminado, siempre a la sombra de sus hermanos mayores, Hitler y Mussolini, que se retratan como artífices en última instancia, por su expansionismo fascista, de la guerra en España. Si al personaje de Franco se le refuerza su impotencia y pasividad con la acentuación de sus ojos caídos, siempre a medio cerrar, a Mussolini y a Hitler se les dibuja con rostro agresivo, acentuando la cabeza y el cuerpo regordete del uno, por el flequillo y bigotito del otro.

Bluff ya había colaborado una década atrás en la revista humorística *Gutiérrez* y en la infantil *Macaco*, ambas de la mano de K-Hito, que contribuyeron a renovar sustancialmente el panorama historietístico con una aproximación al humor deshumanizado, descomprometido. También laboró en la revista madrileña *Macaquete*, continuadora de *Macaco*. Valls aporta el dato de que Bluff, en la década de los años veinte, había colaborado en el periódico *Triunfaremos*, portavoz de la 48 división (Valls 1999: 232).

Todo lo cual hace suponer que Bluff tenía a sus espaldas una larga experiencia tanto en publicaciones orientadas a público adulto como a público infantil, en registros de humor deshumanizado y político, con lo que su aportación a *La Traca* es la continuación de una sólida carrera profesional. La ingenuidad y el trazo amable del estilo de Bluff chocará con las exigencias y las experiencias de un país azotado por la guerra.

Un claro ejemplo en el que comprobar esta adaptación de un estilo amable en un contexto violento es la historieta 'Desventuras del ángel de la paz'. En esta sencilla historieta de ocho viñetas, el fascismo, encarnado en un individuo de rostro descuidado y chaqueta negra, golpea sin compasión a un pequeño ángel de la paz ante las reprimendas de una señora con corona que representa la democracia. Ante cada represión de la democracia, el fascismo golpea aún más fuerte al desdichado ángel, que en la última viñeta, de modo irónico, le pide a la democracia que le jure por su padre que realmente lo está defendiendo. Expresivamente no añade nada nuevo que no fuera ya experimentado diez años antes, pero el valor reside en la adaptación ideológica de la historieta para denunciar los atropellos del fascismo y la pasividad de las democracias occidentales.

Se sucedieron también las críticas a la Sociedad de Naciones y al Comité de No Intervención con respecto a la guerra que se libraba en España. Con frecuencia, el objetivo de las invectivas era el Ministro de Asuntos Exteriores británico, Anthony Eden, o la clásica representación de la Gran Bretaña en la figura de John Bull, como en el ejemplo titulado 'Las conversaciones Italo-Británicas' de Carnicero [fig.13]. Esta historieta se refería al tratado anglo-italiano de abril de 1938 por el cual se confirmaba la tácita aceptación de la intervención italiana en España. Carnicero, del cual no se conoce casi ningún dato de su biografía, comparte con Bluff el trazo curvilíneo e infantil, seña de identidad de la factoría Disney. Cabe tener en cuenta la influencia de la producción Disney, que ya circulaba en España desde 1935 a través de la revista *Mickey*, editada por Molino. De nuevo, expresivamente el aporte es mínimo, a no ser por el efecto de secuencia que se produce en las seis viñetas y que ciertamente vuelve innecesarios los números que las acompañan. La representación caricaturesca de uno y otro personaje es clara y para ello el autor se apoya en rasgos definitorios, como la levita de John Bull y el sombrero con la bandera británica. Para Mussolini se subraya la cabeza desproporcionada, barbilla y cuello grueso del dictador italiano. Un cañón a su espalda da muestras de su belicosidad. Las viñetas tres, cuatro y cinco representan las conversaciones de los dos mandatarios que, gracias a los signos cinéticos que salen de la habitación, sabemos que son acaloradas, como lo prueba la última viñeta, en la que John Bull sale prácticamente en cueros, habiéndole Mussolini desposeído de toda su indumentaria. La historieta combina los textos al pie con el uso del globo, que prueba la inconsistencia del uso sistemático del bocadillo para representar los diálogos de los personajes.

La represión franquista se cebó especialmente con *La Traca*. Su director Vicent Carceller y Bluff fueron encarcelados y posteriormente fusilados.[33] Sus restos descansan en una fosa común del cementerio de Paterna (Valencia). De Carnicero nada se sabe, pero muy probablemente fuera fusilado también, así como Méndez Álvarez, colaborador durante los primeros años treinta. Otros colaboradores de la revista corrieron mejor suerte, como Fernando Perdiguero 'Menda'. En 1940 es condenado a dos penas de muerte por 'adhesión a la rebelión' contra el régimen franquista, pero ambas penas son conmutadas y consigue la libertad en 1942 (González 2005: 360). En dicho año, Mihura le abrió las puertas de la revista humorística *La Codorniz* y se convirtió en uno

---

[33]   Palenque aporta el dato facilitado por la hija de Bluff, que reside en los EE.UU., de que la reportera y profesora Teresa de Escoriaza, hermana de la viuda de Bluff, María del Coro Escoriaza, recogió a ésta y a su hija María Olivia para llevarlas, vía Cuba, hasta los EE.UU., donde residieron de manera permanente con Teresa. Bluff habría sido fusilado en junio de 1940 (Palenque 2006: 374).

Fig. 13: Carnicero, *La Traca* n. 1225, 1938

de sus más destacados colaboradores. Soriano Izquierdo 'Ley' es otro caso atípico por su incuestionable implicación con la causa republicana en diversos diarios como *Ahora*, *La Hora*, *Verdad* y también *La Traca*. Sin embargo, pese a no poder ejercer magisterio, sí pudo continuar con su labor profesional en la historieta sin mayores problemas.[34] Enrique Echeverría 'Echea', tras pasar por la cárcel, se incorporó al diario *ABC*.

El conservadurismo religioso que imperó durante buena parte del Franquismo de seguro vio con horror algunas de las obras de Bluff de tono anticlerical, como 'Pare Nostrum' [n. 1203 ¿septiembre? 1937], en la que se combinaba el texto del Padrenuestro con dibujos que aludían a los horrores de la guerra y a la connivencia de la Iglesia Católica con los sublevados. Los ejemplos en los que se muestra la pasividad y colaboración de la Iglesia con el bando rebelde son numerosos en la revista, así como las invectivas contra el general Franco. Sin embargo, muchos artistas practicaron la caricatura personal y ridiculizaron a los sublevados (y por ello una gran mayoría marchó a un forzado exilio), pero otros, como se ha visto, pudieron reincorporarse e incluso seguir desarrollando su tarea profesional tras su penitencia en la cárcel. Por ello, cabría otorgar a *La Traca* una respetable difusión dentro de las revistas humorísticas republicanas y un papel de relevancia mediática tanto de Bluff como de Carnicero, lo que impidió su vuelta a la sociedad de posguerra por parte de la dictadura.

L'Esquella de la Torratxa: Bofarull como exponente de la militancia y la renovación en la historieta

Cuando el *Sindicat de Dibuixants Professionals* de Barcelona se hace cargo de la revista humorística *L'Esquella de la Torratxa* el 25 de septiembre 1936,[35] más de sesenta años de crítica, humor, censura e incautaciones precedían a una de las publicaciones más longevas de la prensa catalana, junto con la insigne *La Campana de Gràcia*. *L'Esquella* nació el 5 de mayo 1872, tuvo dos primeras etapas marcadas por la irregularidad, pero en su tercera etapa, desde el 16 de enero de 1879 hasta el 6 de enero de 1939, se publicaron 3.097 números que le otorgan el segundo lugar en las publicaciones semanales catalanas (Solà i Dachs 1970: 17).

---

34 Ver capítulo tres para más información sobre este autor tras la Guerra Civil Española.

35 En ese número se publica una nota editorial que reza 'El Sindicat de Dibuixants Professionals (UGT) s'ha apropiat d'aquest setmanari per fer-lo portantveu polític al servei de la nova orientació professional de Catalunya. Aixì, doncs, a partir d'aquesta setmana el Sindicat de Dibuixants Professionals es fa responsable del contingut doctrinari d'aquest setmanari' (Martín 1978: 200). Girona apunta que solamente en Barcelona casi un 70% de empresas fueron intervenidas, por un 30% en Madrid, mientras que la infraestructura industrial en el País Vasco quedó intacta (Girona 1986: 159).

Por su parte, el *Sindicat de Dibuixants Professionals*, el caso más representativo en España de organización sindical durante la guerra, se había fundado en abril de 1936 bajo la inspiración de Helios Gómez y sería el responsable de toda la actividad *agit-prop* que cambió la faz de Barcelona a través de carteles, pintura de trenes, decorados para mítines callejeros, esculturas, etc. El funcionamiento del *Sindicat* era colectivo, de verdadero taller renacentista, aunque la atmósfera distara de ser apacible debido a las luchas internas que afloraron amargamente en los sucesos de principios de mayo de 1937. Como consecuencia, sus 1800 integrantes se dividieron debido a la persecución del anarcosindicalismo y a la creciente presencia de elementos comunistas. Como destaca Gamonal, será el 'órgano de defensa de los derechos de los dibujantes, cartelistas y viñetistas [que] tras la sublevación militar del 19 de julio, será controlado por un comité revolucionario del que formaban parte Alumà, Alloza, Bofarull, Bartolí, Martí Bas, Fontseré y Viader, con el consabido Helios Gómez como secretario general' (Gamonal 1987: 31).

De toda la actividad de la revista en el ámbito específico de la historieta, en la que colaboraron Martí Bas, Ernest Guasp, Goñi, Nyerra (seudónimo de Enric Clusellas), Subirats, Kalders, Tísner (seudónimo de Avel.lí Artís Gener), Graus, Narro, Escobar, Alloza, Alpresa, Tona o Porta, quiero destacar el aporte de Jacint Bofarull i Forasté (1903–1977), que logró combinar la militancia política con un cuidadoso uso del lenguaje de la historieta que lo desmarcó del resto de sus compañeros por la estilización del lenguaje secuencial y la representación icono-caricaturesca de personajes como Mr. Eden, Mussolini o Hitler.

La militancia política de Bofarull ha quedado documentada por testigos que compartieron taller durante los años de la guerra, como el cartelista Carles Fontseré.[36] Lo que interesa para este estudio es la disposición de estructuras expresivas vanguardistas de la narrativa en imágenes al servicio de dicha militancia. Y más aún, si bien la faceta personal de Bofarull (siguiendo a Fontseré) sugiere unas convicciones ideológicas férreas, de partido, su actividad artística no se orientará tanto hacia la lucha en la retaguardia contra el

---

[36] Fontseré comentó en una entrevista las disputas internas del *Sindicat* mencionando un suceso que aceleró la disgregación del mismo: 'Una noche la célula comunista llegó al Sindicato con un camión y se llevaron todo el material: las mesas, los caballetes, y todo lo que pudieron. Y al día siguiente, cuando llegaron los dibujantes a trabajar, había desaparecido todo. Se convocó una Asamblea general, a la que asistieron 500 dibujantes, y hubo bastante escándalo y apasionamiento. Como yo era del Comité, fui acusador de los que se habían llevado el material, hasta tal punto que uno de los de la célula comunista –Bofarull –sacó la pistola y me la puso en el pecho; yo le di de puñetazos, se cayó al suelo, le sacaron de allí y se restableció la paz en la asamblea. Estábamos en el mes de abril, un mes antes de los hechos de mayo [...] A los seis o siete que componían la célula comunista se les expulsó del Sindicato, y organizaron oficialmente lo que llamaban Célula de Dibujantes del PSU; algunos dibujantes independientes se fueron con ellos, porque les pareció que así tenían asegurado el trabajo, como Goñi' (Fontseré 1978: 18).

anarcosindicalismo, como, por ejemplo, vimos en *No Veas*, sino hacia el ámbito internacional. Sus lápices apuntarán hacia el denostado Comité de No Intervención, especialmente a la figura del ministro de exteriores británico, Anthony Eden, así como a la denuncia del fascismo encarnado en Hitler y Mussolini. Pero no todas sus colaboraciones se orientaron hacia la esfera política.

También hubo ejemplos puntuales que reflejaron las condiciones de vida del ciudadano medio, pero a través de los últimos coletazos de un tamiz surrealista, que impregnó buena parte de la gráfica del humor de los años veinte y primeros treinta. Me refiero a la historieta 'L'home que esperava el tramvia' (El hombre que esperaba el tranvía). Con tintes del mundo del absurdo, pero ligados a la cotidianidad y un gran dominio de la secuencia temporal, que se demuestra en el envejecimiento y el paulatino enfado en el rostro del viandante que espera el autobús, la historieta recoge las deficiencias del sistema de transporte público en tiempos de guerra. El absurdo se manifiesta en el antropomorfismo del poste de la parada del tranvía, que a fuerza de esperar y esperar va desarrollando extremidades y rostro humano hasta tener un par de pies con los que decide marcharse, cansado de esperar. El efecto humorístico presenta una doble lectura, el humano se convierte en poste (inanimado), mientras el poste se 'humaniza' (animado) y echa a andar invirtiendo la lógica racional y abriendo las puertas al mundo del absurdo. La narración en imágenes funciona en términos comunicativos y narrativos sin la necesidad del texto, prueba del dominio de Bofarull del medio. Aquí no encontramos números que guíen la lectura por innecesarios, ni textos al pie, salvo el título de la historieta y el uso del globo en la última viñeta. Precisamente, el autor prescinde de la viñeta clásica en recuadro que limita la escena. Al situar las escenas sin líneas divisorias, el efecto secuencial gana en dinamismo y soltura. El humor que sirve de base para Bofarull en este ejemplo tiene connotaciones del humor descomprometido, lúdico y surrealista en ocasiones, rayano en el absurdo en otras, que utilizaron en el campo de la historieta artistas como Mihura, Tono o López Rubio.

Bofarull supo plasmar en sus historietas lo que Bernardo G. Barros denominaba el punto característico en la caricatura: 'la conjunción del parecido físico y la modalidad interior' (Barros 2008: 67). Su representación de Hitler y Anthony Eden en el ejemplo titulado 'El Drak-Nach-Paraigües!' [fig. 14], acaso la última historieta publicada por Bofarull antes del cierre de la revista el 6 de enero de 1939, es prueba de ello.

A Eden se le reconoce por su cuerpo espigado, su vestimenta (con levita, pajarita y sombrero con la bandera británica), además de por el mostacho y las cejas pobladas. Ahora bien, la *modalidad interior* la consigue plasmar el artista con la actitud flemática del personaje, caracterización que describe al pueblo británico de manera arquetípica. La última escena, en la que Eden, de espaldas a la bestia nazi, enciende su cigarro como si el asunto a) no le

El Drak-Ñach-Paraigües!

Fig. 14: Bofarull, *L'Esquella* n. 3094, 23 diciembre 1938

preocupara y b) estuviera solucionado, es el carácter definitorio de uno de los mayores protagonistas de la política internacional de finales de la década del treinta. Las medidas insuficientes de la Sociedad de Naciones respecto al ascenso del fascismo y su carácter expansionista, reflejado en su intervención en la guerra española, quedan reducidas, en manos de Bofarull, a un paraguas con el que cerrar la boca del cocodrilo-nazi. Pese al disgusto de la bestia (vemos una lágrima que cae del cocodrilo, otro plano de lectura implícito), no se puede obviar la tensión inherente en la historieta, como si invitara al lector a continuar la historia con la ruptura del paraguas por parte del cocodrilo. Por otro lado, Hitler es zoomórficamente representado como un cocodrilo, pero mantiene sus señas de identidad (el flequillo típico del dictador y la esvástica). El texto es de nuevo innecesario, ya que la sucesión de imágenes es suficiente para *contar* la historia. Cabe destacar también la ausencia de toda referencia espacial o ambiental, reduciendo la historieta a los componentes mínimos con los que transmitir el mensaje.

La representación zoomórfica la utilizó Bofarull en otras historietas, en la búsqueda del rasgo definitorio que además aportara un efecto satírico al que añadir niveles de lectura. En otro ejemplo sin título [fig. 15], la República Francesa aparece como una mujer oronda acompañada de Mr. Eden, que esta vez, aun manteniendo sus rasgos físicos característicos, es transmutado en mitad hombre, mitad avestruz, incidiendo en la actitud de *esconder la cabeza* del gobierno británico. Frente a ellos, Hitler es representado con su característico flequillo y bigotito, pero se le ha añadido una pronunciada nariz que recuerda la de un cerdo. De igual manera, Mussolini es retratado como un orondo personaje con traje militar, incidiendo en la cabeza del dictador, que el artista consigue asemejar a la de un sapo por la prolongada línea de la boca y su redondeada barbilla. El evento relatado nos sitúa en los prolegómenos de un partido de rugby, en el que tradicionalmente participan las cuatro naciones, además de Irlanda. Eden crea el balón como un huevo de avestruz. A continuación, Francia, después de rodar el balón, que representa el globo terráqueo, se lo cede al equipo contrario. Finalmente, Hitler toma la iniciativa y engulle el huevo, esto es, el balón y el mundo. El juego de referencias de Bofarull es muy interesante y opera a varios niveles gracias a las representaciones zoomórficas en las que se apoya. Los atributos característicos de los animales implicados definen a los personajes principales de la historieta. De esta manera, tanto Hitler como Mussolini se ven limitados a las cualidades propias de un sapo y un cerdo, es decir, son seres definidos por su glotonería, mientras Eden es una asustada avestruz.

El final de la historieta nos presenta a un Hitler que se come el balón del partido de rugby (plano narrativo), que a su vez es un huevo (plano zoomórfico) que representa el mundo (plano metafórico). En este caso, el autor vuelve a

Fig. 15: Bofarull, *L'Esquella* n. 3088, 4 noviembre 1938

prescindir de textos, que no son necesarios para comprender el mensaje y cuya ausencia favorece el carácter universal de la composición, aunque sí se apoya en números para ordenar la lectura, pese a que resultan innecesarios.

Bofarull, por tanto, será el historietista mejor dotado de la plantilla de *L'Esquella* por su dominio del lenguaje historietístico y su trazo ágil a la par que seguro. Pero además, el juego de referencias que emplea y la representación basada en *el punto característico* que se enunciaba anteriormente confluyen en la obra de un artista de sólida factura, uno de los pocos historietistas del bando republicano que optó por caminos expresivos más innovadores con la narrativa en imágenes. Cuadrado apunta que se exilió a Francia, donde trabajó en *L'Independent* y en 1950 emigró a Argentina y Venezuela. En 1961 regresó a España y se reincorporó a la prensa diaria (Cuadrado 2000: 165).

La Ametralladora y el *humor nuevo* en guerra: Mihura y Tono (el bando nacional)

La bibliografía existente sobre *La Ametralladora* se ha incrementado en los últimos años con artículos específicos u obras que, ya sea por estudiar 'la otra generación del 27' o por centrarse en la figura del abanderado del humor *codornicesco* (Miguel Mihura), aportan valiosas informaciones sobre la publicación humorística de mayor importancia durante la Guerra Civil Española.[37] Y esto es así principalmente por ser el germen de la revista humorística de mayor proyección y relevancia de la prensa española del siglo XX, *La Codorniz* (1941–1978).

El 18 de enero de 1937 vio la luz en los talleres del diario *La Gaceta Regional* de Salamanca la revista de trincheras de mayor repercusión para el devenir del humor español de posguerra. La Delegación del Estado para Prensa y Propaganda impulsó la salida de una revista que llevó el título inicial de *La Trinchera* y estuvo dirigida por el falangista Rogelio Pérez Olivares, que en 1938 se convertiría en el primer director de la Editora Nacional. Según Félix Maraña (1990: 204), el nombre se había tomado de una publicación italiana (la influencia italiana sería fundamental, habida cuenta del aprovechamiento que hizo Mihura de los humoristas italianos congregados en torno a la revista *Bertoldo* durante y después de la guerra), pero ya en su número tres cambia dicho nombre por el de *La Ametralladora* hasta su último número el 21 de mayo de 1939.[38] Los

---

37   Ver los trabajos de Emilio González Grano de Oro (1980, 2004 y 2005), Félix Maraña (1990), José Ángel Ascunce (1999: 210–220), José Antonio Llera (2000, 2003 y 2007), Julián Moreiro (2004: 188–202 y 2007) y Ríos Carratalá (2005a, 2005b, 2005c), que además fue Investigador principal en el proyecto 'Los humoristas del 27 y la Guerra Civil', financiado por la Generalitat Valenciana con el código GV04B-614 (2004–2005).

38   Llera refiere que el cambio de nombre estuvo motivado por la existencia de una publicación con el mismo nombre en las filas republicanas, argumento que los redactores esgrimieron para

primeros números de la revista, como ya se ha destacado (Llera 2007: 118; Moreiro 2004: 188), son de pobre factura, burdas composiciones panfletarias que prescinden de la imagen y porfían en la repetición machacona de mensajes que poco tienen que ver con lo humorístico.

Sin embargo, la revista, a partir de su número 23, en el que Miguel Mihura asume su dirección, radicada en San Sebastián y editada en los modernos talleres de impresión Offset de la familia Necerán, los mejores de toda España en aquel momento, se orientará hacia el humor deshumanizado como continuación de las experiencias previas en *Buen Humor, Gutiérrez* y *Muchas Gracias*. Mihura, que había nacido en el seno de una familia burguesa y de tradición teatral, sale de un Madrid en guerra acuciado por problemas económicos y con la familia y las amistades divididas. Llega a San Sebastián, ya en poder de las tropas franquistas a finales de febrero de 1937, tras alojarse en la casa de Tono en Hendaya. Como ha documentado Ascunce (1999), San Sebastián se había convertido en una capital cultural, muy especialmente en cuanto a la edición e impresión de revistas, folletos, periódicos, etc., del bando nacional. Mihura comienza a colaborar en *Unidad, Fe* de Sevilla y en la revista de mayor importancia impulsada por Falange, *Vértice*, una publicación mensual lujosa por el papel de altísima calidad, poco corriente en los años de guerra, el uso del color, el espacio cedido a la imagen fotográfica y la composición formal (que a partir de su n. 6 de noviembre de 1937 corre a cargo de Tono). La firma de Mihura ya aparece en su primer número (abril 1937) con el seudónimo 'lilo', hecho que se explica en una nota aclaratoria: 'También en esta deliciosa nota cómica resplandece el ingenio de un dibujante español, que tantas veces nos hizo felices con sus divertidas "boutades". Sufrió también el infierno rojo y como UN FUGITIVO tiene que ocultar hoy su nombre bajo un seudónimo cualquiera' (*Vértice* n. 1, abril 1937 s/p).

Para *Vértice* Mihura *reciclará* historietas ya publicadas anteriormente en *Gutiérrez*, práctica común también en *La Ametralladora*.[39] La apuesta por un humor apolítico que continúa con los postulados de un humor basado en

alertar de un plagio del título por parte de los rojos: 'En la Hemeroteca Municipal de Madrid figura, en efecto, con el título de *La Trinchera* un Boletín del Frente Moncloa impreso entre 1936–1938 en la Gráfica Socialista' (2007: 118).

[39] Por ejemplo, en el n. 10 de *Vértice* (mayo 1938), se publica 'La madeja', historieta de tres viñetas en la que aparece un matrimonio en una escena doméstica. Uno de los dos, suponemos que el marido, y de ahí el efecto humorístico al final, le dice al otro: 'Ya que te estoy ayudando a esto de las madejas, bien podías dejarme descansar un rato para que me fume un puro…'. La pareja responde 'Bueno, bueno: pero haz el favor de no tardar mucho…'. La última escena presenta a la mujer encendiéndose un puro mientras su marido dirige la vista al lector. La ruptura de las expectativas basadas en el saber enciclopédico del lector, en los convencionalismos de género en este caso, produce el efecto humorístico. Dicha historieta se publicó previamente en el n. 314 (1933) de *Gutiérrez*.

Fig. 16: Lilo, *La Ametralladora* n. 45, 12 septiembre 1937

la deconstrucción de lo convencional, en la erosión de los límites entre lo ilógico y lo lógico, aderezado con el sentimiento naíf que en la producción de Mihura y Tono se asocia con lo infantil, con la *puericia* que ya comentara Ortega, supone un soplo de aire fresco en una publicación de ortodoxo corte falangista, donde ondean con regularidad la bandera nazi con la enseña de la España nacional. Historietas que en ocasiones prescinden del texto por innecesario, pero que demuestran el conocimiento del autor del lenguaje narrativo en imágenes. Ejemplos de contenido intrascendente, cuyo valor reside más bien en la tozudez por parte de Mihura de continuar con una estética perfectamente definida, que continuará en *La Ametralladora* pese a la censura (intensificada a raíz de la Ley de Prensa de Serrano Súñer en abril de 1938) y las presiones recibidas por Joaquín Borrás, encargado de supervisar el contenido ideológico. Como ha analizado Llera a través de la correspondencia privada de Mihura hallada en Fuenterrabía, éste consigue suavizar las tensiones colocando un nuevo redactor-jefe, José Simón Valdivielso, antiguo redactor de *El Heraldo de Madrid* y de *Informaciones*, en lugar de la persona propuesta por Borrás. La tensión había llevado a Mihura a escribir una misiva al Delegado Nacional de Prensa y Propaganda, Manuel Arias-Paz, el 24 de noviembre de 1937 informándole de las disensiones internas en la publicación y para que además confirmara el cargo de director de la revista que ocupaba Mihura (Llera 2007: 124). Todo ello quedará subsanado con la incorporación del jovencísimo pero experimentado Álvaro de Laiglesia, figura clave con la que trabajará Mihura no solo en *La Ametralladora*, sino sobre todo en *La Codorniz* de la posguerra, hasta tal punto que Laiglesia tomará el relevo de Mihura en la dirección de esta última revista, iniciando una segunda etapa de la publicación más próxima a la realidad y sustituyendo en gran medida el humor absurdo e inverosímil por el humor negro, cuyo mayor representante será Chumy Chúmez.

La *Ametralladora* tuvo una cuidada factura en cuanto a composición, tipografía y uso del color y mantuvo tiradas próximas a los cien mil ejemplares. No ocultará su condición de revista de guerra, pero la exaltación del bando franquista y de los valores propios del Movimiento Nacional compartirán espacio con composiciones de humor absurdo en diversas secciones, como los irreverentes 'Diálogos estúpidos', utilizando el recurso de la fotografía y el texto al pie descontextualizado, que con una mínima ilación genera el efecto humorístico; el mismo recurso estaría presente en 'Las bonitas canciones de "La Ametralladora"' o 'Las grandes novelas de "La Ametralladora"' firmadas por ENE (Edgar Neville), que a la postre dotaron a la publicación de una personalidad propia, extemporánea por su recurso del humor deshumanizado mientras el país se desangraba en una larga guerra civil.

Se recurrió a composiciones populares de profundo arraigo en la historia cultural española,[40] como las aleluyas, que satirizaron a líderes políticos,[41] a las milicianas o la carestía en la zona republicana.[42] Especialmente prolífico fue Maño en esta faceta publicando la mayoría de las que aparecieron en la revista. Se fomentó también la colaboración del soldado como la aleluya del soldado José Mª Sanz, de la Brigada de Artillería 9ª Ligera [n. 34, 19 septiembre 1937].

Las 'Tonerías de Tono', publicada a doble página y en la que el autor comprimía hasta 14 viñetas de humor independiente (Catalá 2014: 76), o 'Movietono', una versión humorística de un noticiario cinematográfico sobre la actualidad en la zona roja, acogieron ejemplos de humor gráfico del genial humorista Tono basados en la conflagración, pero apoyados siempre en los fundamentos del humor deshumanizado y la incongruencia entre la imagen y el texto que expande las posibilidades del lenguaje y trunca los convencionalismos. La revista presentó formalmente la sección de 'Tonerías' en su n. 33 [12 septiembre 1937] como 'instantáneas humorísticas de TONO, el gran artista que nos honra con su asídua (sic) colaboración'. En 1938 apareció el libro *100 Tonerías de Tono* con una recopilación de humor gráfico del autor jienense, que según Ríos Carratalá tuvo una importante tirada de 25.000 ejemplares, prueba de la popularidad del autor (Ríos Carratalá 2005c).

Durante los meses de enero a abril de 1938, la revista publicó versiones satíricas de los diversos periódicos que afloraban en el bando republicano. Se publicaron siete de estos periódicos falsos de una sola página, con títulos tan expresivos como *El Bacalao proletario* [n. 51, 16 enero 38], *Pobre chica la que tiene que servir* [n. 55 13 febrero 1938] o *Biba Kuenka livre* (sic) [n. 59, 13 marzo 1938], en los que, como puede apreciarse por sus títulos, se parodiaba los nacionalismos, la equiparación de sexos y los reclamos sindicales que se vinculaban unívocamente con Moscú.

'Caricaturas requisadas' fue otra de las secciones estrella que, con un muy pertinente título, publicaba ejemplos de humor gráfico e historieta de revistas

---

[40] *La Ametralladora* publicó 'Romance de ciego' [n. 47, 19 diciembre 1937], en el que seis cartelones narraban mediante imágenes y una composición poética al pie el luctuoso crimen cometido por un miliciano al volver a casa y encontrarse a su pareja con otro hombre. La estructura formal del *romance de ciego* se respeta incluyendo un dibujo que con una vara indica los cartelones, como solía hacer el acompañante del ciego (generalmente un muchacho) al señalar los cartelones a los que hacía mención el ciego en su narración.

[41] 'El día del presidente – de "Catalunya dolente"' [n. 33, 12 septiembre 1937] de Maño sobre Companys; '¿El gobierno de Negrín, se fué [sic] a Barcelona al fin?' [n. 44, 28 noviembre 1937]; 'Aleluya nacional de unos frescos sin igual' [13 febrero 1938] de Román sobre varias personalidades políticas republicanas; 'Ved la historia ¡y no la olviden! de Tony Eden, cadem, idem' [13 marzo 1938] de Maño sobre Anthony Eden.

[42] 'La vida en la España roja, muda, ciega, manca y coja' [20 febrero 1938] de Maño.

extranjeras, generalmente de la italiana *Bertoldo*.[43] Interesante resulta comprobar cómo los gustos humorísticos de Mihura durante los años de la Guerra Civil eran de sólida factura al publicar, por ejemplo en esta misma sección, a Erich Osher (1903–1944), el artista alemán que consiguió notoriedad con su historieta 'Vater und Sohn', en la que un padre calvo y con bigote (imagen muy del gusto de Mihura y compañía, como se comprobará en *La Codorniz* de posguerra) y su hijo se veían envueltos en sucesos intrascendentes basados en el *slapstick* que solían terminar con una zurra para el muchacho.[44] La historieta, generalmente muda y con un halo de puericia que sobrevoló la concepción del humor que compartían Mihura y Tono, probablemente le llegó al primero a través de las revistas extranjeras a las que pidió tener acceso para la confección del semanario. Mihura confirmará su predilección por la historieta que proponía una ruptura de los convencionalismos desde un terreno infantil cuando, terminada la contienda, publique regularmente en *La Codorniz* la historieta 'The Little King' de Otto Soglow, habitual colaborador de *The New Yorker*. Por otro lado, en la misma sección 'Caricaturas requisadas' de *La Ametralladora* también se publicó a humoristas de la talla de Steinberg [fig. 17], que luego renovaría el humor gráfico a tal punto que sirvió de estandarte para el grupo de artistas cubanos de la revista *El Pitirre*, como se estudiará en el capítulo siete.

En el ejemplo que reproduzco, la conjugación de mensajes patrióticos a ultranza en los márgenes produce un efecto chocante con la obra de Steinberg en el centro e incluso invita a dobles lecturas, siendo una muestra de humor blanco sin intencionalidad política *a priori*, pero que, acompañada de dichos textos, permite una segunda lectura más subversiva. Sin embargo, no creo que fuera la intención de Mihura cuestionar los mensajes del bando franquista y su posible *miopía*, aunque por otro lado no deja de ser sorprendente la asociación de ideas.

En cuanto a la historieta, no fue *La Ametralladora* una revista que diera protagonismo al cómic, aunque sí a otros tipos de narrativa en imágenes, como se ha visto en el caso de las aleluyas. Pese a ello, no cabría desestimar la contribución *orgánica* de Tono y Mihura, que en el apartado literario llevó la firma conjunta 'TOMI-MITO', dando lugar a algunos de los mejores trabajos de toda la revista, como su semblanza de Dolores Ibárruri 'La Pasionaria'.[45] En

---

43   El grupo de la revista Bertoldo (1936–1943) lo formaban los escritores Giovanni Mosca, Vittorio Metz (como directores), Giovanni Guareschi, Carlo Manzoni, Mario Brancacci, Achille Campanile y Antón Germano Rossi. En cuanto a dibujantes, contaba con los lápices de Manzi, Scalpelli, Leporini, Steinberg, Angoletta o Albertarelli (Llera 2003: 27–28).

44   Osher, que firmaba como e.o.plauen, realizó representaciones satíricas de Goebbels y Hitler, motivo por el que fue encarcelado, acusado de expresar opiniones anti-nazi. En 1944, el día antes de su juicio, que muy probablemente lo hubiera sentenciado a muerte, decidió suicidarse.

45   Una página, acompañada de diversas fotografías sacadas de contexto, dedicaron los autores a esta semblanza de la popular dirigente en la que *desvelaban* el secreto de 'La Pasionaria':

El Caudillo es grandeza y paternidad. Tener un Caudillo no es empresa fácil para todos los pueblos. Con nuestro Caudillo Franco volveremos a los mejores días del Imperio

Soldado español, desde el cielo de su gloria, los tercios de Flandes están mudos de asombro a tu valor. Que siga tu estrella luciendo en el combate como hasta ahora, para que luego siga brillando igualmente en la paz.

La Patria no es una cosa abstracta que no se perciba. Es la carne, la sangre y la vida de todos nosotros; de nuestros padres y nuestros antepasados y también de nuestros muertos. Por ello, hay que amarla con todo el cariño; como se ama a la propia sangre, como a la vida de los nuestros.

Fig. 17: Steinberg. *La Ametralladora*, 23 octubre 1938

el ámbito de la historieta, la conjunción de estilos y conceptos consiguió crear un tipo de historieta muy consistente, prácticamente intercambiable en cuanto a firmas, tal era el grado de compenetración de ambos autores. Desde las primeras contribuciones de Mihura, gráficas o literarias en mayo de 1937, el autor llevará el humor hacia terrenos dispares, insólitos, en ocasiones relacionado con la guerra, en otras diametralmente opuesto. Las dos primeras colaboraciones tienen una tímida relación con el conflicto en el caso del primero, 'Cuando Victoria Kent era directora de prisiones…Reportajes retrospectivos' –una versión con escasas variantes de un texto publicado en *Gutiérrez* en 1933 (González 2004: 373)–, y nula en el segundo, 'El sabio doctor' [n. 18, 16 mayo 1937]. El chiste gráfico que publica el autor en este n. 18 nos sitúa en la cotidianidad absurda de la guerra cuando una mujer regaña a su marido vestido de soldado: '-Ya te he dicho cincuenta veces que no quiero que vayas a la guerra. Luego vuelves con el traje lleno de manchas'. Volverá Mihura a la cotidianidad irracional de la guerra en el siguiente número con otra muestra de humor gráfico que nos emplaza a aproximar la guerra desde terrenos poco habituales. Un enojado vecino exige el cese de las hostilidades a republicanos y fascistas que luchan bajo su ventana porque no le dejan dormir. Este carácter no convencional en la representación del conflicto se expresa de manera magistral en la portada de la revista para su n. 33 [12 sept. 1937], reproducida en este trabajo.

Pero en sus tiras cómicas, Mihura se desplazará de la realidad del conflicto al terreno que realmente le interesaba, planteando de manera incesante una comunicación intelectual con el lector basada en el humor deshumanizado. Como ha destacado González Grano de Oro, 'se iniciaba así una postura nueva con el enemigo. El "ataque" resultaba indudablemente más neutro, más abstracto, y por tanto, más inteligente' (2004: 373). Las historietas de Mihura, la mayoría de las cuales se encuadran dentro de la serie 'Las aventuras del señor Caradepato', son también un remedo de historietas que en parte ha publicado anteriormente en *Ya* o *Gutiérrez*, como, por otro lado, recuerda Laiglesia en un artículo de febrero de 1939, '*La Ametralladora* vista por dentro', que arroja luz sobre los entresijos de la publicación: 'Nuestro director es el dibujante Lilo. Lilo fue el autor de aquellas populares historietas tituladas "*Aventuras del señor Cabezadebuque*", que se publicaron en *Ya*, y que él entonces firmaba con su verdadero nombre' [n. 107, 12 febrero 1939]. Las historietas tendrán una estructura fija de cuatro o cinco viñetas, prescindiendo del texto al pie y reduciéndolo a la mínima expresión en los globos de los personajes. La perspectiva será siempre la misma, con representación de la *profundidad* y el ambiente, pero sin indagar en soluciones expresivas innovadoras en este sentido. Los personajes aparecerán casi siempre

---

'"La Pasionaria", en realidad, no es "La Pasionaria". Es un señor de luto, con barba y bigote, que gana tres duros diarios por hacer el papel de "La Pasionaria"' (n. 52, 23 enero 1938).

de perfil, en movimiento. Precisamente ésta será la esencia del lenguaje narrativo de Mihura, que supo entender, desde sus colaboraciones en *Gutiérrez* y *Buen Humor*, la intrínseca estructura de la secuencia en imágenes que se apoya en las elipsis narrativas que debe *rellenar* el lector. Al hacerlo, apela a un lector activo, que participe de la narrativa en imágenes, al que no le propone retos, pero sí su esencial colaboración para entender que las imágenes *narran* por sí mismas, de manera muy diferente a como ocurre con las aleluyas, dependientes de los textos al pie. Como hace años destacó agudamente Martín:

> en sus obras van a tener especial valor los tiempos muertos como forma capaz de definir, a través de una serie de viñetas mudas, la continuación de una acción sin altibajos, cuya sorpresa se cifra en el gag final puesto en relación precisamente con los tiempos muertos [...] las historietas de Mihura son más interesantes por cómo cuenta el autor que por lo que cuenta, puesto que obliga al lector a desarrollar sus acentuadas elipsis narrativas para reconstruir la anécdota que él ha desmenuzado en un conjunto de sugerencias. (Martín 1978: 86)

Veamos algunos ejemplos. En la entrega del n. 25 [fig. 18] (según mi registro, la primera que publicó en la revista), el autor nos sitúa en una acción convencional para luego entrar en el terreno del absurdo. El señor Caradepato entra en el cine para ver una película en la que aparece una mujer elegante, fumando un cigarro con boquilla al estilo de los años veinte y treinta. El protagonista, en la cuarta viñeta, se levanta de su asiento y sale del patio de butacas para, a continuación, verlo en la última viñeta sentado con la mujer dentro del film. El absurdo más inocente ha tenido lugar, como en la película de Woody Allen *The Purple Rose of Cairo* (1985). Mihura subvierte el teatro convencional a través de situaciones paradigmáticas que luego devienen absurdas, como en *Tres sombreros de copa*, obra compuesta en 1932 pero representada por primera vez en 1952. Todas las expectativas de situaciones prefijadas están en la obra, como también en el ejemplo de la historieta. Y en ambos casos se opta por la libertad del absurdo para expandir las posibilidades del *texto*.

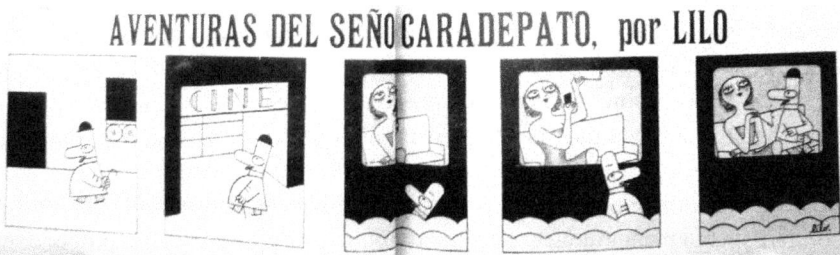

Fig. 18: Lilo, *La Ametralladora* n. 25, 18 julio 37

'Presumido' [fig. 19] nos presenta al señor Caradepato dirigiéndose a un instituto de belleza. En la cuarta viñeta, donde solo se muestra la entrada al lugar, es cuando temporalmente se está produciendo la acción que deriva en el gag humorístico de la última viñeta. Pero Mihura decide mostrar el *vacío* de tal acción, con lo que el lector debe rellenar las elipsis narrativas adecuadas para llegar al resultado final. Se consigue romper las expectativas y hacer partícipe al lector de la estructura narrativa de una manera inteligente, sin recurrir al batacazo del *slapstick* o al chiste fácil. Los artistas de 'La otra generación del 27', en su afán por romper las fijas estructuras del arte, recurren a lo inverosímil, como en el caso de Jardiel Poncela, o directamente al absurdo, como en Edgar Neville y su *Don Clorato de Potasa* (1929). En esta última, nos encontramos también con un ejemplo de *travestismo*, como en la historieta de Mihura. Me refiero a la señora Margarita de Borgoña, 'noble caballero' y 'bondadosa dama' que se hará cargo de Gustavito como madre-padre adoptivo. Es un terreno que va más allá del mero cuestionamiento de género, algo que no le preocupa a Mihura y compañía, señores burgueses y, a fin de cuentas, de moral tradicional. Pero de nuevo, el *infantilismo* les lleva a subvertir las leyes de la lógica y a jugar con los sexos y los arquetipos.

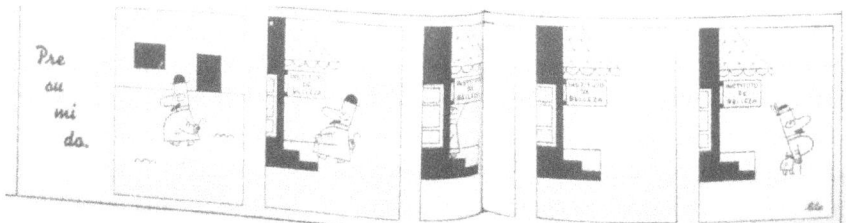

Fig. 19: Lilo, *La Ametralladora* n. 44, 28 noviembre 1937

En la última entrega que se quiere destacar se puede comprobar la presencia de la *puericia* a la que se refería Ortega en *La deshumanización del arte* (1925). Si el arte ha sido algo serio, demasiado serio, la nueva mirada se enfocará en lo intrascendente y en el valor lúdico y pueril que nos retrotrae a la infancia. En la historieta en cuestión, publicada en el n. 50 del 9 de enero de 1938, se presupone que dos personajes se dirigen a un lugar clandestino para su habitual partida de cartas. Sin embargo, Mihura vuelve a poner del revés las expectativas y a cuestionar el saber enciclopédico del lector que preveía, en la última viñeta, una mesa y varios señores fumando (los puros son indispensables) mientras juegan al póquer. Lo que en realidad ocurre es una partida de canicas, como pudieran estar haciendo grupos de niños en la calle. El secretismo queda justificado. Señores serios, de provecho, no juegan a las canicas. Motivo suficiente para que Mihura plantee justo lo contrario y nos devuelva a la niñez. Esta historieta sería incluida posteriormente en *La Codorniz* de la primera etapa de principios de los cuarenta.

Los números 44 [28 noviembre 1937] y 45 [5 diciembre 1937] de *La Ametralladora* destacan especialmente por las secciones a doble página tituladas, respectivamente, 'El señor Caradepato' (Lilo) y 'Don Mario de la O' (Tono), que acogieron siete historietas de los autores ocupando todo el espacio disponible, ya fuera en dirección vertical u horizontal. En la selección, reproducida a cargo de Tono, se pueden comprobar la conjunción de estilos de Mihura y Tono tanto en el grafismo como en el concepto de la historieta. El surrealismo se pone de manifiesto en la primera de las historietas, 'La Imagen', en la que la imagen en el espejo sale del mismo para marcharse con la persona. De manera similar, en 'La Sombra', ésta abandona a su persona al paso de una bella muchacha. Si la expectativa lógica dicta que el señor que está leyendo el periódico se fije en la muchacha, Tono resuelve la situación con una vuelta de tuerca. Deja al señor con su periódico, pero la sombra, de manera absurda, cumple la expectativa lógica inicial. Los lugares comunes siempre fueron del agrado de nuestros artistas porque vieron en ellos el lugar propicio desde el que perturbar la cotidianidad, como en 'El Pobre'.[46] La escena típica de una persona ciega y pobre pidiendo en la calle se torna surrealista cuando ésta decide perseguir al viandante con el sombrero en posición de recibir la limosna hasta el mismo patio de butacas de un cine.

Por supuesto, la balanza entre política y evasión debía estar compensada, y de ello se encargaron As (Valentí Castanys), especialmente con su serie de humor gráfico 'Los hijos de la pasionaria', además de Teodoro Delgado y Carlos Sáenz de Tejada con sus apologéticas portadas y tapas de la revista. Ambos artistas fueron los mejores representantes del cartelismo en la zona nacional. Pero en el ámbito de la historieta no hubo en *La Ametralladora* ninguna contribución destacable, salvo las de Mihura y Tono.

El 26 de enero de 1939 cae Barcelona y el 5 de marzo se produce el golpe de estado del coronel Casado contra el gobierno de Negrín.[47] Se busca poner fin a

---

[46]   Motivo que también recoge Mihura en el capítulo XVII de sus memorias con la disparatada 'Historia de un mendigo' de Ramiro Fernández (1962: 1191–5).

[47]   Sobre Juan Negrín, odiado por franquistas y vilipendiado por sus propios compañeros debido a la política de resistencia a ultranza y a su supuesto servilismo ante Moscú, y sobre sus dos años y medio en el gobierno de la República se está ofreciendo recientemente una imagen más equilibrada . Como ha destacado Stanley G. Payne, 'Negrín, al contrario que otros destacados dirigentes socialistas, situaba la victoria en la contienda por encima de cualquier otra cosa, por lo que consideraba que una ayuda soviética y continuada a gran escala resultaba indispensable, como de hecho así era' (2009: 11). Ver las biografías sobre Negrín de Tuñón de Lara *et al. Juan Negrín. El hombre necesario* (1996), Ricardo Miralles *Juan Negrín. La República en guerra* (2003), Enrique Moradiellos *Don Juan Negrín* (2006) y Gabriel Jackson *Juan Negrín. Médico, socialista y jefe del gobierno de la II República Española* (2008).

Fig. 20: Tono, *La Ametralladora* n. 45, 5 diciembre 1937

la contienda lo antes posible y acordar una paz negociada con Franco, algo que éste no está dispuesto a conceder. Quiere la rendición incondicional de la República. El general Miaja, responsable de la defensa de Madrid durante la guerra, toma su aeroplano el 28 de marzo con rumbo a Orán. Casado se marcha a Valencia, habiendo acordado que la rendición se producirá el 29 de marzo. Solo queda en Madrid el socialista Julián Besteiro en representación de la República, al que aguarda un destino que intuye. Moriría un año después en las cárceles franquistas. El primero de abril de 1939 finaliza formalmente la guerra dejando un país destrozado anímica, material y económicamente. Le siguen los fastos del desfile triunfal de los vencedores, aunque como dijo el presidente de la República don Manuel Azaña poco antes de morir, '[e]n realidad, la guerra no la han perdido sólo la República y sus defensores. La han perdido todos los españoles' (Azaña 1986: 138). El 19 de mayo de 1939, 120.000 soldados desfilan ante Franco, que, en una tribuna coronada con su nombre tres veces para mayor gloria de su persona, saluda brazo en alto. Dos días después, el 21 de mayo, salió el último número de *La Ametralladora*. Se inventan los humoristas una despedida dialogada que preludia la aparición del siguiente proyecto (*La Codorniz*) de Mihura, del cual se hablará en el siguiente capítulo:

> *La Ametralladora.* –No. Me voy con alegría. La guerra ha terminado victoriosamente y mi misión está cumplida. Sólo nací para alegrar unas horas a nuestros soldados del frente.
>
> Lector. [...] ¿Volverás algún día?
>
> *La Ametralladora.* –Quizá vuelva. Pero a lo mejor me presento ante ti cambiada. Iré vestida de otra manera. Te contaré otras cosas distintas. Tendré una sonrisa aún más joven. ¡Quién sabe si me llamaré igual o me llamaré de un modo diferente!

Cárcel, destierro, travesía… y humor tras la Guerra Civil Española

Para muchos miles de republicanos, el final de la guerra no fue sino el comienzo de un largo caminar, de un *destierro*, palabra que prefiero a *exilio*, siguiendo los pasos del dramaturgo y ensayista José Ricardo Morales, una de las mayores voces literarias que todavía viven de aquellos años:

> Los desterrados republicanos experimentaron la pérdida de su tierra como un expolio, un despojo inmerecido, y puesto que semejante privación se efectuó con la más extremada violencia, acabaron sometidos a las más pavorosas e inconcebibles privaciones. De ahí que el desterrado sea 'un infirme', alguien que perdió su firmeza o arraigo, un enfermo que percibe a forzosa distancia cuanto le constituye y siente más suyo: su fundamento y consistencia originales. (Morales 2000: 161)

Así como Morales emprendió su destierro a bordo del *Winnipeg*, que le llevaría junto a otros 2.200 refugiados a Chile, otros tantos, cerca de 1600, embarcaron en el *Sinaia* la noche del 24 de mayo de 1939, arribando a Veracruz (México) el 13 de junio. Entre ellos, pintores como Ramón Gaya, Arturo Souto, intelectuales de la talla de José Gaos, Josep Renau, dibujantes como Salvador Bartolozzi, Ramón Peinador o José Bardasano.[1]

En medio del descontrol propio de los primeros días, acomodándose en el espacio heterotópico del barco, sale editado el primer número de *Sinaia. Diario de la primera expedición de republicanos españoles a México* el 26 de mayo. Se publicaron 18 números en edición mimeográfica y entre sus diversas secciones

---

[1]   Recordemos que Bardasano fungió como director de la revista humorística madrileña *No Veas*, en la que también colaboró Peinador. Otros les seguirían años después, como el dibujante Josep Bartolí, que llega a México en 1942, o el humorista y dibujante Antoniorrobles (Antonio Joaquín Robles Soler). Para un estudio de los pasos que siguieron los humoristas gráficos en América ver 'Humoristas gráficos en el exilio americano' en *Quevedos*, n. 34, 2007. Hay un número anterior dedicado exclusivamente a México que no he podido consultar.

encontramos también colaboraciones de humor gráfico y tiras cómicas. De estas últimas, las hubo firmadas, como las de Tarragó sobre la higiene personal en el barco, o sin firma, pero que por cuestiones de estilo atribuyo a Peinador, sobre la chiquillería y cómo debían comportarse si no querían tener un accidente cayendo al mar. Además, se inauguró una exposición de caricaturas el lunes 10 de junio en la que participaron, entre otros, Arteta, Gaya, Bardasano, Horacio, Peinador, Carmona, Camps Ribera, Tarragó, Juana Francisca, Oliva, Robles, Agut, Rebatte, Jordana, Climent y Acitores.[2]

Vuelta ahora la mirada a la península ibérica, finalizaba el anterior capítulo con el cese de *La Ametralladora*, una publicación de circunstancias que encontró su lógica conclusión con el final del conflicto. Sin embargo, como se ha recalcado, Mihura se valió de la revista para continuar una estética en torno al humor que provenía de las experiencias de la década de los veinte y primeros años treinta y era susceptible, pese al *a priori* anacronismo, de continuidad en la España de posguerra. La conjunción de estilos era plena en el grupo de 'La otra generación del 27', se contaba con valiosos contactos entre los humoristas italianos de la revista *Bertoldo* y se conocía la obra de los artistas en torno a la revista estadounidense *The New Yorker* (Mihura y Laiglesia fueron ciertamente *reacios* al concepto de *copyright*). Finalmente, incluso se podía recuperar a otros humoristas que trabajaron en la zona republicana, caso de Fernando Perdiguero, que jamás volvería a utilizar el seudónimo 'Menda' con el que firmaba sus obras antes y durante la Guerra Civil.[3] O recuperar desde su exilio bonaerense a Ramón Gómez de la Serna, que publicó con regularidad en la revista. La misma nota de despedida de *La Ametralladora* dejaba abierta la posibilidad de un retorno a los quioscos en unas circunstancias diferentes. Así se produjo cuando en 1941 Jesús Ercilla, antiguo redactor-jefe de *La Ametralladora* con quien Mihura mantenía una buena amistad, accedió al cargo de Director General de Prensa. El camino se allanaba para el primer vuelo de *La Codorniz* el domingo 8 de junio de 1941.[4]

[2]   Sobre las características de la exposición se dice en el diario que '[p]rima el tipo humano, sin vetos de sexo o raza, al contrario. Se busca el gesto esclarecedor, la cualidad psicológica, sin retorcimientos decadentes. Gracia, agudeza e incluso unas notas patéticas' (n. 17, 11 junio 1939, s/p).

[3]   Casos similares fueron frecuentes, como el ocurrido entre el cartelista y dibujante comunista Bardasano y su amigo Antonio Orbegozo, que había sido colaborador en *El Fascio* y *El Imparcial*. Orbegozo fue detenido en el verano del 36 y conducido a una checa de filiación comunista. Bardasano medió para conseguir su liberación, como así se produjo. En 1961, cuando Bardasano y su esposa vuelven del exilio, Orbegozo, en calidad de cofundador de *Ya*, lo incorporó a la revista (Sarró 2005: 53–54).

[4]   Mihura explica los detalles del nacimiento de la revista en un artículo para la misma titulado 'Cómo nació LA CODORNIZ' [n. 1283, 1966].

Lo que pasa a BORDO

EL CONCIERTO DE ANOCHE

Los conciertos siguen su ciclo ascendente y anoche la velada aún resultó más agradable por la colaboración de la afamada cantante Amparo Aliaga que tuvo una actuación muy acertada.

UN POLIZÓN

La noticia se comentó cariñosamente durante todo el día por los contertulios de "calles" y "plazas". !Un recién nacido! !Un polizón a bordo! ¿Es niño¿ ¿Es niña¿

Pues sí, señores, el nuevo pasajero con título de polizón es, desde ayer, Susana Sinaia Caparrós Cruz. La pequeñita nos tuvo movilizados las 24 horas del día. Desfilaron los Comités, la Sra. Gamboa, el fotógrafo Chim y... a ver si lo celebramos.

AYER SE REUNIERON LOS PROFESIONALES DE LA ENSEÑANZA.

Con el fin de prestar una colaboración más eficaz a la obra de educación del pueblo mexicano y para estudiar diferentes problemas, se reunieron bs profesionales de la enseñanza acordando agruparse en sus diferentes grados. Quedó constituida una Comisión general integrada por cinco miembros.

NO CAYERON EN SACO ROTO

Esta mañana, a las 5, cuando un marinero se disponía a regar la cubierta de popa, quiso arrojar an tes al agua cuatro o cinco cascos de botellas de cerveza, pero un expedicionario -andaluz y de edad madura por más señas- lo impidió.... recuperándolos para la enfermería.

El episodio es sencillo; pero en su pequeñez aparente posee un valor de ejemplo, de estímulo. Demuestra que nuestras recomendaciones no fueron palabras al viento.

INFANCIA

¿Cuántos niños irán en el pasaje¿ ¿un millón¿ ¿dos¿. El uno grita, el otro llora, aquel pide pipí... !Baja Herodes!

ESTE ERA UN NIÑO MUY MALO QUE SE LLAMABA GONZALO. A TODAS PARTES SUBÍA SIN SABER POR QUE LO HACÍA. HASTA QUE UN DÍA CAYÓ Y EL POBRECITO SE AHOGÓ.

- 2 -

Fig. 21: ¿Peinador? *Sinaia* n. 7, 1 junio 1939, p. 2

Las bases estéticas y conceptuales de la revista las explicó el propio Mihura en sus memorias cuando declaró que '*La Codorniz* no se apoyará nunca en la actualidad, ni en la realidad, será un periódico lleno de fantasía, de imaginación, de grandes mentiras, sin malicia. No nos divertiremos de las desgracias ajenas. No nos burlaremos del caído ni halagaremos al que está en las alturas' (1962: 1313). Resulta poco menos que extraordinaria la salida de una revista de tales características en una España arrasada, tristemente acostumbrada a una inusitada violencia durante los casi tres años de guerra.

Es, por un lado, una publicación extemporánea, emanada de otra época. Al fin y al cabo era continuadora del humor nuevo que se desarrolló en los años veinte y treinta, readaptado a las circunstancias propias de una guerra civil en *La Ametralladora* y remozado de nuevo para la posguerra española de la década de los cuarenta. Por otro lado, la apuesta por un humor más próximo al absurdo y al cuestionamiento de la cotidianeidad no era, *a priori*, el tipo de humor que se iba a promover en la España franquista, que favorecería una mirada interior hacia la tradición y el costumbrismo, en consonancia con la política autárquica que sufrió el país hasta 1953.

De junio de 1939 hasta 1941 tan solo dos revistas, ambas infantiles, dan cabida a la historieta en la España de posguerra. La primera, *Flechas y Pelayos* (1938–1949), una publicación con mayor presencia ideológica que la segunda, *Chicos* (1938–1956), dirigida con inteligencia por Consuelo Gil, que supo desarrollar una línea comercial exitosa que aligeraba el peso de la militancia vinculada al régimen. *La Codorniz* se suma a las dos existentes y aporta el correlato adulto a la pléyade de revistas infantiles y cuadernillos que aparecerán en los años cuarenta. Como ha destacado Antonio Altarriba,

> La dureza de la posguerra propicia la actitud extrema, el pensamiento esquemático, el discurso grandilocuente y el gesto exagerado. Y, ¿qué mejor medio que la historieta para representarlo? La gran pincelada descriptiva, el esquematismo expresivo, la estilización o la deformación gráfica junto con otros recursos propios de la viñeta permiten plasmar, si no con total realismo, al menos con la mayor veracidad, la epopeya tragicómica del franquismo. (2006: 150)

Uno de los objetivos principales de *La Codorniz* en su primera etapa será devolver al transeúnte una realidad disociada, patas arriba, que previamente haya pasado por el mortero del mundo ramoniano. De esa manera se dinamitará desde dentro la *actitud extrema* de un país rebautizado católico y con viejas ínfulas imperiales. El *pensamiento esquemático* se reflejará en la apoplejía del lenguaje que en manos de Mihura, Tono y Neville revelará caras insospechadas. Exageración del lugar común, del que Mihura se mostraba profundamente cansado y contra el que iba a volcar toda su energía:

Aquí lo bueno sería publicar un periódico que se llamase *La Codorniz*, para que estos señores se dejasen ya de tanta tontería [...] Porque ya es cursi que una ciudad esté cubierta por el blanco sudario de la nieve. ¡Ya está bien la cosa! Pero si además, en esa ciudad cubierta por el blanco sudario de la nieve hay una madre que sale a la calle por la noche, con una toquilla, para abandonar a un niño en un portal, ya es que no se puede contener la risa: es la estampa más graciosa que pueda concebirse; es el verdadero chiste estúpido e integral. ¡Ya es que da asco! (Mihura 1962: 1307–8)

El primer número presenta en su portada [fig. 22] un ejemplo de humor gráfico a cargo de Tono que incide precisamente en la mencionada ruptura del convencionalismo. Una señora, acompañada de dos niños pequeños, se encuentra con un señor y se produce el siguiente diálogo:

-¡Caramba, don Jerónimo! Está usted muy cambiado.
-Es que yo no soy don Jerónimo.
-¡Pues más a mi favor!

La crítica del lugar común, como también ha destacado Llera (2003: 40), se produce a través de la crítica del lenguaje. Las situaciones tipo dan lugar a consecuencias insólitas, como la respuesta de la mujer al falso don Jerónimo. Es una aproximación a la realidad consciente del carácter deficiente del lenguaje como *mediador* entre el individuo y su entorno. La historieta, fundamentalmente de la mano de Mihura y Tono (con la colaboración extranjera de 'The Little King' de Soglow, que ya había publicado anteriormente en *Gutiérrez*), también servirá, como enunciaba Altarriba, de medio con el que expresar esa mirada particular del humor nuevo que pronto se acuñará de *codornicesco*. Edgar Neville, en el prólogo a la primera edición de las obras completas de Mihura, se refirió a ello diciendo que en *La Codorniz* '[n]o se respetó nada, se suprimió el chiste de ida y vuelta, aquel en que uno de los muñecos dice una cosa y el otro le contesta con una gracia' (1962: 13). La historieta aportará el componente visual en ese nuevo engranaje que subvertía lo convencional. En una de aquellas historietas se recrea una escena doméstica muy del gusto de Mihura, como ya demostró en 'La madeja', publicada en *Gutiérrez* en 1933 y luego en *Vértice* en 1938. Llaman a la puerta y la mujer le dice al hombre: 'Están llamando al timbre. Vete a abrir que debe de ser José'. En la siguiente viñeta, el hombre abre la puerta y aparece un caballo. En la tercera viñeta aparece solo el hombre cerrando la puerta de nuevo. En la última volvemos a la escena inicial y el hombre responde a la mujer: 'Sí. Es José'. De nuevo la escisión de la realidad con lo convencional. En este caso, no obstante, el elemento visual es clave para recrear el efecto humorístico.

Como veremos en la parte dedicada a Cuba, Rafael Fornés, director de la revista humorística *El Pitirre*, desarrollará una estética en la historieta que

Fig. 22: Tono, *La Codorniz* n. 1, 8 junio 1941

indagará en el carácter escéptico, distanciado de sus personajes. Algunas de sus obras llaman la atención por la similitud que guardan con ejemplos de *La Codorniz*, como, por ejemplo, una historieta de 'Vitelio' para *Revolución* [15 oct 1962] en la que dos personajes exactamente iguales en apariencia se encuentran de manera fortuita y tras exclamar '¡mi hermano!' se reúnen ambos diciendo que '[h]as cambiado tanto que no te conocí'. La similitud conceptual respecto a la portada del primer número de *La Codorniz* de Tono y el ejemplo de historieta (uno de tantos) también incluido de Mihura, apunta hacia una convergencia de estilos y una mirada común a través de un humor inteligente, que propone al lector ir más allá del mero gag o el chiste verbal. No creo que se trate de una simple coincidencia y sí de una disposición similar, salvando los diferentes contextos para entender el humor y la historieta como medios de intervención en la realidad que desarticulen la estabilidad de ciertas estructuras que se tienen por fijas e inmutables. Son, en este sentido, humoristas transgresores, que llevan un paso más allá las posibilidades del humor en la sociedad.

Fig. 23: Fornés, Revolución, 15 octubre 1962

Veamos un par de ejemplos todavía más clarificadores en los que se entremezcla la ruptura de lo convencional con el elemento lúdico e infantil. En el n. 51 de *La Codorniz* [fig. 24], Tono publica una historieta muda en cuatro viñetas titulada 'Suprema decisión'. Por su parte, José Luis Posada, que llegó con diez años a Cuba finalizada la GCE, publicó la historieta 'Desesperación' [fig. 25] en la revista cubana *El Pitirre* [29 agosto 1960]. Una distancia temporal de 18 años media entre las dos obras y, sin embargo, la similitud conceptual es total. Ambas obras vienen rotuladas con títulos que preludian un hecho de enorme severidad, aspecto que se refuerza desde la primera viñeta, con ambos personajes apesadumbrados. En la de Tono se infiere que la tristeza tiene que

Fig. 24: Tono, *La Codorniz* n. 51, 24 mayo 1942

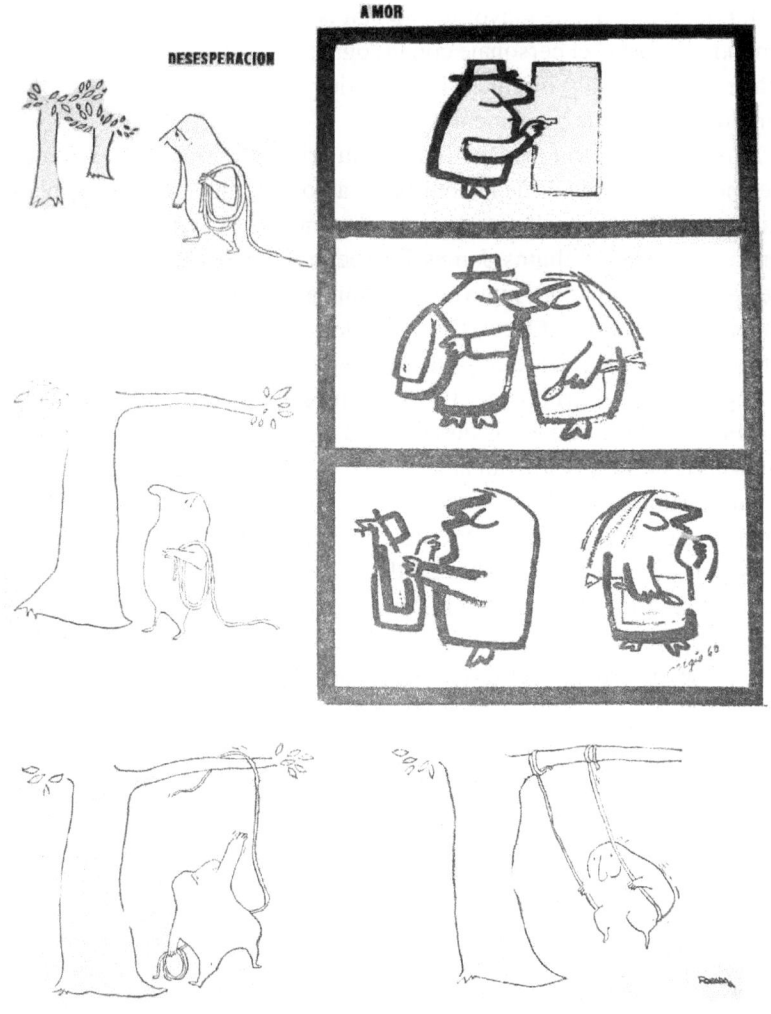

Fig. 25: Posada, *El Pitirre*, 29 agosto 1960

ver con una mujer, por el retrato que hay en el suelo. En la de Posada, el comienzo es abrupto, el personaje con una soga dirige su mirada hacia unos árboles en la lejanía. Las viñetas dos y tres sirven para concretar el marco de expectativas de la historia que se le ofrece al lector, que interpreta un posible suicidio. Las viñetas tres y cuatro en ambas obras son cuasi idénticas, llevando al lector del momento de mayor tensión en la historia al alivio causado por el columpio que forma el personaje con la soga. El rostro cambia en ambos casos a una franca sonrisa y el efecto humorístico, basado en la subversión de lo esperado, se consigue plenamente.

La Codorniz también incorporó desde su primera etapa a varios humoristas norteamericanos (además de la nómina de autores italianos que ya habían sido publicados en *La Ametralladora*), como el mencionado Soglow, William Steig, Peter Arno, Gluyas Williams, James Thurber o Saul Steinberg. Los dos últimos (especialmente Steinberg), junto con los franceses Maurice Sinet (Siné), André François, el argentino Óscar Conti (Oski) y el español Chumy Chúmez (perteneciente a la siguiente etapa de *La Codorniz*) estarán entre las influencias más importantes del grupo de artistas cubanos vinculado a *El Pitirre*.

En 1944, Mihura vende los derechos de propiedad de la revista, que había perdido parte de su frescura inicial. Colocó como director a Álvaro de Laiglesia, que paulatinamente otorgó más espacio a la sátira de costumbres, que ya en los cincuenta se convierte en su corriente principal, junto con el humor negro y la sátira social. El acercamiento a la realidad a través de la sátira empieza a crearle al nuevo director problemas con la censura.[5] El cambio de tendencia provocó una airada polémica entre Mihura y Laiglesia, esto es, entre el maestro y su pupilo.[6] Nuevos artistas del dibujo se incorporan a finales de los cuarenta y principios de los cincuenta, como Antonio Mingote, Lorenzo Goñi (otro ejemplo de recuperación de un artista que colaboró activamente en la prensa del bando republicano y del cual ya se estudiaron sus historietas para *Trincheras*), Miguel Gila o Chumy Chúmez. Este último, cuyo verdadero nombre es José María González Castrillo (1927–2003), evoluciona junto con la revista del absurdo a

---

[5]   Uno de los percances más delicados en la revista fue la parodia, el 23 de noviembre de 1952, del diario falangista *Arriba*, que Fernando Perdiguero (recordemos que había estado en prisión por su humorismo gráfico republicano) rebautiza como *Abajo*, sustituyendo el yugo y las flechas falangistas por un cazo y tres cucharones. Laiglesia recuerda el incidente que estuvo a punto de costar el cese de la publicación: '"Abajo" cayó como una bomba entre los lectores de *Arriba* y los falangistas en general. La explosión llegó a conmover las más altas esferas del régimen, muchas de las cuales pidieron mi cabeza a los organismos con poder suficiente para quitármela' (1981: 17).

[6]   La 'Carta al director' de Mihura se publica en un número extraordinario [n. 267, 22 diciembre 1946]. La respuesta del director una semana después se publica titulada '¡No, señor Mihura!' [n. 268, 29 dic 1946]. Ambas se reproducen en la recopilación de Laiglesia (1981: 168–174) y en la edición facsimilar de Prieto y Moreiro (2004 s/p).

la sátira social, que desarrolla plenamente a partir de los años sesenta. El humor negro de Chumy Chúmez es violento en su concepción y estética. El trazo grueso, sin concesiones estilistas, refleja la mediocridad de un país que malvive marcado por una marcada disparidad entre ricos y pobres. Chumy también cultivó la historieta y tuvo sus enfrentamientos con la censura, como el ejemplo que recoge Llera (2003: 368–9) en relación a la historieta 'El billetito' y la parcialidad de la justicia española. A través de estos forcejeos entre humoristas y censura, ideas críticas iban calando en la sociedad del momento, a tal punto que se ha llegado a considerar que '*La Codorniz* aparecía así como el más significado reducto desde el cual se iba conquistando, paulatinamente, una mayor libertad de expresión' (Acevedo 1972: 272).

Otras revistas de humor para público adulto intentaron seguir la estela de *La Codorniz*, como *Cucú* (1944–1948), que abrió sus puertas al humorismo de cualquier índole y que en ello no fue tan meticulosa como Mihura con su construcción de una estética particular en torno al absurdo. *El Once* (1945–1965), que realizó humor deportivo, *DDT* (nacida en 1951 pero que solo a partir de 1964 apuesta por un humor decididamente adulto) y *Can Can* (1963–1968), que formaron la dupla de la poderosa editorial Bruguera en su intento por captar un público adulto para sus revistas de humor. Una seria competencia para *La Codorniz* supuso la breve pero intensa presencia de *Don José* (1955–1958), dirigida por un antiguo colaborador de la primera, Antonio Mingote, que se rodea de humoristas de prestigio como Tono, Neville, Goñi, Escobar e incluso Martínez de León, muy activo durante la Guerra Civil Española con su personaje 'Oselito' y que había cumplido condena en las cárceles franquistas. Como apunta Tubau, *Don José* rendirá tributo a la influencia de Steinberg con una selección de dibujos del libro *The Passport* en el segundo número de la revista (Tubau 1987: 82). El humor puro de raíz steinbergiana y el humor crítico serán las dos fuerzas motrices de la publicación, que destaca por su calidad en el panorama de la década de los cincuenta. Otras revistas aparecieron de manera fulgurante y desaparecieron con igual intensidad, pero no es el propósito del presente estudio dar cuenta de todas ellas, habiendo ya estudios rigurosos como el de Tubau que se ocupan de esta etapa del humorismo gráfico español.

PARTE III.

VANGUARDIA Y MILITANCIA EN LA REVOLUCIÓN CUBANA:
EL PAPEL DE LA HISTORIETA CUBANA

De la clandestinidad al poder: la historieta cubana desde los años cincuenta hasta el triunfo de la Revolución.

> Una de las primeras manifestaciones de la lucha
> revolucionaria puede ser la prensa clandestina.
>
> (Carlos Franqui, 1968)

Preámbulo

Con el triunfo de la rebelión en enero de 1959, la progresiva consolidación de la imagen en las revistas ilustradas y la prensa periódica cubana tiene más de un siglo de historia a sus espaldas, teniendo en cuenta que de 1857 a 1860 se publicó en La Habana *La Charanga*, fundado por el vallisoletano Juan Martínez Villergas, el primer periódico literario que incluiría caricaturas, como recalcaba en su subtítulo: 'periódico literario, joco serio y casi sentimental, muy pródigo en bromas, pero no pesadas, y de cuentos, pero no de chismes, muy abundante de sátiras, caricaturas y otras cosas, capaces de arrancar lágrimas a una vidriera' (*Diccionario* 1980: 272). De 1838 data la primera publicación en utilizar la litografía en Cuba: *El Plantel*. Dicha publicación, también de escasa vida (apenas un año), estuvo dirigida por Ramón de Palma y José Antonio Echeverría hasta la tercera entrega, en lo que se considera su primera etapa. No es hasta su segunda etapa, con cambio de directores y salida de todos los cubanos que habían participado en ella hasta el momento, cuando la revista pasa de usar el grabado en madera o xilografía a utilizar la litografía (*Diccionario* 1984: 797). La introducción de los avances tecnológicos y la paulatina consolidación de un humorismo que en Cuba sería imposible entender sin el protagonismo de las revistas ilustradas ofrece un panorama, con la entrada del siglo XX, en el que la relación humorismo e imagen en sus distintas realizaciones (humor gráfico, caricatura e historieta) está plenamente incorporada a las revistas señeras de la modernidad en Cuba (*Bohemia*, *Social* y *Carteles*). Transcurridas las primeras décadas del XX, que suponen el tímido avance de la historieta en los medios de prensa, el empuje de las publicaciones foráneas (estadounidenses en su mayoría) a través de una sólida distribución comercial por los *syndicates* o mediante la editorial mexicana Novaro a partir de los años cincuenta (que tradujo y publicó muchísimo material Disney, DC o Marvel) llega a dominar el tradicional mercado cubano de importación.

Este largo proceso tiene dos consecuencias fundamentales llegados a enero de 1959. Por un lado, la historieta como manifestación artística de corte popular es un producto ampliamente demandado que se ha incorporado al panorama de la industria cultural de manera incuestionable. Por otro lado, la identificación de los 'muñequitos' con su versión estadounidense, los *comics*, se plantea casi de manera unívoca en virtud de la altísima penetración cultural de las historietas llegadas de los Estados Unidos. Este segundo punto será fundamental para entender la formación de un discurso a cargo de un reducido número de intelectuales cubanos (Edmundo Desnoes sería su representante más destacado) y artistas que incidirán en el *humorismo* en lugar de en la *historieta* o los *muñequitos*. Bajo el paraguas del humorismo se englobará toda la plástica de humor publicada en prensa periódica. La consecuencia de esta elección terminológica, que se atribuye en gran medida a Desnoes por ser quien más se preocupó en los albores de la Revolución del humor gráfico y la historieta, con varios artículos que se revisarán más adelante, vendrá a confirmar (muy a pesar de los propios artistas) la posición adoptada por la intelectualidad cubana en torno a *Casa de las Américas* y *Cine Cubano*, que entenderán la historieta como un producto del imperialismo yanqui para embrutecer a su propio pueblo y al resto de naciones. La formación gradual de tal discurso, que aflorará a finales de la década de los sesenta coincidiendo con los postulados de la teoría de la dependencia y el Congreso Cultural de La Habana en 1968, se puede apreciar con anterioridad tras el estudio de la prensa, revistas especializadas y documentos de finales de los cincuenta y principios de los sesenta.[1]

Ahora bien, el desarrollo de la historieta en Cuba debe entenderse en relación más amplia con los medios de comunicación de masas y su nivel de desarrollo cuando la rebelión triunfa en Cuba. La estilización y la progresiva mejora técnica de los medios de comunicación en la primera mitad del siglo XX se tradujo en un uso cuidadoso de los mismos durante los años de guerrilla (1952–1959), lo que refleja el alto grado de penetración de los medios en una sociedad organizada social y políticamente en torno a ellos. Una vez tomado el poder, los revolucionarios les dieron una especial importancia. Como ha

---

[1]   Ana Merino aporta un análisis riguroso del discurso crítico de *Casa de las Américas* (Merino 2003: 153–165) respecto a la historieta, pero no analiza la aparición coetánea de artículos en la misma línea en *Cine Cubano*, nos. 81–82–83 de 1973.

destacado John Lent, la retransmisión radiofónica comienza en septiembre de 1922 con una cadena amateur de Luis Casas Romero, la 2LC (Lent: 1989: 256). Veinte años después, Cuba era exportadora de seriales radiofónicos a otros países latinoamericanos, consolidando este medio de comunicación sin competencia hasta el comienzo de las retransmisiones televisivas en 1950. Ya para 1960 Cuba figura en el segundo puesto en Latinoamérica de aparatos de radio por cada mil habitantes, hecho que la sitúa, en términos comparativos, al nivel de Italia (Fagen 1969: 23). La década de los cincuenta presenta un desarrollo de los medios de comunicación difícilmente comparable con cualquier otro país latinoamericano e incluso europeo, aunque se debe tener en cuenta la enorme disparidad existente entre La Habana, que presenta niveles de desarrollo similares a los de capitales europeas, y gran parte del país, que carece de agua corriente, electricidad o acceso a la educación básica. En 1961 Cuba se coloca en primer lugar en Latinoamérica en cuanto a televisiones por cada mil habitantes, dato que sitúa al país al nivel de Francia (Fagen 1969: 23). Alisky ha descrito La Habana del período 1952–58 como el mercado más competitivo del mundo en cuanto a medios de comunicación, con 21 diarios (con una circulación total de más de un millón de copias), 32 cadenas de radio comerciales y 5 cadenas de televisión (Alisky 1981: 157). Del mismo modo, Bogart, en un artículo de 1959, coincidía en la altísima competitividad del mercado habanero con cifras similares, 6 cadenas de televisión y alrededor de 30 cadenas de radio (Bogart 1959: 163).

El cine, por otra parte, da sus primeros pasos en Cuba en fecha tan temprana como 1897 de la mano de Gabriel Veyre con el film *Simulacro de incendio*. En 1930 ya se cuentan 80 películas cubanas y llegarían hasta 180 cuando la Revolución llegue al poder. En esta coyuntura, el primer cortometraje sonoro de animación se estrenó en agosto de 1937 con el título de *Napoleón, el faraón de los sinsabores*, obra de Manuel Alonso García. El film, de apenas dos minutos de duración, estaba basado en una historieta cómica de igual nombre que empezó a publicarse el 15 de mayo de 1937 en el suplemento dominical *El País Gráfico* (Agramonte y Castillo 2012: 22–24).

La importancia del cine para el nuevo gobierno revolucionario en 1959 queda de manifiesto con la entrada en vigor de la ley n. 169, la primera en el ámbito cultural, que determina la creación del Instituto Cubano del Arte e Industria Cinematográficos (ICAIC) el 20 de marzo de 1959.[2] El cine y la libertad de creación artística en torno al documental *PM* de Sabá Cabrera Infante y Orlando Jiménez-Leal provocaron una fuerte controversia que motivó en gran medida las tres reuniones entre representantes del gobierno y artistas en la Biblioteca

---

[2] Se puede acceder al texto completo en la web *la Jiribilla, revista de cultura cubana*: http://www.lajiribilla.cubaweb.cu/2009/n412_03/412_06.html

Nacional José Martí los días 16, 23 y 30 de junio de 1961. En la última de las reuniones, Fidel Castro pronunció un discurso que trascendería como el primer (y más importante) texto de política cultural de la Revolución: *Palabras a los intelectuales*. Al referirse al cine, Castro declaraba que

> entre las manifestaciones de tipo intelectual o artístico hay algunas que tienen una importancia en cuanto a la educación del pueblo o a la formación ideológica del pueblo, superior a otros tipos de manifestaciones artísticas. Y no creo que nadie pueda discutir que uno de esos medios fundamentales e importantísimos es el cine como lo es la televisión. [3] (Castro, *Palabras*)

En el fondo del asunto, además de la libertad creativa del artista, estaba la discusión sobre el derecho o no del gobierno revolucionario a ejercer la censura ante determinadas manifestaciones artísticas. El 'derecho' con el que ambiguamente se refería Castro a la censura en *Palabras* tiene una dinámica disímil a la ejercida por Batista durante la década de los cincuenta. La eliminación del sistema de *botellas* y el saneamiento y progresivo control de los medios de comunicación (que se completará en 1961) modificaron radicalmente el panorama mediático cubano. La censura desaparecía, pero no las presiones contra la prensa crítica con las medidas que adopta el gobierno revolucionario. Como se ha apuntado, para 1961, con la desaparición de la prensa de capital privado, el estado pasa a controlar todos los medios de comunicación haciendo innecesario el uso de la censura convencional.

En cualquier caso, una diferencia fundamental del gobierno revolucionario fue la denuncia y eliminación del sistema de sobornos con el que Batista consiguió manipular los medios tras el golpe de estado del 10 de marzo de 1952. Las *botellas*, término con el que se conoce en Cuba el pago de sumas de dinero desde el gobierno a medios de comunicación con fines partidistas, fue una práctica común que alternó, además, la imposición de censura en momentos puntuales hasta 1957, cuando el decreto Presidencial número 78 [14 enero 1957] suspendía las Garantías Constitucionales en todo el territorio nacional. El frustrado ataque al palacio presidencial de marzo de 1957 y el asesinato el 30 de julio del líder estudiantil y revolucionario Frank País provocaron una respuesta masiva de la población en Santiago de Cuba seguida de una (se cree) espontánea huelga general en la misma ciudad, motivo que llevó a endurecer la censura hasta entrado 1958.

---

[3]   El texto completo es accesible en www.min.cult.cu/historia/palabras.doc

El humor en la prensa legal y clandestina, 1957–1958: *Zig-Zag* y *El Cubano Libre*

Como es sabido, el humor tiene una notable capacidad para esquivar la censura, sea del tipo que fuere. El ejemplo de El Bobo de Eduardo Abela frente a la dictadura de Machado es paradigmático. Inspirado en el complejo lenguaje de referencias que creó Abela con su personaje, el 2 de febrero de 1957 nace El Loquito, de René de la Nuez, en las páginas del semanario de humor *Zig-Zag* (1938–1960). Dicha publicación contó con el censor Manuel Benítez Rodríguez, como se ha documentado (Li 2007a).[4] Este semanario, como le confiesa el investigador Enrique López Mesa a Axel Li en una entrevista de 2007, 'ha sido injustamente olvidado. No sólo en lo concerniente a la caricatura y al humor en general, sino al importante papel político que desempeñó en los años 1957 y 1958 [...] *Zig-Zag* es un ejemplo del uso del humor como arma de lucha contra la tiranía' (Li 2007b: 32). A la dificultad de encontrar colecciones íntegras de *Zig-Zag*[5] hay que añadirle el carácter fungible de las publicaciones periódicas (tipo de papel y encuadernación), hecho que clama a voces una digitalización de los fondos existentes para su conservación, como me comentó el investigador Axel Li.[6] Máxime cuando esta publicación humorística es considerada la más popular en Cuba durante los cincuenta, llegando a imprimir, como refiere René de la Nuez, 100.000 ejemplares, todo un logro para una publicación de este tipo en la época (Li 2007a). Sobre este semanario los investigadores Arístides Esteban Hernández (Ares) y Jorge Alberto Piñero (Jape) han destacado lo siguiente:

> *Zig-Zag* fue una publicación que se editó inicialmente en el formato típico de los periódicos de la época y más tarde como un tabloide de 24 páginas. Reservó habitualmente portada y páginas centrales a caricaturas de gran

---

4   Li reproduce en la entrevista a Nuez de agosto de 2007 en *la Jiribilla* una valiosa nota que apareció en *Zig-Zag* informando de la censura gubernativa en publicaciones impresas. Por su especial importancia se cita de manera íntegra: 'En la sección "2 palabras en serio" de *Zig-Zag* (No. 946, 19 de enero de 1957, p. 3) fue reproducida una carta fechada el 15 de enero de 1957 del Ministro de Gobernación al director de la publicación con lo siguiente: "Por Resolución 84, de esta fecha, cuya copia le adjunto, ha quedado establecida la Censura previa, a toda noticia, artículo, editorial o fotografía que se publique, a tenor de lo establecido en el decreto Presidencial número 78 de fecha 14 de los corrientes, publicado en la Gaceta Oficial del día de hoy, por el cual se suspenden las Garantías Constitucionales en todo el Territorio Nacional, y en especial las que se refieren al artículo 33 de la Ley-Constitucional de la República, y por esa propia Resolución he tenido a bien designar al Sr. MANUEL BENÍTEZ RODRÍGUEZ, para que con el carácter de DELEGADO PERSONAL DEL MINISTRO DE GOBERNACIÓN, ejerza las funciones de Censor en ese periódico"' (Li 2007a).

5   La colección de la Biblioteca Nacional José Martí está en muy precarias condiciones, como pude comprobar *in situ*.

6   Conversación informal mantenida en La Habana el 8 de abril de 2009.

tamaño, incluyendo humor gráfico de carácter costumbrista y de política nacional. Contenía abundantes textos de humor y anuncios comerciales.

Considerada en su tiempo como la meca del humorismo en Cuba, logró reunir a varios de los caricaturistas de más renombre en el país: Roseñada, Prohías, Silvio Fontanillas, Antonio Rubio, Niko Luhrsen, Hercar, Arroyito y Luaces entre otros. (Hernández y Piñero 2007: 80)

Para una mejor comprensión del semanario habría que estudiar las dos publicaciones que continuaron en el exilio a partir de 1960, *Zig-Zag Libre*, publicada por José Roseñada, y *El Nuevo Zig-Zag* de Silvio Fontanillas, que se conservan en microfilm en The University of Florida. Nuez declaró en una entrevista (Li 2007b) que el mismo Roseñada, con el que mantenía una buena amistad desde su llegada al semanario en 1956, le ofreció participar en una publicación que se editaría fuera de Cuba. La respuesta de Nuez fue negativa, habida cuenta de su implicación con el proyecto revolucionario y la distancia con *Zig-Zag*, que había dejado en junio de 1959 para trasladar su Loquito a las páginas de *Revolución*. *Zig-Zag* había sido el foco de atención en el mes de enero, cuando Castro, en una aparición en la refinería de Shell en Regla, criticó abiertamente la revista por la publicación de una caricatura suya. En dicha caricatura (dibujada por Antonio en la portada de la revista) aparecía Castro dirigiéndose a la Sierra Maestra para iniciar la Reforma Agraria, seguido de algunos combatientes y varios oportunistas vestidos con bombín. Como documentan Hernández y Piñero, en el número de *Zig-Zag* del 14 de febrero se publicó una nota aclaratoria intentando congraciarse con 'el doctor Fidel' y llamando la atención sobre 'esos nocivos tipos' que querían aparecer como verdaderos revolucionarios (Hernández y Piñero 2006: 95). El asunto de los oportunistas, los 'bombines' también llamados '2 de enero', será el motivo de una historieta para *Revolución* firmada por Chago en enero de 1959, que se analizará en la parte final del capítulo. Lo que parece evidente es que a *Zig-Zag* la nueva relación del poder y los medios de comunicación la cogió con el pie cambiado. Aun sin utilizar la censura convencional, las críticas a la publicación hicieron disminuir las ventas de manera considerable cuando muchos vendedores de periódicos se negaron a ponerla a la venta (Reed 1989: 84). En términos generales, muy poco se sabe de la obra de los colaboradores de la revista (exceptuando a Nuez) durante los años de la lucha insurreccional en los cincuenta y de su obra posterior en el exilio.[7] Del grupo de exiliados, Antonio Prohías (1921–1998) será quien consiga mayor repercusión internacional. Ya en la década de los cincuenta Prohías era un humorista gráfico reconocido, presidente de la Asociación de Caricaturistas de Cuba. Su tira cómica 'El hombre siniestro' se publicaba en las páginas de *Bohemia*, *El Mundo* y el propio *Zig-Zag*. Al marchar

7   Está por escribir la historia del humorismo gráfico cubano del exilio desde 1959.

al exilio en 1960 entra a colaborar en la revista *Mad*, en la que actualiza su historieta de 'El hombre siniestro' en una sátira de la Guerra Fría, aportando la visión personal que le dejaron los cambios que se producían en Cuba y la polarización ideológica. Dicha sátira, titulada 'Spy vs Spy', se convertirá en una de las de mayor éxito y duración de la revista norteamericana.

Zig-Zag conseguía realizar una crónica sociopolítica a través del prisma del humor, con el que se escudaba de la censura a la vez que atacaba la escasa (des)información que le llegaba a la población sobre la lucha guerrillera. En este sentido, *Zig-Zag*, y muy especialmente el Loquito de Nuez, se convirtieron en un pulsómetro de la actualidad, una fuente de información gráfica y humorística que necesitaba de una decodificación para la recepción última del mensaje, pero que siempre podía escudarse en la relación entre denotación y connotación en caso de ser cuestionado por sus colaboraciones. La labor del censor, en casos como el de las obras de Nuez, tuvo que ser ciertamente resbaladiza al tener que decidir sobre una viñeta de humor en la que las líneas entre lo denotado y lo connotado eran ciertamente difusas. Si las colaboraciones de Nuez escapaban muchas veces de la censura impuesta, había otro tipo de manipulación gubernamental ya mencionada que fue el pago de prebendas, las *botellas*. Como refiere el humorista Juan Ángel Cardi, artista colaborador en la revista, la publicación no escapó a este tipo de soborno: 'Zig-Zag – y yo puedo hablar de eso porque trabajé en él durante algún tiempo –, percibía dinero por atacar a Batista. Es decir, Batista le pagaba $2.000 pesos mensuales a Zig-Zag, para que Zig-Zag se metiera con él' (Cardi y Nuez 1968: 43). La actividad de Nuez con su Loquito corrió de manera paralela a la ejercida por Santiago Armada (Chago) con sus colaboraciones humorísticas (humor gráfico y tiras de prensa) en *El Cubano Libre*, publicación clandestina que puso en marcha Ernesto Ché Guevara en la sierra, rememorando su predecesor de mismo título de la guerra de 1895.

De *El Cubano Libre* salieron ocho números hasta diciembre de 1958 con humor gráfico a cargo de Chago, pero además se editó un suplemento humorístico compuesto en su totalidad por Chago y que alcanzó los tres números (septiembre a diciembre de 1958).[8] El primer suplemento (septiembre 1958) fueron cuatro escasas páginas, incluyendo portada y tapa, es decir, un folio tamaño A4 doblado por la mitad, con cuatro caras para texto e imagen. En su página doble interior, cinco ejemplos de humor gráfico, tres de ellos con el personaje Juan Casquito, soldado del ejército batistiano, que inciden en la desinformación vertida por los medios oficiales y la realidad muy distinta que se encuentra Juan Casquito al enfrentarse a la guerrilla.

[8]   La Biblioteca Nacional José Martí tiene copia de los números 4 (de febrero de 1958) y 8 (de diciembre de 1958). Como director de la publicación figura el capitán Luis Orlando Rodríguez. Además, se conservan también en la biblioteca los 3 suplementos humorísticos de *El Cubano Libre*.

Fig. 26 Chago, El Cubano Libre. Supl. Humorístico n. 1, septiembre 1958

En la primera viñeta [fig.26] el soldado reporta a su jefe por radio que 'las viejas escopetas que dicen Uds., tienen los rebeldes, creo son de ráfagas', mientras se refugia tras un peñasco del fuego de ametralladoras. La segunda nos sitúa en un hospital de campaña operado por la guerrilla en el que un convaleciente Juan Casquito en cama escucha sorprendido un parte oficial que anuncia numerosos muertos y heridos de los insurgentes. Un guerrillero sonriente con barba y boina del 26-J presencia la escena de brazos cruzados. La tercera escena presenta a dos soldados desarmados y con las manos en alto seguidos por un numeroso grupo de guerrilleros. Juan Casquito nos ofrece nuevas pistas sobre la desinformación en las filas del ejército batistiano: 'Nuestros jefes nos dijeron que eran cuatro gatos, pero al parecer esta gata, ha parido'. Tres ejemplos que reflejan de manera certera los ímprobos esfuerzos del gobierno por ocultar la verdad de la situación en la Sierra Maestra. Cada una de las tres viñetas incide en un aspecto clave de la lucha revolucionaria: armamento, trato humanitario a los prisioneros y crecimiento paulatino de la guerrilla. Sobrevolando las tres escenas planea la importancia de la información y las repercusiones de un uso torticero de la misma entre las filas del ejército: desmoralización, respeto al enemigo y miedo.[9] La tapa del suplemento

---

9   Al respecto, Fidel Castro, en un discurso del 8 de enero de 1959, declaró: '¿Cómo ganó la guerra el Ejército Rebelde? Diciendo la verdad. ¿Cómo la perdió la guerra la tiranía? Engañando a los soldados' (Castro 1959a).

vuelve a redundar de manera humorística en la mejora del armamento en las filas rebeldes. Un guerrillero empuña un fusil automático mientras una escopeta antropomórfica se lamenta por no ser ya la preferida de los guerrilleros.

El segundo suplemento (octubre de 1958) también fue una modesta edición de una sola hoja plegada en la que tanto la portada como la tapa se dedicaron a satirizar a los políticos por la farsa electoral de las elecciones que tendrían lugar el 3 de noviembre de 1958 y que ganarían los candidatos oficialistas. A dichas elecciones concurrieron protagonistas de la política cubana como Ramón Grau San Martín por el Partido Revolucionario Cubano (Auténtico) y Carlos Márquez Sterling por el Partido del Pueblo Libre, entre otros. La portada, de manera elocuente, presenta una literal lluvia de políticos con sus pajaritas y sombreros. La imagen lleva una leyenda al pie que reza 'Sin comentarios'.

El mensaje llega a su receptor alto y claro, huelga la explicación. Como contrapunteo antitético, la sacrificada vida del guerrillero. En el interior, una historieta de Julito 26 en cuatro viñetas, el personaje guerrillero creado por Chago que en enero de 1959 pasaría a las páginas de *Revolución*. La historieta en sí es intrascendente, a no ser porque recuerda las dificultades del día a día en la sierra. Julito se queda sin malanga y decide comer chopo picante. En el tercer cuadro vemos a Julito comerse las uñas con fruición mientras Pepe el gorrita, el tercer personaje que creara Chago para *El Cubano Libre*, le espeta si se quedó con hambre por ese desespero. En realidad, Julito se come las uñas porque 'con algo tengo que rascarme el estómago' debido al chopo picante. La tapa nos muestra a un Julito 26 indignado cantándoles a dos políticos caracterizados como demonios (con cuernos y cola) y subidos en una nube que reza 'Farsa Electoral' que bajen de esa nube a la realidad. La canción se refiere a un popular bolero de Ernesto Duarte que popularizaron Fernando Álvarez y Benny Moré. Sobre la creación del personaje Julito 26, el propio Chago recordó su origen en una entrevista para la revista *El Pitirre* de enero de 1960:

> Yo creé a Julito 26 accidentalmente, mientras componía la letra de una de las parodias que cantaba el Quinteto Rebelde. Ello sucedió en mayo de 1958. En la comandancia de 'La Plata'. La canción se titulaba 'Que venga la ofensiva'. En uno de los bordes del papel, distraídamente dibujé un rebelde, mejor dicho, la caricatura de un rebelde con su boina y con un '26' en ella. Tres o cuatro líneas eran la 'barba'. Así fue. [10] (Armada 1960: 13)

Actualidad y sátira para reflejar un momento trascendental en la historia cubana. No en vano, de septiembre a diciembre se libran las batallas más

---

[10] Edmundo Desnoes también recoge esta entrevista en su artículo 'El humorismo' para *Casa de las Américas*, 1964 (p. 116).

cruentas. El ejército de Batista ya no cuenta con el abastecimiento militar estadounidense debido al embargo de marzo de ese mismo año. En noviembre se pone de manifiesto la farsa electoral orquestada por Batista y se prepara la huelga general que debe paralizar el país ante la posibilidad real de un golpe de estado perpetrado por los militares.

El tercer y último suplemento (diciembre 1958) cuenta con 4 folios y un total de 14 páginas de humor gráfico y tiras cómicas, además de portada y tapa. Esta última, que funciona, además, como editorial del suplemento, es sintomática al presentar a Julito 26 engrandecido y escoba en mano barriendo a Batista y al que suponemos es Juan Casquito. La leyenda al pie dice 'Limpieza total: por un año nuevo y una Cuba feliz, libre y democrática'. Junto al guerrillero, un niño en pañales lleva una maleta que dice 'año nuevo' y una banda que reza 'revolución' y que le cruza el cuerpo. Se preludia el triunfo, pero al mismo tiempo se anuncia lo que está por llegar. En su interior, una viñeta con el título 'Aspiraciones futuras'. En ella hay un personaje vestido con levita y maletín, levantando el dedo índice en aire de demanda. Frente a él, un guerrillero del 26-J con gorra y espejuelos (Fidel Castro, evidentemente) le pregunta '¿[y] quién es usted para tener aspiraciones futuras?'. El otro personaje responde '¡[c]aramba comandante! ¡Yo soy Juan de los Palotes!'. De esta manera se delimitaba el terreno de aquellos que habían participado en la lucha para derrocar al tirano y los eternos oportunistas que se acercaban al poder que emergía. El revuelo de la caricatura en *Zig-Zag* a que se hacía referencia con anterioridad lo había reflejado antes Chago en el presente ejemplo y lo volvería a tratar en *Revolución* en enero de 1959.

De la prensa clandestina, la revista *Mella*[11] es la publicación que de manera más efectiva utilizó las posibilidades que ofrecía la prensa escrita como medio de comunicación y lucha entre los jóvenes. La colaboración de Virgilio Martínez y Marcos Behemaras, con sus dos historietas 'Pucho' y 'Luis y sus amigos', son el mejor ejemplo de uso de la historieta con fines militantes desde la clandestinidad. La primera etapa de *Mella* (1944–1953) está dentro de la legalidad, fruto de un momento de permisividad política por la colaboración del Partido Socialista Popular (PSP) con el gobierno electo de Batista (1940–1944), en el que figurarán los ministros de corte comunista Juan Marinello y Carlos Rafael Rodríguez. La colaboración del PSP con Batista se remonta a 1937 y para 1938 ya integran la Coalición Socialista Democrática que lideraba Batista. Pese a

---

[11]   La revista *Mella* se funda en 1944, y su primer número salió el 14 de febrero de 1944 (Quintela 1963: 128). El año coincide con la formación de la Juventud Socialista el 18 de noviembre de 1944 (Muñiz 1997: 9). Toma su nombre del estudiante universitario Julio Antonio Mella, cofundador, junto con Carlos Baliño, del primer Partido Comunista de Cuba (PCC) en 1925. En 1944 el PCC cambia de nombre a Partido Socialista Popular (PSP), que mantendrá hasta 1965.

ello, la publicista e investigadora Mirta Muñiz, que conoce de primera mano la publicación desde los años cuarenta, destaca que

> El *Mella* estuvo inscrito legalmente, pero era realmente ilegal la etapa anterior a la clandestinidad, por la represión que sufrían los comunistas, por la persecución que existía sobre las publicaciones consideradas de izquierda, por la falta de garantías de todo tipo, incluso para la vida. Entre las muchas persecuciones que sufrió el *Mella* estuvo la acusación a todo su consejo de dirección y redacción, en la Sala Quinta de lo Criminal del Tribunal de Urgencia. (Muñiz 1997: 18)

Muñiz no formó parte del esquema organizativo,[12] pero estuvo muy implicada con la revista desde el año 1947, cuando se gradúa en contabilidad, profesión que no ejercerá para desempeñarse en diversos medios y en el campo de la publicidad como redactora en el departamento de publicidad de Sears Roebuck (Hernández 2006).[13] Ella misma confiesa que criticó los primeros números de la revista 'por seguir los pasos de lo peor del realismo socialista: obreros "cuelligordos", brazos musculosos, y algunos temas que no me apelaban a mí, que no era ni remotamente comunista' (Muñiz 1997: 8). Como destaca Muñiz, hubo frecuentes discusiones sobre los principios de la publicidad y cómo aplicarlos a la revista, por lo que alguna influencia real tuvo que ejercer, especialmente en el periodo (1953–1957), cuando la revista se redactaba principalmente en su casa (Muñiz 1997: 8). El 28 de enero de 1953 se clausura la revista por orden del gobierno de Batista (Quintela 1963: 128), pero pocos días después aparecía su primer número de la etapa clandestina. El periodo de 1953 a diciembre de 1954 lo considera Muñiz de transición, en el que se diversifican los medios y se producen ciertas mejoras, como la creación de un mimeógrafo silencioso que se distribuyó en masa para que cada comité de la Juventud tuviera uno. Del periodo considerado propiamente clandestino (diciembre 1954 a 1958) se conseguirían editar 84 números de los 104 planeados, ya que el objetivo era sacar la revista cada dos semanas, a 26 números al año (Muñiz 1997: 21). La temática del

---

12   Muñiz aporta el esquema organizativo de la revista. Miembros de la mesa ejecutiva: Flavio Bravo, Raúl Valdés Vivó, Isidoro Malmierca y Jorge Risquet. Aseguramiento: Luis Mas Martín y Mulkay. Redacción y diseño: Francisco García Valls, Marcos Behemaras y Virgilio Martínez.Técnica e impresión: Fausto Sotolongo, Carlos Rodríguez, Julio Machado y Abelardo Pérez. Distribución: Francisco Machado (Prisco) y el Peque. Además, cabría añadir a Abelardo Adán y Lionel Soto, que participaron de alguna manera en la revista, como menciona Muñiz. El financiamiento corría a cargo de las mismas personas que se ocupaban de las finanzas de la Juventud Socialista, Mario Zorrilla y Ramón Calcines (Muñiz 1997: 10).

13   Hernández Flor de Liz, 'Una leyenda viva de la publicidad en Cuba: Mirta Muñiz, La Habana, 1930' en *Biográficas. Historia de las diseñadoras latinoamericanas*, www.biograficas. com, consulta realizada el 7 de enero de 2010.

magazine se trabajaba en base a ciertas efemérides o fechas significativas, pero en todos los números una serie de temas eran recurrentes. Entre ellos se encontraban la lucha contra la tiranía, con diferencia el tema más tratado de la revista. Otros temas de amplia cobertura fueron el antiimperialismo, los temas históricos, culturales o los deportes. Llama la atención el incremento gradual de dos temas que con el devenir de la lucha guerrillera se convierten en asuntos capitales, como son el de la idea de un frente único[14] y los relacionados con el movimiento 26 de julio y Fidel Castro.[15]

De las dos historietas publicadas en la revista, 'Pucho' es una ácida sátira de la dictadura batistiana con un perrito como protagonista, mientras que 'Luis y sus amigos' tiene un carácter más didáctico con temas cotidianos. De la primera se publicaron 63 historietas en el período clandestino y de la segunda 50, demostrando una cobertura nada desdeñable en la revista, especialmente a partir de 1956. Francisco García Valls (Pancho) recuerda que en las discusiones para la edición de la revista se pensó que debía asumir una forma ligera, por lo que se hizo un esfuerzo para editar en colores con varias secciones, incluyendo el elemento humorístico, que correría a cargo de Behemaras y Martínez con sus dos historietas principalmente: '[e]n aquella época los diarios, sábado y domingo, traían una gran profusión de muñequitos que resultaban de interés para los jóvenes, y se decidió la búsqueda de un muñequito. Y entonces Marcos [Behemaras] inventó a Pucho' (Muñiz 1997: 23). Como refiere García Valls, Pucho conectó en seguida con el público lector y el espacio dedicado al personaje fue creciendo hasta llegar a aparecer en la portada de la revista. La organización del magazine no estuvo exenta de debates en torno a la validez ideológica del personaje (un perro) como representante de la juventud, pero Behemaras argumentó 'sobre la importancia de salir de la apelación directa, un poco panfletaria, y realizar creativamente los mensajes, asumiendo el sentido del humor que tiene el pueblo cubano' (Muñiz 1997: 24). *Mella* alcanzará su apogeo cuando vuelva a la legalidad con el gobierno revolucionario, inclusive pasando de su frecuencia mensual a la semanal a partir del 9 de marzo de 1963 hasta octubre de 1965, cuando se fundirá con el *Diario de la Tarde* para originar *Juventud Rebelde*. En esta última etapa de *Mella* también se publicó un suplemento semanal de 16 páginas dedicado por entero a historietas realizadas por autores cubanos, que incluía una página con una semblanza de un deportista modelo y otra divulgativa que llevaba por título 'Por el cosmos'.

A tenor de las opiniones de Muñiz respecto a modernizar la gráfica de la comunicación y el aspecto visual, así como el reconocimiento de García Valls de incorporar historietas como reclamo a la juventud, siguiendo el modelo de

---

[14]   Siete artículos o noticias en 1955, nueve en 1956, 11 en 1957 y 13 en 1958.
[15]   Tres artículos o noticias en 1955, cinco en 1956, siete en 1957 y 12 en 1958.

los suplementos gráficos que traían los diarios los fines de semana, queda de manifiesto que la historieta es ya, además de un medio totalmente asentado en la oferta cultural cubana, una *commodity* utilizada tanto en *El Cubano Libre* como en *Mella*. Una mercancía con la que prestigiar una publicación y captar al público lector. Por supuesto, tenía otra función primordial, que es su utilización militante y crítica con la dictadura. Sin embargo, la relevancia de esta segunda función llegó más tarde gracias a la creatividad y la destreza de sus creadores, pero el objetivo principal en un primer momento parece haber sido el diseño de una revista que cumpliera con las expectativas de un público lector *ya acostumbrado* al lenguaje de la historieta, que compartía unos códigos lingüísticos y visuales comunes que en gran medida se habían popularizado siguiendo modelos foráneos, casi exclusivamente estadounidenses.

Esta constatación ejercerá como espada de doble filo para la intelectualidad cubana, por un lado, como productiva y provechosa (al desarrollar las potencialidades didácticas del medio a partir de 1959) herramienta para la construcción del socialismo en Cuba, pero, por otro lado, no le perdonarán el pecado original de un origen bastardo, siendo un medio que se populariza en el país especialmente por la importación de *comics* norteamericanos que comprensiblemente se estructuran y proyectan de acuerdo a un código de valores resumido en el *American way of life*. Se desconocerá la propia tradición de la historieta nacional cubana, desde los titubeos de *La Charanga* en el XIX hasta la consolidación en *Bohemia* de la mano de Pedro Valer a principios del XX o la colaboración de Horacio Rodríguez en *Carteles* a inicios de la década de los treinta, por citar solo los más relevantes. También se reflejará un desconocimiento de la esfera historietística internacional, centrando todas las críticas en los *comic books*, los productos Disney y la temática de superhéroes. Bien es cierto que la sombra del estudio de Dorfman y Mattelart llegará a ser demasiado alargada e influirá en el acercamiento al cómic estadounidense de manera capital. Pero no era casual tal crítica a principios de los setenta. Respondía a la constatación de un plan muy ambicioso del gobierno estadounidense por estrechar lazos con Latinoamérica a partir de finales de los cuarenta y en especial desde la creación en 1953 de la *United States Information Agency* (USIA), que intentará difundir la idea de que los objetivos de los Estados Unidos concordaban con los valores de libertad, progreso y paz. Como Taffet (2004) ha destacado, la USIA utilizó la historieta como vehículo transmisor, influyendo en cuestiones de política interna como el caso chileno, tratando de influir en la población advirtiendo sobre los peligros de abrazar el socialismo.[16]

---

[16]   A las publicaciones ya mencionadas durante la década de los cincuenta cabría añadir la presencia de Adigio Benítez en *Noticias de Hoy* y la de Felo Díaz, director y caricaturista de *Actualidad Criolla*, que también utilizaron la plástica del humor (aunque no la historieta) contra la dictadura de Batista.

Planteamientos teóricos: militancia guerrillera y socialización del arte

El empleo tanto de la prensa legal como de la clandestina (que se orienta aquí hacia el elemento humorístico) fue el motivo de un artículo de Carlos Franqui para la revista *UPEC* en 1968, en el que analizaba la idoneidad de simultanear ambos tipos de prensa como vehículos de difusión de las ideas revolucionarias. Como refiere Franqui, el planteamiento general era que 'para hacer la revolución *sí se podría utilizar* la prensa capitalista pero *no se podía contar* con la prensa capitalista' (Franqui 1968: 21, énfasis mío). Esto significaba que ciertas publicaciones, insertas de manera legal bajo la dictadura y con una difusión importante, como *Bohemia*[17] (o la misma *Zig-Zag*), podrían servir para difundir información que beneficiara a la lucha guerrillera en unas circunstancias muy concretas en las que la visibilidad informativa de la guerrilla (el conocimiento de su existencia, sus manifiestos y avances) cumplían un objetivo primordial. Esta situación se refleja en la importancia que Fidel Castro dio a los medios de comunicación desde sus inicios en la lucha guerrillera. Un mes después del golpe de estado de marzo de 1952, según narra Jesús Montané, un grupo con mayoría procedente del Partido Ortodoxo, entre los que se encontraban el propio Montané, Melba Hernández y Abel Santamaría, entre otros, comienza a publicar el periódico *Somos los Mismos* en copias mimeografiadas hasta mayo de 1952, cuando tras conocer a Fidel Castro se reorganizan y deciden publicar *El Acusador*, periódico del que solo se editaría un número y que, según Montané, Fidel Castro inspiró (Franqui 1980: 50). El protagonismo que la propaganda y los medios de comunicación debían jugar en la denuncia de la tiranía es tema constante en las cartas de Fidel Castro desde la prisión de la Isla de Pinos en 1953. En una carta del 17 de abril afirma que la propaganda es el corazón de la lucha y no debía descuidarse ni un minuto (Franqui 1980: 77). En otra carta del 18 de junio de 1953 da precisas instrucciones sobre las copias y la distribución que debe hacerse del discurso *La historia me absolverá*, el alegato en su defensa tras el frustrado ataque al cuartel de Moncada el 26 de julio de 1953. En dicha carta escribe que deben hacerse 100.000 copias del discurso y distribuirlas en cuatro meses (Franqui 1980: 78) y más adelante recalca que sin la propaganda no habrá movimientos de masas y sin ellos no habrá revolución (1980: 79). El 19 de junio insiste en que deben dar a conocer

---

[17] *Bohemia* publicará el 28 de julio de 1957 el Manifiesto de la Sierra, una declaración firmada por Fidel Castro, Raúl Chibás (Partido Ortodoxo) y Felipe Pazos en el que se hacían públicas las líneas de actuación del movimiento guerrillero ante una realidad post-Batista. Se reclamaba unidad como base para conseguir el éxito revolucionario y exhortaban a un boicot del sistema electoral bajo el gobierno de Batista. Se reconocía la constitución de 1940, bajo cuyo amparo se proponía establecer elecciones libres designadas por un gobierno provisional, cuya cabeza visible sería designada por un grupo de instituciones civiles (Franqui 1980: 217).

sus ideas, ganar la opinión pública y el favor de las masas (1980: 80) y ahonda en el tema el cinco de septiembre al decir que la propaganda consigue unir al pueblo bajo una misma bandera (1980: 84).

En el artículo de Franqui para *UPEC* de 1968 éste reproduce un parte de Fidel Castro meses antes de la ofensiva del ejército en agosto de 1958 contra la guerrilla de la Sierra Maestra en el que da instrucciones sobre cómo actuar ante el posible avance del enemigo. El punto número dos declara específicamente 'mantener en el aire la emisora rebelde,[18] que se ha convertido en un factor de importancia' (Franqui 1968: 25). Por otro lado, es universalmente conocida la famosa entrevista del periodista norteamericano Herbert Matthews a Fidel Castro en febrero de 1957 y que aparecería publicada en *The New York Times* el 27 de febrero de ese año.[19] Sin duda fue el documento informativo de mayor repercusión durante la lucha guerrillera, junto con la aparición del primer número de *Revolución*, en diciembre de 1956, del que se editaron 20.000 copias y que, entre otras informaciones, desmentía al gobierno sobre la muerte de Fidel Castro tras el accidentado desembarco del yate *Granma* el dos de diciembre de 1956 (Franqui 1980: 132).

La reflexión de Franqui sobre el uso de los medios de comunicación por vías legales y clandestinas para la difusión de ideas revolucionarias tiene un interesante correlato con un artículo de Néstor García Canclini para *Casa de las Américas* en 1975. Aunque García Canclini no mencione a Franqui, la base de su planteamiento es muy similar, ya que reclamaba la necesidad de combinar, en el contexto latinoamericano, un *arte militante* (didáctico, documental, de ensayo) a través de vías clandestinas, con un *arte de cuestionamiento* que circulara por canales comerciales (García Canclini 1975: 119). El teórico argentino hace uso de una dialéctica marxista practicada por la mayoría de intelectuales latinoamericanos de la época para llamar la atención sobre la dependencia de Latinoamérica respecto a Europa y a los Estados Unidos en términos culturales. Una dependencia que viene de antiguo por la imitación de los usos y costumbres culturales europeos, privando a las naciones latinoamericanas de una expresión propia desde Latinoamérica. García Canclini concede suma importancia a la

---

[18]   Ernesto Ché Guevara comenzó a transmitir a través de Radio Rebelde el 24 de febrero de 1958 y para el final de la guerra contaba con veinte plantas de radio (Franqui 1968: 24). Refleja la importancia de Radio Rebelde el hecho de que el 20 de julio de 1958 retransmitiera el manifiesto del Pacto de Caracas, surgido tras la reunión de los diversos grupos de oposición que reclamaban la creación de un Frente Cívico Revolucionario para derrocar a la dictadura. En dicho manifiesto se declaraba el apoyo al Ejército Rebelde encabezado por Fidel Castro y se proponía al Dr. Manuel Urrutia Lleó como candidato a la Presidencia, como así se produjo en 1959. El texto del manifiesto, según recoge Franqui en su *Diario de la Revolución Cubana*, fue escrito fundamentalmente por él mismo y Fidel Castro (Franqui 1980: 395).

[19]   Con anterioridad a la entrevista de Matthews, Franqui también lo entrevistó el 15 de mayo de 1955 en la prisión de la Isla de Pinos como corresponsal de la revista *Carteles*.

deconstrucción del sistema capitalista, que en lo cultural provoca la *fetichización* del objeto de arte por el valor relativo que se le da en el mercado: '[e]n el intercambio anónimo del mercado, quienes producen ven disuelto el sentido personal de su trabajo, y quienes compran reciben, en vez del sentido original, el que adjudicó a las obras la competencia económica con otras' (García Canclini 1975: 107). La *fetichización* la achaca el autor al modo de producción que desarrolla el capitalismo y subraya la diferencia entre el sistema artístico capitalista (organizado para obtener ganancias) y el socialista (organizado para satisfacer necesidades). Por otro lado, se podría reflexionar sobre si en realidad se puede hablar de un 'sentido personal de la obra de arte', así como del 'sentido original' que quiere imprimir un autor a su trabajo. García Canclini explica la transformación del objeto de arte en fetiche al plegarse a las leyes del mercado, que le confieren un valor ajeno al proceso creador original. Sin embargo, omite los avances en la teoría de la recepción de la obra de arte y el papel activo que adquiere el receptor al convertirse en protagonista activo y necesario del proceso creativo. La obra de arte y el sentido que ésta adquiera solo conseguirá su realización última a través de la *lectura* que hagan los receptores de la misma, que irremediablemente será distinta del supuesto 'sentido original' de la misma. De igual forma, los canales que la obra atraviese hasta su llegada al receptor (museos, publicación impresa o digital, jornadas o seminarios, televisión, etc) determinarán e influirán en la recepción de la misma, por lo que resulta muy problemático teorizar sobre el 'sentido original' de una obra de arte que, por otro lado, está incompleta hasta llegar a su receptor y, en este sentido, los canales son indispensables en el proceso creativo-comunicador, al igual que la *lectura* que haga cada receptor de la obra en cuestión.

Pese a ello, García Canclini se refiere al concepto de 'obra abierta' (recogiendo las teorías de Umberto Eco), que le sirve para sugerir el cambio del consumidor en productor y la transformación del artista desde el ámbito de la creación individual a la esfera de la producción colectiva. Precisamente, para el antropólogo argentino 'el arte es *producción* porque consiste en una apropiación y transformación de la realidad material y cultural, mediante un trabajo, para satisfacer una necesidad social, de acuerdo con el orden económico vigente en cada sociedad.' (García Canclini 1975: 112). En esta diferente organización del sistema artístico García Canclini recoge la pregunta de si 'una sociedad altamente planificada, como es la socialista, puede permitir –preguntan algunos– el juego que es mera invención, el gozo que resulta de lo imprevisto, la experimentación artística' (1975: 113). La respuesta demuestra el entusiasmo del intelectual en el proceso revolucionario cubano:

> La única experiencia latinoamericana de socialización del arte dentro de una socialización de la producción, la de Cuba, revela que el proceso

revolucionario – lejos de amputar la imaginación y la búsqueda experimental
– puede crear condiciones sociales para ampliar su desarrollo por parte de
todo el pueblo. (García Canclini 1975: 113)

En el trasfondo de estas palabras se hallaban tanto la política cultural del
gobierno revolucionario, que comienza a concretarse con *Palabras a los
intelectuales* en 1961, como las reservas que varios intelectuales y escritores
tenían al respecto, como Carlos Franqui o Guillermo Cabrera Infante, que
terminarían en el exilio. El revuelo y el distanciamiento de algunos intelectuales
latinoamericanos de renombre con respecto a la Revolución (como Mario Vargas
Llosa o Julio Cortázar, quien luego se retractó de tal distanciamiento), producido
por el llamado caso Padilla de 1971, supuso un punto de inflexión en la relación
del artista y el intelectual con el poder en Cuba. La forzada retractación pública
y autoinculpación del poeta Heberto Padilla (con cargos asociados a la
contrarrevolución) a raíz de las críticas suscitadas por su poemario *Fuera del
juego*, que paradójicamente ganó en 1968 el Premio Nacional de Poesía Julián
del Casal, evidenció un momento de especial tensión entre la libertad creadora
y la política cultural del gobierno cubano.

Una historieta didáctica y militante para una nueva época.

Llegados a este punto, cabría preguntarse si se podrían, por tanto, reconciliar
estas dos posiciones teóricas (la de Franqui y la de García Canclini) con
relación al tema de la historieta. Como se ha insistido, la historieta durante
los años de lucha guerrillera se utilizó de manera militante tanto en la prensa
legal como en la clandestina. El desarrollo ulterior de la historieta dentro de
un sistema creativo de ordenación socialista, que influirá en la aproximación
al medio con un progresivo distanciamiento de las posiciones más vanguardistas
hacia una militancia de corte didáctico, será el tema de las siguientes páginas.
Pero antes cabe resaltar dos textos, apenas separados dos meses en su
publicación respectiva (uno inserto en la prensa clandestina y anónimo, el
otro en el diario venezolano *El Nacional* de Alejo Carpentier), que nos sirven
de puente entre los años de guerrilla y la incorporación de la historieta al
proyecto revolucionario, con las suspicacias y reservas de gran parte de la
intelectualidad cubana, que también recibirán una adecuada atención. Dos
textos que resultan útiles para comprender el debate que luego se desarrollará
en el seno de la revolución cubana durante los años sesenta, llegando a cotas
de extrema virulencia en los setenta.

El primer texto se titula 'Una buena iniciativa descaminada' y apareció
publicado en *Mensajes. Cuadernos marxistas*, año 3, núm. 1, enero de 1958.
Mensajes era una revista modesta que apareció entre 1956 y 1958 desde la

clandestinidad, impresa en mimeógrafo, donde se publicaron trabajos de Carlos Rafael Rodríguez, Juan Marinello y Mirta Aguirre (con el seudónimo Rosa Iznaga), integrantes los tres de la Comisión para el Trabajo Intelectual del Partido Socialista Popular (*Diccionario* 1984: 773). El artículo se refiere a una exposición de tiras cómicas de caricaturistas y dibujantes cubanos auspiciada por el Instituto Nacional de Cultura. Con la exhibición 'declararon los expositores que lo hacían para probar que lo que hoy viene confeccionado de los Estados Unidos puede hacerse perfectamente en Cuba' ('Una buena' 1958: 19). El hecho merece el comentario y la reflexión del autor del artículo, que ya desde el principio apoya la demanda de los artistas cubanos, para lo que analiza brevemente dos causas del carácter nocivo de las historietas importadas de los Estados Unidos.

El anónimo escritor afronta el asunto desmitificando la historieta como mero entretenimiento infantil y declara que la cuestión tiene real importancia. A continuación denuncia que debe terminar la invasión de tiras cómicas en toda Latinoamérica porque, en primer lugar, supone una supeditación de tipo colonial: 'la potencia que nos vende televisores y automóviles, nos despacha también las tiras cómicas que han de leer nuestros muchachos' ('Una buena' 1958: 20). Este hecho le parece al escritor profundamente negativo, ya que estas tiras cómicas ignoran la realidad nacional de cada país al que son exportadas, con lo que las generaciones de lectores se forman culturalmente con modelos ajenos a su realidad cotidiana, puesto que las mismas historietas se envían a distintos países con tan solo un cambio de nombre del periódico. En segundo lugar, para el autor las tiras cómicas son 'mil veces reflejos de una actitud despectiva, ofensiva, para los pueblos hispanoamericanos' ('Una buena' 1958: 20–21) al minar las resistencias nacionales e incitar a una admiración desbordada del modo de vida norteamericano. La discriminación nacional y racial es otro de las aspectos censurables que el autor achaca a las historietas norteamericanas, por lo que explícitamente concluye que

> a la imposición intrusa de maneras y reacciones del todo ajenas, se une la ofensa calculada y una intención sinuosa, pero mantenida, de ablandar desde la infancia toda obra de resistencia y liberación. La propaganda, más o menos velada, a favor de la guerra y de la opresión colonial aparecen con mucha frecuencia en los 'muñequitos' yankis. (1958: 21)

Con esta crítica de las tiras cómicas foráneas el autor se pregunta entonces cuál es el camino que se proponen transitar los caricaturistas y dibujantes cubanos. Tras criticar que el Instituto Nacional de Cultura no es el ámbito apropiado desde el que legitimar la creación nacional por su connivencia con un gobierno sometido al imperialismo de los EE.UU., incide de nuevo en la importancia del asunto, ya que la industria de tiras cómicas es un 'negocio importante, en el que se invierten millones de dólares' (1958: 21) y al mismo tiempo una manifestación artística digna de atención, especialmente por su posible influencia a 'nuestros niños (y hasta a nuestros mayores, porque no son pocos los que miran y leen los "muñequitos" "made in U.S.A.")' (1958: 20). Para evitar que el cambio de autores (extranjeros por nacionales) no entrañe un cambio real en la orientación de las historietas, el autor recomienda que los artistas se inspiren en los intereses de la realidad nacional, que absorban con buen sentido la gracia (curiosamente no menciona el choteo) cuantiosa del pueblo cubano y que estudien con detenimiento la historia y los problemas actuales para contribuir realmente a la cultura. El autor, claramente, le atribuye una importancia real a la historieta como uno más, aunque no lo mencione, de los medios de comunicación masiva. Su alegato a favor de una historieta militante se desarrollará plenamente desde el gobierno revolucionario:

> Así como hasta aquí los 'muñequitos' extranjeros han servido para remachar la sujeción al imperialismo, los "muñequitos" cubanos deben servir para sembrar en nuestra infancia la clara idea de que Cuba ha de desarrollar la obra de la 'segunda independencia', como decía Martí, logrando su liberación de la opresión yanqui ganando por su propio esfuerzo su real libertad. (1958: 22)

El segundo texto es el artículo 'La revista *Mad*' de Alejo Carpentier, publicado en su columna 'Letra y Solfa' en el diario venezolano *El Nacional* del 17 de noviembre de 1957. Como se puede colegir del título del artículo, Carpentier escribe sobre la revista humorística norteamericana para enfatizar que si el latino se tiene por más ocurrente e ingenioso que el anglosajón, en materia de humorismo el anglosajón lo aventaja considerablemente, como ya se vio en el artículo de Enrique José Varona 'Humor y tolerancia' en 1899. Del artículo interesa, para este estudio, el hincapié de Carpentier en la función críticosocial que realiza *Mad* en los Estados Unidos:

> Y en punto a revistas humorísticas, las de Nueva York o de Londres sobrepasan a todas las nuestras... Hay, en los Estados Unidos principalmente, revistas que llevan el humorismo a un plano superior, usándolo para hacer la crítica de toda una sociedad. Ahora es la revista *Mad*, fundada hace cinco años, cuyos dibujos, caricaturas, artículos la emprenden con la televisión, el cine, el periodismo, el deporte, la publicidad, las modas, los inventos, las costumbres, y cuanto puede ponerse en solfa en esta tierra. (Carpentier 1997: 191)

Cuando Carpentier reflexiona sobre la calidad de esta publicación y la vincula en su modo de hacer al humor gráfico de Saul Steinberg en las páginas de *The New Yorker* (1997: 192) está preludiando las dos líneas que tomará la historieta a partir del triunfo revolucionario en Cuba. Alrededor de la revista *Mella*, se vinculará un grupo de artistas (de entre los que destacarán Virgilio Martínez y Marcos Behemaras) que en lo formal y en el aspecto narrativo presentarán una indudable influencia de *Mad*, como también ha destacado Ana Merino (Merino 2003: 168). Estas historietas, de fuerte carga criticosatírica, tendrán como objetivo tanto el modo de vida norteamericano como las acciones del imperialismo o el ataque a la contrarrevolución interna. En algunos casos la crítica se orientará hacia los individuos no productivos de la sociedad y, en especial, hacia los jóvenes influenciados por la moda occidental del rock, los llamados *elvyspreslianos* o 'ni-ni' (ni estudian ni trabajan). Ese periodo durará hasta la desaparición de *Mella* en octubre de 1965.

Por otro lado, el núcleo de artistas creado alrededor de *El Pitirre* propondrá una renovación formal del humorismo, optando por una línea escueta, expresiva, alejada del trazo recargado de la caricatura clásica. Optarán, en suma, por una vía vanguardista alrededor del humorismo gráfico. Una vez terminada la experiencia de *El Pitirre* en octubre de 1961, todavía perdurará ese mismo estilo y concepción de realizar historietas en las páginas de *Revolución* (de la mano de Rafael Fornés, René de la Nuez y Santiago (Chago) Armada) hasta septiembre de 1963, cuando las historietas 'Salomón' de Chago y 'Sabino' de Fornés desaparezcan definitivamente. Las historietas de *Mella* se integrarán plenamente en lo que se intuye del artículo de Carpentier y que la revista *Mensajes* reclamaba, una historieta crítica de cuidada factura y consciente de la propia realidad para ayudar al proceso revolucionario. Mientras que la propuesta de *El Pitirre* se verá envuelta de alguna manera en unos acontecimientos de mayor calado, como fueron las conversaciones en la Biblioteca Nacional de junio de 1961 y la clausura paralela (y casi simultánea) de *Lunes de Revolución*, cuya edición final será la del 6 de noviembre de 1961, mientras que *El Pitirre* finalizará el 22 de octubre del mismo año. No cabe duda que de 1959 a finales de 1961 las dos publicaciones de mayor calidad y con una propuesta formal definida en cuanto a la historieta como manifestación artística y medio de comunicación serán las mencionadas *Mella* y *El Pitirre*. Esta última irá más allá hasta proponer una actualización del humor en otros ámbitos como la narrativa, el teatro, la caricatura y el humor gráfico en general, proponiendo una mezcla de vanguardismo y militancia, por lo que se le prestará especial atención en el capítulo siete.

Los medios de comunicación *dentro* de la Revolución.

Para comprender el alcance del aporte de *El Pitirre* en esos dos primeros años del proceso revolucionario cubano, deberíamos, en primer lugar, preguntarnos qué línea adoptó el gobierno revolucionario en cuanto a los medios de comunicación, que es donde se encuadra la historieta como manifestación artística. Como punto de partida se podría considerar el pesimista informe de Hill y Hurley sobre la libertad de prensa en Latinoamérica para el periodo 1945–1975, en el que se destaca una involución en Cuba, que pasa de una ratio 'excelente' en 1945 a uno 'inexistente' en 1975 (Hill y Hurley 1980: 214). Esta evaluación nos habla de una tendencia macro-política a largo plazo, pero no da cuenta de la micro-política que se desarrolla especialmente durante los dos primeros años de la Revolución, que es el asunto que se quiere desgranar a continuación. Tras la caída de Batista el primero de enero de 1959, tanto la radio como la televisión operaron normalmente, sin embargo, la prensa escrita tuvo un periodo inicial de inactividad hasta el día cuatro del mismo mes. En la primera entrevista concedida por Castro tras la victoria con el periodista Jules Dubois del *Chicago Tribune* el tres de enero en Holguín, éste señaló que la prensa había dejado de salir en La Habana desde el día uno. Castro redactó entonces un decreto *in situ* reconociendo el papel de la prensa en la lucha revolucionaria, urgiendo a la salida de las publicaciones para el mediodía del día cuatro (Franqui 1980: 492).

Las medidas que paulatinamente implementan los revolucionarios, por un lado, aspiran a sanear el viciado ambiente periodístico al clausurar desde enero de 1959 publicaciones como *Alerta*,[20] *Mañana, Tiempo en Cuba*,[21] *Ataja*[22] y *Pueblo*, que recibían prebendas con cargo a la dictadura de Batista y cuyos directores eran abiertos partidarios del régimen.[23] Por otro lado, se pone en marcha un plan para contrarrestar la información y propaganda que esté en desacuerdo con las medidas revolucionarias con el fin último de controlar los medios de comunicación y suprimir la disidencia con respecto

[20]   Su dueño y director fue el periodista Ramón Vasconcelos, que llegó a ocupar el cargo de ministro de Comunicaciones con la dictadura de Batista ('Prensa sin retorno' 13 feb 2009). http://www.upec.cu/59/18.html

[21]   Su director era Rolando Masferrer, voluntario en el bando republicano durante la Guerra Civil Española, que tras volver a Cuba adquirió notoriedad como organizador de la banda paramilitar llamada 'Los Tigres de Masferrer'.

[22]   El político Alberto Salas Amaro, que llegó a ser secretario personal de Batista, fue su director ('Prensa sin retorno' 13 feb 2009). http://www.upec.cu/59/18.html

[23]   En un artículo para *Revolución* del 29 de enero de 1959 se publicaron la lista de periódicos y periodistas que recibían dinero de la dictadura.

a las medidas que se implementan de 1959 a 1960. Como primer paso, en el mes de enero, en una asamblea de periodistas latinoamericanos celebrada en La Habana se decide crear la agencia de noticias Prensa Latina. Ese mismo mes, Guillermo Cabrera Infante, en un artículo del 13 de enero para *Revolución*, carga las tintas contra la Escuela de Periodismo, que califica como 'uno de los máximos focos de pudrición de toda la enseñanza cubana' (Cabrera Infante 1959a: 7). El escritor y periodista cubano relata sus experiencias como estudiante en la anquilosada y endogámica Escuela y se congratula de las reformas que se están iniciando para su mejora. Tres días más tarde, en otro artículo, el mismo Cabrera Infante se sorprende de la alarma en los medios de comunicación por los fusilamientos sumarísimos que comienzan a realizarse, cuando nada se decía de los atropellos de la tiranía de Batista:

> Cuando toda la población de Cuba vivía bajo el terror, cuando niños de quince años amanecían acribillados a balazos en las calles, cuando se castraba, sacaban ojos, se torturaba y apaleaba, ninguna de estas voces se alzó para condenarlo; ni siquiera se dieron por enterados estos nuevos humanitarios. ¿Es que los medios de comunicación han mejorado en una quincena? (Cabrera Infante 1959b: 15)

La situación de los medios de comunicación, tras años de progresiva degradación con el sistema de *botellas*, necesitaba profundas reformas. Debido a tal grado de corrupción *vox populi* se pudo justificar ante la opinión pública los cierres de varios periódicos mencionados arriba. El objetivo fundamental de las reformas que en materia de medios de comunicación realiza el gobierno revolucionario pretende tomar el control de los mismos para ayudar a difundir las reformas gubernamentales (los beneficios de la Revolución), alertar sobre posiciones contrarrevolucionarias (los enemigos del proceso revolucionario) y construir la conciencia revolucionaria que durante la década de los sesenta dará lugar al 'hombre nuevo'. Este control es progresivo y no se consigue plenamente hasta diciembre de 1960, en el caso de los periódicos habaneros, cuando los dueños de *Información* deciden cancelar su salida aparentemente por problemas económicos (Reed 1989: 105). Investigadores en comunicación reconocen una ausencia de censura explícita, al menos durante el primer año (Lent 1989: 260), pero es evidente que se produce un pulso entre el gobierno y una parte de los medios sobre la amenaza que estos aprecian en cuanto a la libertad de expresión. Sobre este punto, es fundamental un temprano discurso de Fidel Castro el 7 de junio de 1959 con motivo del Día de la Libertad de Prensa, en el que ante un grupo de editores de periódicos declara lo siguiente:

Aquí, por ejemplo, el niño analfabeto no disfruta de libertad de expresión; el hombre que no sabe leer ni escribir, no disfruta de la libertad de hablar ni de escribir. Aquí el hombre, sometido económicamente, no tiene libertad de hablar ni de escribir, y la libertad de hablar y de escribir no debe ser un privilegio, sino un derecho y debemos estar también alertas contra todo lo que signifique cortapisas a la libertad de expresión del pensamiento, porque estamos en un caso curiosísimo: en el peligro de que los grandes intereses contrarrevolucionarios monopolicen los mayores recursos de propaganda, aunque, desde luego, esto más bien para aclarar conceptos, porque —como hemos dicho en otras ocasiones— no nos importa que los intereses creados cuenten con muchos recursos de propaganda y tengan unos cuantos defensores, porque el pueblo cuenta con muchos defensores también que pueden hoy hablar y escribir. (Castro 1959b)

Por un lado, Castro desplaza el quid de la cuestión de la libertad de prensa (asunto en torno al cual había crecido la tensión por las críticas de algunos medios respecto a la primera reforma agraria firmada en mayo de 1959) hacia la *posibilidad real* de cada ciudadano de ejercer el derecho a la libertad de expresión. Castro contraponía la libertad de una minoría (profesionales de los medios de comunicación) frente al derecho a leer y escribir, *derecho de expresión*, de una mayoría analfabeta y deprimida económicamente. Claramente menciona también que la propaganda de algunos medios en contra de ciertas medidas revolucionarias se combatirá con los recursos del Estado (que vincula al pueblo) que emanan de las grandes mayorías en las que se centraron los esfuerzos del gobierno revolucionario desde un primer momento. Este discurso es clave para entender el desplazamiento del asunto de la libertad de prensa a *la libertad de expresión en los medios de una opinión pública mayoritaria* que el gobierno revolucionario se arroga como representante del pueblo. Es precisamente este punto el que destaca Castro en un discurso del 26 de octubre de 1959 en relación a la violación del espacio aéreo cubano por parte de avionetas procedentes de los EE.UU. que lanzaron proclamas tachadas de 'contrarrevolucionarias'. En dicho discurso, por el que planea la detención del comandante Huber Matos, acusado de planes contrarrevolucionarios el mismo mes, y con un recurso retórico común en la dialéctica de Castro que envuelve a la audiencia y la convierte en partícipe del mismo, se pregunta '¿por qué está la inmensa mayoría del pueblo con el Gobierno Revolucionario?' La respuesta no se hace esperar '[s]encillamente porque hemos estado defendiendo al pueblo, porque hemos estado dictando medidas revolucionarias' (Castro 1959c). Esta vinculación con el pueblo, la representación del interés (y la expresión) general que encarna el gobierno revolucionario, en palabras de Castro, justificó ante la opinión pública las críticas explícitas a la prensa reaccionaria ya desde 1959, como en este mismo discurso:

> Para hablar claro, digo que los culpables de esas bombas no son solo los que las lanzaron, son los que las instigaron desde aquí, son los que como Pepín Rivero, el 'Diario de la Marina', el periódico 'Avance'... Son, sobre todo, esos que desde el periódico 'Avance' han estado instigando el terrorismo, han estado instigando la mano criminal de los contrarrevolucionarios. Los culpables no son solo los que tiran las bombas, sino quienes los alientan; los culpables no son solo los traidores, sino quienes los alientan, los cohonestan y se solidarizan con ellos. ¿Y por qué? ¿Por qué? Porque hemos hecho medidas y leyes revolucionarias. (Castro 1959c)

Como ya se ha repetido, la importancia que otorga Castro a los medios es capital, razón por la cual durante 1959 se toman medidas para su control, pero de manera indirecta y sin ejercer la censura gubernamental. En noviembre del mismo año, en elecciones celebradas en el Colegio Nacional de Periodistas, es elegido Decano Baldomero Álvarez Ríos, uno de los candidatos apoyado por el PSP (Reed 1989: 94). Dos meses después, como refiere Gregorio Ortega,

> el 4 de enero de 1960, la junta de gobierno del Colegio Nacional de Locutores, el Comité Ejecutivo de la Federación Nacional de Artes Gráficas y la junta de gobierno del Colegio Provincial de Periodistas de La Habana, suscribieron un documento [...] 'acordaron adicionar a cada cable difamador una nota en que se aclare su especie miserable y se salve la responsabilidad de los trabajadores de la noticia.' (Ortega 1989: 118–120)

Comienzan a aparecer las primeras 'coletillas' en los medios de prensa. La nota estándar tenía un formato similar al que sigue:

> Esta información se publica por voluntad de esta empresa periodística en uso legítimo de la libertad de prensa existente en Cuba, pero los periodistas y obreros gráficos (o locutores) de este centro de trabajo expresan también en uso de ese derecho que el contenido de la misma no se ajusta a la verdad ni a la más elemental ética periodística. (Bell et al. 2008: 22)

Los conflictos por el uso de la 'coletilla' no se hicieron esperar y el 16 de enero de 1960 aparece la primera nota aclaratoria en sendos cables provenientes de las agencias norteamericanas de noticias United Press International (UPI) y Associated Press (AP) en el diario *Información*. Un día después, el 17 de enero, similar procedimiento se lleva cabo en un editorial del *Diario de la Marina* (Reed 1989: 95–96).

En febrero de 1960, los bienes de Amadeo Barletta, entre los que se encontraban el periódico *El Mundo* y la cadena de televisión *Telemundo*, son confiscados bajo la acusación de enriquecimiento ilícito por sus conexiones con la dictadura. El progresivo control de los medios alcanza un momento de especial significado simbólico el 10 de mayo de 1960, cuando José Ignacio Rivero, el propietario del conservador *Diario de la Marina* (el decano de la prensa cubana todavía en circulación) se asila en la Embajada de Perú ante la irrupción violenta en sus oficinas por un grupo de milicianos armados. Al día siguiente saldría a la calle el último número del diario y se escenificaría un entierro simbólico del periódico que implica, como sostiene Thomas, el fin de la prensa libre desde mayo de 1960 (Thomas 1971: 1263).[24]

Desde la historieta en prensa hasta los discursos de Fidel Castro, pasando por las declaraciones de aquellos con un papel protagonista (como Edith García Buchaca, Blas Roca o Alfredo Guevara) en la creación de una política cultural (y a nivel general, de una cultura política), los medios de comunicación se adecuarán a las nuevas circunstancias (de no hacerlo desaparecerán) sin desviarse de un triple axioma que guiará a partir de ahora su devenir: *orientación, educación* e *información.* El orden no es arbitrario. Para informar previamente habría que educar a las masas y, de la misma manera, la educación tendría un primer componente, la orientación. No valdría con educar e instruir al pueblo. Si se pretendía conseguir un cambio radical y duradero en la historia cubana, la *orientación* hacia una determinada cultura política, cuya base fundamental sería la exaltación de la independencia y cultura nacionales, era el punto de partida desde el que construir un discurso que queda tempranamente esbozado en *Palabras a los intelectuales.* Como ha destacado Kapcia, en *Palabras* Castro determinaba los límites de toda expresión en Cuba, no solamente la expresión artística, sino también sus posibilidades (Kapcia 2008: 85). Por su importancia en el devenir de la historia cultural del país es conveniente volver al texto, pese a lo manoseado del mismo, en especial al tan comentado fragmento que aquí se reproduce:

> Esto significa que dentro de la Revolución, todo; contra la Revolución, nada. Contra la Revolución nada, porque la Revolución tiene también sus derechos; y el primer derecho de la Revolución es el derecho a existir. Y frente al derecho de la Revolución de ser y de existir, nadie —por cuanto la Revolución comprende los intereses del pueblo, por cuanto la Revolución significa los intereses de la nación entera—, nadie puede alegar con razón un derecho contra ella. (Castro, *Palabras*)

---

[24]   Carlos Franqui, refiriéndose a la prensa que desaparecería (con excepción de *Bohemia*) declaró 'I always hated *La Marina*: it had defended Franco and fascism in general. It was the mouthpiece of the sugar interests, of foreign interests, and of the Church hierarchy –always pro-Spain and anti-Cuba. It accepted Batista's bribes and presented his version of the news, unlike *Bohemia, Prensa Libre,* and the radio, which revealed (when they could) the crimes of the tyrant and the actions being taken by rebel groups' (Franqui 1983: 80).

La famosa frase 'dentro de la Revolución, todo; contra la Revolución, nada' de manera ambivalente definía, por un lado, los cauces concretos de la expresión en Cuba (todo aquello que vaya contra la Revolución no tendrá cabida y será perseguido) y, al mismo tiempo, dejaba un espacio indefinible para el adverbio *dentro*, como ha destacado Kapcia:

> Of course, the problem here was the definition of 'within' and the understanding and intentions of those defining it at any one time. Clearly, since 1961, there have been times when the definition has been narrow, limiting and worrying, when those thinking that they were acting 'within' being defined – and then duly punished – as being 'against' or insufficiently 'within'. (Kapcia 2008: 85)

Como ya expuse en otra parte, los investigadores han dedicado especial atención a la preposición *contra*, sin considerar de manera suficiente el inestable y mutable significado del adverbio *dentro*:

> Prepositions, as we know, are not autonomous words but establish connections among verbs, nouns, adjectives or adverbs. *Contra* has a dynamic trait, just like *desde*, *hacia* or *hasta*, because they allow being used implying movement. In that sense, *contra* connotes a close relationship with the notion to which it refers (in this case the Revolution), but it is considered as the limit and obstacle. However, adverbs, just like prepositions, are invariable in their signifier but exhibit higher mobility and fluctuation, as some of them like *dentro* assume gradation like adjectives and thus we could have *muy dentro*, *más dentro* or *poco dentro*. (Catalá 2011: 142)

Reed (1989) entiende el texto como la afirmación del derecho del gobierno a ejercer la censura, negando la libertad de expresión a los contrarrevolucionarios y estableciendo una jerarquía claramente delimitada en la que la supervivencia de la Revolución está por encima de la libertad de expresión (Reed 1989: 172). En este sentido, la declaración de Castro confería a la Revolución una cualidad antropomórfica, como ha destacado Luke (2007: 34), que emanaba del pueblo y se concretaba en la mejora de las condiciones sociales de una colectividad en detrimento de las (potenciales) disrupciones de una minoría, que en modo alguno representaba los intereses de la colectividad, es decir, de la Revolución. Finalmente, Kumaraswami interpreta el texto subrayando valores positivos (postergados a un segundo plano y, por tanto, no analizados) como el sentimiento colectivo de responsabilidad y la voluntad de contribuir a la Revolución:

> *Palabras* thus also suggested a more positive reading: that the meetings were prompted as much by many artists' and intellectuals' collective sense

of responsibility, enthusiasm and willingness to contribute to the Revolution as they were by their more self-interested fears of censorship, regulation or repression. (Kumaraswami 2009: 540)

Palabras respondía, por un lado (al menos en un primer momento), a la controversia suscitada por la proyección del documental *PM*, dirigido por Orlando Jiménez Leal y Sabá Cabrera Infante, en el espacio televisivo del suplemento cultural *Lunes de Revolución* y la posterior incautación y negativa del ICAIC a distribuir la cinta para su proyección en locales de cine. Pero más concretamente, y con mayor trascendencia histórica, respondía a la ausencia de una directriz clara y emitida desde el gobierno revolucionario que determinara la política cultural del gobierno en cuestiones de creación artística y libertad de expresión. El film en sí es de temática intrascendente –una lúdica visión de la vida nocturna habanera, con especial protagonismo del negro–, pero el revuelo tras la confiscación de la película indudablemente contribuyó a sobredimensionar el hecho. Parece evidente que el contexto y el exceso de celo del ICAIC marcaron el destino de *PM*, una obra que no podía encuadrarse dentro del realismo socialista, pero que no tenía más pretensión que mostrar otra cara de los habaneros en lugares de encuentro como cafés y locales nocturnos. Veamos la definición que aporta Mirta Aguirre sobre esta corriente artística:

> El realismo socialista, que no menosprecia en el arte la belleza, lo entiende como vehículo de la veracidad, como camino de conocimiento y como arma para la transformación del mundo [...] es tanto mejor utilizado cuanto con mayor profundidad se ha asimilado el marxismo. (Aguirre 2007: 53)

El documental *PM*, en tanto en cuanto producto artístico, suscribe la primera parte de la definición, pero es susceptible de entrar en conflicto con la segunda parte, con lo que se entiende por 'arma para la transformación del mundo'. En cualquier caso, parece ser que la coyuntura del momento (y no otros motivos) fue lo que llevó a Alfredo Guevara, como director del ICAIC, a confiscar la cinta, aunque luego se proyectara para una audiencia privada en el edificio de *Casa de las Américas*. Esto lo ha corroborado el mismo Guevara en una entrevista en 1989 con Reed en la que afirma que no podía permitir que se exhibiera el film justo después del intento de invasión de Playa Girón a mediados de abril de 1961. *PM* se había remitido para su revisión apenas un mes después (Reed 1989: 164). Lamentablemente, el libro compilado por Graziella Pogolotti, *Polémicas culturales de los 60* (2006), no indaga en este suceso (así como en el cierre de *Lunes de Revolución* en noviembre de 1961), hechos previos a 1963 y a otras polémicas que son las que, éstas sí, aborda en profundidad. Sin embargo, resulta cuando menos curiosa la batalla dialéctica que, dos años después del asunto *PM*, librarán en diciembre de 1963 Alfredo Guevara y Blas Roca en este caso (éste a través de la columna 'Aclaraciones' del diario comunista *Noticias de Hoy*) sobre la conveniencia o no de ver *otras* películas.[25]

En los dos primeros años de la Revolución, ni qué decir tiene que hubo mucho de improvisación, como también declara Castro en *Palabras*: '[u]na de las características de la Revolución ha sido, por eso, la necesidad de enfrentarse a muchos problemas apresuradamente. Y nosotros somos como la Revolución, es decir, que nos hemos improvisado bastante' (Castro, *Palabras*). Pasados los dos primeros años, la Revolución queda definida en 1961 con el discurso del 16 de abril en el que Castro declara su carácter socialista: '[e]so es lo que no pueden perdonarnos, que estemos ahí en sus narices ¡y que hayamos hecho una revolución socialista en las propias narices de los Estados Unidos!' (Bell et al. 2008: 66). Al finalizar el año, el 22 de diciembre, en otro discurso en la Plaza de la Revolución para celebrar el éxito de la campaña de alfabetización, se concretaba también la ideología de la Revolución cuando Castro se declaraba marxista-leninista. Comienza, por tanto, a tomar cuerpo y forma un sistema político e ideológico que, asimismo, queda determinado en lo cultural y mediático este mismo año. No en vano, el año 1961 es un año 'caliente' en términos históricos: se rompen las relaciones diplomáticas con los EE.UU.; se pone en marcha una campaña de alfabetización que pretende (y consigue) alfabetizar a casi un millón de personas; se repele una invasión financiada y organizada por los EE.UU.; se nacionaliza y se universaliza la gratuidad de la educación; se crea un organismo regulador de la actividad cultural (con una asociación de escritores y artistas) que reorganiza el panorama cultural. Si nos centramos en este último aspecto, se abre el año en enero con la creación del Consejo Nacional de Cultura[26] y se cierra en noviembre del mismo año en que se clausura *Lunes de Revolución*. Como es fácil colegir, el panorama cultural y mediático cubano toma un claro rumbo hacia un mayor control estatal.

El 2 de enero de 1961, en un discurso pronunciado en el desfile efectuado en la Plaza Cívica, Castro declaró que ninguna revolución se había librado de la calumnia y que el éxito de la Revolución Cubana podía medirse por el odio que contra ella siente la prensa más reaccionaria del mundo, por 'la campaña tremenda de calumnias que se comenzó a realizar desde el primer día contra ella' (Bell

---

[25]   En este caso se trataba de *La dolce vita* (1960) de Federico Fellini, *Accatone* (1961) de Pier Paolo Pasolini, *El ángel exterminador* (1962) de Luis Buñuel y *Alias Gardelito* (1961) de Lautaro Murúa. Para más información ver la sección del libro de Pogolotti 'Políticas culturales' en la que se reproduce el fuego cruzado de artículos, principalmente entre Alfredo Guevara y Blas Roca (Pogolotti 2006: 145–245).

[26]   El Consejo Nacional de Cultura funcionó el primer año como organismo adscrito al Ministerio de Educación y desde enero de 1962 como organismo autónomo (García Buchaca 1963: 15).

et al. 2008: 11). Esta acusación directa hacia los medios críticos con las medidas revolucionarias fue otra vuelta de tuerca más en la presión a los medios de comunicación. En el mismo discurso, tras acusar a los EE.UU. de financiar actividades terroristas y de utilizar la embajada como centro de operaciones de espionaje norteamericano, hacía pública la medida de reducir el personal consular en La Habana a once personas, en proporción paritaria al número de la delegación cubana en Washington. De una manera similar a como se operará con los medios de comunicación, se eludirá la acción directa (la censura convencional), pero se ejercerá una presión hasta sus últimas consecuencias para conseguir el resultado buscado. En el mismo discurso, Castro declara '[n]o rompemos con ellos, pero si se quieren ir, ¡que les vaya bien!' (2008: 21). Un día después, Washington rompía formalmente cualquier tipo de relación diplomática con La Habana. De manera similar, la presión ejercida contra los medios con la desaparición de facto de los ingresos por publicidad, con la progresiva nacionalización de la empresa en Cuba iniciada en agosto de 1960, asfixiaba la viabilidad económica de aquellos medios que no contaban con el respaldo económico del gobierno (como sí lo tenían *Revolución*, *Noticias de Hoy*, *Mella* y *Diario de la Tarde*, principalmente). La 'coletilla', en virtud de la libertad de expresión del redactor para declarar su disconformidad con determinadas noticias de un periódico, expone a la luz las contradicciones insoslayables entre los medios de comunicación convencionales y el gobierno revolucionario. Tras la configuración del nuevo panorama mediático, Castro, en un artículo para *Cuba Socialista* de enero de 1962 en el que hacía balance de los tres primeros años de Revolución, declaraba que la Revolución había conseguido revertir el sistema capitalista por el que una minoría controlaba tanto los medios como el ejército, pasando por el poder judicial y político. Dicho sistema abanderaba la 'libertad de la clase explotadora' (Bell et al. 2008: 497). Con el control de los medios por parte del estado 'los trabajadores tienen las imprentas, los periódicos, las plantas de radio y televisión, las agencias de noticias, las revistas, tienen en sus manos el destino de la República y lo que es más importante, tienen las armas para defenderse de los explotadores' (2008: 498). Las palabras de Castro en enero de 1962 son la culminación de un proyecto que ya había dejado entrever en junio de 1959 en la reunión con editores y periodistas de diversos medios con motivo del Día de la Libertad de Prensa. Existe, por ello, no solo una coherencia en el discurso durante estos tres primeros años, sino una planificación concienzuda para adquirir el control de los medios, un elemento clave para la supervivencia de la Revolución, que Castro no había dejado de recalcar desde los primeros años de lucha contra Batista.

La función de los medios de comunicación en la construcción del socialismo en Cuba también recibió una no desdeñable atención en varios artículos de la revista *Cuba Socialista*, por parte de algunas figuras clave en los años sesenta como Edith García Buchaca (presidenta del Consejo Nacional de Cultura), Osvaldo Dorticós (presidente de la república) y César Escalante (miembro destacado del Partido Socialista Popular). En un artículo para dicha publicación de febrero de 1963, Edith García Buchaca resumía los aspectos más relevantes del Primer Congreso Nacional de Cultura celebrado en diciembre de 1962. Tras evaluar la herencia cultural del pasado colonial como un absoluto abandono del pueblo a su incultura, con prevalencia del analfabetismo, la superstición y la ignorancia de las grandes mayorías, la pensadora salva el siglo XIX, en el que se concretiza el movimiento independentista y abolicionista, para seguidamente acusar a las clases dominantes de haber desaprovechado la oportunidad de crear centros del saber a favor de 'entretenimientos de mal gusto, que en su inmensa mayoría iban encaminados a pervertir al público' (García Buchaca 1963: 13). Desde un enfoque marxista y martiano, la intelectual señala los males que en lo cultural asolan Cuba y se lamenta de que los medios de comunicación se hayan utilizado para ofrecer 'entretenimientos' vacuos en detrimento de lo realmente popular (1963: 13–14). Una vez proyectadas las sombras (superstición), la autora se centra en las luces (la razón) explicando los esfuerzos llevados a cabo por la Revolución y que se han concretado en elevar el nivel cultural del pueblo. Para este estudio, lo más relevante resulta su consideración de los medios de comunicación y las medidas que se llevaron a cabo 'para transformar la prensa, el radio y la televisión en verdaderos medios de *educación* y *superación cultural*' [énfasis mío] (1963: 15). Cabe destacar la mención de García Buchaca respecto al florecimiento artístico en las artes plásticas de pintores, escultores, grabadores, fotógrafos, así como de *dibujantes* y *caricaturistas* (1963: 19). Una alusión que lleva a pensar en un reconocimiento de la labor de los humoristas gráficos y acaso también de los historietistas bajo el paraguas del término *dibujante*. Sin embargo, la cruda denuncia de los entretenimientos de mal gusto, que corre a cargo de otras opiniones coetáneas como la de Blas Roca en *Hoy* del 27 de diciembre de 1963, en la que justifica la interrupción de la distribución en Cuba de muñequitos de colores y revistas que envenenaban la conciencia de la niñez y la juventud cubana (Pogolotti 2006: 229), nos recuerda la difícil conjunción de la historieta como medio artístico de difusión masiva, que si bien no está exento de penetración ideológica, tampoco renuncia a otro de sus componentes capitales, el entretenimiento. El grado de influencia directa que la historieta ha podido desempeñar (y por ello la voz de alarma de Roca y del redactor del artículo de *Mensajes* que se vio con anterioridad) resulta difícil de cuantificar. Se puede manejar la distribución de una publicación concreta y establecer comparativas desde el momento en que aparece un suplemento de historietas determinado los domingos, prestando atención al incremento o no de sus ventas, algo que no pasaron por alto los magnates Joseph Pulitzer y Randolph Hearst en las primeras décadas del siglo XX, cuyas pugnas por contar con este o aquel historietista dan buena prueba del provechoso negocio tras las tiras cómicas. Sin embargo, la consideración del lector (o receptor del mensaje en términos comunicativos) como ente pasivo por buena parte de la intelectualidad cubana en los años sesenta nos sugiere más una línea de pensamiento ortodoxamente racionalista (el pueblo inculto es pasto de supersticiones y perversiones ladinas) que el grado de influencia real que los muñequitos importados pudieron ejercer. Martín-Barbero, uno de los pocos intelectuales que nadó a contracorriente al relacionar la cultura de masas con lo popular, ha destacado que en los cincuenta comenzaba a circular el paradigma norteamericano que identificaba lo popular con la cultura de masas, produciendo una reacción extrema en sentido contrario en América Latina, identificando lo popular con todo aquello que no era cultura de masas (Martín-Barbero 2000: 113). Los estudios más recientes estiman que la tradicional dicotomía entre cultural popular y cultura de masas 'which depends on the existence of the "mass" as the subject of (ideological) interpellation through hierarchical and one-way media programming, has increasingly been rendered inoperative' (Kantaris y O'Bryen 2013: 17). Subyace el papel del lector, del consumidor en el proceso comunicativo. Como destacó Stuart Hall en su influyente ensayo 'Encoding, decoding' sobre la creación y transmisión de mensajes audiovisuales, existen al menos tres hipotéticas posiciones desde las cuales la decodificación del discurso puede construirse y que ejemplifican las posibilidades y el *espacio* que el receptor ostenta en dicho proceso (Hall 1992: 136–138).[27] Martín-Barbero, en una línea similar y siguiendo los pasos de Michel de Certau, se refiere al consumo como un espacio de producción de sentido:

el consumo no es únicamente reproducción de fuerzas sino lugar de producción de sentido, de una lucha que no se agota en la posesión ya que es el uso el que da forma social a los productos al inscribir en ellos demandas y dispositivos de acción que movilizan las diferentes competencias culturales. (Martín-Barbero 2001: 91)

García Canclini, de manera coincidente, destaca del consumo los procesos socioculturales en que se realizan la apropiación y los usos de los productos:

Ahora miramos los procesos de consumo como algo más complejo que la relación entre medios manipuladores y audiencias dóciles. Se sabe que buen número de estudios sobre comunicación masiva han mostrado que la hegemonía cultural no se realiza mediante acciones verticales en las que los dominadores apresarían a los receptores: entre unos y otros se reconocen *mediaciones* como la familia, el barrio y el grupo de trabajo. (García Canclini 1995: 41–42)

---

27 Hall se refiere a *dominant-hegemonic code*, *negotiated code* y *oppositional code*.

Por lo tanto, y como también destaca Thompson, debemos abandonar la asunción de que los receptores de productos mediáticos son entes pasivos cuyos sentidos se han deformado por el continuo bombardeo de mensajes similares. Si bien el proceso comunicativo es fundamentalmente asimétrico, no es enteramente monológico (Thompson 2004: 25).

Osvaldo Dorticós también dejó meridianamente clara su posición respecto a la función de los medios de comunicación en un artículo para *Cuba Socialista* de junio de 1963 en el que elogiaba la función del periódico *Hoy*. Dicho texto, que ya desde el título '"Hoy", un periódico del Partido, del ideal y del pueblo' nos indica la orientación del mismo, es una posición coherente de acuerdo con un pensamiento marxista-leninista en el que los medios de comunicación deben ayudar a la formación del socialismo, son un elemento más en la lucha de clases, en el proceso de su erradicación. Dorticós destaca que *Hoy* 'educó a las masas, orientó a trabajadores y campesinos, esclareció conciencias, impulsó la lucha obrera' (Dorticós 1963: 22). No se alude al concepto tradicional de información inherente a la prensa porque no es ésta una prioridad de los medios en el modelo socialista. El periódico del Partido –no debe olvidarse– tenía básicamente las cuatro funciones que menciona Dorticós: educar, orientar, esclarecer e impulsar la lucha. Como ya se mencionó con anterioridad, la prensa revolucionaria de ahora en adelante responderá a tres básicas premisas: *educación, orientación* y, en menor medida, *información*: '[y] es importante que cada día, en el futuro, nuestra prensa revolucionaria se esfuerce por cumplir mejor su misión, por superar su calidad y su capacidad de influencia y orientación en nuestras masas' (Dorticós 1963: 25). El convencimiento de estar trabajando por la consecución de un ideal que mejore las vidas de la mayoría del pueblo nos sitúa en un terreno discursivo que supone desde nuestra perspectiva actual un lógico distanciamiento como investigador, por lo que conceptos como *un ideal* deben ser tomados con cautela. Sin embargo, acercándonos al contexto de la época, tras unos primeros años de profundos cambios en la realidad cubana, imbuidos por el fervor revolucionario y la evidente mejora de las condiciones de vida de una buena parte de la población cubana, declaraciones como la siguiente, aun siendo ciertamente hiperbólicas, tal vez no resultarían tan rotundas como sin duda lo son en la actualidad: '[s]omos dueños de la verdad y tenemos, por lo tanto, la suerte de confiar en nuestros ideales' (Dorticós 1963: 26). La posesión de la verdad supone un marco de relaciones radicalmente distinto respecto a los medios de comunicación y la función que estos deben ejercer. Si la cúpula gobernante (y aquí el creciente poder y protagonismo del Partido es indudable con la creación del Partido Unido de la Revolución Socialista, PURS, en los primeros meses de 1963) conoce el camino y es dueña de la verdad, los medios únicamente deben ayudar en la consecución del ideal guiando al pueblo por la senda correcta. Esta premisa se refuerza nuevamente en otro artículo para *Cuba*

Socialista tres meses después, en el que César Escalante aborda el asunto de la eficacia de la propaganda revolucionaria.

Escalante abre el texto subrayando la importancia de crear un Partido unificado que aglutine los esfuerzos de los distintos sectores revolucionarios y, acto seguido, advierte de que desde el Partido se deben combatir las ideas reaccionarias y los fenómenos negativos y perniciosos que dificulten el tránsito a la nueva sociedad. Como ya se ha podido apreciar en García Buchaca y en Dorticós, la recurrencia de un discurso en el que se recalca la necesidad de guiar y orientar al pueblo no es casual. La frase de Dorticós en la que reconoce que son dueños de la verdad faculta a la cúpula dirigente como elemento de vanguardia en la construcción del socialismo. Escalante dilucida esta cuestión con especial claridad:

> La construcción del Partido no es un fin en sí mismo, como tampoco lo es la existencia del Partido. Construimos el Partido para disponer de una adecuada y necesaria organización política, de vanguardia, pertrechada con la doctrina del marxismo-leninismo, para, por su intermedio, *dirigir*, *orientar* y *guiar* a la nación y al Estado en la ardua, dura y compleja tarea de edificar una sociedad libre de la explotación del hombre por el hombre y capaz de satisfacer las necesidades materiales y espirituales de todo el pueblo. (Escalante 1963: 19, énfasis mío)

Escalante se preocupa especialmente del grado de conciencia que ha alcanzado el pueblo, lejos todavía del que la Revolución necesita. Y es en este punto en el que el autor lanza varias críticas al uso de la publicidad en los medios, que en numerosas ocasiones no excede la mera cita textual de manuales de economía política o el uso de slogans con escasa capacidad de influencia, que lejos de movilizar al receptor de tales mensajes, le producen aburrimiento y le resultan estereotipados. De manera velada, Escalante está reclamando un uso más innovador de la publicidad, un mayor impacto para captar la atención del lector, como también destacaron Franqui y Muñiz.[28] La tipografía, el uso cuidadoso de las imágenes, la disposición de la página en el caso de la prensa gráfica, en definitiva, la manera idónea de *llegar al pueblo y elevar su conciencia*. Este aspecto es el que resulta esencial, ya que los medios de comunicación, por su difusión y potencial capacidad de influir en el receptor,

---

[28] 'I began to think about a different kind of journal. A front page with large photos and headlines –big news. It would be eye-catching, it would have impact, and it would be Cuban. I wanted to combine the modern poster and the huge posters people carry on our public holidays. Our colors would be the liberating red-and-black of the 26 July Movement, which was logical, because Revolución was the official publication of the movement' (Franqui 1983: 16).

jugaban un papel clave en el programa revolucionario al que se refería Escalante. Todo el esfuerzo de la propaganda, de los medios de comunicación y de cualquier elemento de divulgación que vincule a las masas debe tener un único objetivo, 'promover y destacar todo lo que contribuya a elevar la conciencia del pueblo' (1963: 31). En el campo de la historieta, tal actualización de los recursos expresivos correrá a cargo de una renovación formal del humor, que como mencionaba Carpentier, acaso trazando el camino a seguir, pasaba por adaptar los recursos de una historieta crítica y satírica a la manera de *Mad* en los EE.UU. que autores como Virgilio Martínez desarrollaron de manera notable. Cuando, según la cúpula dirigente, no se alcance ese *llegar al pueblo*, dicha manifestación artística entrará en una capital contradicción con la esencial función que debería desempeñar. Tal es el caso de las historietas para *Revolución* 'Salomón' y 'Sabino', que precisamente este mismo mes de septiembre, cuando el artículo de Escalante se publica, desaparecen. No quisiera entrar en hipótesis poco fundadas, en supuestas referencias intratextuales que pudieran conectar el artículo de Escalante con el cese de dichas historietas, pero resulta llamativa, cuando menos, la mención del autor sobre que '[e]l socialismo es una sociedad concreta, que no se construye en el espacio sideral, sino en la tierra' (Escalante 1963: 27) si la comparamos, por un lado, con la última entrega de 'Salomón' en *Revolución* el 23 de septiembre de 1963 [fig. 27] en la que el personaje de Chago, espada en mano y recorriendo un 'espacio sideral', le corta la cabeza a lo que parece ser un cometa, quizá un arco iris. No estaba tan desencaminado Chago al situar a su personaje en el espacio sideral, especialmente si recordamos que la acepción original de la voz 'revolución' atañe al campo semántico de la astrología y define el movimiento o la rotación de los astros. Se podría aventurar una interpretación semiótica para dicho ejemplo, pero en cualquier caso, como bien recuerda Thompson, la comunicación mediatizada es siempre un fenómeno social contextualizado, es decir, está inserto en contextos sociales estructurados de diversas maneras que, a su vez, tienen un impacto estructurado en la comunicación que se lleva a cabo (Thompson 2004: 11). Por esa razón, teniendo en cuenta que es la última entrega en *Revolución*, no parece una elección casual. Una espada, paradójicamente en manos del personaje (del artista) que cercena la cabeza de un cometa (símbolo del advenimiento de noticias, generalmente malos augurios), se antoja de poderosas implicaciones.

Más si cabe al tener en cuenta un ejemplo anterior del 16 de septiembre [fig. 28] en el que el personaje de Chago, que ha evolucionado hacia un mayor existencialismo, es observado (aquí las connotaciones foucaultianas de la vigilancia panóptica son demasiado evidentes para pasarlas por alto) por una luna que cuando posa completamente su mirada sobre el bufón (el artista), pone los pelos (las guirnaldas) de punta.

Fig. 27: Chago, *Revolución*, 23 septiembre 1963

Fig. 28: Chago, *Revolución*, 16 septiembre 1963

Contrasta sensiblemente la historieta 'Salomón' de Chago con las primeras colaboraciones del artista en la revista clandestina *El Cubano Libre*, e incluso con las que lleva a cabo durante el año 1959, cuando su personaje Julito 26 pasa a las páginas de *Revolución*. Resulta interesante la evolución formal de Chago, para el que su paso por la publicación humorística *El Pitirre* será esencial. Será allí donde veremos los primeros esbozos del futuro 'Salomón' y, por tanto, de su giro discursivo hacia el existencialismo, siempre con la presencia inquietante de la muerte y el lugar del individuo en un contexto vital cada vez más alienante, como en este ejemplo del 12 de marzo de 1961, titulado 'El ser y la nada' [fig. 29], que establece un diálogo con el 'Salomón' de 1963. Para comparar esta producción de carácter más metafísico, se quiere llamar la atención sobre una temprana historieta de enero de 1959 en la que Chago cumple con las sugerencias que mencionaba Escalante en el artículo de *Cuba Socialista*.

Historieta militante desde el poder: Julito 26

La eliminación del sistema de *botellas* a los medios es motivo de una historieta seriada en ocho entregas con formato de tiras cómicas de Santiago Armada para *Revolución* (del 24 de enero al tres de febrero) con la que se pretende desenmascarar a aquellos que intentan sacar beneficio de la nueva coyuntura sin haber participado en la lucha armada.[29] Dicha colaboración es una historieta seriada por el carácter narrativo de las entregas (el desarrollo de una historia, además de la utilización del 'continuará' en todas ellas) hasta llegar a la última del tres de febrero, que finaliza la historia con un 'fin' en la última viñeta. Lleva por título 'Julito 26 "Yo también mandé quinina"' y se mantiene en las ocho entregas recalcando su carácter unitario. Es otro ejemplo más del uso de la historieta como medio de comunicación, en este caso, para explicar al lector en tono jocoso y ameno la existencia de individuos con fines espurios ante los que la Revolución debe estar alerta. El contrapunto de Julito en este caso es '2 de enero' vestido con traje, pajarita y sombrero, que busca a toda costa acercarse al poder para recibir las prebendas a las que estaba acostumbrado con el sistema de *botellas*. La presentación de este personaje tiene lugar en la entrega del 26 de enero de 1959. '2 de enero' necesita crearse un pasado en la lucha revolucionaria, por lo que menciona que compró bonos y cogió golpes.[30]

---

[29]   Chago es presentado por el periódico *Revolución* en un artículo del 12 de enero de 1959 titulado 'El artista de la Revolución', en el que se destaca su procedencia y participación en la lucha armada. Sobre sus dotes para el dibujo se dice que 'Fidel se enteró de las dotes de dibujante de "Chago" y lo envió a trabajar en el Departamento de Propaganda, como caricaturista de "El Cubano Libre", editado en la Sierra' (*Revolución* 1959: 12).

[30]   Los bonos, que se distribuían de manera clandestina, ayudaban en la provisión de fondos para la lucha guerrillera. La mayoría de ellos solían llevar algún dibujo y muchos venían firmados con las iniciales 'HL' de Hernando López. Ernesto Ché Guevara le encargaría a López los dibujos

Fig. 29: Chago, *El Pitirre*, 12 de marzo de 1961

El final de esta entrega, con un Julito supuestamente obnubilado por el dinero de '2 de enero', conecta directamente con la siguiente del 27 de enero en la que intenta por todos los medios seducir a Julito mintiendo sobre torturas en las cárceles batistianas a cargo de 'los Venturas y los Cañizares'.[31] La incorruptibilidad de los revolucionarios queda fuera de toda duda cuando Julito, en lugar de continuar con el sistema de *botellas*, utiliza el mismo recipiente para asestarle un golpe al hombrecillo. Como recogió Fagen en su influyente libro *The Transformation of Political Culture in Cuba* (1969), '[t]he test of the new Cuban man is how he behaves –whether or not he works, fights, studies, cooperates, sacrifices, and contributes in the prescribed manner' (Fagen 1969: 7). Kapcia ha definido esta honda preocupación como '*moralism*', que suponía 'extolling morality as a political value rather than just a personal ethic [...] It implied a willingness to be seen as "pure", in terms of public honesty, behaviour and personal commitment to the wider struggle' (Kapcia 2008: 93). Esta visión entronca con la preocupación por la moral en las filas republicanas durante la Guerra Civil Española. Especialmente la relación *cultura* y *pueblo* que analizó Rosa Chacel en *Hora de España* y que se comentó en el capítulo tres.

La importancia de los medios de comunicación y de la interpretación de la información transmitida a través de estos es el tema de una entrega el 29 de enero [fig. 30] en la que '2 de enero' quiere aprovechar un acto de gobierno en el que aparecen caricaturizados Fidel Castro y Manuel Urrutia para, de manera oportunista, conseguir una instantánea, como él mismo dice: '[n]ada mejor que unas fotografías al lado de las grandes personalidades'. Desgraciadamente para él, Julito había estado alerta y oculta su imagen con una copa.

Fig. 30 Chago, *Revolución*, 29 enero 1959

de varios momentos de la lucha guerrillera y el triunfo revolucionario que figurarían en el reverso de los nuevos billetes que se emitieron a partir de agosto de 1961 (Hernández Serrano 2010). La ley No. 963 del 4 de agosto de 1961 ordenó 'la desmonetización y canje obligatorio de todos los billetes emitidos hasta esa fecha por el Banco Nacional de Cuba (todas las series desde 1949 hasta 1960), con excepción de los extraídos del territorio nacional' (Cabrera 2003).

[31]   Esteban Ventura Novo fue oficial de la policía durante la dictadura y responsable de numerosos asesinatos en La Habana. Escapó de Cuba instalándose en Miami, donde murió en 2001. José María Ignacio Salas Cañizares hizo lo propio en Santiago de Cuba, donde fue responsable de la represión militar en aquella ciudad.

En la última entrega de la historieta del tres de febrero, '2 de enero' busca amparo desesperadamente en los brazos de Liborito, la representación del pueblo cubano, que lo rechaza calificándolo de 'caduco'. Finalmente, acorralado por Liborito (el pueblo) y Julito (los guerrilleros revolucionarios), es despedido de una patada en el trasero. La última viñeta, con el abrazo de Liborito y Julito bajo el grito de reminiscencias republicanas en la España de la Guerra Civil '¡No pasarán!', da por terminada no solo la historieta, sino una etapa de la historia cubana y de un tipo de ciudadano desacorde con los profundos cambios que se estaban produciendo. La censura del individualismo y el enriquecimiento rápido contrastarán con una preocupación desde las esferas de poder por proyectar una imagen de esfuerzo colectivo que permea la historieta realizada a partir de este momento.

7

El Pitirre (1960–1961)

> Aspiramos no sólo a hacer un humorismo de la
> Revolución, sino a hacer una revolución dentro del
> humorismo.
>
> (René de la Nuez, 1960)

Precisiones terminológicas. Desnoes sobre *humorismo*, *tiras cómicas* y *muñequitos*

En el anterior capítulo, la atención se centró en los esfuerzos por utilizar la historieta y el humor gráfico en la lucha clandestina contra la dictadura de Batista, en especial se estudiaron las publicaciones *Mella* y *El Cubano Libre*, así como los planteamientos teóricos respecto a los medios de comunicación y su uso práctico en la lucha revolucionaria a través de la prensa clandestina y la prensa legal (como argumentó Franqui). El arte, por otro lado, no podía quedar al margen de la problemática y García Canclini entendió que se podía desarrollar una socialización del mismo a través de un *arte militante* (por vías clandestinas) y un *arte de cuestionamiento* (por canales legales) que de manera paralela establece puntos de unión con el discurso de Franqui. Finalmente, la teorización sobre una nueva historieta didáctica y militante, junto con el ejemplo práctico de Chago en *Revolución*, con el que se finalizó el precedente capítulo, será el punto de partida de la siguiente sección, en la que se profundizará en torno al discurso teórico sobre el humorismo –la elección del término no será baladí, como se demostrará–, además de analizar la publicación de humorismo gráfico que en los dos primeros años del proceso revolucionario en Cuba consigue aunar vanguardismo y militancia aportando soluciones novedosas en la línea conceptual hacia una socialización del arte como lo entendía García Canclini.

En el Primer Congreso Nacional de Cultura, celebrado al finalizar la primera quincena de diciembre de 1962, se expuso el anteproyecto con los planes culturales que el gobierno pondría en marcha a partir de ese momento. Se establecieron diez puntos programáticos para el desarrollo ulterior de la actividad cultural, entre los que cabe destacar para este estudio los siguientes: la recuperación y revalorización de la cultura nacional, especialmente del siglo

XIX (punto uno), el reconocimiento del aporte negro (punto dos), despojar de elementos foráneos ajenos a su propia esencia las expresiones folklóricas y populares del campo y de la ciudad (punto tres), propugnar un arte y una literatura en consonancia con el momento histórico cubano (punto seis) y propiciar la superación cultural de las mayorías a través de actividades que fomenten su interés por el buen arte y la lectura de libros de valor literario y científico (punto ocho) (García Buchaca 1963: 16–17). Los diez puntos que se marcaron como objetivos en el plano cultural ponen de manifiesto, entre sus aspectos más relevantes, el esfuerzo por elevar el nivel cultural de las grandes mayorías a través de una mayor implicación del artista creador con el pueblo (lo que años después argumentará García Canclini como *socialización del arte*). Por otro lado, y en cuanto a la cultura popular, cabe destacar el objetivo de cribar las expresiones propiamente cubanas en este ámbito de las influencias extranjeras 'para que puedan expresarse en toda su pureza' (García Buchaca 1963: 16). Es comprensible el interés por resaltar y preservar lo propiamente cubano en un periodo de formación y reafirmación de la identidad nacional, así como la mención de la *pureza* en el entorno de la crítica marxista (siguiendo la estela de la Escuela de Fráncfort), que entronca con la pérdida del *aura* en la obra de arte, como se encargó de reflejar Walter Benjamin en su crítica a la reproducción masiva de las obras de arte.[1] Sin embargo, la delimitación de lo propio y lo ajeno en el ámbito de lo popular y de los medios de masas presenta espacios de conflicto en los que el bisturí utilizado para la vivisección puede errar por exceso o por defecto. El ejemplo del humorismo gráfico es uno de esos casos.

Edmundo Desnoes, que en 1967 publicaría su influyente libro *Punto de vista*, en el que teoriza sobre la dependencia latinoamericana con respecto a las metrópolis occidentales, emprendió la tarea expuesta en el Primer Congreso Nacional de Cultura de rastrear el pasado cultural cubano, en concreto las manifestaciones en torno al humor y su expresión gráfica, para destacar su idiosincrasia desde el XIX hasta la Revolución en tres artículos publicados en *Revolución* (1963), *Casa de las Américas* (1964) y *Bohemia* (1965).[2] En los

---

[1]　El influyente ensayo de Benjamin fue publicado en *Cine Cubano* nos. 66–67 en 1971.

[2]　El artículo publicado en *Bohemia* 'El humorismo en nuestra historia. Visión de la isla' el 29 de enero de 1965 es, en realidad, una adaptación y resumen de lo ya publicado en los dos textos anteriores y, por ello, de interés secundario para este estudio. Como anécdota, en el n. 310 de *Mella* (8 febrero 1965) un artículo de Guillermo Cabrera titulado 'Visión inconclusa de la isla' criticaba duramente el texto de Desnoes por omitir la contribución de Virgilio Martínez en la etapa clandestina de *Mella*, así como la de Horacio, Adigio Benítez o la del propio René de la Nuez. No cabe duda de que Cabrera no había leído el anterior texto en *Casa de las Américas* en el que Desnoes sí trataba a Horacio y a René de la Nuez, pero obviaba (y es de resaltar) a Adigio y a Virgilio Martínez.

tres textos se postula el término *humorismo* o *humorismo gráfico* en el que incluir las manifestaciones artísticas en torno a la gráfica de humor (caricatura, humor gráfico e historieta). Como ya se ha apuntado anteriormente, el alto grado de penetración en Cuba de la industria cultural norteamericana, así como de sus medios de masas, se entendía por parte de la mayoría de la intelectualidad cubana como otra más de las estratagemas del imperialismo norteamericano para embrutecer a su propio pueblo y a los países bajo su área de influencia. Ésta fue una de las razones que subyacen al discurso de Desnoes, con el que se propuso mostrar al público cubano la rica tradición cultural cubana en áreas supuestamente monopolizadas por la cultura extranjera como eran las tiras cómicas.

El primero de los textos, 'De La Charanga al Pitirre. Cuba en el humorismo gráfico: 1857–1963', publicado en la sección del 'Rotograbado de *Revolución*' el 23 de septiembre de 1963, es una primera aproximación al asunto, centrada en el siglo XIX, que finaliza con un 'continuará'. Desnoes comienza sentando las bases de su discurso en torno al humorismo, evidenciando la lectura de autoridades en la materia, como Freud en relación al chiste y el inconsciente, Bergson y su tratado sobre la risa y, más concretamente en el ámbito cubano, los aportes fundamentales de Varona, Mañach y Barros. Desnoes, al comienzo del texto, ya incide con precisión en la particularidad del humorismo, que si bien entraña aliviar una cierta tensión o un acto de resistencia contra una autoridad (como refiere Mañach en torno al choteo), o una crítica, como es el humorismo político, al mismo tiempo implica un sentimiento de angustia que Desnoes ejemplifica al referirse a Chaplin, que consigue arrancarnos una sonrisa o las mismas lágrimas con igual intensidad. Con esta primera reflexión, Desnoes nos avisa de que el 'humorismo no es un juego arbitrario de la imaginación. Choca con hechos y situaciones concretas' (Desnoes 1963: 5), otorgando legitimidad al objeto de estudio en caso de duda por parte del lector y vinculándolo al discurso del materialismo dialéctico al hablar de *hechos y situaciones concretas*. El discurso, a partir de este punto, es un breve recorrido histórico a lo largo del dibujo humorístico partiendo del Renacimiento y los hermanos Carracci hasta Goya y sus *Caprichos* (1797), que para el autor sería el padre del humorismo moderno, como, por otro lado, asegura gran parte de la crítica especializada. Desnoes recoge cuatro publicaciones cubanas del XIX, *La Charanga* (1857), *El Moro Muza* (1859), *Don Junípero* (1862) y *Juan Palomo* (1869), todas ellas revistas señeras en la inclusión del humor gráfico y la caricatura en la prensa decimonónica cubana. En la parte final del artículo, el autor recalca que 'durante el XIX el dibujo humorístico no tuvo una existencia independiente de la pintura. Los principales caricaturistas – desde Cisneros hasta Peoli y Landaluce – eran también pintores' (Desnoes 1963: 7). Desnoes estaba en lo cierto, ya que el desarrollo de la prensa cubana a partir del siglo XX favorecerá la independencia del dibujo humorístico de la pintura, gracias a nuevos soportes de difusión y a una mayor aceptación social (con el consecuente prestigio de su labor profesional) de dibujantes y artistas gráficos.[3]

El siguiente texto de Desnoes, que comienza diacrónicamente donde termina el artículo de *Revolución*, se titula 'El Humorismo' y fue publicado por *Casa de las Américas*, nos. 22–23 de enero-abril de 1964. En esta ocasión, el autor se centra en el siglo XX mencionando los personajes del Liborio, el Bobo y el Loquito, pero sin olvidar a caricaturistas de la importancia de Rafael Blanco o Conrado Massaguer. Recoge también la contribución de Horacio con las tiras cómicas en *Carteles* de principios de los años treinta y se refiere a la revista *Zig-Zag* y a la creciente influencia norteamericana en el mercado de las tiras cómicas al declarar que 'Vergara, Roseñada y Silvio tienen casi el mismo estilo, tomado de los muñequitos norteamericanos y exagerado por la vulgaridad torpe de aquellos años' (Desnoes 1964: 115). La tesis fundamental de Desnoes es que el humorismo político es la única tradición cubana en torno al humor gráfico, pero que, al mismo tiempo, dicha tradición ha sido negativa para el desarrollo artístico de la gráfica del humor y, sobre todo, fue una tradición impuesta:

> Los humoristas cubanos insistieron durante la república en el tema político simplemente porque no les quedaba otro remedio. Los sindicatos de muñequitos norteamericanos suministraban las tiras cómicas de Tarzán, El Reyecito, Benitín y Eneas, El Pato Donald y El Ratón Miguelito igual que las agencias de noticias (UP-AP) enviaban informes y fotografías. Como tenían una organización internacional podían enviar las tiras a los periódicos por una cuota mensual pequeña. Nuestros dibujantes no podían competir con esos precios; los periódicos funcionaban como empresas comerciales y poco les interesaba que aquí los humoristas no pudieran expresarse. En lo único que no resultaba negocio a los norteamericanos desplazarnos, el humorismo político, los cubanos podían trabajar. Se trata de una tradición impuesta. (Desnoes 1964: 119)

---

[3] Buena muestra de ello es una de las crónicas parisinas de Carpentier para el *Excelsior* de 1928, en la que al referirse al pintor y humorista gráfico Eduardo Abela, Carpentier reconoce el buen hacer del artista cubano en la gráfica del humor: 'Abela ha practicado el arte del dibujo humorístico con rara fortuna. No hace mucho tiempo todavía, los diarios habaneros publicaban sus "muñecos" erizados de saetas –arrabaleros San Sebastianes con bombín, –que acotaban el suceso cotidiano con singular gracejo' (Carpentier 2004: 101). Y sin embargo, el propio Carpentier, de quien ya se han revisado sus elogiosas opiniones respecto a la revista humorística *Mad* veinte años después, adolece aquí de un cierto prejuicio jerárquico (contaba escasamente con 24 años al escribir esta crónica) sobre distintas manifestaciones artísticas cuando declara que '[s]in embargo, Abela comenzaba a odiar la caricatura. Veía en ella un vehículo de éxitos fáciles que lo encanallaban. Su auténtico temperamento de creador, de trabajador encarnizado, le reprochaba amargamente su total entrega a tareas menudas...' (Carpentier 2004: 101–102).

En la cita anterior, Desnoes olvida, por ejemplo, la larga colaboración de Pedro Valer en la primera etapa de *Bohemia* con su historieta 'Aventuras de Pepito y Rocamora' de 1915 hasta 1922, que contradice la tesis de que era imposible realizar humorismo apolítico. Bien es cierto que será a partir de los años treinta cuando los *syndicates* norteamericanos empiecen a copar el mercado internacional con una estructura empresarial que ya se había probado exitosa en el mercado interno nacional durante las primeras tres décadas de siglo. Sin embargo, aun cuando el ejemplo de la historieta de Valer es significativo, no es el caso cubano una excepción al haberse decantado tradicionalmente hacia el humorismo político (y, consecuentemente, hacia el localismo) debido a la injerencia estadounidense con sus tiras cómicas. En este asunto Desnoes pecó de exceso de celo, muy posiblemente imbuido por el fervor del momento y la crítica antiimperialista que flotaba en el aire de aquellos primeros años de la Revolución. En realidad, la crítica político-social a través del humor gráfico, así como el costumbrismo, está en el germen de la mayoría del humor gráfico de tradición europea del XVIII y XIX tanto en Inglaterra (Hogarth, Cruikshank, Rowlandson o Gillray) como en Francia (Philipon, Daumier, Doré o Monnier), Suiza (Töppfer) o España (sirva el ejemplo de Goya que menciona el propio Desnoes).

Y más aún si tomamos el caso de España. Desde la segunda década del siglo XX el humor gráfico y la historieta para un público adulto se renuevan considerablemente en la línea de los movimientos de vanguardia, como ya se ha analizado en páginas anteriores (buena prueba de ello son *Buen Humor*, *Gutiérrez, El perro, el ratón y el gato*), extendiéndose esta renovación hasta sus últimos estertores durante la Guerra Civil con *La Ametralladora* en el bando nacional y diversas publicaciones en el bando republicano, como *La Traca*, *L'Esquella de la Torratxa, No Veas*, etc. Pero en el ámbito de las publicaciones infantiles, pese a que la llegada de cómics norteamericanos es constante a partir de los años treinta, las publicaciones españolas mantienen unas tiradas estables y es durante esta década cuando se consolida la historieta como producto de consumo popular. La Guerra Civil, lógicamente, supuso un deterioro considerable para esta industria con el exilio forzoso de muchos artistas que habían participado, ya fuera con las armas o con sus lápices, en la defensa de la República Española.[4] Pero ya en los años cuarenta se advierten síntomas de mejoría y dinamización, especialmente con la producción bajo el sello de la casa editorial Bruguera, y

---

[4]   La revista trimestral *Quevedos*, que edita el Departamento de Humor Gráfico de la Universidad de Alcalá, ha dedicado dos de sus números al exilio de humoristas gráficos en América. El número aparecido en 2006, centrado en México, se complementa con el n. 34 (2007), que abarca el resto del continente americano y ofrece un panorama del exilio que supuso la victoria franquista para buena parte del colectivo de artistas gráficos.

en los años cincuenta se asiste a la edad de oro del tebeo español, con una generación de artistas inigualable (Escobar, Jorge, Cifré, Vázquez, Ibáñez, Conti, Nadal, Peñarroya, entre otros) que muy poco tenía que ver con el humor político por razones obvias y mucho con el costumbrismo, la aventura, la ciencia ficción o la fantasía.[5]

La preocupación de Desnoes radica en el exceso de localismo del humorismo gráfico cubano por la influencia negativa del imperialismo y la imposición de una industria cultural foránea. Para ello acude al *Manifiesto Comunista* de Marx y al concepto de *cultura universal* en la producción intelectual y compara lo hecho hasta la llegada de la Revolución (eminentemente de color local y de temática política) con el novedoso aporte que Chago y Fornés realizan a través de una mirada existencial y filosófica gracias a los nuevos espacios de creación que el proceso revolucionario favorecía en Cuba.

En el discurso de Desnoes se aprecia un evidente distanciamiento de la tendencia norteamericana hacia el humor gráfico y la historieta, que para él entraña no solo otra manera de penetración cultural del imperialismo, sino una evidente dependencia de ciertos productos que conforman y modifican el panorama cultural de la nación receptora. Cuando Desnoes apunta que los *syndicates* estadounidenses enviaban sus muñequitos de igual manera que las grandes agencias de noticias (UP-AP) enviaban sus teletipos y fotografías, está aludiendo a una implícita dependencia de tales productos al haberse consolidado en el panorama cultural cubano, desplazando a autores nacionales y constriñendo las posibilidades para que las naciones receptoras (dependientes) *se piensen* y *se vean* (aquí el carácter visual del humorismo gráfico es de capital importancia) desde una óptica propia. Esta reflexión, que ya se anuncia en este artículo de 1964, se desarrollará ampliamente en el mencionado libro *Punto de vista* de 1967. ¿Se podría argumentar entonces que el humorismo gráfico cubano de principios de los sesenta postulaba un temprano acercamiento hacia la teoría de la dependencia de Latinoamérica respecto de las naciones occidentales? Por su carácter inmediato y su masiva distribución y recepción, ciertos postulados ya se pueden comprobar en el humorismo gráfico cubano como una de las primeras manifestaciones de dicha teoría, que años más tarde entraría con

---

[5]   Cabe matizar aquí que muchas de las historietas infantiles de carácter costumbrista entrañan una lectura de crítica político-social, como las del vagabundo 'Carpanta', la criada 'Petra, criada para todo' de Escobar o el explotado periodista 'Reporter Tribulete' de Cifré. Para profundizar en este asunto, que no es el tema de esta investigación, ver, por ejemplo, los capítulos tres ('Un Guernica en la España de 1945'), cuatro ('El pan duro de cada día') y seis ('De tal Urraca, tal Torpedo') de la serie 'Cómics clásicos y modernos', suplemento dominical dirigido por Javier Coma para *El País* publicado en 1987. También el capítulo III 'España: la mirada costumbrista' del libro de Ana Merino *El cómic hispánico* (2003) o, de manera general, la imprescindible *Historia social del cómic* (2007) de Terenci Moix.

fuerza en los debates intelectuales en torno al Congreso Cultural de La Habana, celebrado del 4 al 11 de enero de 1968. Las historietas del *Mella* (principalmente las de Virgilio Martínez), así como la revista *El Pitirre*, son prueba de esa conciencia y marcan, por vías distintas, propuestas para desarrollar un humorismo gráfico nacional de carácter militante con el que contrarrestar la influencia norteamericana en las publicaciones populares de humor.

Todavía queda por concretar la elección terminológica de *humorismo* por Desnoes, aunque es fácil colegir que subyace una voluntad de distanciarse del estilo norteamericano clásico de la tira de prensa, que se asocia de manera intrínseca con un modelo de sociedad occidental y un planteamiento comercial capitalista. Asociará el término inglés *comic strip* (y su derivado *comic book*) o el cubano *muñequito* a una tradición que, erróneamente, creerá Desnoes de origen estadounidense. Pese a demostrar un notable conocimiento del humor gráfico cubano durante el XIX y XX, no llega a vislumbrar que la narrativa dibujada en prensa no es un invento estadounidense, en todo caso, Cuba tiene una tradición mucho más antigua, como prueban los tempranos ejemplos de Landaluce en *Don Junípero* en la década de 1860. Desnoes sí rescatará de la cultura norteamericana al artista de origen rumano Saul Steinberg (1913–1999) y la renovación formal que trajo consigo al publicar su primer libro *All in Line*[6] en 1945 (Desnoes 1964: 115), postulando una mínima línea expresiva que abandona el enfoque caricaturesco de la *charge* basado en la exageración caricaturesca de un aspecto físico concreto de la persona. La expresividad de la línea en el humor gráfico de Steinberg residía en su economía, como de igual manera habían hecho con anterioridad en la caricatura Rafael Blanco en Cuba y Luis Bagaría en España. El estilo conceptual de Steinberg se vio influido inicialmente por su condición de exiliado,[7] lo cual le impelió a crear prescindiendo del texto, elaborando tan solo con la imagen toda la profundidad semántica que perseguía. El propio Steinberg se sintió igualmente próximo a la narrativa que a la ilustración 'I am a writer who draws' (Smith 2005: 30), lo cual le llevó a indagar en la experiencia humana a través de la cotidianidad

---

6   Steinberg se había convertido en ciudadano norteamericano en febrero de 1943, pero para ello debía formar parte de la Reserva Naval. En agosto del mismo año fue destinado a Kunming, en el suroeste de China. Meses después fue trasladado a la India y de allí al norte de África e Italia. El conjunto de dibujos que reunió durante este periplo reflejó la vida militar en los distintos destinos. Algunos de ellos se publicaron inicialmente en *The New Yorker* de enero de 1944 a abril de 1945. El libro apareció en junio de 1945 y vendió 20.000 copias, convirtiéndose en un *best seller* para el *Book-of-the-Month Club* (Smith 2005: 19).

7   Steinberg se trasladó a Italia en 1933, pero debido a las leyes antisemitas de 1938 del gobierno fascista fue internado en el campo de prisioneros de Tontoreto, en la región de los Abruzos. Consiguió escapar, vía Lisboa, en un barco hacia América, residiendo durante 1941 en Santo Domingo. Finalmente, en 1942 conseguiría establecerse en New York a través de los contactos que ya había establecido con la revista *The New Yorker* (Smith 2005: 14).

y la alienación del hombre en una época de aparente prosperidad. Su línea espontánea se distanciaba de la de otros reconocidos dibujantes en *The New Yorker*, como Peter Arno, William Steig, Carl Rose o George Price: 'Through his work, mainstream readers got a taste of the ethic of "spontaneous" self-expression that animated Action Painting, bebop improvisation, Beat poetics, and free-association standup comedy' (Smith 2005: 20). Junto con Steinberg, los artistas de *El Pitirre* también reconocieron la influencia formal del escritor y humorista gráfico James Thurber (1894–1961), de similar línea sintética, más cercano a la relación imagen-texto, que en ocasiones le llevó a acercarse al humor de corte absurdo.

El humorista francés de origen húngaro André François (1915–2005) fue otra referencia formal en la corriente de la línea suelta, aparentemente espontánea, dirigida hacia un humor universal que trata con frecuencia, como Steinberg, la alienación o la angustia existencial. La influencia de Steinberg, Thurber e incluso François en este grupo de artistas es otra prueba más del grado de penetración y de dependencia respecto a la industria cultural norteamericana. Será Steinberg el modelo formal de muchos jóvenes artistas de esta generación alrededor de *El Pitirre* (en especial René de la Nuez), así como la revista norteamericana *Mad* será el modelo para la nueva época de la revista *Mella* a partir de 1959.

¿Cómo desligar, entonces, lo genuino de sus influencias? ¿Cómo evaluar las manifestaciones artísticas nacionales sin reconocer sus antecedentes patrios y foráneos? El debate sobre cultura universal y distintos tipos de cultura (burguesa, proletaria, etc) estaba lejos de su resolución, como prueba la encendida discusión entre miembros del ICAIC (Julio García Espinosa, Tomás Gutiérrez Alea, Jorge Fraga) y personalidades de la política cultural como Edith García Buchaca o Mirta Aguirre.[8] El debate se complicaba en terrenos tan resbaladizos como el de los medios de comunicación de masas y, concretamente, en el campo de la narrativa dibujada o historieta por su adscripción (errónea) *ab ovo* a la cultura estadounidense.

El Pitirre. Notas sobre una publicación olvidada

Sorprende la escasa atención que ha recibido por parte de la crítica especializada el semanario *El Pitirre*, suplemento humorístico del diario *La Calle* que se publicó desde el 17 de enero de 1960 hasta el 22 de octubre de 1961. La revista, de 16 páginas y formato 38 x 29 cm, en blanco y negro excepto la portada, la tapa y alguna tipografía interior, estaba realizada con papel de periódico de escasa calidad. Fue una publicación que discurrió durante sus casi dos años de

---

[8]   El libro de Pogolotti, *Polémicas culturales de los 60* (2006), en su sección 'Sobre cultura y estética en la Revolución' (17–141) da buena cuenta de dicho debate.

existencia en paralelo a *Lunes de Revolución*, y no es ésta una mera precisión temporal. Si *Lunes* –de la mano de Cabrera Infante– consiguió renovar el panorama cultural cubano sirviendo de privilegiado medio de difusión cultural y de plataforma para muchos escritores que se iniciaban en el camino de la creación artística, *El Pitirre* hizo lo propio en el terreno del humor. En su primer año de existencia se publicaron obras de escritores clásicos internacionales sin importar su filiación política, la gran mayoría relatos cortos, como es el caso del director cinematográfico y dramaturgo Edgar Neville (1899–1967), el humorista Wenceslao Fernández Flórez (1885–1964) o Enrique Jardiel Poncela (1901–1952), el genial dramaturgo incluido dentro de 'la otra generación del 27'.[9] Textos o fragmentos de carácter humorístico de Mark Twain,[10] Alberto Moravia,[11] James Thurber,[12] Sacha Guitry,[13] Anton Chejov,[14] Antanas Vaičiulaitis,[15] Eça de Queiroz,[16] Jack Kerouac[17] o incluso alguna greguería de Ramón Gómez de la Serna,[18] además de composiciones siguiendo el estilo de Ernest Hemingway,[19] que también aparecieron por la revista como prueba de su carácter internacional siguiendo la estela de *Lunes*.

Por otro lado, la permeabilidad de autores cubanos era frecuente y los humoristas gráficos Fornés, Chago, Nuez, Sergio, Guerrero, Bachs o Posada colaboraron en *Lunes* con ilustraciones mientras laboraban en *El Pitirre*. Cabe resaltar que la participación de Fornés en *Lunes* se sucede desde su segundo número del 30 de marzo de 1959 de manera constante en casi cada número

---

9   Tanto Fernández Flórez como Neville fueron conservadores políticamente. Fernández Flórez se declaró antimarxista por su propia experiencia personal al estallar la Guerra Civil Española, debido al acoso al que fue sometido por las milicias en territorio republicano. De Fernández Flórez (quien mantuvo por muchos años una buena amistad con Castelao e incluso éste ilustró varias de sus obras) se publicó el cuento 'La tragedia del llavín' (1 mayo 1960, p. 12). De Neville se publicaron 'Los Smith' (29 mayo 1960 p. 11 a 14) e 'Incidente' (26 junio 1960 p. 10). Jardiel Poncela fue encarcelado en una checa durante la Guerra Civil Española por una acusación falsa y luego puesto en libertad. Marcharía a Argentina para luego retornar a territorio franquista, aunque terminada la guerra tuvo problemas con la censura del régimen y murió arruinado. Fue un renovador del teatro que cultivó el género del humor con maestría. En *El Pitirre* se publicó el hilarante relato '¡Por Dios que no se entere nadie!' (14 agosto 1960, p. 14).
10   'Una novela de la edad media' (31 enero 1960 p. 10 y 11).
11   'El cocodrilo' (¿? marzo 1960 p. 10, 11 y 15).
12   'El unicornio en el jardín' (20 marzo 1960 p. 13).
13   'A los cincuenta' (¿? mayo 1960 p. 10).
14   'Nocturno' (19 junio 1960 p. 10 y 11).
15   Del lituano Vaičiulaitis (1906–1992) que emigra a los EE.UU. en 1940 tras la ocupación soviética de Lituania, se publicó el relato 'Encuentro en la posada' (12 sept. 1960 p. 12 y 13).
16   Un fragmento de su obra *Cartas Familiares e Bilhetes de Paris* (1907) se publicó bajo el título 'billetes de París – fragmento-' (20 sept 1960 p. 12).
17   'Jamás vengas a la Florida' (7 febrero 1960 p. 5). Este poema apareció publicado con anterioridad en *Lunes de Revolución* (25 de enero de 1960, p.17).
18   'El diván es una cama que no tiene ni pies ni cabeza' (31 julio 1960 p. 9).
19   'El viejo y el muro' firmada por 'ernesto fermín way' (7 febrero 1960 p. 11).

hasta que comienza a publicarse *El Pitirre* el 17 de enero de 1960, momento en que su actividad para *Lunes* se reduce considerablemente debido a la carga de trabajo como director de *El Pitirre*. Además, Guerrero, asiduo colaborador de *El Pitirre* de principio a fin, ejerció como director artístico de *Lunes* del n. 43 (18 enero 1960) al 61 (30 mayo 1960) inclusive.

En términos generales, el primer año de la publicación (1960) arroja una mayor presencia de textos literarios que, además de los citados autores internacionales, también incluyó numerosos textos de Luis Agüero, Virgilio Piñera, Sabá Cabrera Infante, Roberto Branly, María Elena Llana,[20] José Manuel Otero, Francisco Ángel Gómez, Fresquito Fresquet, Humberto Valdés Díaz, José Luis Posada, Dalia García, etc. El segundo año de la publicación (1961) implica un cambio en el formato y se da mayor espacio a la imagen a través de una mayor presencia de la tira humorística y del humor gráfico en general, que si bien ya estaban presentes desde el inicio de la revista, es en esta etapa cuando se extiende su presencia, cobrando un mayor protagonismo. Consecuentemente, la extensa lista de colaboraciones internacionales cesa y el peso del semanario recae en lápices nacionales. Pese a lo anterior, se incluye un cuento infantil el 5 de marzo de 1961 de la dramaturga cubano-americana María Irene Fornés (1930-), hermana del director Rafael Fornés, que emigró con su madre viuda a New York en 1945.[21] Fornés se convertiría con los años en la dramaturga de vanguardia más importante del panorama Off-Off Broadway, pero la poca frecuencia en la representación de sus obras y la publicación de tan solo veinte de sus treinta y nueve obras ha evitado una mayor repercusión entre la crítica (Robinson 1999: ix).

---

[20] En una reciente entrevista, la periodista y narradora confesó que antes de su primer libro *La Reja* (1965) fue en *El Pitirre* donde comenzó su andadura literaria: '[s]í, lo primero que yo publiqué fue un pequeño relato humorístico en *El Pitirre*, el primer semanario humorístico creado después del cincuenta y nueve. Era paralelo a *Lunes de Revolución*, el semanario culto. Entonces *El Pitirre* se propuso hacer otra forma de humor que en Cuba no se había realizado. Existía el humor político tradicional desde *La política cómica*, *El Bobo* de Abela, *El Loquito* de Nuez, el semanario *Zig-zag* que desapareció junto con la vieja prensa; pero *El Pitirre*, como parte de la prensa nueva, tenía formulaciones distintas. Como yo trabajaba en el mismo periódico *Revolución*, empecé a mandarles mis colaboraciones y realmente tuvieron éxito. Me acuerdo de que una vez Muñoz Bachs, quien era el diseñador del periódico, vino a mi buró y me dijo: "[ó]yeme María Elena, leí tu cuento en *El Pitirre* y fue lo mejor que se publicó en ese número"' (Llana 2009: 59). El primer cuento al que se refería la narradora fue 'Meditaciones de un genio', publicado el 28 de febrero de 1960, p. 10.

[21] 'La monita cuidadosa', texto e ilustraciones de María Irene Fornés (5 marzo 1961 p. 8 y 9). Susan Sontag (que fuera compañera de apartamento de Fornés en el Village neoyorkino) ha comentado la presencia de una sensual fantasmagoría común en Fornés y en Lydia Cabrera, Calvert Casey y Virgilio Piñera. Sobre la dramaturga declaró, en un prefacio a sus obras en 1986: 'Hers seems to be an admirable temperament, unaffectedly independent, highminded ardent. And one of the few agreeable spectacles that our culture affords is to watch the steady ripening of this beautiful talent' (Sontag 1999: 46).

Por si esto fuera poco, nadie se ha preocupado de rescatar cinco textos de Guillermo Cabrera Infante para este semanario. Me refiero a los cuatro primeros editoriales de la revista. A estos cuatro textos hay que sumarle un quinto sin firma, pero que por razones estilísticas y por el cotejo de los créditos de ese número del 21 de febrero de 1960, que incluyen el nombre de Guillermo Cabrera Infante, se puede concluir con bastante seguridad que se trataba del director de *Lunes de Revolución*. Desnoes, en el citado artículo 'El humorismo' de 1964, se refiere a Cabrera Infante como el escritor del editorial del primer número, pero nada menciona de su seudónimo (Desnoes 1964: 117). El estilo lúdico del lenguaje y la constante experimentación, desmoronando las expectativas del lector, además del seudónimo elegido, 'estrungundrán', fueron pistas que nos encaminaron en dicha dirección. Además de lo dicho sobre la estrecha relación entre las dos revistas, hay una referencia en *Tres tristes tigres* que resultó interesante: 'Lev Davidovitch antes de exhalar ese vientecillo final o apocalíptico y por tanto revelador, dicen que dijo en una suerte de crepúsculo de los dioses en el exilio, en un Strung-und-Dran (sic) político' (Cabrera Infante 1968: 229). Se trata, en efecto, de la imitación que realiza Bustrófedon –personaje de la novela encarnado en un poeta oral de incesante paráfrasis– de los diversos estilos de grandes escritores cubanos como José Martí, José Lezama Lima, Virgilio Piñera, Lydia Cabrera, Lino Novás, Alejo Capentier y Nicolás Guillén al referir la muerte de Leon Trotsky. Cabrera Infante, con ese constante escorzo lingüístico que supone dinamitar el concepto de estilo en la literatura con los juegos de palabras, los giros lingüísticos, la palabra como juego, en definitiva, modificaba el conocido *Sturm und Drang*, frase que designa el movimiento artístico del XVIII alemán que postulaba la libertad de expresión individual del artista, su subjetividad en la creación como contrapunto a la razón de la Ilustración. Cabrera Infante lo convierte en Strung-und-Dran en *TTT*, pero previamente, en *El Pitirre*, ya lo había utilizado como seudónimo. Luis Agüero, escritor colaborador del semanario humorístico, confirma esta hipótesis en un artículo para la revista *OtroLunes*:

> También he disfrutado mis veladas oníricas con el Estrungundán [...] Este fugaz tigre sólo lanzó tres o cuatro zarpazos en el semanario humorístico *El pitirre*, pero cada uno de ellos dejó memorables cicatrices que, es de lamentar, todavía nadie se haya decidido a rescatar del olvido. (Agüero 2008)

Se incluyen en este estudio las transcripciones de los cuatro artículos firmados por el estrungundrán en los que se comprueba lo dicho anteriormente. En el primero, del 17 de enero de 1960, 'la picada del pitirre', el texto es una muestra de humor lacerante contra la prensa reaccionaria, en el que no se escatiman referencias a los diarios *Avance* y *Diario de La Marina*, representados por un aura tiñosa (nombre dado a un ave de la familia del buitre americano) en contraposición a la prensa revolucionaria, crítica con las anteriores, que simboliza el pitirre. La asociación de las dos aves ya tenía presencia en el habla popular con el refrán fatalista 'por alto que vuele el aura siempre el pitirre la pica', que se convirtió en el lema de la revista. Además, la recurrente imagen de la siquitrilla se convirtió en una constante a lo largo de la vida del semanario.[22] Recordemos que *Avance* fue nacionalizado el 19 de enero de 1960 y su director, Jorge Zayas, se exilió en EE.UU.

El siguiente editorial, 'Los tres estados del mulo', tiene como objeto de escarnio al embajador español en Cuba, Juan Pablo de Lojendio e Irure,[23] Marqués de Vellisca, por el incidente diplomático que se produjo cuando Fidel Castro, en un programa de televisión, leyó una carta de un pariente del jefe de las Fuerzas Aéreas, Díaz Lanz, acusando a las embajadas estadounidense y española de dar cobijo a contrarrevolucionarios. Además, mencionaba que había una imprenta, armas y dinamita en una iglesia de Cuba. El embajador español, que había estado viendo el programa desde su residencia habanera, se personó en la emisora con el propósito de rebatir *in situ* las acusaciones vertidas. Entre el griterío y el alboroto de los espectadores presentes en el programa, la emisión se interrumpió, pero el sonido siguió en el aire por unos minutos. Castro, acto seguido, le emplazó a que abandonara el país en 24 horas, orden que firmó sin dilación el presidente Osvaldo Dorticós. El siguiente fragmento del artículo resume el incidente:

> El de Vellisca, Lojendio y el Embajador (tres personas distintos y un solo dios verdadero: la estulticia) se unieron y viajaron a Ultramar. El de Vellisca (o Lojendio o el embajador) se casó con una marquesina y pasó a ser marqués de luz neón. Un día además quiso ser estrella de televisión y metió la pata (cuatro patas iguales y una sola herradura verdadera). Al final del final, se le ve viajando en un barco. (*El Pitirre* 24 enero 1960, p. 2)

---

[22] 'la siquitrilla, nombre con el que se conoce popularmente el esternón de las aves, hueso que de romperse les provoca la muerte. "Partir la siquitrilla" fue una frase acuñada por el periodista Segundo Casalis para referirse a las expropiaciones que se les hacían a la burguesía cubana, expropiaciones que la dejaban *sin vida*' (Negrín 2004: 21–22).

[23] Lojendio fue el primer embajador español en Cuba desde la interrupción de las relaciones diplomáticas debido a la Guerra Civil Española. Previo a su cargo en La Habana representó los intereses del bando nacional de Franco en 1936 en Buenos Aires. Ejerció de embajador en Cuba de 1952 a 1960. En una nota interna de la embajada británica se le definía de la siguiente manera en mayo de 1952: 'Apart from his good looks, he is certainly arrogant, possibly tactless and already seems to be throwing his weight about a little too much in a country where Spanish domination has not yet been wholly forgotten' (Gallienne PRO FO533/9 AK1902/1).

El tercer editorial de Cabrera Infante, 'Zarayazada y Harún Al-Haschisch', es una parodia dialogada entre Zayarazada (Jorge Zayas) y el príncipe Harún Al-Haschisch (Fulgencio Batista) desde algún lugar del exilio. El texto comienza con una declaración sobre la vena humorística del articulista, que es en sí misma un excelente ejemplo del humor lingüístico rayano en el surrealismo de Cabrera Infante:

> Yo tengo una vena humorística, pero con arterioesclerosis: hay que tener la humildad de reconocer las limitaciones. Tengo otras más. Tengo bastante más. En casa tengo tres escaparates llenos de limitaciones. Cambio limitaciones por botellas. Botellas verde botella. Entre mis limitaciones preferidas (hay una verde con rayas blancas que no me pongo nunca y una limitación de lo más mona que se me rompió porque me la ponía todos los días) está una que responde al nombre de 'Leal', es parda con manchas blancas y un visón al cuello, si alguien la ve, favor de llamar a mi casa que será gratificado –Ojo: debe devolverse intacta, si le falta una hoja o si las persianas se le han caído, no se pagará la recompensa, que son diez mil medios con un búfalo por un lado y por otro un indio: la moneda más falsa del mundo. (*El Pitirre* 31 enero 1960, p. 2)

El cuarto artículo, 'Amor con Amor se Pega (O Esa Historia es Otra Historia)', elabora en torno al tema del amor (por la festividad del 14 de febrero, día de San Valentín) un disparatado diálogo entre el autor y San Valentín, además de un encuentro fortuito con una mujer que despierta por primera vez el amor en el escritor. El diálogo resulta incongruente y es una muestra humorística de las dificultades de comprensión que la polisemia ejerce en el lenguaje, que lejos de ayudar a la comunicación, la dificulta por sus propias inconsistencias en los actos de habla:

VALENTIN	(que en ese momento cruza el dintel – no, no hay error: San Valentín viene, enamorado, caminando por el techo – de la Redaccin [sic]): ¡Muy buenas!
STRUNGUNDRAN:	¿Qué cosa?
SAN VALE:	Nada. He dicho 'Muy buenas'. Un saludo.
STRUNGUN:	¡Ah! Yo creía que usted se refería a otra cosa.
SAN VAL:	¿Qué cosa?
STRU:	¡Ah no! Ya eso lo dije yo antes.
SAN VA:	¿Qué cosa?
STR:	¿Qué cosa?
SA (Molesto):	¡Compadre! (Enojado) ¡Con usted no se puede ni hablar! (Furioso) Además, usted no vino aquí para esto (y en el colmo de la desesperación, la furia, el enojo y la molestia de haberle caído una viga en el

> ojo propio, San Valentín se marcha. Esta vez pasa
> por debajo del umbral: ha practicado un túnel en el
> piso). (*El Pitirre* 14 febrero 1960, p. 6)

El texto tiene, en su conjunto, una menor carga política, acaso una concesión del autor por tratarse de una festividad en torno al amor. Sin embargo, queda de manifiesto la apuesta por un humor surrealista, muy similar al practicado por los integrantes de 'la otra generación de 27' en España años atrás, que partieron del concepto de deshumanización del arte de Ortega. Cabrera Infante le añade a dicho humor su experimentación con el lenguaje, su fino oído para el habla popular cubana y la fusión de elementos de la cultura popular con la llamada "Alta Cultura", como en el siguiente fragmento del artículo:

> Al verla decidí componerle una canción: 'Damisela encantadora' y firmarla con mi pseudónimo favorito: 'Ernesto Lecuona'. Ella siguió avanzando. Sentí que yo también tenía pirosis (que luego un examen radiofónico determinaría que era 'Fuego en el corazón', Primera en el Hit Parade de Radio Progreso). Me sentí Abelardo (y eso también pertenece a otra historia: 'Llámenme Abelardo' por Eloísa Mobydick). Me sentí pertenecer a todas las parejas célebres: Abelardo y Eloísa, Romeo y Julieta, Otelo y Desdémona, Roldán y Caturla. Sentí ese día, por primera vez el amor. Pero eso pertenece también a otra historia. Más bien pertenece a otro mundo. (*El Pitirre* 14 febrero 1960, p. 6)

La cita anterior habla por sí sola y se comprueba cómo el escritor, que despliega ya esas primeras dosis de experimentación lingüística de marcado tono humorístico, es el que sorprendería a lectores y críticos, cuatro años más tarde, con *Tres Tristes Tigres*, ganadora del Premio Biblioteca Breve en 1964. Con lo dicho queda demostrado quién es el escritor tras el sonoro *estrungundrán*. De hecho, no debiera sorprender la colaboración de Guillermo Cabrera Infante en *El Pitirre*, habida cuenta de su estilo humorístico y lúdico. Una cuidadosa lectura de *TTT* nos revela, además, ciertas claves a modo de referencias sobre el conocimiento del autor de los cómics estadounidenses. En la sección 'Los visitantes', en la que se reproduce la llegada de un matrimonio de turistas norteamericanos a La Habana, una situación marcadamente hemingweyana,[24]

---

[24] Ver Rowlandson, William, 'Cabrera Infante and Parody: Tracking Hemingway in "Tres tristes tigres"' *The Modern Language Review*, Vol. 98, No. 3 (Jul. 2003). Rowlandson aporta un análisis del humor y la parodia en *TTT* a través de la influencia que Hemingway ejerció en el escritor cubano en estos primeros años de labor creativa. El autor argumenta que la parodia se ejerce a varios niveles, como elemento humorístico, además de como desentronizador de autores consagrados para purgar la influyente presencia en el *ethos* creativo del escritor (Rowlandson 2003: 633).

con varios niveles de traducción y sus consiguientes juegos lingüísticos, Mrs Campbell se refiere a Mr. Campbell aludiendo a que '[é]l ha leído demasiadas tiras cómicas de *Blondie*' (Cabrera Infante 1968: 182, énfasis mío). Páginas más adelante, la misma frase se transcribe en español, pero adoptando una gramática inglesa de manera paródica como '[é]l ha leído una tira de cómica de *"Pepita"*' (Cabrera Infante 1968: 200, énfasis mío), tal y como se conocía la historieta de Chic Young distribuida por King Features Syndicate en Cuba.

No es ésta la única referencia a cómics en *TTT*. En la misma sección del libro, cuando el matrimonio asiste a un espectáculo en Tropicana, se lee: '[y] las dos mujeres entran, severamente desnudas. Después entra un hombre desnudo, un Negro, negro profundo ahora por las luces, un Otelo aprovechado, un Lotario profesional, Supermán le dicen' (Cabrera Infante 1968: 191). La doble referencia a Lotario, por un lado, (sirviente del mago Mandrake en la historieta *Mandrake the Magician*, que satirizará Virgilio Martínez en las páginas de *Mella*) y a Supermán, por otro, es otra muestra de dicho conocimiento. Esta apreciación de Cabrera Infante se representa con meridiana claridad en la sección 'Bachata', en la que en una conversación mientras circulan en automóvil, Arsenio Cué y Silvestre (alter ego del autor en la novela), el primero le explica lo que es la cinta de Moebius[25] con una referencia al cómic estadounidese *Brick Bradford* de William Ritt y Clarence Gray sobre un aventurero espacial al estilo de *Flash Gordon*. Silvestre, a continuación, le responde que eso 'se llama la cultura total. De Moebius y el continuo espacio-tiempo a King Features, Syndicate' (Cabrera Infante 1968: 356). El comentario de Silvestre en la novela *Tres Tristes Tigres* sobre *la cultura total* cobra mayor sentido una vez conocida la colaboración de Cabrera Infante en un semanario de humor en el que primaban especialmente las historietas y el humor gráfico.

***El Pitirre*. Humorismo de la Revolución y revolución dentro del humorismo.**

Lo que hasta el momento se ha expuesto de manera muy sucinta sobre la importancia del semanario todavía no ha dado cuenta de la que para este estudio constituye la mayor repercusión de *El Pitirre* en el ámbito del humor: la renovación vanguardista del humor nacional y la conjunción de esa renovación con un humorismo gráfico de raíz militante en consonancia con los profundos cambios estructurales que la Revolución lleva consigo. El único análisis publicado hasta la fecha sobre el humorismo gráfico en la publicación corre a cargo del profesor de la Facultad de Artes y Letras de la Universidad de La Habana Juan

---

[25] La invención de dicha cinta, de una sola cara y borde, la llevó a cabo el astrónomo y matemático alemán Augusto Ferdinand Möbius (1790–1868).

Negrín.[26] Éste vio la luz en forma de dos artículos: '*El Pitirre*. Humor revolucionario 1' (*RLESH* vol. 3, n. 12 diciembre 2003) y '*El Pitirre*. Humor revolucionario 2' (*RLESH* vol. 4, n. 13 marzo 2004).[27] Aparte del valioso trabajo de Negrín, hay referencias esporádicas en entrevistas y en recientes trabajos, todas deudoras del estudio de Negrín. Sin embargo, los errores, lamentablemente, se suceden, incluso en la reciente obra de Arístides Esteban Hernández Guerrero (Ares), en la que recoge a modo de diccionario biográfico los creadores del humorismo gráfico cubano, *Caricatura cubana contemporánea*, publicada en tres fascículos; declara su autor en el prólogo: '[l]a primera publicación de humor que surge tras el triunfo de la revolución es *El Pitirre*, el 31 de enero de 1960, como suplemento humorístico del periódico *La Calle*' (Ares 2009: 3). La fecha del primer número de la publicación es errónea, ya que anteriormente al número del 31 de enero salieron dos números más el 24 y el 17 de enero, siendo este último el que da comienzo a la publicación. Valga este ejemplo para subrayar que, si bien *El Pitirre* es una publicación de reconocida importancia en el devenir del humorismo gráfico cubano a partir de la Revolución, continúa en la actualidad siendo una publicación desconocida para la crítica internacional y superficialmente estudiada en Cuba.

Como primera toma de contacto, en cuanto al humor gráfico y la historieta se refiere, si el número uno de *Lunes* (23 marzo 1959) ya presenta un apartado en su última página dedicado a Saul Steinberg, el segundo número de *El Pitirre* hará lo propio con una sección que, bajo el título 'clásicos del dibujo humorístico', incluirá un breve texto de Fresquito Fresquet titulado 'Saul Steinberg en el concepto revolucionario'.[28] En dicho texto, Fresquet no pretende redundar en los méritos artísticos del dibujante de origen rumano, sino en su concepción del humor, que aúna maestría técnica con una indisoluble trascendencia de matiz filosófico que impregna todas sus obras. Fresquet lo entiende como un mensaje humanista de profundo respeto por los derechos humanos:

> Por eso no pretendo subrayar una vez más el Steinberg que ha revolucionado el dibujo humorístico, sino al Steinberg que hace revolución con el buen humor. Como todos los genios, Steinberg, único del dibujo humorístico no produce irresponsablemente por frivolidad o por autocomplacencia.

---

[26]   Se ha tratado de contactar al profesor Negrín, pero supe que había abandonado su cargo en la Universidad y se había mudado de La Habana a Oriente. Los dos artículos de Negrín están basados en su Tesis de Diploma, *Tendencias de vanguardia en El Pitirre* (Facultad de Artes y Letras, Universidad de La Habana, 2002).

[27]   Existe, además, otra Tesis de Diploma que no se ha podido consultar: *El Pitirre. Humorismo político de transición* (Facultad de Periodismo, Universidad de La Habana, 1984), de Octavio García Vigil.

[28]   El diario *Revolución* publicó también una columna con cuatro obras del artista rumano-estadounidense el 5 de noviembre de 1962.

El humorismo es la expresión filosófica más sana y humana, y cualquier dibujo de Steinberg, aun el más simple e ingenuo, proyecta un gran contenido de mensaje humanista.

Steinberg, el genial y sencillo, el residente rumano de la 71 Street del East de Manhattan, vive de frente al mundo; y su alta responsabilidad en defensa de los derechos humanos le ha llevado a la cumbre de la genialidad. (*El Pitirre* 24 enero 1960, p. 13)

Dicha apreciación de Fresquet sobre Steinberg, en enero de 1960, concuerda con el carácter que le otorga Castro a la Revolución en su primer año de vida, entroncando con el discurso martiano en torno al humanismo. Ya se ha indicado que la influencia de Steinberg permeó en todo el grupo de artistas que se reunieron en torno a *El Pitirre*, y buena prueba de ello es la cita anterior. El trazo suelto de Steinberg y su libertad creativa más allá de formatos establecidos, con una línea expresiva, calaron profundamente en los humoristas cubanos, que además vislumbraron en el artista rumano una actualización de los presupuestos martianos en torno al humanismo a través del humorismo gráfico y, precisamente, en un autor que, recordando a Martí, creaba 'desde las entrañas de la bestia'.

Quien recibió una influencia más directa, como así lo constata su estilo y su propia voz, fue René de la Nuez, que considera a Steinberg su punto de partida por la renovación de su estilo con una línea clara y fresca. 'El Loquito' bebía de Steinberg y marchaba a contrapelo de muchos otros artistas, como ha declarado el propio Nuez (Nuez 1998: 20). En la edición del 28 de febrero de 1960 se incluye una entrevista-reportaje a René de la Nuez titulada 'Psicoanálisis de "El Loquito"' con motivo del premio de caricatura concedido por el Ministerio de Educación a su personaje El Loquito, burlador de la censura durante la lucha contra la dictadura de Batista. En dicha entrevista, el popular humorista gráfico comenta algunas de las claves del dibujo moderno humorístico en la línea que anunciaba Fresquet al referirse a Steinberg: 'lo que caracteriza al dibujo moderno es el trazo libre, y en el dibujante humorista, la búsqueda constante, y no hacer simplemente humor por humor' (*El Pitirre* 28 febrero 1960, p. 14). En este mismo texto, el entrevistador, Roberto Branly, que además de colaborador de *El Pitirre* ejercía como director de la sección cultural de *Revolución*, 'Nueva Generación', se refiere a los artistas del semanario como el Grupo de La Habana, algo que sorprende a Nuez[29] y bien pudiera haber sido la primera referencia que se establece de estos artistas como grupo. Algo que ha corroborado Nuez en una entrevista para el libro colectivo sobre la plástica cubana *Luces y sombras* (2008) de Estrella Díaz:

---

[29] 'No sabía que nos llamaran de esa forma. Pero me gusta el nombre' (*El Pitirre* 28 febrero 1960. p. 15).

Hay una escuela de humor gráfico que se ha ido consolidando. Durante un tiempo estuvimos un poco aislados, pero después de *El Pitirre* eso se va convirtiendo en un movimiento. *El Pitirre* viene siendo en la caricatura lo que la Revista *Orígenes* fue a la literatura. Era una *revista exclusiva* donde había que tener una calidad y se cuidaba esa calidad, se velaba por ella. De ahí surgimos casi todos los caricaturistas que, después, hemos tenido una incidencia en la vida nacional e internacional del humor cubano. (Díaz 2008: 44) [énfasis mío]

El carácter fundador de la revista queda meridianamente plasmado por Nuez. La *exclusividad* de la revista contrastará con la política de la publicación que la sustituya en octubre de 1961, *Palante*, como se verá más adelante. De vuelta a la entrevista de febrero de 1960, nos encontramos con la siguiente aseveración, que redunda en la importancia otorgada al humorismo durante estos años, precisamente porque consiguió, en palabras de Nuez, aportar una forma de expresión propiamente cubana, cosa que otras artes todavía no habían conseguido o estaban en proceso de descubrir : '[p]ues bien: creemos que en Cuba se ha logrado en humorismo algo que no se ha logrado ni en pintura ni en escultura: una expresión propia. Propiamente cubana [...] Y eso es así porque aspiramos no sólo a hacer un humorismo de la Revolución, sino a hacer una revolución dentro del humorismo' (*El Pitirre* 28 febrero 1960, p. 15).[30] Un año después de la toma del poder por parte de la Revolución y dos años antes del Primer Congreso Nacional de Cultura, que expondría las líneas a seguir en el desarrollo cultural, entre las que figuraba el reconocimiento de los aportes nacionales para la configuración de una identidad nacional propia distanciada de la tradicional injerencia española o norteamericana, Nuez reconocía que en el terreno del humorismo gráfico se había conseguido tal propósito no sin influencias foráneas (Nuez cita a Steinberg, Siné, Chumy Chúmez y Oski), pero confirmando la apuesta por un estilo propio y diferenciado del que se venía haciendo tradicionalmente

---

[30] Mención aparte merece el escultor y caricaturista Tony López (1918-), considerado el primero en Cuba en realizar caricatura en la escultura: 'La caricatura en escultura no la había hecho nadie en Cuba. Yo la hice y eso me produjo una popularidad tremenda, porque le encantaba al público, le encantaba' (López en Li 2006: 45). La participación de López, que auspició la exposición de humor gráfico de Jesús de Armas 'Dibújese una sonrisa' en su taller-galería sito en la calle Galiano 103 en 1956, será el primer impulso de una renovación formal en la plástica del humorismo gráfico. Entre las creaciones de López están las caricaturas escultóricas de Ramón Grau San Martín (la primera que realizó), Jorge Mañach (que se conserva en los fondos del Museo Nacional de Bellas Artes), Fidel Castro, Roberto Agramonte, Germán Pinelli, etc. Sobre Tony López, se puede consultar el texto anteriormente citado y el artículo online en *laJiribilla* 'Caricatura: arte de circunstancias' también del investigador cubano Axel li: http://www.lajiribilla.co.cu/2008/n361_04/361_28.html

en el humorismo gráfico de carácter político. Como es lógico, los humoristas de *El Pitirre* no eran ajenos a la esfera internacional del humorismo gráfico. Por las páginas de la revista, además de a Steinberg, se rindió tributo al francés Maurice Sinet ('Siné' 1928-),[31] al alemán George Grosz (1893–1959)[32] o al argentino Óscar Conti ('Oski' 1914–1979),[33] también se presentó al mexicano Eduardo del Río ('Rius' 1934-),[34] que comenzaba en la caricatura y la historieta. Rius, además, fue quien primero abrió las puertas a la serie 'para principiantes', que pronto se adaptó al inglés como 'for beginners', como ha recordado el editor de *Marx para principiantes*: '[e]n 1976, al publicarse la primera traducción al inglés de *Marx para principiantes*, el libro del dibujante mexicano Eduardo del Río (Rius) no sólo se convirtió en lo que los editores llaman un éxito inmediato. También inspiró la creación de la hoy clásica serie *For Beginners*' (del Río 2004: 3).

En la misma entrevista, preguntado por Branly sobre los magazines humorísticos hechos fuera de Cuba, Nuez responde lo siguiente:

> Que 'Mad', cuando la compra un americano paga por reírse: es una revista sajona para hacer reír a los sajones; que 'La Codorniz', española, cumple su rol histórico: combatir el franquismo desde dentro; que 'Punch', inglesa, es más política pero menos avanzada: es puro 'machadato'. (*El Pitirre* 28 febrero 1960, p. 15)

---

[31]   Siné pasó un mes en Cuba en agosto de 1961 y se le homenajeó con una página en *El Pitirre* el 3 de septiembre de 1961, p. 10. El 6 de septiembre de 1962, *Revolución* publicó un especial a doble página de Siné en Argelia. El 17 de enero de 1963 (s/p) se publicó a toda página en *Revolución* la salida de una nueva publicación en París dirigida y editada por Siné y titulada *Siné Massacre*, de la que se reprodujo su primera portada del 10 de enero de 1963 y algunos ejemplos.

[32]   Al gran artista alemán se le dedicó una página el 8 de octubre de 1961, p. 12.

[33]   A Oski, que visitó Cuba y los talleres de *El Pitirre*, en una elogiosa presentación a cargo de Fresquito Fresquet se le definía como 'el humorista gráfico latinoamericano de más fama universal. Desde el año 42 sus ágiles y finos dibujos comenzaron a andar sobre el papel impreso, dándole la vuelta al mundo. Antologías de humor, impresas en América y Europa, recogían en sus páginas las ocurrentes creaciones de Oski. Así, a través de esas antologías, y de algunas revistas extranjeras los caricaturistas cubanos comenzamos a conocerle y admirarle. Cabe decir también que mucho aprendimos de sus dibujos, – como en los de Thurbet, Steinberg, Francois y otros –, a buscar nuevos conceptos en una manifestación de que dejó de ser 'simples muñequitos' para convertirse en algo más sustancial en formas y contenido el humor gráfico' (*El Pitirre* 23 octubre 1960, p. 14–15).

[34]   Rius fue invitado por el ICAP a La Habana y presentado en la revista como el más joven –tenía 26 años– y seguramente más importante caricaturista de México. En una entrevista colectiva, tras declarar que fue seminarista y enterrador durante tres años, declaró que conoció a Fidel Castro en México y que simpatizó con él desde que estuvo en la cárcel. Preguntado por su impresión sobre *El Pitirre*, confesó que le parecía 'un ejemplo para toda América en general. Lo considero de vanguardia' (*El Pitirre* 1 octubre 1961, p. 10).

De las anteriores palabras se extrae la conclusión de que al menos se conocían ciertas revistas de importancia en el momento, como la estadounidense *Mad*, la inglesa *Punch* y, sobre todo, interesa la referencia a la revista humorística española *La Codorniz*, la mejor revista de humor durante el franquismo, heredera directa de *La Ametralladora*, tratadas ambas en los capítulos cuatro y cinco respectivamente. Desde su humor absurdo e inverosímil –en ocasiones surrealista– hasta la sátira social, costumbrista o el humor negro desplegado por Chumy Chúmez a partir de los cincuenta, *La Codorniz* fue un reducto de inteligencia y diálogo para muchos españoles durante la posguerra a través de sus artículos, viñetas de humor gráfico o historietas. La referencia a dicha publicación, además de la publicación en *El Pitirre* de tres ilustres colaboradores de la misma, Fernández Flórez (desde su primer número), Neville (cuyos artículos aparecieron hasta finales de los cuarenta) y Jardiel Poncela, da buena cuenta de los derroteros artísticos y de la influencia que ejerció una revista que, paradójicamente, tuvo un origen ideológico diametralmente opuesto al de los creadores de *El Pitirre*. Con Chumy Chúmez, que colabora en *La Codorniz* desde 1947, una de las plumas fundamentales del humor español del siglo XX, la relación era clara. Su visión del absurdo de la existencia humana, su crítica de las desigualdades, la miseria, la crueldad o la muerte, concuerda con gran parte del humor que se despliega en *El Pitirre*, cuya militancia no está exenta de un cariz intelectual, filosófico, de raigambre humanista. La muerte fue un tema desarrollado en profundidad por artistas como Posada o Chago especialmente, ahondando en la irracionalidad de la existencia humana. Motivo este último que también aparece de manera frecuente en Sergio Ruiz (Sergio), en el que el absurdo y la ruptura de las expectativas, los actos y las (in) consecuencias (i)lógicas que devienen de tales actos conforman parte de su universo creador.

Ahora bien, ¿se podría vislumbrar esta tendencia esbozada hacia un humorismo de vanguardia antes de 1959? Desde luego, no en el semanario humorístico de mayor impacto en la esfera cultural cubana de los cincuenta, *Zig-Zag*, que estaba anclado en fórmulas convencionales, si bien provechosas para conectar con un público al que satisfacer sus expectativas de simple gag, con chistes al pie del dibujo y referencias a la política nacional que le impedían adoptar soluciones más arriesgadas. El surrealismo que adoptan Steinberg, Thurber, Siné, François, Mihura, Tono o Chumy Chúmez apelaba a una esfera universal, donde el dibujo expresara por sí mismo la diégesis, sin la necesidad del texto que en *Zig-Zag* sigue supeditando la imagen a la palabra. A la condensación narrativa de este *humor blanco*, es decir, ausente de la carga satírica del humor político o costumbrista del humor de situación, hay que unirle la participación necesaria de un *lector activo* que colabore en la actualización del mensaje, que además transita más el terreno filosófico-intelectual que el político-costumbrista. Negrín habla de una *función heurística* de los humoristas de vanguardia: '[p]or función heurística debemos entender el papel del humor como *destructor de estereotipos* mediante el absurdo que encierran las situaciones cómicas' (Negrín 2003: 214), que en España ya venían practicando autores como Mihura, K-Hito, Tono o López Rubio desde la década de los veinte. En Cuba, dicha renovación formal previa a *El Pitirre* cabe buscarla en espacios alternativos de exposición y, de manera puntual, en publicaciones de mayor tirada como complemento al humor político convencional.

Negrín, siguiendo los pasos de Desnoes, apunta a los salones de caricaturas y las exposiciones personales como las plataformas desde las cuales comenzó la difusión de esta renovación del humorismo gráfico cubano:

> De ahí que fueran precisamente los salones de caricatura (fundamentalmente en la capital y San Antonio de los Baños) y las exposiciones los que sirvieran de marco para la salida a la palestra de los nuevos humoristas.
>
> Al parecer, el primer signo de la renovación de la caricatura en nuestro país ocurrió en la exposición 'Dibújese una sonrisa', que reunió trabajos de Jesús de Armas y su esposa Margie en el taller del escultor Tony López en 1956. (Negrín 2003: 215)

Por su parte, Desnoes considera la publicación del libro de dibujo expresivo de Jesús de Armas (1934–2002) y su esposa Margie, *Dibújese una sonrisa* (1957), que recogía la exposición en el taller de Tony López, como 'el libro germinal de nuestro humorismo blanco' (Desnoes 1964: 116). El otro foco de renovación del humorismo gráfico hay que buscarlo en las historietas de Rafael Fornés para *Información* durante 1957 y 1958. Coincido con Negrín cuando afirma que 'por primera vez aparecía un humorismo de corte filosófico en Cuba' (Negrín 2003: 217). Las historietas de 'Sabino' nos sitúan en el terreno de la incongruencia de la vida misma, de la incomprensión de nuestra realidad, ante la que el ser humano solo puede aproximarse con escepticismo. Precisamente, el escepticismo será el elemento que primará cada vez más en las historietas de Fornés, que además influirá en el marcado existencialismo de corte filosófico de la historieta 'Salomón' de Chago, cuando ambos autores compartan espacio en las páginas de *Revolución*, a partir de diciembre de 1961, una vez clausurado *El Pitirre*. Las historietas de Fornés prescinden del gag lingüístico basándose en una preeminencia de la imagen que las dota de universalidad. En el ejemplo del 26 de enero de 1958 [fig. 31], Fornés utiliza los elementos propios del lenguaje de la historieta, las líneas cinéticas para expresar movimiento, los signos iconográficos para expresar incomprensión, sorpresa o enfado. No es necesaria la indicación del orden de los cuadros, ya que la secuencia fluye con naturalidad y el lector decodifica el mensaje sin dificultad. La innovación se produce a nivel conceptual más allá de la línea del dibujo. La incongruencia (que pese a todo nos revela una situación posible, realizable) de un desconocido que le increpe a uno hasta el punto de llegar a las manos y, una vez terminada la pelea, le agradezca su ayuda por la tensión liberada, nos sitúa en un mundo rayano con el absurdo que, pese a todo, es el mundo que habitamos. La única salida ante un conflicto que en modo alguno puede solucionar la lógica la encuentra Fornés en el escepticismo.

Fig. 31: Fornés, *Información*, 26 enero 1958

En otro ejemplo del 19 de enero de 1958, don Sabino aparece tocando la guitarra para intentar producir alguna emoción en su mascota, un perro, que impasible duerme a los pies de su amo. De fondo, la Luna presencia la escena. En la penúltima viñeta, un sudoroso Sabino espeta a su perro un '¡MIRALA AHORA...!' y el perro despierta para presenciar cómo la Luna se ha conmovido ante la música de Sabino y llora ante el estupefacto can. Sabino desaparece de la escena con su guitarra. En términos de composición de página, tanto este ejemplo como el anterior combinan el cuadro con el dibujo sin marcos, que sugieren una segunda lectura, más sintética, concentrándose únicamente en las viñetas carentes de cuadro. Es una innovación formal que permite mayor libertad al autor y apela, como ya se ha recalcado, a un receptor activo que complemente el mensaje. No es de extrañar que estas historietas, que se diferenciaban sustancialmente de las tiras cómicas de corte político-costumbrista del momento, pronto encontraran dificultades con la dirección del periódico. Las diversas interpretaciones de las historietas de 'Sabino' y su apelación a un lector con inquietudes intelectuales podían hacer peligrar las ventas del periódico si la historieta no conectaba con el lector medio, si no conseguía fidelizarlo a través de la función de *commodity* que el cómic empieza a desarrollar. Dicha preocupación queda reflejada en una conversación entre el director de *Información* y Fornés, recogida en el 'Catálogo de la exposición De José Dolores a Sabino' en el Taller de Serigrafía 'René Portocarrero' en La Habana, 1995: 'El director del periódico me llamó y me dijo: Fornés, usted quiere decirle algo a los lectores de *Información*, y los lectores de *Información* son imbéciles. No les diga nada' (Negrín 2003: 218).[35]

Obra de los *pitirreros*: entre la militancia y la innovación

En la lista de artistas nacionales, el denominador común fue la juventud de la gran mayoría de colaboradores, con alguna figura más madura y de confirmada trayectoria en el humorismo gráfico, como Fornés (1917–2005), Lázaro Fresquet, Carlos Pérez Vidal, Sergio Ruiz o Humberto Valdés Díaz (1924-), que colaboró con textos pero no con humor gráfico, ya que su estilo estaba anclado en la tendencia de la desaparecida revista *Zig-Zag*. Entre los jóvenes creadores estaba el ya reconocido René de la Nuez por su personaje el Loquito, Chago[36] por su colaboración en *El Cubano Libre* y Eduardo Muñoz Bachs[37] (1937–2001), que

[35] Cabe mencionar también la publicación *Actualidad Criolla* dirigida por Felo Díaz, que surgió a finales de 1958 y desaparecería en 1959. En ella colaboraron Jesús de Armas, Muñoz Bachs, Nuez, Guerrero y Valdés Díaz como redactor. Y, finalmente, la sección de humorismo gráfico 'El fotuto' del diario *Revolución*, que durante 1959 dio cabida a Chago, Nuez, Guerrero y Fornés.

[36] En el tercer número de la revista se dedica a Chago una entrevista-reportaje a cargo de Roberto Branly en la que se incluyen obras de humor gráfico en torno a la muerte, un tema que será recurrente en la obra de Chago. Sobre su posicionamiento en torno al humor concluye la entrevista con estas palabras, que hablan de su búsqueda de una personalidad artística combinada con un enfoque social: '[a]ctualmente estoy tratando de crear un humorismo de carácter social. Pero no me limito sólo a un tema: el humorismo debe ser inspiración, ante todo, fiel reflejo de la personalidad del dibujante. En otras palabras: crear lo que uno siente, sin fijar pautas de antemano' (31 enero 1960, p. 14).

[37] La familia de Muñoz Bachs se exilia terminada la Guerra Civil Española. En barco llegan a Martinica y de allí a Santo Domingo, donde pasan un año. En 1941 llegan a Cuba. Empezó como aprendiz en 1951 en el Departamento de Cinematografía de la cadena televisiva CMQ hasta 1957. En 1958 pasa a trabajar en el Departamento de Dibujo Animado Comercial de la agencia de publicidad Siboney. En 1959, tras la creación del ICAIC, forma parte del Departamento de Animación, que absorbe todos los departamentos de dibujo animado particulares, por lo que figura en el grupo originario de dicho Departamento junto a Jesús de Armas. Posteriormente desarrolló una exitosa carrera como cartelista, siendo su precursor y más importante creador.

formaba parte del Departamento de Animación del ICAIC desde su fundación. Además de los mencionados, Roberto Hernández Guerrero (1938–1982), Alberto Menrique Ardión (1931-?), J. Lazo, José Luis Posada (1929–2002) y José Gómez Fresquet (1939–2007) formaron el grupo principal de *El Pitirre*. Algunos de estos artistas, como Vidal, Valdés Díaz, Fresquito Fresquet, Sergio, Nuez o Posada ya habían sido reseñados en *Qué es la caricatura* (1959) del argentino Ramón Columba.[38]

De la nómina de autores cabe diferenciar tres grupos. El primero, formado por Fornés, Chago, Nuez, Guerrero, Posada y Ardión continuaría su actividad dentro del humor gráfico y la historieta cuando cese *El Pitirre*. En el segundo grupo estarían Muñoz Bachs, que destacaría como un excelente cartelista, y Frémez, que se orientaría hacia el diseño gráfico ejerciendo cargos de dirección artística en revistas como *Cuba* (1964 a 1967) y *Revolución y Cultura* (1967 a 1969). El tercer grupo estaría formado por Sergio, Fresquito Fresquet, Vidal y Lazo, que marcharon al exilio en la década de los sesenta. A continuación, se analizarán los aspectos más relevantes del grupo de artistas más renovador por sus propuestas formales y conceptuales. No se estudiará en detalle la obra de Vidal, Ardión, Frémez, Muñoz Bachs y Lazo al estimar que su producción, aun siendo de interés, no llegó a las cotas de estilización que consiguieron el resto de los pitirreros en el semanario.

Rafael Fornés tuvo una actividad discreta en la revista –el número de obras suyas en la publicación es significativamente menor que el del resto de integrantes–, pero su función como director fue crucial para aportar a la revista una cohesión formal y conceptual, rechazando (como el caso de Valdés Díaz) las creaciones de aquellos artistas que no asumieran una línea vanguardista en su estilo, alejado del modelo de 'muñequito' estadounidense. Hay que recalcar de su producción en *El Pitirre* el anuncio de un personaje que luego desarrollará en las páginas de *Revolución* con el título de 'Vitelio', de septiembre a diciembre de 1962. En el ejemplo de *El Pitirre*, la historieta se titula 'El hombre sano'. El personaje tiene cierta similitud con 'Sabino' y se aprecia una síntesis absoluta

Para más información, ver la entrevista que Darío Mogno mantuvo con el autor en 1998 y que fue publicada en reconocimiento póstumo en la *Revista Latinoamericana de Estudios Sobre la Historieta* (vol. 1, n. 3 septiembre 2001).

[38] 'La tierrra cubana también es pródiga para la risa gráfica. Una legión de caricaturistas pulula en sus diarios y revistas y llevan realizados 24 salones anuales de humoristas. Son nombres consagrados: Conrado W. Massaguer, J. Hernández Cárdenas (*Hercar* 1904–1957), Rafael Blanco Esteva, Juan David, expresivo y moderno, C. P. Vidal, Arroyito, A. Prohias, Nicolás Luhrsen (Niko), Enrique Riverón, J. G. de Armas, H. Valdez Díaz, D. G. Terminel, Fresquito Fresquet, Carlos Mestre, Antonio Rubio, Sergio, Anay, Horacio, Maribona, Silvio, J. L. Díaz de Villegas, G. Menéndez, P. Collado, R. Peña Mora, Luaces, Pecruz, Abela, Ñico, Peroga, Nuez, Posada, Alfonso, Gilberto, Pérez, Torriente, Wilson, Arias… La Asociación de Caricaturistas en Cuba, en La Habana, orienta al gremio' (Columba 1959: 69).

de la línea, especialmente en los fondos. El texto es innecesario y potencia la participación del lector y la universalidad de la historieta. Las relaciones de pareja, a las que el futuro Vitelio se enfrenta con escepticismo, serán el tema sobre el que girarán las historietas en su posterior etapa de 1962.

Una historieta de Fornés para *El Pitirre* [fig. 32] plantea una situación recurrente en varios artistas del semanario: aquella que se refiere a las acciones y las supuestas consecuencias lógicas que se derivan de tales acciones que, en ocasiones, debido a las inconsistencias del género humano, llevan a lo imprevisto. Una mujer escribe dichosa una carta que envía con una paloma. El receptor de la misiva, contento, coge la carta y la paloma, pero en el último cuadro le vemos con cara amarga, cocinando la paloma. De nuevo, se utilizan los mínimos recursos expresivos para transmitir el mensaje. Los fondos son inexistentes y el espacio en blanco domina gran parte de la historieta. Además, hay que resaltar que se publicó a toda página, con lo que el efecto de impacto es todavía mayor. En un plano ideológico se podría esgrimir que el idealismo de la emisora choca con la practicidad del receptor. Es un ejemplo de humorismo y angustia, dos conceptos que, como ya se ha resaltado a lo largo de este estudio, están estrechamente entrelazados.

También practicó Fornés el humor político, especialmente el anticlerical ('el clero falangista' es la expresión usada en el semanario), como, por ejemplo, en la edición del cinco de marzo de 1961, con una poñrtada [fig. 33] y contraportada. Sin embargo, en relación al conjunto de su obra, será en *Revolución*, a partir de diciembre de 1961 cuando, de la mano de su personaje 'Sabino', desarrolle un humor blanco de carácter filosófico que a través del subrayado escepticismo se aproxime a una realidad descorazonadora. La densidad tropológica de sus creaciones, como también ocurrirá con el 'Salomón' de Chago, pondrá en tela de juicio la función de sus historietas dentro del modelo socialista de medios de comunicación, como se verá en el siguiente capítulo. Finalmente, como anécdota, muchos de los integrantes de *El Pitirre* recalcan el nivel de exigencia que Fornés imprimía a las creaciones, siempre en la línea de vanguardia ya comentada. Este hecho le sirvió al propio Fornés como motivo para otra de sus historietas titulada 'Qué bueno es ser director', publicada el 1 de abril de 1961 (p. 15), en la que uno de los pitirreros se devanaba los sesos en busca del dibujo adecuado y cuando finalmente se lo presenta a su director, éste le responde con un intransigente 'lo encuentro muy flojo'.

El caso de Santiago Armada (Chago) es significativo por el notable desarrollo artístico de su obra en la revista, tanto a nivel de humor gráfico como portadista. En esta última faceta, supo aunar una certera elección de color con planteamientos estéticos de fuerte impacto en el lector, optando en ocasiones por el *collage*, como en el ejemplo sobre la 'Declaración de La Habana' [fig. 34], texto firmado el 2 de septiembre de 1960 que respondía a la 'Declaración de San José de Costa

Fig. 32: Fornés, *El Pitirre*, 12 marzo 1961, p. 13

Ciertas bombas criminales
huelen, más que a dinamita,
a alpargata de Falange,
incienso y agua bendita.

Fig. 33: Fornés, *El Pitirre*, 5 marzo 1961

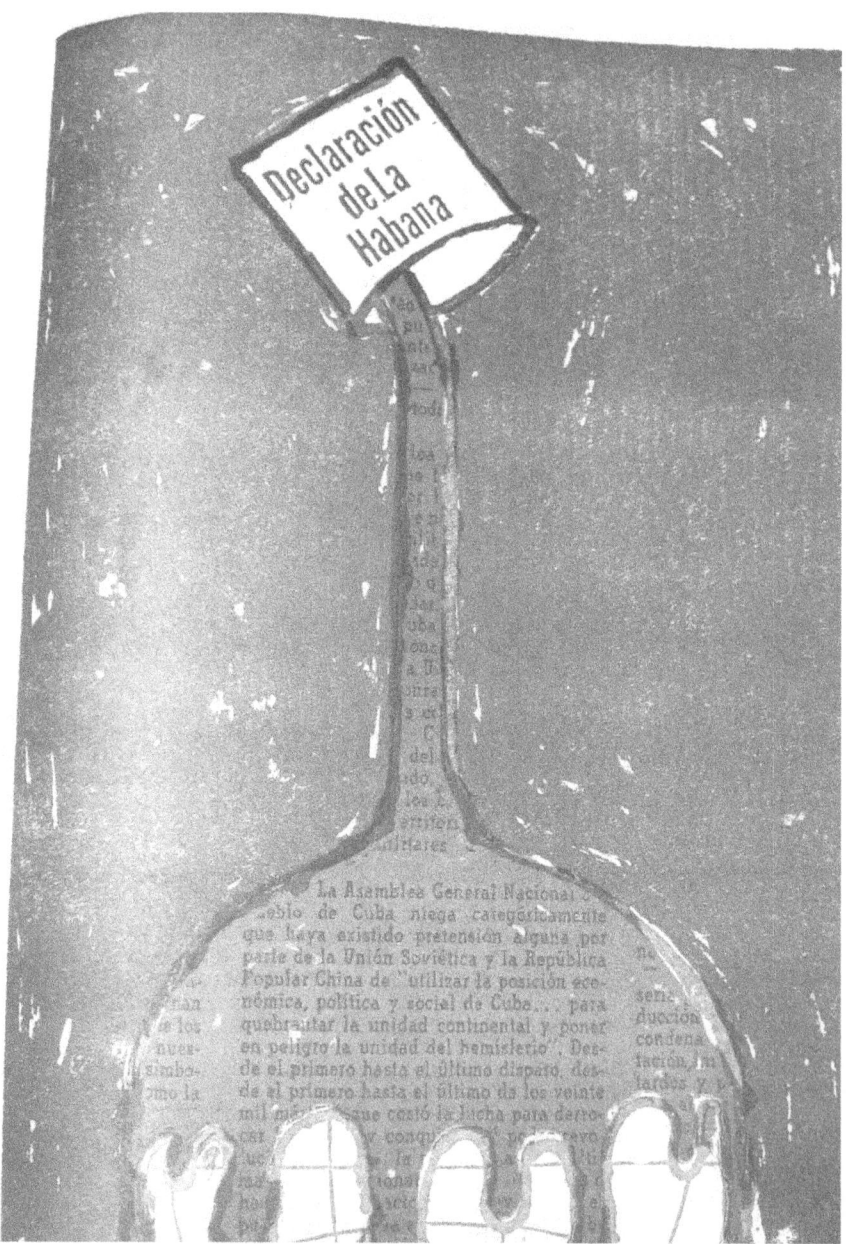

Fig. 34: Chago, *El Pitirre*, 12 septiembre 1960

Rica', que desde Cuba se entendió estaba orquestada por la diplomacia estadounidense. La Primera Declaración de La Habana (como así pasará a llamarse) apelaba a la América Latina para que se sumara a la lucha por la independencia nacional y ratificaba el derecho de Cuba a mantener relaciones comerciales y diplomáticas con cualquier nación del globo si así lo estimaban las partes en cuestión. Por ello la elección de Chago del globo terráqueo, así como la imagen de un cubo de pintura que contiene el texto de la Declaración con el que se cubre el mundo. No es casual la elección del texto que a modo de *collage* puede leerse en la portada. Es el punto quinto del texto que incide en que Cuba no ha recibido presión alguna por parte de la URSS o China para quebrantar la unidad continental y poner en peligro la unidad del hemisferio. Es un extracto que reafirma la independencia del gobierno cubano de injerencias extranjeras y que a la vez aboga por una convivencia pacífica.

Otra portada muy conseguida es la del 5 de julio de 1960 [fig. 35], que hace referencia a la nacionalización de las empresas petroleras extranjeras. Chago exhibe aquí otro de sus rasgos de estilo, el trazo expresivo y grotesco con un uso del pincel grueso y el color de fondo en forma de manchas desiguales. La imagen es de un profundo impacto visual, y en ella se recalcan las ideas imperantes entre los artistas pitirreros asociadas al Imperialismo estadounidense: la muerte y la explotación económica.

La faceta historietística de Chago es la de mayor envergadura, porque es donde desplegó un humor blanco de altísima calidad sobre temas recurrentes como la muerte, la naturaleza o la existencia humana. La densidad temática de su posterior creación para *Revolución*, 'Salomón', ya se vislumbra con total nitidez en la serie de 'El eterno hombre'. El Chago de *El Pitirre* se distanciará de lo hecho con anterioridad (como la historieta 'Julito 26') para incursionar en terrenos de mayor universalidad, compartiendo inquietudes, en este sentido, con la producción de Sergio y Posada en el semanario. Se alejaba Chago del formato amable de la tira cómica política para aproximarse a terrenos más inquietantes y, por ello, más ricos en densidad conceptual. Se puede comprobar esta relación con el tema de la muerte, que en Chago se asume con total naturalidad, no como un destino impuesto insalvable, sino como un estadio más de la existencia humana que hay que aceptar con sosiego. Puede incluso representarse como una salvación en la urbe deshumanizada, como en la figura 36.

El tema de la muerte y su aceptación por parte del ser humano queda expresado en otra historieta de la serie, 'El eterno hombre' [fig. 37], en la que en una partida de ajedrez con la muerte –una representación clásica de la vida del ser humano– el hombre es derrotado pero acepta su destino con felicidad, con una sonrisa en el rostro, mientras la muerte lo lleva ensartado en la guadaña.

Fig. 35: Chago, *El Pitirre*, 5 julio 1960

EL ETERNO HOMBRE por chago

Fig. 36: Chago, *El Pitirre*, 12 febrero 1961

EL ETERNO HOMBRE por chago

Fig. 37: Chago, *El Pitirre*, 31 enero 1961, p. 12

Cuando Chago juega con los convencionalismos –ya sean aquellos relacionados con el formato propio de la historieta o con la existencia humana– exhibe una habilidad para diseccionar de manera certera la realidad. A primera vista, dichas historietas pudieran considerarse surrealistas, y en cierta manera lo son, pero no pierden su contacto con la realidad a través de una segunda lectura, con la que Chago invita al lector a un ejercicio intelectual que muestra las posibilidades estéticas y reflexivas de la historieta. Un ejemplo de ello lo tenemos en la figura 38, en la que Chago manipula las convenciones del espacio que recrea la historieta cuando su personaje, oprimido por la presión de un cielo demasiado próximo al ser humano, decide levantarlo unos centímetros para poder caminar más cómodamente. La segunda lectura refiere el peso de lo inaprensible, de lo metafísico con lo que el ser humano se relaciona a través del hecho religioso y la influencia (y peso) que ejerce en las vidas de los seres humanos. Chago propone algo tan inocente como levantar el cielo para que el ser humano pueda desarrollarse con normalidad.[39]

El segundo ejemplo que se quiere mencionar en esta línea conceptual que desarrolla Chago es el que se titula 'el ser y la nada' [fig. 29], ya mencionado en el capítulo anterior. El personaje conocido como 'el eterno hombre' sube por unas escaleras sin final apreciable, hacia el cielo. Las dos primeras viñetas, con el personaje sonriente, contrastan con el pánico ante la visión de la nada en la tercera viñeta. La constatación de que no hay un más allá, de que la realidad únicamente existe en el plano terrenal, crea una profunda desazón. Aparentemente, estas historietas abordan el surrealismo –nos recuerdan obras posteriores, como el cuadro 'Dalí levantando la piel del mar Mediterráneo para enseñar a Gala el nacimiento de Venus' de 1978–, pero en realidad su dialéctica se establece con la realidad del día a día, del ser humano ante los miedos y cargas que lo asolan.

Chago también dejó clara su postura respecto a los cómics estadounidenses en una historieta de cuatro cuadros titulada 'Literatura destructiva' [fig. 39]. En la primera viñeta vemos a una persona leyendo una revista de cómics. En la segunda viñeta pronuncia la palabra SHAZAAM y el resultado es que un rayo lo pulveriza convirtiéndolo en polvo. Es una referencia al cómic creado por Bill Parker y C. C. Beck en 1939, titulado *Captain Marvel*,[40] en el que un reportero de noticias de radio, Billy Batson, convoca a su alter ego, Captain Marvel, cada vez que pronuncia la palabra 'Shazam'. Chago repite la fórmula del cómic original, pero el lector es destruido por el propio texto que ha leído, de ahí el título.

---

[39]   Esta historieta se relaciona con otra del 18 de diciembre de 1960 (p. 11) en la que, en un formato similar a toda página en viñetas verticales, el personaje reza al cielo, se marcha caminando con una sonrisa en el rostro, pero en la tercera viñeta un rayo lo consume convirtiéndolo en polvo. La naturaleza o la religión es incomprensible y su interferencia en los asuntos mundanos es violenta e inconsecuente.

[40]   Apareció por primera vez en *Whiz Comics* n° 2 (febrero de 1940).

Fig. 38: Chago, *El Pitirre*, 5 febrero 1961

Fig. 39: Chago, *El Pitirre*, 11 agosto 1960, p. 12

Chago volverá al asunto de los cómics en otro ejemplo publicado en *Revolución* el 14 de abril de 1962 [fig. 40] en el que un muchacho sueña con diversos superhéroes de cómic para finalmente llegar a un 'héroe real', un miliciano cubano. La frase que acompaña la última viñeta, '¡Nada como la realidad!', redunda en el efecto pernicioso de los cómics y la necesidad de pensar y actuar con la realidad en mente. El entretenimiento como un fin en sí mismo no tenía cabida en una revolución socialista que quería terminar con las viejas estructuras burguesas. Los cómics eran, para muchos artistas e intelectuales cubanos, una clara representación del adocenamiento de la juventud, que buscaba en este tipo de producto cultural de consumo masivo un fácil escapismo. Sin embargo, paradójica resulta cuando menos la posición de Chago (y no será el único), ya que desde las páginas de *El Pitirre* se utilizó la misma manifestación artística, la historieta, pero con fines distintos. La crítica se dirigía al uso que se hacía de ciertos productos que, producidos en masa, como los cómics, emanaban de la cultura capitalista estadounidense. Cuando ese mismo objeto cultural servía a fines diametralmente opuestos, es decir, contenían un sustrato militante o cuando menos discurrían por discursos artísticos de vanguardia hacia temas universales, como es el caso de Chago, estos mismos autores no veían contradicción alguna. Lamentablemente, ésta no fue la opinión de muchos intelectuales cubanos, que no apreciaron cualidad alguna en los cómics, que estimaban un ejemplo revelador del grado extremo de la degradación cultural de Occidente.

Otro de los artistas de *El Pitirre* que manejó con maestría el lenguaje de la historieta, en especial la secuencia y la elipsis con la que hacer partícipe al lector de la historia narrada, fue Sergio Ruiz (Sergio). Poco se sabe de este artista al que Desnoes incluye en la nómina de artistas rebeldes: '[l]os humoristas rebeldes se mueven anónimamente por las calles de la Isla. Los más conocidos – el caso de Sergio Ruiz – no tenían donde [sic] publicar sus dibujos y vivían

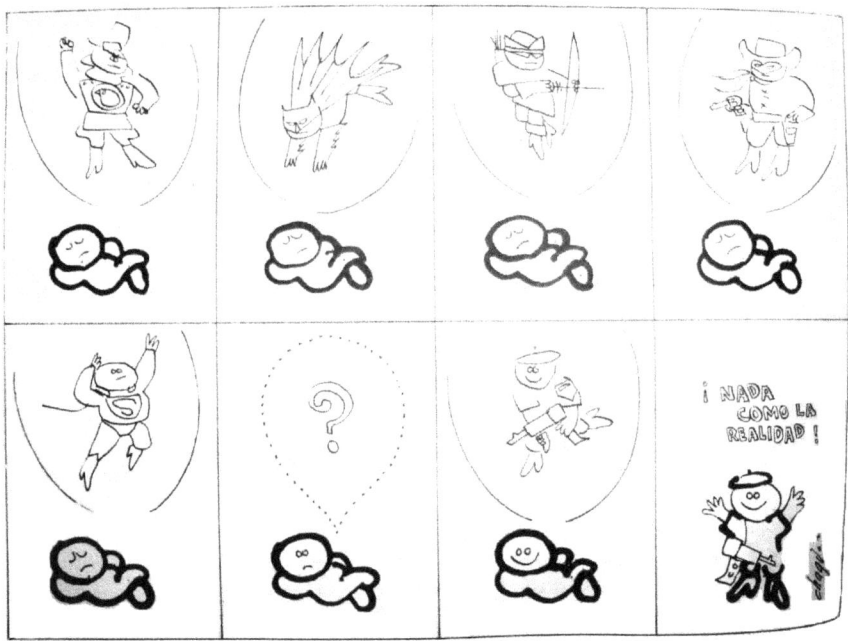

Fig. 40: Chago *Revolución*, 14 abril 1962

de la publicidad' (Desnoes 1964: 116). Negrín aporta el dato de una entrevista de Fornés en la que menciona que Sergio ya había hecho una exposición con Juan David, el caricaturista más prestigioso del momento (Negrín 2004: 14). Desde sus primeras colaboraciones en febrero de 1960, Sergio demuestra una madurez y un estilo propios, a estas alturas parece un artista que ya ha encontrado su trazo, mientras otros, como Nuez o Chago, están evolucionando en su expresividad. Destacan las portadas de Sergio, entre las mejores del semanario, con un hábil uso del *collage*, como en el número del 26 de marzo de 1960 [fig. 41], dedicado a criticar a *Prensa Libre*, el diario de Sergio Carbó. La imagen de Sergio, con un grueso personaje con el sombrero de las barras y estrellas y la rosa blanca de la asociación creada en el exilio por Rafael Díaz Balart en 1959 para luchar por la vía armada contra los revolucionarios cubanos, tiene un fuerte componente grotesco. El trazo grueso del pincel y el inteligente uso del *collage*, además del título con el que se satiriza la publicación de Carbó, *Panza Libre*, es de un poderoso efecto visual, sin olvidar el uso del color rojo, que contrasta y sobresalta todavía más el dibujo.

También utilizó una de las características más reconocibles del lenguaje de la historieta, el uso del globo o bocadillo, en otra portada del 29 de agosto de 1960 [fig. 42], en la que además, portada y tapa [fig. 43] de la revista se relacionan

Fig. 41: Sergio, *El Pitirre*, 26 marzo 1960

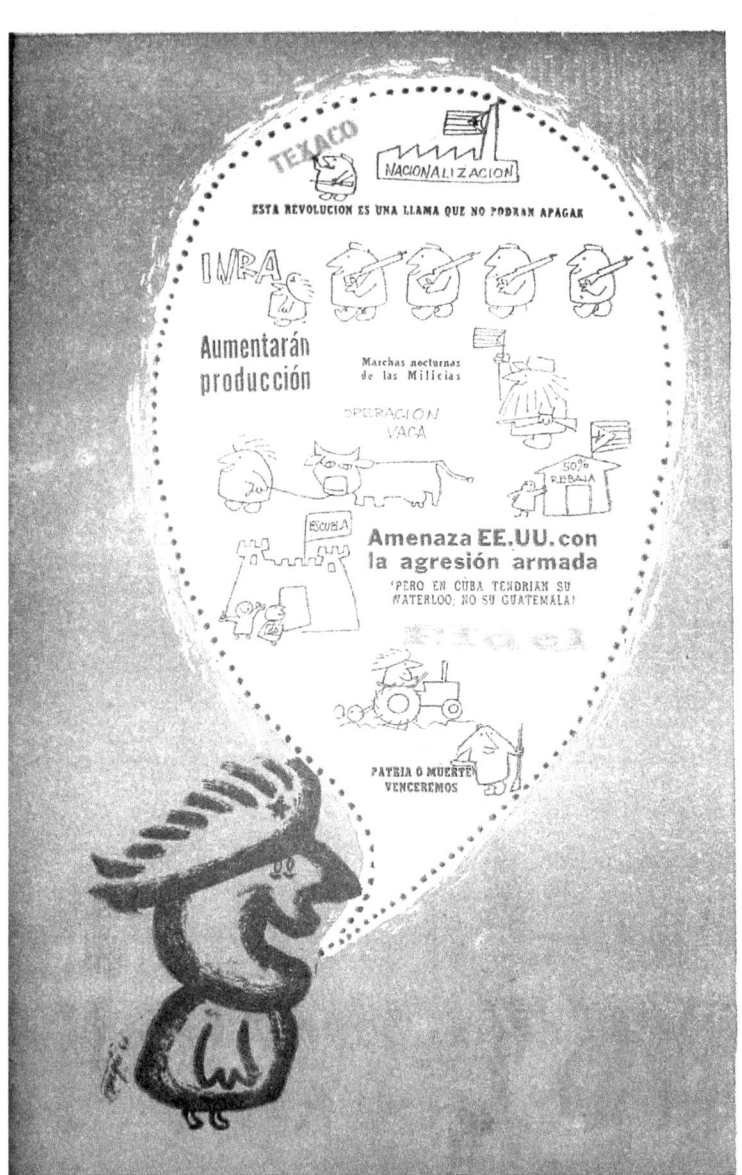

Fig. 42: Sergio, *El Pitirre*, 29 agosto 1960

Fig. 43: Sergio, *El Pitirre*, 29 agosto 1960

en una suerte de diálogo entre los logros de la Revolución (vistos por un partidario con el típico sombrero yarey) y los peligros de la misma (observados por un detractor). En la portada se resumen las medidas más significativas implementadas por el gobierno, como la nacionalización de empresas, la rebaja de alquileres, la reforma agraria o la creación de las milicias. Por el contrario, en la tapa aparecen varios latifundistas, una imagen de los marines norteamericanos, publicaciones americanas del tipo *Life*, *Time*, etc. El diseño es sencillo, pero el uso del *collage* es tremendamente efectivo y expresa claramente la atmósfera, que una gran parte de la población reconocía, entre una gran mayoría beneficiada por las medidas gubernamentales y una minoría adinerada que veía peligrar su estatus socio-económico.

En las tiras de Sergio se aprecia una recurrencia de ciertos temas de carácter universal, como la incomunicación entre la pareja o, en un sentido más amplio, la fragilidad de las relaciones humanas, acosadas por la hipocresía o la monotonía de los actos cotidianos que devienen incongruentes hasta el surrealismo. Por ejemplo, en una tira de tres viñetas, un hombre cuelga en la primera el sombrero, en la segunda un peluquín y en la tercera la cabeza misma. Los actos mecánicos nos deshumanizan y Sergio lo entiende desde una óptica absurda. De nuevo, en cuanto a su estilo, concuerda con el del resto de pitirreros en su economía, utiliza los elementos fundamentales con los que transmitir el mensaje. Por ello, carece generalmente de fondos o, en el caso de haberlos, son extremadamente escuetos. Sergio llevará la vena del absurdo o la ruptura de las expectativas a terrenos tan propicios para ello como el del amor. Así, en dos tiras del 5 (p. 12) y el 19 de junio (p. 12) de 1960, Sergio sitúa su personaje en dos situaciones prototípicas: deshojando la margarita y escribiendo una carta de amor. En ambas situaciones se juega con las expectativas del lector, con su participación completando la tira en base a convenciones sociales, pero Sergio revela un lado oculto, menos frecuente, pero no por ello improbable. Con ello se sitúa en un espacio liminar entre la realidad y el absurdo, donde los límites son difusos. En el ejemplo de la margarita, finalmente, el personaje exclama 'me quiere…!' y se marcha cabizbajo para, en las dos últimas viñetas, buscar un revolver en la habitación y suicidarse. El lector queda en suspenso preguntándose el porqué de tal decisión, con lo que se consigue hacerle partícipe de la tira. En el ejemplo de la carta de amor, un desconsolado personaje escribe una misiva frente a un retrato de una mujer. Abrumado por las circunstancias, llora y sepulta la cabeza entre sus brazos para, finalmente, quedarse dormido. De nuevo se quebrantan las expectativas y se produce el efecto humorístico.

Los actos habituales de cortesía, como los saludos entre dos viandantes, son el motivo de otra tira del 23 de octubre de 1960 (p. 5), en la que lo que aparenta ser un encuentro entre dos amigos que alegremente se saludan y entablan una pequeña conversación, termina con miradas de sospecha por parte de los dos interlocutores, revelando el absurdo del mundo, por el que las acciones no producen lógicas consecuencias sino todo lo contrario. Esta tira, además, se publicó de manera vertical a lo largo de la página, con lo que el lector debía girar el semanario para poder leer la historieta. Fue una marca de la casa del semanario para interpelar a un lector participativo. De manera similar, y en un ámbito privado esta vez, en la tira del 21 de agosto de 1960 (p. 12) [fig. 44], se nos presenta a una pareja, él leyendo el periódico, ajeno a la conversación que ella intenta mantener con él. La aparición del pequeño, que se dirige a su padre con un 'papi' consigue automáticamente la atención del hombre, contrariamente a lo que ha ocurrido en las tres viñetas anteriores. Nuevamente, en la tira del 29 de agosto de 1960 (p. 12) [fig. 45], titulada 'AMOR', un hombre llega a casa y mientras se quita la chaqueta saluda a su esposa con un beso. En la última de las tres viñetas ambos bostezan. La monotonía de las acciones cotidianas acaba con su sentido y termina equiparando beso y bostezo en un continuo cíclico. De Sergio nada se sabe tras su paso por *El Pitirre*. Poco tiempo después emigra a Venezuela, donde vuelve a trabajar en la publicidad, por lo que su paso por la historieta y el humor gráfico fue puntual y, sin embargo, como se ha tratado de demostrar, en las páginas del semanario demostró una madurez artística y una creatividad notables.

José Luis Posada Medio nace en Asturias en 1929 y llega a San Antonio de los Baños en 1940, tras pasar por los campos de concentración franceses al término de la Guerra Civil Española. Posada refiere una temprana inclinación por el dibujo, pero es en San Antonio de los Baños cuando, a través de publicaciones como *Páginas del Círculo*, a finales de los cuarenta, comienza a plantearse seriamente la profesión de dibujante. Empezó en *La Tarde* y ya en 1952 había ido a Nueva York, al *Arts Students League*, donde hizo sus primeros contactos con una escuela de arte (Posada 2005: 12). De sus influencias, Posada cita a George Grosz 'que para mí es un gigante. Le imprimió un sello a la caricatura que la sacó del muñequismo; su dibujo es grotesco, expresionista, y puede existir por sí mismo' (2005: 14). De los artistas nacionales, muchos influyeron en su obra, aunque cita fundamentalmente a Sergio y a Chago: 'yo tomé de todos. Aquí había grandes dibujantes. Sergio Ruiz era un gran dibujante, alguien que me fascinaba dentro del humor. El propio Chago, que era más joven que yo, era un dibujante extraordinario. Y otros que han emigrado, que ya no están en Cuba' (2005: 13). Por lo tanto, el Posada que llega a *El Pitirre* tiene ya una formación tras de sí, pero al mismo tiempo está en proceso de maduración: 'digamos, en 1961, me percato de que puedo controlar mi torpeza' (2005: 13).

La presentación del autor en el semanario se produce el 20 de marzo de 1960: 'EL PITIRRE, [...] se siente complacido en publicar, a partir del presente número, los dibujos de Posada, joven artista cubano premiado en diversos salones

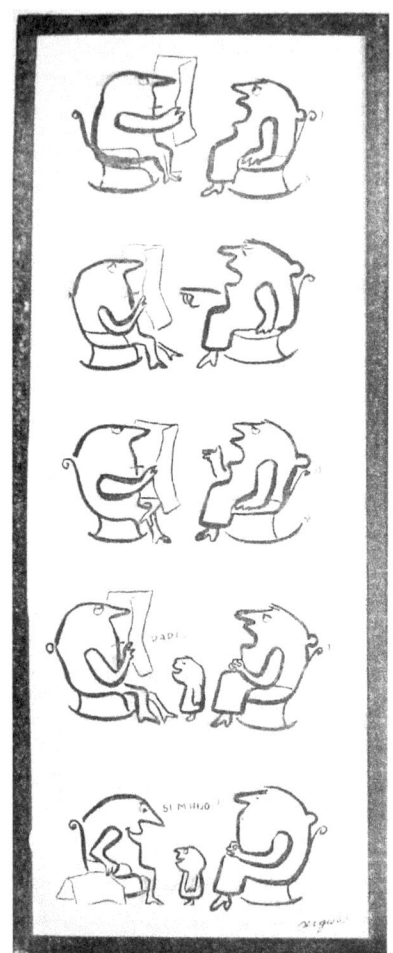

Fig. 44: Sergio, *El Pitirre*,
21 agosto 1960, p. 12

Fig. 45: Sergio, *El Pitirre*,
29 agosto 1960, p. 12

Fig. 46: Posada, *El Pitirre*, 10 abril 1960

humorísticos celebrados en Cuba, que, por primera vez, publica sus trabajos en una revista impresa' (p. 9). En una doble página, Posada desarrolla la serie 'Flores', con varios motivos de humor gráfico de marcado lirismo e inocencia, dentro de un humor blanco, ausente de politización.

A lo largo de su paso por la revista, Posada despliega una considerable producción artística tanto en caricaturas e ilustración como en humor gráfico e historietas. De las portadas que firmó, destaca especialmente la del 10 de abril de 1960 [fig. 46] con un *collage* en forma de barquito de papel, formado con recortes de prensa del *Diario de La Marina* –como hiciera dos semanas antes Sergio con *Prensa Libre*–, y en cuya bandera ondea una siquitrilla. Es en la historieta donde se desempeña con mayor soltura en el semanario, aunque posteriormente su carrera profesional se concentre en el humor gráfico, primero para *Juventud Rebelde* y *El Sable* , luego en *El Caimán Barbudo* como creador del nombre y del logotipo.[41]

En las historietas que publicó en *El Pitirre* se movió entre el humor blanco y el político, pero cuando tocó este último lo supo hacer con sutileza, sin caer en obviedades y, sobre todo, sin supeditar la crítica política a los mecanismos propios de la historieta que trata de narrar con imágenes. Un ejemplo de lo dicho es la historieta del 30 de octubre de 1960 [fig. 47], una versión de una obra con formato similar de Nuez dos semanas antes [fig. 48]. El uso del globo en la historieta de Posada, así como el nítido uso de la secuencia al encaramarse el trabajador a la palmera y convertirla en una fábrica, con el consiguiente cambio en la gestualidad del orondo personaje Tío Sam, son prueba del buen hacer de Posada utilizando el lenguaje de la historieta. Fijémonos también en el uso de las manchas de tinta para representar el humo que sale de las fábricas. Si en las primeras viñetas desde la orilla estadounidense el abundante humo implica una fuerte actividad industrial, en la última es la orilla cubana la que tiene sus altos hornos a máxima potencia, mientras la fábrica americana se ha parado por completo.

En dos ejemplos más se comprueba el humor negro que imprime a muchas de sus obras, aunque en algunos casos ofrece concesiones al lector para aliviar un desenlace que se presume trágico, como en el ejemplo de la figura 25, titulado 'Desesperación', que ya se comentó en el capítulo cinco cuando se comparó con un ejemplo muy similar al de Tono para *La Codorniz*. En dicho ejemplo un abatido personaje se dirige hacia un árbol con una soga. El lector presume que va a cometer suicidio, influido por el ambiguo título de la historieta, pero en la

---

[41] Como ha destacado Sarusky, entre las variadas ocupaciones (además de historietista y humorista gráfico) en torno a la plástica y el teatro, Posada ha sido ilustrador, caricaturista personal, grabador, pintor, escenógrafo, diseñador de vestuario, diseñador de títeres y muñecos y ceramista (Posada 2005: 107).

Fig. 47: Posada, *El Pitirre*,
30 octubre 1960, p. 5

Fig. 48: Nuez, *El Pitirre*,
16 octubre 1960, p. 8

última escena vemos al hombre sonriente columpiándose con la soga. La historieta genera tensión, pero ésta se alivia con la ruptura de las expectativas. De manera similar, la ruptura de expectativas genera el efecto contrario en la historieta del 7 de agosto de 1960 (p. 7) [fig. 49] 'extraña aventura', optando por el humor negro. Cupido envía sus flechas a dos personajes vestidos con el atuendo del Ku Klux Klan (la crítica a esta organización fue muy recurrente en la revista, especialmente de la mano de Guerrero) y se marcha convencido de haber acometido una noble acción. En la última viñeta de tres, estos se quitan los capirotes riendo a carcajadas para mostrar al lector que en realidad son dos esqueletos a los que Cupido ya no puede cambiar. Finalmente, cabe señalar la serie 'Huellas', en la que el autor emplea de manera creativa las huellas dactilares

Fig. 49: Posada, *El Pitirre*, 7 agosto 1960, p. 7

en varios ejemplos de humor gráfico, combinando el valor semántico de la huella con la innovación formal a nivel compositivo.

René de la Nuez llega a *El Pitirre* con el reconocimiento y el favor del público por su personaje 'el Loquito' de *Zig-Zag*, con el que consiguió crear humor gráfico militante en la lucha contra la dictadura por vías legales. Si ya el Loquito presenta algunas de las características de Nuez, la geometría sintética de la línea y el uso del *collage* en el sombrero del personaje, es en *El Pitirre* donde la influencia de Steinberg se percibe con mayor claridad. Suyas son las dos primeras portadas de la revista [fig. 50 y 51] como prueba de la importancia de Nuez en la publicación, no en vano será el artista que colabore con mayor número de obras. Podemos apreciar en las dos primeras portadas, por un lado, la geometría en la línea de herencia steinbergiana y, por otro lado, su adscripción al humor político, que será el que marque toda su carrera, entendiendo su actividad en la plástica del humor como una actividad combativa y fundamentalmente militante . Dicha convicción le llevará hasta el conflicto de Vietnam, donde también realizaría humor gráfico contra las tropas estadounidenses.[42] En la primera portada, el personaje está confeccionado con las líneas mínimas que le confieren su densidad semántica. Apenas un par de rayas determinan las enclenques piernas y la cabeza se distingue por el contorno de la nariz en un ángulo recto y dos ojos de mirada un tanto estrábica suspendidos en el aire.

Aunque su contribución a la renovación formal de la caricatura y el humor gráfico es esencial para la publicación, no marchó pareja su aproximación a la historieta, cuyo aporte será comparativamente de menor calidad que el de algunos de sus colegas, especialmente los estudiados Chago, Posada o Sergio. Cuando Nuez se acerca a la historieta, se aprecia cierta rigidez en su narrativa con imágenes, de modo que adapta de manera más rudimentaria que los otros autores mencionados en términos de elipsis narrativa y uso de la secuencia. En algunos casos, especialmente cuando prescinde del texto de apoyo y debe *contar* únicamente a través de imágenes, ubicándose en un plano más universal, conseguirá ejemplos de cuidada factura, como el del 25 de marzo de 1961 (p. 9) [fig. 52]. En este último, además de manejar con soltura la secuencia narrativa, se apoya en el acervo cultural que implica, por un lado, la asociación de una manzana y los posibles gusanos que puedan estar dentro y, por otro lado, la terminología cubana, que desde muy pronto se refiere a aquellos contrarios a

---

[42] 'Por ejemplo la guerra de Viet Nam, yo hice miles de dibujos y tenían una característica, tanto gráfica como de contenido. Tuve que crear diferentes personajes vietnamitas, entre ellos guerrilleros y combatientes. Incluso estuve en Viet Nam un tiempo, dibujando cuando la guerra. Fui el único caricaturista extranjero que ellos permitieron que entrara en Viet Nam en medio de aquella heroica lucha' (Nuez 1998: 22).

Fig. 50: Nuez, *El Pitirre*, 17 enero 1960

● Sabrina, despechada por el éxito del Marqués.
(página 3)
● Steinberg en el concepto revolucionario.
(página 13)
● Prensa seria, virtudes y cualidades.
(página 8)
● Cada siquitrilla que se parte...
(página 7)

EL PITIRRE, Habana, Enero 24 de 1960

SUPLEMENTO DE La Calle

el marqués se va para españa...

Fig. 51: Nuez, *El Pitirre*, 24 enero 1960

Fig. 52: Nuez, *El Pitirre*,
25 marzo 1961, p. 9

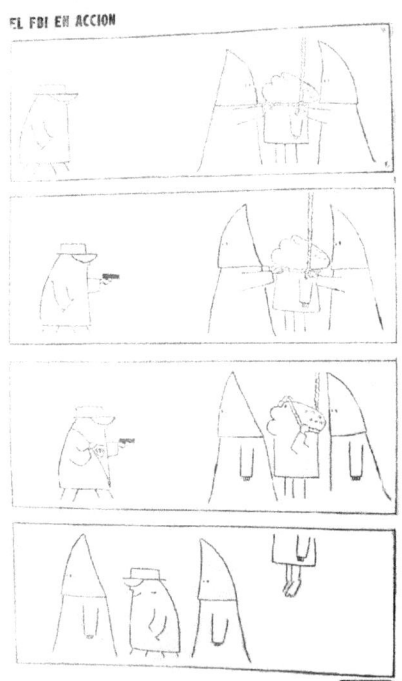

Fig. 53: Guerrero, *El Pitirre*,
17 julio 1960, p. 2

la Revolución como *gusanos*. Por ello, cuando un grupo de ciudadanos coloca el cartel en una inmensa manzana, la consecuencia es que en la última viñeta varios gusanos salen en desbandada. Ambos campos semánticos se unen con el cartel de 'Comité de Defensa', que se refiere a los Comités de Defensa de la Revolución (CDR), cuyo lanzamiento oficial se produjo el 28 de septiembre de 1960 en el balcón del Palacio Presidencial, cuando Fidel Castro llamó a la creación de un sistema colectivo revolucionario de vigilancia. Sus funciones, como recoge Fagen, iban desde la integración, socialización y movilización de las masas, pasando por la implementación de medidas revolucionarias, hasta la protección de los recursos materiales y sociales de la revolución (Fagen 1969: 80).

Sin embargo, en otras ocasiones Nuez optará por una obra a medio camino entre el humor gráfico y la historieta, apoyándose en textos en forma de ripios de escasa trascendencia. En 'historia de la "MARINA"',[43] Nuez narra las peripecias del *Diario de La Marina* convertido en una mujer de elaborado peinado, vestido, bolso y aparatosa pamela que se deja querer por el dictador de turno hasta que la Revolución trunca sus planes. Es un claro ejemplo en el que la imagen todavía depende del texto y la historia se ve entorpecida por tal dependencia. Nuez, en muchas ocasiones, antepuso transmitir el mensaje de calado revolucionario a la dinámica interna de la narración en imágenes, aunque ello le hiciera incorporar textos innecesarios. Es por ello que las soluciones que adoptan Sergio o Guerrero, como se verá a continuación, son más sutiles y adecuadas al tipo de lenguaje con el que se trata.

Roberto Hernández Guerrero (1938–1982) es otro caso significativo de artista que empezó a tener acceso a plataformas de difusión para su obra con los cambios que se operan durante los primeros años revolucionarios. Aunque ya había publicado caricaturas en *Actualidad Criolla*, todavía trabajaba en una ferretería cuando Fornés lo invita a participar en la revista (Negrín 2004: 8). Su estilo en la publicación concuerda con la tendencia marcada por el director de línea escueta y sintética, fondos mínimos o inexistentes y combinación de humor blanco y militante con especial atención a la expresividad y al cuidado de la narrativa en imágenes.

En este sentido, Guerrero desarrolló una de las mejores series de todo el semanario, 'El F.B.I. en acción', al conjugar una estructura narrativa rígida con finales imaginativos. Sus historietas suelen ser de cuatro viñetas, siendo las tres primeras el desarrollo de una pequeña historia, siempre en torno a la violación de la ley, el racismo o el consumo de estupefacientes, para, en la última viñeta, cuando el lector espera que triunfe la justicia (y, por ende, que haya un *happy*

---

[43]   15 de mayo de 1960 (p. 9).

ending), revertir la expectativa a través del humor negro para subrayar la decadencia y el empobrecimiento moral de la sociedad norteamericana. Pese a repetir una estructura que juega con lo esperado por el lector en base a su reconocimiento de ciertas referencias de la cultura estadounidense, Guerrero logra subvertir dichas expectativas y solucionar la historia de manera imaginativa.

La crítica de Guerrero, centrada en el cuerpo policial y en la organización racista del Ku-Klux-Klan, adquiere cotas de humor negro cuando en el ejemplo del 17 de julio de 1960 [fig. 53] un agente detiene a dos miembros del Klan que están a punto de ahorcar a un hombre negro. Tras mostrar la placa de policía (reforzando los estereotipos de las películas de cine negro), se marchan todos juntos, dejando tras de sí los pies colgando de la persona que ya ha sido ahorcada. No hay diferencias entre delincuentes y policías, por ello la crítica de la sociedad norteamericana es total y no admite concesiones, pintando un panorama desesperanzador, pero humorístico a la vez. En un ejemplo del 10 de julio de 1960 (p. 5), un agente interviene en el momento en que un bandido asalta a un ciudadano. El agente saca la pistola y enseña la placa. El delincuente responde enseñando la suya, también es un policía. Las historietas de Guerrero son de cuidada factura en términos de secuencia narrativa y globalmente dejan al lector con una inquietante sensación, mezcla de angustia y comicidad, la característica propia del humor negro. Tras su paso por *El Pitirre*, Guerrero siguió trabajando la plástica del humor, en *Cuba* y *El Sable* principalmente.

Lázaro Fresquet, según refiere Negrín, había publicado algunos dibujos en una revista católica antes de formar parte de la plantilla de *El Pitirre* (Negrín 2004: 22). De este autor, experimentador con el *collage* y el fotomontaje, que desarrolla un dibujo muy personal en la ilustración, de línea geométrica, a manera de parches adosados al cuerpo del personaje, interesa particularmente la sección 'Rehilete', de la que se hará cargo desde el 9 de julio de 1961 hasta el cierre del semanario en octubre del mismo año. Dicha sección será un espacio ecléctico de imagen y texto, en el que a través de un humor absurdo matizado por referencias al contexto del momento, el autor dará rienda suelta a su imaginación, especialmente a través de la contraposición de fotografías y textos incongruentes al pie. Frecuentemente se preguntará al lector sobre determinado personaje en una fotografía, dándole tres opciones para que responda, a cual más disparatada.

Es necesario recalcar aquí la vinculación de la sección de Fresquet con secciones similares en la revista española *La Ametralladora*, de adscripción nacional durante la Guerra Civil Española. En dicha revista, secciones como 'Diálogos estúpidos', 'Grandes novelas de La Ametralladora' o 'Las bonitas canciones de La Ametralladora' se regirán por el mismo formato, humor absurdo y contraposición de imagen y texto con resultados insólitos. La similitud de ambas revistas en ciertos aspectos puede parecer extraordinaria si atendemos a la distancia temporal e ideológica que las separa, sin embargo, coinciden en una mirada similar hacia el absurdo, que en la plástica del humor evoluciona hacia un *humor blanco*, manteniendo su aspiración universal y un cierto hálito de ingenuidad, de deleite en la puerilidad. Este último aspecto, acompañado de una dosis de ingenuidad que en ocasiones puntuales se verá violentada por la referencia política, continuará en las historietas de 'Sabino' y 'Salomón' hasta septiembre de 1963 en las páginas de *Revolución*. No en vano se recalcó al principio de este capítulo la publicación en *El Pitirre* de autores como Wenceslao Fernández Flórez, Edgar Neville o Enrique Jardiel Poncela, adheridos a dicha concepción del humor en torno a las revistas *La Ametralladora*, primero, y *La Codorniz*, después (a partir de 1941).

APÉNDICE. Artículos de Guillermo Cabrera Infante (el estrungundrán) en *El Pitirre*

'La picada del pitirre'   *El Pitirre*, 17 de enero de 1960, p. 2

Lo cortés no quita lo Pizarro y el pitirre es un ave. La tiñosa también es un ave...de mal agüero. (¿A alguien le viene el sayo? ¿Quizás a Zayas?) Un día un hombre se encuentra con otro hombre. El primer hombre dibuja un tríangulo. '¿Qué es?', pregunta uno al otro. 'Una cochinada', responde el uno al otro. El uno –o el otro– dibuja un círculo. '¿Qué es?' 'Otra cochinada'. El otro –o el uno– dibuja un cilindro. '¿Qué es?' 'Otra cochinada'. Cansado, el primero le dice al segundo: '¡Compadre, usted está perdido! No ve más que cochinadas'. 'El que está perdido es usted', dice el segundo 'que es el que las pinta'.

Un pitirre vuela. Encuentra un aura y no está tranquilo hasta que no la deja calva. El pitirre quiere que todas las tiñosas se parezcan a Yul Brynner. El pitirre es el dolor de cabeza de todas las auras. Una tiñosa furiosa no tiene que tirarse de los pelos: simplemente llama a un pitirre. Cuentan que una tiñosa fué [sic] a ver al psiquiatra. 'Doctor', le dijo, 'no puedo vivir. Cada vez que salgo de caza hay un pajarito que me pica la cabeza'. El psiquiatra rascó la cabeza de la tiñosa... cuando se dió [sic] cuenta del error, rascó la cabeza propia. 'El problema es peliagudo'. Pensó otro rato. 'Deje la cabeza en casa'. 'No puedo, doctor', dijo el aura, 'la necesito para escribir los editoriales de "Avance" ¿Qué haría Pedro Leyva sin mi cabeza? No podría firmar los artículos'. El psiquiatra pensó otro rato. 'Quédese en casa'. La tiñosa hizo caso y se quedó en casa. Un día recibió la cuenta del psiquiatra: 'Agua corriente $25... Luz... $25. Soldadura autógena... $25... Consulta... gratis'. El aura salió a protestar. Se puso su frac, olvidó su sombrero y salió. Un pitirre camino de su casa, le llevó a doña pitirre tres plumas más para su almohadón de plumas de cabeza de cizaño.

El psiquiatra estaba ocupado. Había una larga cola en su consulta, repleta de la gente más variada: latifundistas, latifundistas, latifundistas. Uno decía: 'Yo no puedo vivir sin mi siquitrilla'. En la puerta el letrero decía: 'Doctor Quo Vadis, hijo. Psiquitrillata'. El aura entró, hizo la cola y le tocó su turno. 'Doctor', dijo la tiñosa 'la cuenta es muy elevada. Recuerde que me he quedado nada más que con treinta caballerías'. El psiquiatra lloró largo rato. Cuando el aura miró bien, vió [sic] que el psiquiatra era un cocodrilo. En la bata médica tenía un letrero que decía: 'Ulises. Se hacen contratas a domicilio'. 'No importa, hija', dijo el psiquitro. 'Dios me lo pagará con una contrata'. El aura respiró tranquila pero recordó que no estaba curada y le contó la última aventura con el pitirre 'Cuando salgas', dijo su pmédico, 'te compras una chistera. Viste muy bien y te sirve para viajar gratis a Ciudad Trujillo. Además, están las recepciones en la Embajada'. La tiñosa hizo caso y se fué [sic] a pagar su suscripción de 'La Marina'. Por el camino compró su sombrero de copa.

Es por eso que hoy las tiñosas llevan chaqué y sombrero de copa. Fué [sic] el pitirre quien las desenmascaró: antes eran unas simples comedoras de carroña, hoy son los buitres en traje de gala.

Moraleja: Cualquiera que el año pasado haya tenido la desdicha de ser una tiñosa y se haya comprado su copudo, mucho cuidado con 'El pitirre'. Este amigo de la verdad, el valor y lo cubano y archienemigo de los traficantes de carroña, también conoce la chistera.

el estrungundrán

Editorial   *El Pitirre* 24 de enero de 1960, p. 2
Los tres estados del mulo
'Se va el Marqués,
se va el Marqués.
Se va sin su siquitrilla'.
(Música de Porro, letra de Mamporro)

'Los tres estados del mulo son: precoz, coz y postcoz'.
-Marqués, escriba eso cien veces en la televisión.
(En el radio una voz decía: el abuelo reloj dice: Palabras del camino: si te encuentras un mulo muerto, no le des con el pie; pásale por encima).
**Y tener que escribir sobre un Vellisca cuando está frente a mi Sabrina…
bueno, su fotografía. Pero pasa que Sabrina siempre está en tercera dimensión.**
Pensamientos: **el frío trae la cellizca y se llevó al de Vellisca.**

Las zarzuelas siempre traen partes que se llaman 'La salida de Juan' o 'La salida de Francisco'. En el toreo está la salida del toro. En la diplomacia –española como el toreo o la zarzuela –está 'La salida del Marqués', que más que salida fue una metida. Y hablando de zarzuelas y de toros y de marqueses, se me ha ocurrido una pequeña obra de teatro, que anuncio ya como una obra maestra.

La escena ocurre en una bodega. Dichos y dicharachos.

Paco el del Ferrol (comiendo un chorizo): **Mmm, mmm, mmm.**

El de Vellisca sin parentesco alguno con el Embajador, aunque lleva una herradura en cada pata): **Mmm, mmm, mmm.** Se me olvidó decir que también comía su chorizo).

El Embajador, sin parentesco con el de Vellisca): **Mmm, mmm, mmm.**

Lojendio (sin parentesco con el ser humano): **Juijuijui** (onomatopeya del rebuzno; se suplica a los actores que no hayan sido embajadores de Franco, ni marqueses consortes que no lo intenten; cualquier actor que haya tenido la desgracia de ser un mulo alguna vez en su vida, puede hacerlo).

(El enano de la venta (que es el enano del Ferrol, pero esta vez vestido de paisano y con una escopeta: **Llámenme Paco.**

Paco el del Ferrol: ¡Paco soy yo!

El enano de la venta: **Eso se lo dirá usted a todos.**

Paco el del Ferrol (amenazando con el puño cerrado: en el puño tiene un puñado de flechas: ¡Le repito que Paco soy yo!

El enano: *dije paco con minúscula.*

Paco el del Ferrol: **es que yo no sé leer.**

El enano: **ni yo tampoco.**

Lojendio: **ni yo tampoco.**

…. El de Vellisca: **Mmm, mmm, mmm.** (Crisma, braguetapurtala, erudito hindú, nos comunica al momento de cerrar la plana que 'Mmm, mmm, mmm' en el idioma de los mulos quiere decir con un error aproximado de una milla: 'Ni yo tampoco'.

Cae lentamente el telón. Sobre él hay un letrero escrito en sangre: 'Analfabetos del mundo, Uníos'. –Millán Astray.

El prólogo, escrito veinte años más tarde, declara que todos y dichos dieron un golpe de estado a la República que no advirtió a tiempo que los mulos, como los asnos, a veces tienen garras. El de Vellisca, Lojendio y el Embajador (tres personas distintos y un solo dios verdadero: la estulticia) se unieron y viajaron a Ultramar. El de Vellisca (o Lojendio o el Embajador) se casó con una marquesina y pasó a ser marqués de luz neón. Un día además quiso ser estrella de televisión y metió la pata (cuatro patas iguales y una sola herradura verdadera). Al final del final, se le ve viajando en un barco. Cae de nuevo el telón y hay otro letrero que dice:

'Para su Madre Patria'.
El marqués a pesar de todo ríe: no sabe leer el letrero. Según él diría: 'MMM'.

el estrungundrán

EDITORIAL   *El Pitirre* 31 de enero 1960, p. 2
Zarayazada y Harún Al-Haschisch

por el strungundrán

Yo tengo una vena humorística, pero con arterioesclerosis: hay que tener la humildad de reconocer las limitaciones. Tengo otras más. Tengo bastante más. En casa tengo tres escaparates llenos de limitaciones. Cambio limitaciones por botellas. Botellas verde botella. Entre mis limitaciones preferidas (hay una verde con rayas blancas que no me pongo nunca y una limitación de lo más mona que se me rompió porque me la ponía todos los días) está una que responde al nombre de 'Leal', es parda con manchas blancas y un visón al cuello, si alguien la ve, favor de llamar a mi casa que será gratificado –Ojo: debe devolverse intacta, si le falta una hoja o si las persianas se le han caído, no se pagará la recompensa, que son diez mil medios con un búfalo por un lado y por otro un indio: la moneda más falsa del mundo. Pues bien, hablando de limitaciones, yo no puedo jamás besar mi nuca –cosa que me molestaría, porque me obligaría a lavarme el cuello–, ni escuchar el rumor de los silencios ni correr 280 kilómetros por hora. Esta última limitación me mortifica bastante, ya que me hizo perder el año pasado la carrera de Le Mans.

De pronto recuerdo al pobre Mehrob Sosa, nostálgico por los dos mil hombres que ha dejado en Cuba. Veo a este hombre solitario, añorante de tan nutrida pléyade de concubinos y no puedo menos que pensar en 'Las mil y una noches' y en aquel príncipe dado a la mariguana. Harún Al-Haschisch. También había una princesa, Zayarazada, que contaba todos los días su fabulita, desde su tienda de avance.

La tienda está a oscuras. Es una bodega. Se venden aviones de papel, con un letrero que dice: 'Procedentes del Norte'. (Antes decía 'Made in USA'). Se vende todo. Hay una botella que dice: 'Ácido de Infamia Negra'. Otra 'Mehorb Sosa Caústica'. Una lata declara: 'Extracto de Duboisip' y una calaverita con dos tibias: Extracto diu(tunaoETAOI UN N UN N con dos tibias –ya frías– cruzadas. Entra un indio, inescrutable. La mujer que ha estado cocinando su potaje, lo llama:

-Ven acá, Inescrutable.

Inescrutable va.

-¿Qué quieres Zayarazada?

-Yo tengo miedo de los aviones.

-Pero si son nuestros.

-Pues tengo miedo.

-Cómprate un perro. 'Donde la maldad impere, donde el peligro amenace...'

Zayarazada no responde. Levanta el pesado índice. Cuando la grúa deja el índice en la posición requerida, Inescrutable se lo echa al hombro. Dispara y da en el blanco, que es negro: un perro negro que tiene un letrero que dice: 'Se vende'.

-'Tigre' ven acá.

El perro se vuelve molesto:

-Ya te he dicho que no me llames 'Tigre'. No quiero tener nada que ver con ese perro... hiena de Masferrer.

-Está bien, ven acá.

El perro se acerca. Despide un olor pesado (exactamente: el mismo peso de una bomba de 100 libras: 100 libras).

-¿Cuál es tu problema?

-Que yo también tengo miedo –responde el perro y se vuelve a echar en la puerta.

Zayarazada se vuelve a inescrutable, que ahora practica un ejercicio yoga: echa el mentón adelante y pronuncia la palabra diez veces la palabra 'Abstracto'.

-Atrato, atrato, atrato...

-¡Ay Fulge, está bueno ya!

El aludido da un salto.

-Zaya –comienza a decir en el salto– ya te he dicho que no me llames Fulge...

-Y tú no me digas Zaya a secas.

-... que todos me creen en Madeira– y cae de cabeza. Se queda un rato de cabeza y reflexiona: 'Tengo dos días: Díaz Lanz, Díaz Balart. Dos sosas. Mehrob y el fantasma de Sosa Blanco. ¡Y más ferrer! El pueblo me lleva'.

Zayarazada sale a la puerta de su tienda y respira el aire malvado que viene del mar. Comienza a cantar:

'Son las dos y Pepinillo no viene,

Son las tres y Medrano no llega...'

Hay en su voz un dejo de nostalgia y se dice con reproche:

-Señor, ¿por qué no vendería yo mi tienda cuando los cuentos mióis [sic] todavía eran creídos? Ay, Pedro Leyva, el del barrio alma de guardia civil.

Las luces del poblado de Contrarrevolución se apagan una a una. A lo lejos pasa una caravana sin camellos. Emilito, Pedraza y Gimeránez han decidido cargar con sus bártulos.

La línea del Strungundrán   *El Pitirre* 14 de febrero de 1960, p. 6

AMOR CON AMOR SE PEGA
(O Esa Historia es Otra Historia)

El strungundrán (rima con orangután) se ha tendido en la línea. No a que le cruce un expreso de carga (cargado con abono de elefantes) por encima. Sino a descansar. De sus enemigos. Que son muchos. Todos. Los. Ene Migos (está visto señores, que no se puede leer a Eladio Secades porque siempre que se pega algo se. Pega. Lo. Pe. Or). Todos los enemigos de la Revolución.

¡Qué bien no tener el ácido sabor a Pepinillo (ese sacristán encurtido) en la boca! ¡Qué grato el aire del mar! ¡Qué placer citar aquel poema meteorológico de Martí: 'Hay sol bueno – Mar de espuma'… junto al mar! (Por cierto que el poema termina nombrando tres hermanas, una con un nombre que nunca antes había oído: 'Arena, Fina y Pilar'.) ¿Qué a qué viene el contento? A que pronto será Primavera en EL PITIRRE (aproveche, haga su febrero en febrero; regalamos el magazine; chistes a más bajo precio que e nninguna [sic] otra parte, porque no nos cuesta nada hacerlos; consuma caricaturistas cubanos, se ríen hasta la raspita). Sí, señores, llegó mademoiselle sin zapatillas y la Primavera empieza para nosotros el Día de los Enamorados. Aquí está ya San Valentín.

VALENTIN (que en ese momento cruza el dintel –no, no hay error: San Valentín viene, enamorado, caminando por el techo –de la Redaccin [sic]): ¡Muy buenas!
STRUNGUNDRAN: ¿Qué cosa?
SAN VALE: Nada. He dicho 'Muy buenas'. Un saludo.
STRUNGUN: ¡Ah! Yo creía que usted se refería a otra cosa.
SAN VAL: ¿Qué cosa?
STRU: ¡Ah no! Ya eso lo dije yo antes.
SAN VA: ¿Qué cosa?
STR: ¿Qué cosa?
SA (Molesto): ¡Compadre! (Enojado) ¡Con usted no se puede ni hablar! (Furioso) Además, usted no vino aquí para esto (y en el colmo de la desesperación, la furia, el enojo y la molestia de haberle caído una viga en el ojo propio, San Valentín se marcha. Esta vez pasa por debajo del umbral: ha practicado un túnel en el piso).
Pero aunque me dejó el nombre reducido a una calle en inglés, San Valentín tenía razón: yo había venido a otra cosa. Venía a contarles una historia de amor que sucedió cuando las calles Monte y Pila se llamaban Monte y Pila y no Monte

y Pila. Todo comenzó en la Plazoleta de Agua Dulce (que entonces no se llamaba Monte y Pila) y comenzó como comienza todo: por el medio.

Por el medio de la calle venía una guagua. Todos nos extrañamos. Lo que no era raro, porque por aquel tiempo la vimos venir a ella –'ella', Ella, ELLA: La Inolvidable: ¡Quien la vió [sic] ya no pudo más pestañear!– por la acera: alta, de bellas formas, de andar ligero y ardiente fuego en el corazón (un examen radiológico demostraría luego que el fuego en el corazón no era más que pirosis crónica, pero eso pertenece a otra historia que escribiré algún día: 'Eloísa, o Prolegómenos a una Psicopatología de la Vida Cotidiana un Lunes'). Al verla decidí componerle una canción: "Damisela encantadora" y firmarla con mi pseudónimo favorito: 'Ernesto Lecuona'. Ella siguió avanzando. Sentí que yo también tenía pirosis (que luego un examen radiofónico determinaría que era 'Fuego en el corazón', Primera en el Hit Parade de Radio Progreso). Me sentí Abelardo (y eso también pertenece a otra historia: 'Llámenme Abelardo' por Eloísa Mobydick). Me sentí pertenecer a todas las parejas célebres: Abelardo y Eloísa, Romeo y Julieta, Otelo y Desdémona, Roldán y Caturla. Sentí ese día, por primera vez el amor. Pero eso pertenece también a otra historia. Más bien pertenece a otro mundo.

SAN VALENTIN (asomando solamente la nariz que tiene forma de trompa, pero cortada en cubitos): Y, además, nos queje. Que yo quedé reducido a Sociedad Anónima.

La discusión que siguió, el cuento de amor y lo demás pertenece a otra historia. Y a otra revista. En efecto, a esas que venden por la noche por los portales oscuros y que valen mucho más de lo que pesan. Pero eso es otra historia.

8

La historieta revolucionaria durante los años sesenta y la creación de una industria nacional

El número del ocho de octubre de 1961 de *El Pitirre* incluyó un 'saludo pitirráneo' (p. 15) sobre la próxima aparición de la nueva revista de humor *Palante y Palante*, la publicación humorística por excelencia en Cuba que todavía se publica en la actualidad. El último número de *El Pitirre* fue el del 23 de octubre de 1961, y dos semanas después, el seis de noviembre de 1961, cerró también *Lunes de Revolución*. Es difícil que fuera una coincidencia el cierre de ambas revistas en tan cercano lapso de tiempo. Las razones se encuentran en el proceso de reformas y cambios que puso en marcha la Revolución, que tras dos años permite hablar de un Estado cohesionado con más claras directrices. Por un lado, la Cuba de finales de 1961 ya ha pasado por un proceso de dos años que ha modificado el carácter de la revolución hacia el socialismo primero (abril 1961) y, con la declaración del dos de diciembre de 1961 de Fidel Castro, en la que asevera reconocerse marxista-leninista, la identidad ideológica del proceso revolucionario queda delimitada. En el mismo lapso de tiempo, la Revolución ha tenido que luchar contra enemigos internos en el Escambray (y lo seguirá haciendo en años posteriores) y sobre todo externos, como el intento de invasión de Playa Girón el 17 de abril de 1961. Un día antes, el 16 de abril del mismo año, se da inicio formalmente a la campaña de alfabetización (1961 será el Año de la Educación), la mayor empresa colectiva en materia de educación que emprende la Revolución y en la que participan unos 200.000 alfabetizadores.[1] El resultado final, una vez terminada la campaña en diciembre de 1961, arrojaba un total de un millón de alfabetizados (de una población total de seis millones) y había conseguido reducir la tasa nacional de analfabetos al 3,9%. Un mes después (los días 16, 23 y 30 de junio) se producirían las reuniones con intelectuales y artistas en la Biblioteca Nacional José Martí, que cerró Fidel Castro con sus *Palabras a los intelectuales*. Se discutía la labor del artista y su

---

[1] Los Comités de Defensa de la Revolución (CDR) reunieron más de 100.000 nuevos voluntarios para las brigadas alfabetizadoras y la Confederación de Trabajadores Cubanos (CTC) un total de 60.000.

aporte en el proceso revolucionario, así como las expectativas de dicho aporte en una sociedad en dramático proceso de cambios. Si, como defiende Fagen, uno de los postulados esenciales de la Revolución es producir no solo ciudadanos en un nuevo orden, sino *ciudadanos participativos* (Fagen 1969: 7), para finales de 1961, con los eventos que se acaban de enumerar, el cambio operado en la sociedad cubana ha completado una de las etapas más significativas y críticas de dicho proceso. Se habían asegurado los cimientos basales de un nuevo estado en el que la comunicación entre los órganos directores (en materia política, económica, social y cultural) y el pueblo era clave para el fortalecimiento de la conciencia de dicho ciudadano participativo, que debía regirse por incentivos morales en lugar de económicos.

Por ello, los medios de comunicación deben cumplir la triple función de *orientar*, *educar* e *informar*. Consecuentemente, el componente didáctico asciende en el escalafón de prioridades del gobierno. En el ámbito del humorismo gráfico, las propuestas vanguardistas que apelen a un lector intelectual a través de un humor blanco de aparente descontextualización no estaban cumpliendo de manera ortodoxa su función primordial en la sociedad socialista. El vanguardismo en el humor implicaba hollar terrenos ignotos, con el riesgo de no establecer un canal comunicativo fluido con el lector, precisamente cuando más interés había por parte de los órganos gobernantes en que los medios de comunicación sirvieran como orientadores en el proceso revolucionario. Si los artistas de *El Pitirre* planteaban preguntas en lugar de respuestas, si su tendencia estética hacia el humor blanco y el existencialismo (Chago, Posada, Sergio) sembraba dudas sobre la condición humana, en lugar de dar respuestas concretas a problemas específicos, es probable que las autoridades estimaran que no era el órgano más adecuado a las necesidades del momento. Fornés, el cual no fue invitado a la reunión entre representantes del gobierno y *El Pitirre* para discutir el cierre de la misma, declaró sobre el asunto que 'de lo que sí estoy seguro es de que el problema fue con los humoristas gráficos. Nadie lo decía directamente, pero hubo comentarios donde se dijo que lo de nosotros era una *descarga* de unos pocos sin serios intereses' (Negrín 2004: 33). Subyace aquí la tensión entre la realización del artista, con sus miedos interiores y pulsiones irracionales, y la optimista colectividad que se ponía en marcha con la revolución. Como lo expresó Poggioli 'existentialism reveals its avant-garde character precisely through its agonistic and nihilistic tendencies, and by its own awareness of how difficult it is for individualistic and anarchistic nostalgia to coexist or survive within the collectivism of modern life' (Poggioli 1971: 98).

Oficialmente, el propósito de lanzar *Palante y Palante* era dotar al país de una publicación humorística de alcance nacional, como lo fuera *Zig-Zag*, pero desde una óptica revolucionaria y colectiva. Todos los humoristas gráficos tendrían cabida y no solo aquellos que compartían una misma concepción del humor, como fue el caso en *El Pitirre*. Si atendemos a los dos primeros editoriales de la nueva revista humorística, el discurso se diferencia claramente de aquel que adoptara *El Pitirre* en sus inicios. En el primer editorial de *Palante* del 16 de octubre de 1961 se decía lo siguiente:

> Si sabemos emplear el humorismo, el buen humorismo que requiere el mundo nuevo que vivimos, podremos usarle para adoctrinar, para enseñar, para iniciar y para construir. Desde este mismo momento comprendemos que PALANTE Y PALANTE debe ser el mejor instrumento pedagógico para ayudar la tarea del seguimiento del alfabetizado, porque comenzar leyendo entre risas, es más agradable. ¿Verdad? (*Palante* 16 octubre 1961, p. 3)

Adoctrinar, enseñar, construir son algunos de los verbos de dicho editorial que ya nos indican la línea de la publicación. En los primeros números de *Palante* todavía veremos colaboraciones de Chago, Guerrero o Fresquet, pero la nueva publicación dará cabida a un estilo gráfico más próximo al de *Zig-Zag*, alejado del vanguardismo que se ha estudiado. Todavía perdurará de alguna forma la propuesta de *El Pitirre* en las historietas 'Sabino' de Fornés y 'Salomón' de Chago, publicadas del 21 de diciembre de 1961 al 23 de septiembre de 1963, encontrando cabida en el diario *Revolución* dirigido por Franqui, a las que se prestará atención más adelante.[2] Pero la renovación radical que propuso el semanario de Fornés, la combinación de militancia y vanguardismo en el humorismo gráfico, terminó fagocitada por la militancia más ortodoxa que, apelando al didactismo, decidió dejar a un lado la vanguardia, que, por otro lado, más de un miembro del PSP relacionaba con las *descargas* que menciona Fornés de la pequeña burguesía europea durante las vanguardias de los años veinte.

El mismo día en que sale a la calle el primer número de *Palante*, un artículo publicado en *Revolución* con el título: '"MUÑEQUITOS": opio preparado por la USIS' denunciaba la manipulación subyacente a los *comics* norteamericanos. Este asunto sería el caballo de batalla que debería sortear la historieta en Cuba para dignificarse como medio y que esgrimieron algunos intelectuales para denigrar esta producción cultural. El artículo, ilustrado con ejemplos de historietas de *Steve Roper*, *Superman* y *Buzz Sawyer*, ponía de manifiesto la visión distorsionada y arquetípica que se tenía de Cuba y, por ende, de Latinoamérica.

En el ejemplo de *Steve Roper*, se representa a Cuba (bajo el nombre de Santa Rita) de la siguiente manera:

---

2   Carlos Franqui falleció el 16 de abril de 2010 a los 89 años de edad.

'una maldita isla tropical' –así se llama –y aunque lleva el nombre de Santa Rita pretende ser Cuba. En 'Santa Rita' los automóviles transportan personas, gallinas y cerdos. Las calles son estrechas y llenas de lodo. Steve Roper tropieza de vez en cuando con alguna prostituta que viste mantilla, o con una cantante que toca castañuelas y su compañero, las maracas. Es la estampa equívoca y malintencionada que los yanquis – soberbios y discriminadores – dan de la América Latina. (*Revolución* 16 oct. 1961, p. 8)

El pequeño reportaje declara que los 'muñequitos' son otro frente más de la intromisión ideológica estadounidense en el contexto latinoamericano, preparado por la agencia oficial USIS (*United States Information Service*): '[l]os "muñequitos" son uno de los opios predilectos por del imperialismo para embrutecer a su propio pueblo y a todos los que se prestan para ello' (p. 8). Cabe encuadrar la acción de la USIS y su sucesora en el cargo, la USIA (*United Status Information Agency*), dentro de la política estadounidense de *Alliance for Progress* que impulsó John F. Kennedy a partir de 1961 a través de inversiones en Lationoamérica, con el fin de que ayudaran al desarrollo de la región y previnieran la aparición experiencias revolucionarias similares a la cubana.

Un ámbito en el que se mostró particularmente activo el proyecto de Alianza para el Progreso fue a través de la historieta: '[t]he USIA/USIS also produced comic books for distribution throughout Latin America with the goal of scaring people about the Cuban Revolution that, if successful, should also have created more positive visions of the United States' (Taffet 2004: 169). Según los datos de Taffet, quien analiza el impacto de la propaganda norteamericana frente a los cartones editoriales chilenos en los sesenta, 'USIA/USIS printed 366.000 copies of *Arriba Muchachos* in May 1967, and 500.000 copies of *La Puñalada* in May 1962' (2004: 169). *Arriba Muchachos, La Puñalada, El Despertar* o *Los Expoliadores* fueron algunas de las historietas impresas por la USIS para promover una mejor opinión de los Estados Unidos y alertar del peligro comunista que emanaba de Cuba.[3]

En otra columna del cuatro de septiembre de 1962, en la sección de *Revolución* titulada 'Gusanerías', también se abordó el asunto de los *comics* norteamericanos y su influencia en Latinoamérica:

El 'comics' yanqui tiene una función imperialista y neocolonialista y en realidad durante años ha significado una fabulosa propaganda con 'héroes' tan falsos como negativos, que tienen poco de recreativos y de ingenuos. El pueblo norteamericano y los pueblos tinoamericanos han recibido dosis masivas *de la droga de infantilismo que son los 'comics'* [...] Ahora el objeto

---

3   Sobre el mismo asunto ver Kunzle (1978; 2005) y Butler (1984).

de las historietas 'made in USA' es la Revolución Cubana y el invulnerable Supermán mata 'barbudos' en Cuba y el 'Miami Herald' informa que un nuevo 'héroe' con nombre de gangster, un Frankie Florini, logra hazañas de 'muñequitos' contra el pueblo cubano. (*Revolución* 4 sept. 1962) [énfasis mío]

En estas líneas podemos comprobar, prematuramente, el discurso marxista que impregnará las páginas de *Casa de las Américas* diez años más tarde, cuando la intelectualidad cubana comulgue con los postulados de Ariel Dorfman y Armand Mattelart en su influyente *Para leer al Pato Donald* (1972) al analizar la cultura de masas y, en concreto, el papel de la factoría Disney en la propagación y el mantenimiento de una ideología dominante estadounidense en Latinoamérica:

Pato Donald al poder es esa promoción del subdesarrollo y de las desgarraduras cotidianas del hombre del Tercer Mundo en objeto de goce permanente en el reino utópico de la libertad burguesa. Es la simulación de la fiesta eterna donde la única entretención-redención es el consumo de los signos aseptizados del marginal: el consumo del desequilibrio mundial equilibrado. La miseria enlatada al vacío que rescata y libera al polo hegemónico que la cultiva y consume, y le es servida al dominado como plato único y perenne. Leer Disneylandia es tragar y digerir su condición de explotado.[4] (Dorfman y Mattelart 1981: 157)

Para responder a la ingente cantidad de cómics proveniente de los EE. UU., los años sesenta constituyeron una década de consolidación en la historieta nacional de Cuba que optará a grandes rasgos por la vía didáctica, combinada con la militancia en consonancia con los postulados de la Revolución. De manera sintética se puede mencionar la importancia de diarios como *Revolución*, a través de su suplemento 'Muñequitos de *Revolución*',

---

4   Martin Barker ha criticado con agudeza el enfoque marxista Dorman-Mattelart y ha identificado una serie de problemas o errores en su argumentación: '(1) they lack a material production history which in this case requires a knowledge of the Disney empire, and of Disney's part in the internal tensions between American capital and the State; (2) their (neo-Freudian) conception of mechanism of influence can't grasp the shifting relations between stories and American power, and thus also between comics and readers. I postulate tentatively (because the research still remains to be done) that these shifts are between two typical poles of American middle-class ideology: a self-congratulatory but humorous desire of wealth; and an obsessive fear of power-politics; (3) because of their (linked) misunderstanding of these, they miss the complicated 'contract' that the comics established with their readers, including those in Latin America' (Barker 1989: 298–9). Por ello, Barker concluye que los cómics Disney no son en sí inocentes o culpables de nada. Son demasiado diversos y complicados para atribuirles alguna de las dos categorías y, en cualquier caso, sería necesario utilizar nuevos métodos de investigación.

donde se publicaron historietas cada lunes por un periodo de dos años (1964–65). Hernán Henríquez publicó *Gugulandia*, Heriberto Maza hizo lo propio con *El Jorobado o Enrique de Lagardère* y Tulio Raggi debutó con *Hindra* (Mogno 2005: 226). En *Noticias de Hoy* también hubo cobertura de humor gráfico. A partir de 1965, con la fusión de los dos diarios mencionados en *Granma*, René de la Nuez sería el encargado de las caricaturas editoriales de carácter político.

Especial importancia tienen las revistas o suplementos de historietas, caricatura y humor gráfico en los diarios de los años sesenta. De 1965 a 1968 se editó 'El Sable', suplemento del periódico *Juventud Rebelde*. En 1968, 'La Chicharra' sustituyó a 'El Sable' pero tan solo se publicaría por un año. En 1969 apareció 'Dedeté' que continúa su publicación en la actualidad. 'Melaíto' apareció en 1968 como suplemento del semanario *Vanguardia* de Santa Clara.

A estas aportaciones hay que sumar las revistas que empezaron su andadura en la década de los sesenta. El 25 de noviembre de 1961 apareció el primer número de *Pionero* (órgano de la Unión de Pioneros de Cuba), que se convertirá en la revista de historietas más longeva, ya que pese a algunas interrupciones (durante el 'Período Especial') sigue editándose en la actualidad. También en 1961 surge *Palante y Palante* (posteriormente *Palante*), como ya se ha comentado.

La editorial Ediciones en Colores (creada por la Comisión de Orientación Revolucionaria) publicó de 1965 a 1968 cuatro revistas mensuales: ¡Aventuras!, *Muñequitos*, *Din Don* y *Fantásticos* 'which initially contained also North American comic strips ("Prince Valiant", "Archie", "Peanuts", "Henry", "Popeye", etc) but progressively, gave more and more room to Cuban authors' (Mogno 2005: 226).

También fue de especial importancia la repercusión de la revista *Mella*, liderada por los talentosos Virgilio Martínez Gaínza[5] y Marcos Behemaras[6] en su vertiente gráfica. *Mella* tuvo una frecuencia mensual hasta finales de 1962, cuando se convirtió en semanario hasta finales de 1965, al fusionarse con el periódico *La Tarde*, para dar lugar al diario *Juventud Rebelde*. Lo dicho hasta ahora es tan solo un esbozo de las diversas iniciativas que se pusieron en marcha en la década de los sesenta y que contribuyeron a dinamizar la historieta nacional cubana, optando por una línea didáctico-militante y abandonando paulatinamente la línea vanguardista que representó *El Pitirre*.

---

[5] Virgilio Martínez falleció el 12 de mayo de 2008 a los 77 años de edad.
[6] Behemaras vio truncada su carrera en 1966 en un accidente mortal.

Pervivencia del humorismo gráfico vanguardista en *Revolución*: 'Salomón' y 'Sabino'

La irrupción de *El Pitirre* se entendió, dentro del humorismo gráfico cubano, como la propuesta de un *humor nuevo*, tal y como de manera similar se entendió el aporte de Mihura, Tono, López Rubio o K-Hito en la España de los años veinte y treinta. De tal manera se refiere Luis Agüero en la nota periodística a la exhibición de un conjunto de obras de José Luis Posada:

> Posada es – junto con Nuez, Chago, Fornés, Vidal, Frémez, Guerrero, Sergio y otros – un producto de esa nueva generación de caricaturistas que incubó 'El pitirre' y que traen un modo nuevo, diferente, de ver el humor. El chiste directo, la gracia evidente son desalojados por la sutil ironía, la intención desenfadada. El pie inútil es puesto fuera de circulación por una regla paradójica donde queda sentado que la caricatura muda es la que más dice. El dibujo está resuelto con la mayor economía posible. (Agüero 26 jun 1962 s/p)

De la nómina de autores que cita Agüero, Fornés y Chago siguieron desarrollando un humorismo de corte vanguardista en las historietas 'Sabino' y 'Salomón' del 21 de diciembre de 1961 (escasos dos meses tras el cierre de *El Pitirre*) hasta el 23 de septiembre de 1963.[7] Son los dos artistas del grupo que le otorgan a la historieta una mayor relevancia como medio de expresión. Este periodo de casi dos años tras el cierre de *El Pitirre* es una etapa de maduración en la obra de Fornés (que recupera su personaje de las páginas de *Información*, donde originalmente apareció en 1957) tras su función directiva en *El Pitirre*, donde su labor artística fue discreta, volcando su energía en la organización y dirección del semanario. Para Chago, la etapa de *Revolución* supone la irrupción de su personaje 'Salomón', ya esbozado en algunas historietas de *El Pitirre* como 'El eterno hombre', 'El ser y la nada' o 'Mi amiga la muerte'. Chago comenzará desarrollando un diálogo entre el individuo y la naturaleza (la luna, el sol), al que se sumará la muerte y con ella la existencia humana, la irracionalidad o la soledad, que ya se prefiguraron con anterioridad, pero que llegan a su cénit en las historietas de 'Salomón'. Sobre su historieta, el propio Chago comentó en 1978:

> He's the thesis, antithesis, and synthesis. A determined man, an individual who, at the same time, is all men, collectivity. With him I wanted to create a character as vast, complex, and contradictory, as man himself [...] He's

---

[7]   En febrero de 1962 se unieron las tiras de Nuez con 'Pacifloro y Guerrita' y la de Carlos P. Vidal 'Nené'.

> fundamentally a situation cartoon. He avoids and runs away from *a priori* psychological patterns [...] He's also fundamentally, a search for the ideal space-time and language for comic as an art [...] a major affirmation of the complete artistic medium that it is. (Blanco 2005: 249)

Llama la atención que Chago buscara crear con 'Salomón' una verdadera *historieta total*, tesis, antítesis y síntesis en un individuo que es representación de una colectividad con las complejidades propias del ser humano en sus múltiples manifestaciones. Interesa de manera especial para el presente estudio su mención a la *colectividad*. Chago se aproxima a la colectividad desde una posición no tan ligada a la inmediatez de la realidad histórica que está viviendo Cuba en esos momentos y, a la vez, contesta la máxima, extendida en los debates de una parte de la intelectualidad cubana, de que la vanguardia ocultaba una mera invención, mero juego sin compromiso ni responsabilidad ética. El problema era la forma, la manera de expresar plásticamente las inquietudes del artista. Si se comparan las historietas de Chago (especialmente las de su última etapa, a partir de 1963, cuando se vuelve más introspectivo y opaco) con ejemplos de Nuez se podrá comprobar dicha problemática.

En la historieta 'Pacifloro y Guerrita', Nuez contrapone dos personajes antagónicos para representar el pueblo cubano y el imperialismo agresor. Mientras 'Guerrita' se mostrará siempre beligerante hasta el extremo, como su propio nombre indica, 'Pacifloro' será partidario de la paz (por ello aparecerá representado con una paloma de la paz a modo de sombrero). El mensaje que Nuez quería transmitir no presentaba ninguna dificultad de comprensión para el lector medio. Se reforzaban ideas ya interiorizadas y la estructura formal de la historieta no suponía ningún reto para la correcta comprensión de la misma. El 14 de abril de 1962 'Pacifloro' encerrará a Guerrita en una jaula y proclamará su final como personaje de historieta. El pueblo cubano se podía dedicar a partir de entonces a 'construir y defender la patria socialista'. Nuez comprendió a la perfección lo que los órganos dirigentes querían transmitir a través de la producción cultural: la participación y el contacto con el pueblo. Nuez entendió su función y, pese a seguir formalmente los postulados de Steinberg, con una línea sencilla y alejada de cualquier barroquismo, nunca perdió de vista la función de la historieta en las actuales condiciones: *orientar*, *educar* e *informar*.

Comparados los ejemplos de Nuez con algunas historietas de Chago y Fornés [fig. 54 y fig. 55] se puede comprobar la distancia que los separa, el reto que pudo suponer para un lector medio la lectura de sus obras (especialmente las de Chago) y las suspicacias que pudieron levantar entre los encargados de la política cultural de la Revolución. Si las historietas de Chago y Fornés no cumplían con la función que el gobierno había asignado a los medios de

SA-LO-MÓN por chago

Fig. 54 Chago, *Revolución*, 24 junio 1963, p. 10

SABINO

por fornés

Fig. 55 Fornés, *Revolución*, 24 junio 1963, p. 10

comunicación (no olvidemos que su soporte era el de la prensa diaria) y además planteaban un reto para su comprensión, acaso se entienda que su propuesta plástica tenía los días contados, como así fue. El 23 de septiembre de 1963 desaparecieron de *Revolución* ambas historietas y con ellas el último rastro de la propuesta vanguardista en torno a la historieta, que se iniciara en *El Pitirre* en 1960.[8]

---

[8] 'César Escalante (an important figure within the Popular Socialist Party), in an article dealing with the appropriate uses of propaganda, analysed the various ways of raising people's collective consciousness and underlined the view of socialism as a concrete society, one built not in *sidereal space* but on earth (Escalante 1963: 27, emphasis mine). If we compare this statement with the last example of "Salomón" in Revolución, bearing in mind that Escalante was constantly advising about the correct way to address the people through media, then it was maybe no coincidence that Chago's creations ended in that very month, on 23 September 1963. In that four-strip comic, Salomón holds a sword and walks in sidereal space, ending up by a bloody beheaded comet (traditionally meaning a bad omen)' (Catalá 2011: 146).

Conclusión

El humorismo es un arte esencialmente impresionista
Bernardo G. Barros

Eu penso que un humorista dibuxante, coma todo
humorista, ten de sere bô psicólogo e pol-o mesmo
impresionista.
Alfonso Castelao

Humorismo gráfico y vanguardia

Se inició el presente estudio con la intención de analizar una manifestación que, dentro de los estudios culturales, más concretamente dentro de lo que entendemos por cultura visual, había recibido escasa atención a pesar del *a priori* importante papel que jugó y la extensa bibliografía referente a los dos periodos de crisis analizados: la Guerra Civil Española y los años iniciales de la Revolución Cubana. El humorismo gráfico parecía contener ciertas características que lo hacían merecedor de un análisis más pormenorizado en función de su contribución al desarrollo de las vanguardias artísticas y a su relevante papel como agente movilizador de colectividades, también en función de su constante interpelación a la sociedad en la que se integra y se desarrolla. El contacto con el público lector, el *diálogo* entre artista y sociedad, en periodos de especial relevancia mediática como son los conflictos bélicos y los procesos revolucionarios, planteaban un marco de posibilidades desde el que el humorismo gráfico podía estar llamado a representar una valiosa función informativo-didáctica, de denuncia crítica del enemigo, así como correligionaria en base a un ideario compartido. El humorismo gráfico era, en definitiva, un buen punto de partida desde el que aproximarse a dos aspectos que han guiado la discusión: la relación del humor con las vanguardias y su desarrollo en periodos de crisis, cuando el compromiso y la militancia adquirían un mayor protagonismo.

Pero no menos importante era tener presente las múltiples posibilidades de una producción cultural que por su contacto directo con el lector (la preeminencia de la imagen sobre la palabra es marca definitoria de tal contacto) a través de soportes de prensa, que ya en la década de los treinta son de carácter masivo, era capaz de plantear un discurso reflexivo en torno a temas intrínsecamente relacionados con el individuo, como es la propia existencia. Y que además, ya fuera por desconocimiento o por prejuicios de cualquier índole, no había sido frecuente vincular el humorismo gráfico con discursos que se asumían erróneamente como fuera de su ámbito de acción, como el mencionado existencialismo. Dentro de la plástica del humor, el propósito también residía en llamar la atención sobre una producción cultural concreta, la historieta, es decir, *contar una historia en imágenes*. Se analizó dicha producción orientada a un público adulto que, en el caso de España y al estallar la Guerra Civil Española, tiene tras de sí un sólido desarrollo técnico y estético en el que la historieta está presente en un buen número de revistas ilustradas.

Todo el vasto material de autores, personajes, propuestas estéticas, formales e ideológicas que comulgan o desentonan con el contexto en el que se alojan ha llegado hasta nuestros días fundamentalmente a través de un mismo canal, el de la prensa periódica. Un material cultural fungible, que tiene su razón de ser en el *aquí* y el *ahora* del momento pero que, teniendo presente una perspectiva histórica, articula discursos similares en contextos espacio-temporales distantes, como el de la España de finales de los treinta y Cuba a principios de los sesenta.[1] El enfoque sincrónico, diacrónico e incluso anacrónico (en el caso de *La Codorniz*) que sobrevuela mi análisis desde la óptica de la historia cultural se centra especialmente en aquellos autores (Mihura, Tono, Fornés, Chago) que, a través de planteamientos de vanguardia e imbuidos de la militancia colectiva en un periodo de cambios, articulan un mensaje que trasciende su propio contexto, por extemporáneo o por desubicado. Se ha incidido, a lo largo de este estudio, en la importancia de periódicos y revistas, no solo por ser portadores de la manifestación cultural que ha guiado el análisis, sino por su indeleble relevancia en el hospedaje y desarrollo de las vanguardias artísticas tanto en España como en Cuba. La plástica del humor necesitaba tanto de las revistas para su desarrollo como éstas del humor para su adaptación a un circuito comercial en el que la primacía de la imagen 'desde la "visualización" de los titulares y la redefinición del peso y el rol de la fotografía, hasta el impulso al desarrollo de esa iconografía popular por excelencia que será el *comic*, el moderno relato en imágenes' (Martín Barbero 1998: 157–158) permitiría fidelizar a un público lector para el que el humorismo gráfico era un poderoso reclamo.

La prensa periódica es un medio de intercambio cultural material y simbólico –es, de hecho, una de las características socioeconómicas definitorias de la modernidad– que llegará a su mayor estilización a finales del siglo XIX y

---

1   'This synchronicism, which is probably inscribed at the heart of cultural studies itself [...] is a strategic choice taken against the prevailing orthodoxy of literary study' (Sharman 2006: 59).

principios del XX con el desarrollo de la reproducción en masa. Como se vio en la parte dedicada a la Guerra Civil Española, la profusión de revistas, principalmente en el bando republicano, era un claro indicador de la popularidad del soporte de prensa en una guerra en la que, además del enfrentamiento bélico, se enfrentaban también, como subrayó el historiador Tuñón de Lara, dos modelos culturales radicalmente distintos (1997: 24–29).

En los capítulos iniciales se centró el análisis en la relación entre vanguardia y humor en sendos países con el propósito de arrojar luz sobre la estrecha relación de ambos conceptos, que en la década de los veinte, y como postuló Ortega, presentaban una condición cuasi inmanente. Es común en la historiografía sobre los movimientos de vanguardia destacar el concepto de *lo nuevo* o *novedad* como el principio que los articula en su conjunto.[2] En el presente estudio se ha querido subrayar la importancia del humor como (el) otro componente que rige buena parte de tales manifestaciones artísticas. Los movimientos de vanguardia tendrían un indefectible sustrato cómico que está en la esencia de una aproximación al arte como algo intrascendente, alejado de la seriedad dramática que se le había conferido años atrás. Si las vanguardias fueron una búsqueda de la autonomía del arte, en el campo del humorismo gráfico tal autonomía viene de la mano de un proyecto comercial (¿al fin y al cabo lo que ansiaba Dalí no era fama y dinero?) en torno a la prensa periódica orientada a un público adulto. Es por ello que en la España de los años veinte se articula una plástica del humorismo gráfico de vanguardia en torno a dos revistas fundamentalmente, *Buen Humor* y *Gutiérrez*, que, junto con el correlato literario, se ha dado en llamar 'la otra generación del 27'. Son un grupo de artistas (no los Rimbaud, Gauguin o Segall que huyen del desarrollo industrial y urbano) que, en palabras de García Canclini, 'disfrutaron de la autonomía del arte y se entusiasmaron con la libertad individual y experimental. El descompromiso con lo social se volvió para algunos síntomas de una vida estética' (1990: 42). Tono, los hermanos Francisco y José López Rubio, Mihura, Neville, Jardiel Poncela son artistas burgueses que encuentran en el descompromiso el marco desde el que proyectar su poética en consonancia con el proyecto vanguardista. Pero que, además, les sirve para adaptarse mejor a las circunstancias políticas del momento, debido a la dictadura del capitán general de Cataluña Miguel Primo de Rivera (con la aquiescencia del rey Alfonso XIII) que lastra el país de 1923 a 1930.

---

2   Dicho principio de *novedad*, como ha destacado Pedro Aullón de Haro, 'representa una cualidad sobrepuesta a la entidad del objeto estético, o sencillamente de lo Bello artístico si así se prefiere. Lo cual señala una especialización categorial específicamente moderna cuyo acuñamiento se enajena de lo Sublime – la categorización idealista por antonomasia y alternativa al absoluto de la Belleza de origen clásico' (1998: 33).

Todos siguen el magisterio de Ramón, que los alienta desde su *Sagrada Cripta de Pombo*, verdadero templo del humor y la vanguardia. Viven al día, gastando en hoteles, cafés o vestimenta, como Tono, quien '[i]ba siempre muy compuesto, con unas corbatas preciosas' (López Rubio 2003: 51), lo que ganan de sus colaboraciones en las revistas o en alguna representación teatral. El planteamiento absurdo es en realidad una mirada escéptica de profundo nihilismo. Son *outsiders* con respecto a uno de los principios básicos de la modernidad. No creen en la práctica transformación de la realidad que mejorará las condiciones de vida de la mayoría, como empiezan a postular artistas e intelectuales de uno u otro signo. Su militancia o compromiso político es y *debe ser* nulo, como declaró Ramón en su *Automoribundia*: 'La rebeldía del escritor a la política es la rebeldía última a lo que de tirano y mezquino hay en toda política, sea conservadora o comunista' (1974: 419). Se limitan a lidiar con las circunstancias del momento desde una posición distanciada y encuentran en el humor ese componente que hace soportable una vida fundamentada en el cliché, en el lugar común, en la atonía: 'Siempre hemos creído que el público sólo debe ir al teatro para tumbarse de risa y por eso hemos hecho lo posible para que el público se tumbe de risa y olvide así los graves problemas que la vida nos plantea a todos los mortales' (Mihura 1962: 1229). Son conscientes de las desigualdades que ha provocado el desarrollo industrial (la opresión del obrero, la pobreza en los centros urbanos), pero responden con el tamiz del humor a un discurso esclerosado de tal trascendencia que se vuelve, en su opinión, hilarante. En el capítulo XIV de sus memorias, 'Estampas de la revolución', Mihura reúne los tópicos del patrono opresor y el obrero oprimido desarticulando los lugares comunes: 'La fábrica era una fábrica muy colorada y muy alta, con muchas ruedecitas por dentro, en donde el patrono sin entrañas le chupaba la sangre a los obreros con una cánula de goma. Los obreros, con este motivo, le mirábamos con malos ojos' (1962: 1274). Obviamente, no son los únicos protagonistas de la época. Hay otros muchos, Bluff, Alfaraz, Bofarull, Peinador, Martínez de León, Bardasano, Soriano Izquierdo… que bien por la radicalización del artista durante la década de los treinta (el compromiso y la humanización del arte que trae consigo la Segunda República Española desde 1931), o bien por la ocurrencia circunstancial de encontrarse en la zona republicana a finales de julio de 1936, elaborarán un humorismo gráfico militante, acorde a las circunstancias, explotando las posibilidades comunicativas y didácticas que como tales brindan los medios de prensa.

Con respecto a Cuba, se ha querido subrayar la importancia de tres revistas, *Bohemia*, *Social* y *Carteles*, portadoras de las primeras manifestaciones de vanguardia a través de objetos culturales *impuros* como el cartel, la publicidad, la caricatura y la historieta, que se adelantan varios años a la Declaración del Grupo Minorista en 1927 y a la Exposición de Arte Nuevo organizada por la

Revista de Avance el mismo año, así como a la considerada obra clásica, permítaseme la aporía, de la vanguardia pictórica cubana, *La gitana tropical* (1929) de Víctor Manuel. En este sentido, es fundamental rescatar la voz de Bernardo G. Barros, el primero en hablar de la vanguardia en Cuba y precisamente a través de la caricatura de Rafael Blanco, Conrado Massaguer y Jaime Valls. Es decir, lo hizo *hablando del humorismo gráfico en la prensa periódica*.

En Cuba, el humor ha estado en constante diálogo (o disputa) con *el choteo*, una cualidad definitoria de la cubanidad que cabe rastrear, por un lado, y como apuntaba Francisco Figueras en *Cuba y su evolución colonial* (1907), en la indolencia tropical que el clima y la esclavitud prohijaron. Para Figueras, estos dos elementos son las causas de la vagancia, del juego, del exceso de días festivos o del escaso desarrollo que se refleja en la falta de caminos, hospicios y asilos. Seguía los pasos del erudito y político José Antonio Saco y sus influyentes *Memoria sobre la vagancia en la Isla de Cuba* (1830) e *Historia de la esclavitud* (1875), pero le criticaba a éste no haber vislumbrado en la primera que esclavitud e indolencia iban de la mano. Es razonable, por tanto, suponer que una posición ante la vida *de relajo* (antesala del choteo) se debe en parte al sistema esclavista imperante hasta 1880, ya que 'la esclavitud al deshonrar el trabajo, debilita la actividad de los hombres libres, y fomenta entre ellos la holgazanería' (Figueras 1907: 384).[3]

La disquisición sobre el humor y el choteo se orientó, entrado el siglo XX, a través de la labor articulista de Enrique José Varona hasta llegar a la obra de Jorge Mañach *Indagación del choteo* (1928), que le aporta una característica sustancial que lo vincula con la obra previa de Figueras y Saco. Para Mañach, el choteo es un defecto de la sociedad que conviene erradicar (el filósofo se equivocaba al estimar que de hecho estaba desapareciendo de la sociedad) esencialmente por ser *una repugnancia a toda forma de autoridad*. El análisis de Mañach, orteguiano en su pensamiento, fenomenológico en su enfoque, entronca con los estudios de Bergson (1899) sobre la risa, pero contrariamente a la articulación mecánica de la risa en Bergson, Mañach está revelando el carácter *subversivo* del choteo, de resistencia a la autoridad. El mismo representante de la alta cultura cubana articula un discurso en su *Indagación* de profundas resonancias gramscianas en lo que tiene de *resistencia* y *popular* el concepto de choteo.

En cuanto a las revistas portadoras de las manifestaciones de vanguardia, destaca *Bohemia*, la hermana mayor de las tres, por ser la primera revista en Cuba que incluye la historieta entre sus secciones de manera regular, con

---

3   Cabe considerar, sobre todo, la estrecha vinculación entre industrialización y abolicionismo (como se refleja en el caso británico) y el sistema de trabajo temporero que, acompañado de un clima tropical o suave (como en el caso de Andalucía), favorece también esa actitud de *relajo*.

la publicación de 'Aventuras de Pepito y Rocamora' de Pedro Valer a partir del 3 de octubre de 1915. Es una obra basada en modelos anteriores foráneos ('Aventuras de Viruta y Chicharrón' desde 1912 en la revista argentina *Caras y Caretas* y, previamente, la historieta seriada de Louis Forton desde 1908 'Les Pieds Nickelés') que aporta como dato significativo la visibilidad del personaje negro como co-protagonista de las historietas. Si bien su representación es arquetípica, sirve de punto de partida para sucesivos acercamientos, como el de Horacio en *Carteles* o Rafael Fornés en la década del treinta con 'José Dolores' en las páginas del diario *Avance*. Su importancia en el devenir del medio reside en la regularidad y el acomodo de una manifestación artística que a partir de entonces cobrará importancia como una *commodity* de la prensa periódica. Pero a diferencia de España, donde en el primer tercio del siglo XX crece la industria cultural asociada a la historieta (confirmando al menos tres grandes núcleos editoriales: Madrid, Barcelona y Valencia) en función de una demanda interna, lo que conduce al surgimiento de una nueva profesión (Martín 2006: 21), en Cuba el desarrollo de tal industria es un espejismo, pese a la consolidación de una clase burguesa en La Habana. Los motivos de tal dificultad habría que buscarlos en la proximidad (y dependencia) cultural con respecto al vecino del norte, que una vez consolidado el sistema de *syndicates* a nivel nacional se lanza a la exportación de cómics estadounidenses en su área de influencia. Esta internacionalización de la historieta estadounidense produjo una competencia a nivel no solo estético-formal sino económico que difícilmente podían sortear los artistas cubanos. La época, además, es clave en la evolución del medio que presenta por primera vez obras de carácter realista, siendo la primera la versión en cómic de la obra de E. R. Burroughs, *Tarzan* (1929), en su etapa inicial dibujada por Hal Foster. Fornés, que comienza su carrera en 1936 con 19 años, recuerda la enorme popularidad de las historietas norteamericanas y la distribución (masiva por correo ordinario) por parte de los *syndicates* de una especie de cartón encerado que servía para fundir el plomo sin necesidad de pasar por el procedimiento del grabado. Estos cartones o 'flanes' contenían diversos tipos de humorismo gráfico (caricaturas, tiras cómicas, dibujos) que podían ser adquiridos por los editores cubanos a precios muy competitivos, además de tener un acabado final de alta calidad al provenir de grabados originales (Fornés 2002: 195–6). La situación de dependencia cultural que experimenta Cuba con respecto a los EE.UU. se refleja también en el ámbito del humorismo gráfico. Años después, Edmundo Desnoes explicaría, en su ensayo 'El humorismo' (1964) para *Casa de las Américas*, que el único campo en el que se permitía la expresión cubana dentro del humorismo era en el humor político, humor local en el que no podía competir la tira de prensa extranjera. Anunciaba ya entonces lo que poco después desarrollaría en profundidad en *Punto de vista* (1967) a través de la fotografía: la dependencia de los países subdesarrollados y la necesidad de un punto de vista propio desde la óptica subdesarrollada. El intelectual cubano se proponía la descolonización de sus propios valores y la afirmación nacional desde una óptica propiamente cubana. Y todo ello en medio de una época que 'es física y visual. Los objetos son preponderantes en el siglo XX: mercancías de todos los colores y formas, cine, revistas, enormes anuncios en el paisaje. Nuestra *weltanschauung* entra fundamentalmente por los ojos' (1967: 61). Pero ello escapa a mi análisis, acaso sirva de referencia al final del camino desde la que mirar atrás, a los primeros dos años de la Revolución cubana en el poder.

De cualquier modo, sí es necesario subrayar que las tres revistas que mejor representaron los movimientos de vanguardia en Cuba integraron de manera decisiva diversas realizaciones del humorismo gráfico, caricatura, viñeta humorística e historieta. Ello se realizó de manera consciente (no en vano Conrado W. Massaguer, reconocido caricaturista, fue el director de *Social* y *Carteles*) para adecuar las publicaciones a los nuevos tiempos y elaborar un proyecto comercial solvente en el que el humorismo gráfico jugara un papel relevante.

Era esencial elaborar esta larga introducción previa a los dos periodos que centran el análisis: la Guerra Civil Española y los años iniciales de la Revolución Cubana. Con ello se buscaba encuadrar el objeto de estudio entre los dos pilares que han sostenido la argumentación. La vinculación de la vanguardia con el humor, tanto en España como en Cuba, está lejos de ser casual o meramente anecdótica. El humor está cosido en la tela del propio discurso vanguardista. Por otro lado, tampoco es anecdótico el paralelo desarrollo de los medios de prensa (en particular en su vertiente gráfica), que favorece el surgimiento de una nueva profesión, la del humorista gráfico, y más concretamente, la del *historietista*. Los balbuceos de esta nueva profesión se cimentan en España sobre un entramado industrial en expansión en torno a la prensa gráfica, presente en varias ciudades, que deja espacio para la historieta orientada a adultos. Aunque, como ha destacado Antonio Martín (2006: 20–21), ese desarrollo se conseguirá a costa de la *infantilización del medio*. Una escasa experiencia editorial (nula en el caso del cómic), sumada a la constante vigilancia de educadores, padres de familia y el clero, que valoran negativamente la historieta orientada a niños, fuerza a los editores a rebajar los contenidos y niveles expresivos retrocediendo varios años en el desarrollo del mismo, en relación a la generación anterior de Víctor Patricio de Landaluze (1825–1889), figura fundamental que sirve de puente entre el desarrollo del medio en España y en Cuba, José Luis Pellicer (1842–1901), Apeles Mestres (1854–1936), Eduardo Sáenz Hermúa 'Mecáchis' (1859–1898) o Ramón Cilla

(1859–1937). Sin embargo, en la historieta orientada a adultos tal infantilización es solo aparente. El componente lúdico y de puericia (que Ortega identifica en la época) se reflejará en composiciones intrascendentes, alejadas del realismo, pero que son innovadoras en su concepto, ancladas más en el *humor* que en la sátira o la parodia.

Ana Merino ha destacado que en Cuba se produce también una infantilización de la historieta que da lugar al surgimiento de Elpidio Valdés en 1970, con el que el cómic 'se transforma en un arma didáctica para ideologizar a los niños' (2003: 193). Estoy de acuerdo con el énfasis que se otorgará al cómic como arma didáctica. Es algo que vislumbramos en el periodo que ha abarcado el presente libro pero que, en esos años iniciales de cambios y propuestas (1959–1961), deja espacio para planteamientos que aúnen vanguardia y militancia (*El Pitirre*), alejándose del didactismo que marcará el devenir de la historieta cubana y, por ello mismo, alejándose de la función (en términos generales) que las autoridades en política cultural asignaron a los medios de masas. Volveré sobre esto más adelante. Aunque sería una visión ciertamente reduccionista obviar los acalorados debates de la intelectualidad cubana sobre la misma consideración de los medios de masas, como la encendida discusión entre el director del ICAIC Alfredo Guevara y el director del diario comunista *Hoy*, Blas Roca, en torno a películas como *La dolce vita* (1960) o *El ángel esterminador* (1962). Similar escenario sobrevendrá con respecto al cómic en la década de los setenta, matizando el trabajo de Dorfman y Mattelart sobre el cómic y la industria Disney, que ejerció una decisiva influencia en la consideración del medio como una forma de dominación. Por lo tanto, hablar de ideologización de la niñez como un proceso vertical en el que el poder se transmite de una minoría dirigente a una mayoría dirigida sería omitir los estudios que analizan la comunicación mediatizada y la esencia de los estudios culturales, que no solo estudian la ideología y la política que envuelve la producción cultural, sino también los procesos de producción, distribución y consumo. Finalmente, como Foucault se encargó de reflejar (1990: 92–94), la porosidad de las tecnologías del poder (y aquí cabe situar la crítica sobre una ideologización desde 'arriba') implica que éste no solo emana de un único centro institucional (*Pouvoir*), sino que es una compleja red de poderes (*pouvoirs*) que atraviesa diversos núcleos de ordenación e interacción social, como la familia, el trabajo o la amistad.

El difícil matrimonio entre la autonomía del arte y el compromiso

Como se ha demostrado en el capítulo cuatro, el humorismo de vanguardia pervive durante la Guerra Civil Española, fundamentalmente en la revista del bando franquista *La Ametralladora*, gracias a la dirección de Miguel Mihura y al aporte de Tono, con el que comparte una misma poética que procedía de sus colaboraciones de los años treinta, principalmente en *Gutiérrez*. Mihura elabora una revista de humor alejándose tanto como puede (o le dejan) del humor panfletario y de consigna. Cuando se lanzan a la crítica del enemigo, como en el texto sobre la Pasionaria, escrito al alimón entre Mihura y Tono y firmado con el seudónimo 'TOMI-MITO', ésta se realiza dentro de los cauces del humor absurdo, alejado del fanatismo que muestran otros autores en sus composiciones de humor gráfico, como 'As' (Valentí Castanys) en su serie 'Los hijos de la Pasionaria' para la misma revista. El humor gráfico de Tono en 'Noticiario Movietono' o en sus 'Tonerías' se centra en la vida diaria en la zona 'roja', en el desorden, la escasez de alimentos, la educación de corte soviético, la desinformación, etc. Pero todo ello se hace bajo un hálito de humor amable y sin perder de vista el sustrato absurdo que Mihura se esfuerza por mantener. No son humoristas militantes en absoluto. Su causa no es otra que el humor. Es cierto que al provenir de un estrato social burgués (Mihura) o al haber conseguido una posición acomodada (en el caso de Tono) sus preferencias ideológicas cuando estalle la guerra se acercarán a las de los sublevados, porque representan *grosso modo* la tradición, y su humor no hace otra cosa que pulsar las teclas que distorsionan tal tradición. Es por ello su elemento natural, en el que pueden aportar la nota discordante (como harán terminada la guerra con *La Codorniz*), dentro de los rígidos cauces que establece la censura. El horizonte en la zona republicana les parece incomprensible, caótico. Demanda una militancia, un compromiso que ellos no encuentran ni les interesa buscar.

En el bando republicano hay quienes demuestran un compromiso político y una militancia que llevan a la práctica, como Bardasano, el director de *No Veas*, publicación que fustiga principalmente al POUM en la propia retaguardia, en una lucha de poder en las líneas republicanas entre comunistas, trotskistas y anarquistas. Ramón Peinador, colaborador de *No Veas*, presenta un caso similar. Está entre los fundadores de la revista de trinchera *Hierro*, donde además colaboraba como dibujante con sus historietas. Su militancia con la causa republicana le lleva a marchar al exilio, compartiendo pasaje con Bardasano en el *Sinaia*, que les llevará a México, donde fallecerá años después. De manera paralela, José Soriano Izquierdo 'Ley', que colaboró en diversas publicaciones (*Verdad*, *Trincheras*, *La Hora*), fue represaliado, pero terminada la guerra se reincorporó a la industria de la historieta infantil bajo el sello de Editorial Valenciana, omitiendo su seudónimo, continuando con el estilo amable que lo había caracterizado. Martínez de León, por ejemplo, que convirtió a su popular personaje 'Oselito' en miliciano en el frente, pudo continuar con su obra de humorismo gráfico previo paso por la cárcel, cargando una condena a muerte que después le fue conmutada por 30 años de prisión. Finalmente, pudo acogerse al indulto de Franco en 1945 y salió de la cárcel a finales de tal año. Los hay como Bofarull, también comunista, que no duda en sacar la pistola (como recuerda en primera persona el cartelista Carles Fontseré) para defender su partido ni en sacar los lápices para atacar el fascismo. Quizá uno de los ejemplos paradigmáticos de la militancia del artista sea el de Carlos Gómez Carreras 'Bluff' y toda su ingente producción volcada en la revista *La Traca* y el diario *Adelante*, que le lleva a la muerte, fusilado, una vez terminado el conflicto. Pero también tenemos otro tipo de humorista gráfico, que de manera similar a lo ocurrido con Mihura y Tono, sobrevive a los años de guerra poniendo su humorismo gráfico al servicio de la República, con la que simpatiza, aunque su interés principal sea el desarrollo de su vocación artística, que terminada la guerra le resultará muy difícil proseguir. Fernando Perdiguero 'Menda' es un ejemplo de ello. Tras pasar por la cárcel, Mihura le facilita la entrada de nuevo a la profesión a través de su nueva revista *La Codorniz*.

En Cuba, a finales de los cincuenta y mientras se libra la lucha contra la dictadura de Batista, el joven Santiago Armada 'Chago' comienza su carrera artística en la sierra encargado de las secciones de humor de *El Cubano Libre*. Nuez hace lo propio con su 'Loquito' a través de la prensa legal en las páginas de *Zig-Zag*. Para la lucha guerrillera tan importante iba a ser el uso de los medios de comunicación clandestinos como legales, tal y como se encargó de analizar Carlos Franqui. Fornés saca su 'Don Sabino' a la calle para enfrentarse al mundo desde un punto de vista escéptico, distanciado. Estamos ante la primera historieta de corte filosófico en Cuba. Especialmente la de Fornés es una propuesta que excede con mucho el humor político o costumbrista tradicional que se venía haciendo en los cincuenta. Todo ello llega a su culminación en la revista *El Pitirre*, máximo representante del vanguardismo y la militancia en el humorismo gráfico cubano. Allí Fornés cita a varios artistas que comparten una concepción similar del humorismo y una aproximación formal que se aleja de la curva recargada y adopta la simplicidad de la línea.

Fornés busca renovar el humorismo gráfico cubano rompiendo con el dibujo de trazo clásico norteamericano de la tira de prensa y encuentra en el dibujante de *The New Yorker*, Steinberg, el estilo que necesita y se adecua a los tiempos. A la historieta de trazo curvo, caricaturesco, detallista, basada fundamentalmente en modelos foráneos, Fornés opondrá la sencillez de la línea, la vacuidad de los fondos, que serán siempre mínimos, lo estrictamente necesario para desarrollar la historia contada. Encuentra en Jesús de Armas al correlato steinbergiano cubano, y muy pronto René de la Nuez, imbuido del estilo de Steinberg, se convertirá en el máximo exponente de esta tendencia. A la vanguardia formal, la experimentación con el color, el collage, el fotomontaje, las elipsis narrativas en la historieta que se estilizan con sutileza, se le une la militancia política en la lucha contra el clero, el imperialismo, los latifundistas, etc. Pero aunque estamos hablando de un grupo cohesionado de artistas, no son los únicos en Cuba. Existen otros muchos que son deudores de una tradición formal a la que Fornés se opone y a la que ha decidido no dar cabida en la revista. Éste será uno de los problemas que tendrá que afrontar el proyecto de Fornés. El otro será el protagonismo del individuo, a través de historietas de corte existencialista o absurdo, que comienza a entrar en conflicto con los cambios estructurales que lleva a cabo la Revolución, potenciando la colectividad frente a la individualidad.

Quiero recalcar aquí, una vez más, a dos figuras que sobresalen del panorama trazado en ambos países: Rafael Fornés y Miguel Mihura. Ambos comparten una estética similar en la concepción de una revista de humor, que debe ser ante todo una propuesta cohesionada en la que los colaboradores sigan una misma línea artística que le confiera coherencia a la publicación. Rechazan a artistas que no estén dispuestos a adecuar su estilo y seguir la *nueva línea*. Porque ambos, distancias históricas mediante, proponen un camino de vanguardia que en lo fundamental es un reflejo del contexto en el que viven. Con ello no quiero decir que el contexto sea el único elemento determinante. Suscribo la apreciación de Sharman al comentar la obra de Derrida cuando asegura que 'to think of meaning as determined by context is to rule out history and the possibility of change, since under such circumstances a given context would only ever produce a text that in turn reproduced the given context, and so on to infinity' (2006: 55). De hecho, *La Ametralladora*, *La Codorniz* y *El Pitirre* son revistas *extemporáneas*. Si se tienen en cuenta las condiciones históricas en las que nacen dichas revistas, son publicaciones que marchan a contracorriente. Las dos primeras, fundamentadas en el absurdo, se alejan del uso propagandístico y doctrinario que el régimen atribuye a los medios de comunicación. Sobre *La Codorniz* se puede argumentar en contra que precisamente el humor absurdo, tras una guerra que gana el bando fascista e instaura una dictadura despiadada, es precisamente el único humor permisible, aquél que por situarse en un plano que no todos entienden no resulta peligroso. Sin embargo, ello obviaría que la propuesta de Mihura tiene una base comercial y necesita lectores, necesita *llegar al público*. Además de desarrollar su poética, quieren vivir de ello. Y resulta, como acaso era predecible, que el humor absurdo que ataca los convencionalismos del lenguaje y nos revela su lado oculto es muy bien recibido por un público que había estado (y seguirá estando) bombardeado masiva e ideológicamente por las consignas del Nacionalcatolicismo. Mihura no esconde las explícitas críticas que en forma de misiva recibía *La Codorniz*, pero de igual manera, tuvo que recibirse como un soplo de aire fresco en el viciado ambiente de principios de los cuarenta la aparición de una revista de humor disparatado, dislocado, que aliviara la carga de trascendencia (la vuelta al Imperio) que el aparato del régimen atribuía al nuevo ciudadano español.

En *El Pitirre*, desde sus primeros editoriales humorísticos firmados por Cabrera Infante, en los que ya se vislumbra el enfoque lúdico en el lenguaje del futuro

Tres tristes tigres hasta las historietas de Chago, Posada o Sergio que reflexionan sobre la existencia y el ser humano, se aboga por una fusión de vanguardia y militancia que eleve el nivel cultural del público lector. Como, por otro lado, estaba haciendo Cabrera Infante con *Lunes de Revolución*. Pero el problema reside en que gran parte de las manifestaciones incluidas en la revista, precisamente por su énfasis en el individuo en lugar de en la colectividad, entablan un difícil diálogo con la función didáctica y transformadora de la realidad que el gobierno asigna a la producción cultural. García Canclini lo reflejaba en un artículo esencial para *Casa de las Américas* en 1975: 'el arte es *producción* porque consiste en una apropiación y transformación de la realidad material y cultural, mediante un trabajo, para satisfacer una necesidad social, de acuerdo con el orden económico vigente en cada sociedad' (p. 112). El antropólogo argentino confiaba en que, incluso en una sociedad altamente planificada como la socialista, se dieran las condiciones sociales para la experimentación artística, para 'el juego que es mera invención, el gozo que resulta de lo imprevisto, la experimentación artística' (p. 113). Son especialmente significativas las palabras de García Canclini, porque recordemos que habla desde la óptica de 1975, al final del conocido como 'quinquenio gris'. Sin embargo, en 1960 y 1961 se están viviendo transformaciones radicales en la construcción de un nuevo Estado y una nueva identidad nacional que se refleja, sobre todo, en la campaña de alfabetización de 1961. Dichas transformaciones chocan de manera violenta en el intento de invasión de Playa Girón, que supone un punto álgido en la reafirmación de la identidad nacional. La óptica existencialista de Chago en *El Pitirre* y luego en su serie 'Salomón', que compartirá espacio con la mirada escéptica de Fornés con su historieta 'Sabino' para *Revolución* de 1961 a 1963, no reflejaban el ideal de esfuerzo colectivo de un pueblo que toma las riendas de su destino. Es más, 'Salomón' se vuelve cada vez más introspectivo y 'Sabino' ahonda en planteamientos filosóficos sobre el individuo y su lugar en el mundo que podían plantear dificultades para su comprensión por parte del público lector. Prueba fehaciente de lo anterior son las mismas palabras de Fornés en una carta para su hermana, la dramaturga María Irene Fornés, que residía en los EE.UU. desde 1945. Fechada el 17 de octubre de 1969, la misiva es una declaración de principios sobre lo que para el autor es la historieta, sobre su función estética e intelectual, amén de comunicativa:

> Yo sé, que si a ti te han dado siempre unas tiras 'enfocadas' y que entiendes, debe resultarte irritante que te den unas como las mías, pero que si tú te habituaras a ellas, te resultaría aún mucho más irritante que te mandara unas tiras 'enfocadas' y que entiendas, pero que no le encuentres nada interesante ni te sugieran nada profundo e importante. Dudo que se pueda producir algo que siendo interesante, profundo e importante, a su vez, la gente lo entienda. Considero que lo interesante es aquello que nos desmiente. (Ortiz 2006 s/p)

El 'desenfoque' que analiza Fornés alude a esa descontextualización que poco a poco va ganando peso en su historieta. Un desligamiento de la realidad *dominante* en el nuevo orden que experimenta Cuba. Pero ello no debería llevar a engaño. Donde nos dirige Fornés es al terreno de las ideas, de la emoción estética, de lo intelectual. Y al hacerlo, pese a seguir hablando de la realidad (el existencialismo no es sino un discurso sobre la realidad del individuo), se aleja de aquella realidad más inmediata, de la construcción nacional y la defensa de la identidad contra el imperialismo agresor que las autoridades quieren que reflejen los medios de masas. Es fácil entender, por tanto, que la corriente que nace en *El Pitirre* y pervive dos años más en *Revolución* finalmente no encuentre órganos de expresión. Es una propuesta que no concuerda con la función comunicativa y movilizadora que para los organizadores de la política cultural deben tener los medios de masas. Estamos ante la disyuntiva de lo que García Canclini refiere como una *teoría de la socialización del arte* aplicado a los medios de comunicación. El difícil matrimonio entre la autonomía del arte y el compromiso en una sociedad como la cubana que pretende cambiar radicalmente la relación del artista con la sociedad y la relación del artista con su objeto artístico. En ese difícil maridaje, habrá manifestaciones que, dentro de la considerada cultura popular, cuestionen esa misma adscripción y se muevan por terrenos más intelectuales, más tradicionalmente asociados a 'lo culto'. Las autoridades encargadas de los medios de comunicación en Cuba a principios de los sesenta no estaban preparadas para un discurso que planteara visiones transversales de lo culto y lo popular a través del humor (en un periodo de extrema seriedad y responsabilidad colectiva) y en un medio tan prejuiciado como la historieta. No lo creían práctico (transformador de la realidad) y además recordaba a la cultura burguesa, que se quería dejar atrás, de autonomía del arte, que ya había producido intensas discusiones en cuanto al cine, pero que en la historieta, al fin y al cabo, no tenía sentido porque era, pensaron, un medio infantil. Es ahí donde se encuentra la respuesta a la pregunta de por qué Edmundo Desnoes no incluyó el humorismo gráfico en *Punto de vista* (1967). Cuatro años antes había advertido de la dependencia de esta manifestación cultural respecto a los EE.UU. y, sin embargo, en su obra más ambiciosa, gran parte de la cual gira en torno al poder de la imagen, omite deliberadamente cualquier mención al humorismo gráfico. Fueron los prejuicios de la intelectualidad cubana respecto a las formas impuras de la cultura.

Evolución del humorismo gráfico en España y Cuba tras los periodos de crisis

Es difícil hablar de influencias del humorismo gráfico, o más concretamente, de la historieta española en Cuba a principios de los sesenta. Los testimonios de testigos directos, como el del historietista Juan José López ('no recuerdo ninguna influencia del cómic español, las revistas españolas no llegaban a la isla en los años sesenta, que fueron los que viví yo allí'[4]), que residió en Cuba de 1960 a 1969, no apuntan en esa dirección. Tampoco los expertos en la materia, como Antonio Martín ('según lo que yo he estudiado y conozco, creo que no ha habido tales influencias. Aunque siempre es más lo que desconocemos que lo que ya hemos aprendido...'[5]), aportan indicios de tales influencias. Sin embargo, conocemos a través de las páginas de *El Pitirre* que *La Codorniz* se encuentra entre sus revistas de referencia junto con *Mad*, *Punch* o *The New Yorker*. Se menciona, además, el nombre de Chumy Chúmez, humorista fundamental en *La Codorniz* a partir de los años cincuenta. Sabemos de los estrechos lazos entre España y Cuba y de las asociaciones y centros culturales en La Habana organizados por los españoles emigrados. En base a ello, se puede argumentar que revistas españolas (entre ellas *La Codorniz*) llegaran a La Habana durante los años cincuenta. En cualquier caso, me muevo en el terreno de las hipótesis y como tal hay que tomar estas ideas como puntos de partida para futuros trabajos de investigación. Pero resulta interesante que la poética de Chumy Chúmez y Chago (con su serie 'Mi amiga la muerte', por ejemplo) compartan una similar mirada respecto a la muerte y el humor negro. Chumy Chúmez hará del humor negro su seña de identidad para criticar las desigualdades existentes en la España franquista y durante los años sesenta orientará su crítica a los EE.UU., especialmente a su implicación en la guerra de Vietnam. Es llamativa la similitud casi total de algunas historietas, como la de Tono en *La Codorniz* 'Suprema decisión' (1942) y la obra de Posada 'Desesperación' (1960) para *El Pitirre*, como ya se explicó en el capítulo cinco. No creo que la segunda copiara la primera. Sí se postula que el planteamiento formal es, evidentemente, el mismo. Hay una misma preocupación por acercarse a la realidad desde otro punto de vista, más lúdico, menos trascendente. Ahí es donde reside, si no una influencia directa, sí al menos una influencia indirecta. Ello explicaría la publicación en *El Pitirre* de textos de Neville, Jardiel o Wenceslao Fernández, que apuntan en la misma dirección.

Por otro lado, sabemos de la importancia de Steinberg en el grupo de *El Pitirre*. Pero, curiosamente, se ha demostrado cómo Steinberg ya aparece en las páginas de *La Ametralladora* durante la Guerra Civil Española. Y seguirá apareciendo en *La Codorniz*. Su influencia no hará sino crecer a medida que crezca su obra y la renovación de la línea que trajo consigo. De ese modo, se convierte en referente estético en las páginas de *Don José* (1955–1958), que contaba también en su nómina de artistas a un Tono que nos recuerda ya al

---

4   Entrevista mantenida con el autor por correo electrónico el 19 de abril de 2010.
5   Entrevista mantenida con el autor el 15 de diciembre de 2008.

futuro Nuez de *El Pitirre*. Como decía, es difícil hablar de influencias españolas en Cuba, pero no lo es tanto hablar de una asunción de estilos comunes en torno a un humorismo de corte más filosófico, existencialista, intelectual, en suma. Aquí es donde reside el núcleo de la comparación. No se puede comparar el proceso histórico que ha atravesado Cuba hasta llegar a la Revolución con el proceso de España, que desemboca en una guerra civil que pierde la República. Son dos realidades históricas con sus complejidades internas y no ha sido ése el cometido de este libro. Lo que sí es comparable es el desarrollo, auge, atenuación y desaparición (aunque no *eliminación*) de una concepción del humor de vanguardia similar en una época de profundos cambios estructurales en ambos países. Se puede, además, establecer una comparación con el proceso evolutivo del humorismo gráfico para adultos en España durante la posguerra y en Cuba con la Revolución en el poder.

En España, a partir de 1944, con el cambio de dueño de *La Codorniz*, se dejará atrás el humor de carácter absurdo por una mayor presencia de la sátira social y del humor negro. El cambio de tendencia tiene un éxito casi inmediato y el público responde positivamente a la crítica de costumbres. Una crítica que en ocasiones es osada, como el humor negro de Chumy Chúmez, y que en otras se permite un intento de sátira de los pilares ideológicos del régimen (como la parodia del diario falangista *Arriba* de Fernando Perdiguero, ver capítulo cinco). La censura es durísima, como prueban los testimonios de su director Álvaro de Laiglesia. El espacio que se otorga a la crítica es equivalente al grado de apertura que el régimen está dispuesto a asumir para salir de su aislacionismo. Pero ello no esconde que la ley de prensa vigente es la impulsada por el falangista y filonazi Ramón Serrano Súñer el 22 de abril de 1938. Es decir, una ley redactada en plena guerra civil, que será vigente hasta 1966, cuando el nuevo texto redactado por Manuel Fraga la sustituya.

En Cuba, pasado el experimento de *El Pitirre*, se opta por una publicación que aglutine el humorismo gráfico cubano desde la militancia y por encima de la renovación vanguardista. Es así como nace *Palante* en 1961, la decana del humorismo gráfico cubano, todavía en circulación. Wilson, Ñico, Felo, Blanco, Miguelito, Pitín y Cardi toman el relevo y pronto se les unen Mitjans, Betán, Évora y Alben. Nuevos nombres para un humorismo que tiene otros objetivos claros, acordes al momento histórico y a lo que la Revolución demanda, tal y como recuerda Cardi en el prólogo al recopilatorio *25 años de humor en Palante*: 'aprendimos que, por encima de los evasivos humores de colores – humor blanco, humor negro, humor verde, humor lila, humor amarillo... – estaba el humor rojo, es decir, el humor revolucionario, el humor militante, el humor socialista, el humor intransigente' (Cardi 1986: s/p). La tarea de *Palante* estaba clara: dejar atrás la evasión de ciertos humores y concentrarse en el humor rojo revolucionario para cumplir con dos objetivos: 'la revolucionaria tarea de combatir a los enemigos irreconciliables de la Revolución y de enfrentarse a las deficiencias que entorpecen el desarrollo de la construcción del socialismo' (1986: s/p). Por tanto, la función didáctica del humorismo gráfico en Cuba se convertirá en un lastre para el desarrollo expresivo del medio. Siempre tendrá que tener presente su función colectiva y pedagógica para *llegar al lector*.

En definitiva, ese matrimonio (forzado) entre la autonomía del arte y el compromiso político en épocas de crisis implica, a nivel general, una apuesta por la practicidad, por la inmediatez y por la función social que puede desempeñar el arte. La cuestión se complica más todavía cuando se trata de manifestaciones encuadradas dentro de los medios de comunicación o medios de masas, como es el humorismo gráfico, cuya originaria función, la *comunicación*, ejerce a manera de peso que decanta la balanza en dichos periodos de crisis, además de lastrar su futuro desarrollo. Quisiera recoger en estas últimas líneas el llamado a la individualidad del artista hecho por Ramón Gómez de la Serna, verdadero arquetipo de escritor de vanguardia, de artista de vanguardia en el ámbito hispánico:

> ¡Pobre del escritor y el artista que se crean obligados a algún servilismo político! Colaboran en su anulación, en su menoscabo, en su achabacanamiento, en ser masa coral de tópicos y apremios municipales. Habrán conspirado contra ellos mismos, y sólo se enterarán el gran día en que, todo arrasado, se sientan raseros y tristes. (1974: 422)

El asunto es más complejo que el mero servilismo político. Ramón habla desde su experiencia propia en una España que fue radicalizándose políticamente hasta el estallido de la guerra civil. Para él, la independencia del artista era de suma importancia como depositario de una labor social que debía juzgarse no por los apremios de unas circunstancias concretas, sino con la ponderada mirada que da el paso de los años:

> La obra literaria o artística debe servir para contener al tiempo en su precipitarse en la nada y en la destrucción, y así realizan su fin social de superación y de reacción frente a las fuerzas brutales, iletradas, cada vez más zafias y criminales, que en uno u otro bando llevan al exterminio, si no se paran en un orden equidistancial. (Gómez de la Serna 1974: 423)

El artista en su puesto de avanzada, a la vanguardia de la cultura, como el último baluarte en una lucha contra la barbarie. Los ecos orteguianos de *La rebelión de las masas* son evidentes. Pero ¿cómo hablar en Cuba de 'fuerzas iletradas, zafias y criminales' en un país que en 1961 consigue alfabetizar a un millón de personas en un esfuerzo colectivo inaudito? La función social del artista, su militancia con el proyecto de la Revolución, será un requisito de índole moral que cada uno impondrá a su labor. Sin embargo, ello no debería enturbiar la *responsabilidad* ética que artistas como Fornés o Chago imprimieron a su obra. Una responsabilidad que entendieron estaba en consonancia con el proyecto emancipador de la Revolución Cubana, con la formación de un hombre nuevo, que antes debía preguntarse qué hacía en el mundo, qué lugar ocupaba y qué sentido tenía su existencia. El humorismo gráfico de vanguardia no desaparecerá definitivamente, su discurrir, que está lejos de ser puntual, es más parecido al curso del Guadiana, aparición y desaparición, como un proceso rítmico, pero siempre presente, incluso en su ausencia.

BIBLIOGRAFÍA

Abella, Rafael. 1975. *La vida cotidiana durante la Guerra Civil. La España republicana.* Planeta: Barcelona.

Acevedo, Evaristo. 1972. *Los españolitos y el humor.* Editora Nacional: Madrid.

Agramonte, Arturo y Castillo, Luciano. 2012. *Cronología del cine cubano II (1937–1944).* ICAIC: La Habana.

Agüero, Luis. 1962. 'Posada y el humor nuevo'. *Revolución* 26 junio 1962.

2008 'Soñar con tigres. Guillermo Cabrera Infante en la memoria' *OtroLunes* n.4, http://otrolunes.com/archivos/04/html/este-lunes/este-lunes-n04-a09-p01-2008.html [consultado el 16 de febrero de 2015].

Aguirre, Mirta. 2007. 'Apuntes sobre la literatura y el arte' *Polémicas culturales de los 60* Selec. Graziella Pogolotti. Letras Cubanas: La Habana, (pp. 43–71).

Alary, Viviane. 2002. 'La historieta española 1870–1939: breve reseña' *Historietas, Cómics y Tebeos españoles* (ed.). Université de Toulouse-Le Mirail: Toulouse, (pp. 22–43).

Alemán Ruiz, Antonio. 1915. 'Un factor del progreso: la prensa gráfica' *Bohemia* 3 oct 1915.

Alisky, Marvin. 1981. *Latin American Media: Guidance and Censorship.* Iowa State Univ. Press: Ames.

Altabella, José. 1990. 'Una revista popular en el Madrid asediado: 'Blanco y Negro'' (abril 1938-marzo 1939). *Comunicación, cultura y política durante la II República y la Guerra Civil. Vol II. España (1931- 1939).* Dir. Manuel Tuñón de Lara. Universidad del País Vasco: Bilbao, (pp. 280–287).

Altarriba, Antonio. 2006. 'Historietas de los años 40' *El Franquismo año a año. Tomo 9. 1949. España, reserva espiritual de Occidente.* Unidad Editorial: Madrid, (pp. 150–161).

———. 2009. *El arte de volar.* Edicions de Ponent: Alicante.

Armas Fonseca, Paquita. *La vida en cuadritos.* Pablo de la Torriente: La Habana, 1993.

Armada, Santiago (Chago). 1960. 'Humorismo y Revolución. Chago' Entrevista de Braulio Robet (Roberto Branly). *El Pitirre.* 31 enero 1960 (pp. 13–14).

Ascunce, José Ángel. 1999. *San Sebastián, capital cultural (1936–1940).* Artes Gráficas Michelena: San Sebastián.

Aullón de Haro, Pedro. 1998. 'Teoría general de la Vanguardia' *La Vanguardia en España. Arte y Literatura.* Javier Pérez Bazo (ed.) C.R.I.C. & OPHRYS: Paris, (pp. 31–52).

Avilés, Cecilio. 1989. *Historietas. Reflexiones y Proyecciones.* Pablo de la Torriente: La Habana.

———. 1990. *Historieta Cubana. Sesenta narradores gráficos contemporáneos.* Pablo de la Torriente: La Habana.

Azaña, Manuel. 1986. *Causas de la guerra de España.* Crítica: Barcelona.

Bagaría, Luis. 1938. 'Bagaría' por Stefan Priacel. *Voz de Madrid*, 6 agosto 1938 (p. 3).

Balboa Pereira, Malena. 2009. 'El humor gráfico en los albores de la Revolución Cubana (1959–1962). Legitimación de un proceso' *Calibán, revista cubana de pensamiento e historia* n. III, [consultado 26 de enero de 2010].http://www.revistacaliban.cu/articulo. php?numero=3&article_id=36

Barbieri, Daniele. 1995. *I linguaggi del fumetto*. Bompiani: Milano.

——. 2008. 'Il racconto delle immagini' *El discurs del còmic. Quaderns de Filologia.* Sancho Cremades *et al.* Ed. Universitat de València: Valencia, (pp. 35–49).

Barker, Martin. 1989. *Comics: ideology, power and the critics.* MUP: Manchester.

Baroja, Pío. 1948. *La caverna del humorismo*. Obras Completas V. Biblioteca Nueva: Madrid.

Barrero, Manuel. 2004. 'El origen de la historieta española en Cuba' *Revista Latinoamerica de Estudios Sobre la Historieta* (vol. 4, n. 14) Pablo de la Torriente: La Habana, (pp. 65–97).

——. 2006. 'Viñetas republicanas en la Guerra Civil Española' Tebeosfera coord. Manuel Barrero. Astiberri: Bilbao, (pp. 33–60).

Barros, Bernardo. 2008. *Caricatura y crítica de arte.* Ed. Jorge R. Bermúdez. Ediciones Letras Cubanas: La Habana.

Bécarud, Jean y López Campillo, Evelyne. 1978. *Los intelectuales españoles durante la II República.* Siglo XXI: Madrid.

Beevor, Antony. 2006. *The Battle for Spain: The Spanish Civil War 1936–1939.* Weidenfeld: London.

Benjamin, Walter. 1971. 'La obra de arte en la época de su reproductibilidad técnica *Cine Cubano* nos. 66–67, (pp. 100–120).

Benito de, José. 1977. 'Los intelectuales españoles en esta hora' *Nueva Cultura.* (n. 9 dic 1935). Ed. facsímil. Topos Verlag: Valencia, (pp. 134–135).

Bergson, Henri. 1999. *Laughter: an essay on the meaning of the comic.* Trad. Cloudesley Brereton y Fred Rothwell. Green Integer: Los Angeles.

Bermúdez, Jorge R. 2008. 'En el umbral de la vanguardia' *Caricatura y crítica de arte.* Ed. Ediciones Letras Cubanas: La Habana, (pp. 5–25).

——. 2011. *Massaguer. República y Vanguardia.* Ed. La Memoria: La Habana.

Blanco de la Cruz, Caridad. 2005. 'Always the Other One: *Salomón*' trad. Gisela Gil-Egui. *Cartooning in Latin America* (ed.) John A. Lent. Hampton Press: Cresskill, (pp. 241–251).

Blasco Romero, Ricardo. 1978. 'La cremà olvidada: Las 'Fallas' de la Guerra Civil' *Tiempo de Historia* n. 41, abril (pp. 64–69).

Bogart, Leo. 1959. 'Changing Markets and Media in Latin America' *The Public Opinion Quarterly* vol. 23, n. 2, (pp.159–167).

Borkenau, Franz. 2000. *The Spanish Cockpit. An Eye-Witness Account of the Political and Social Conflicts of the Spanish Civil War.* Phoenix: London.

Brihuega, Jaime. 1981. *Las vanguardias artísticas en España. 1909–1936.* Istmo: Madrid.

Brines i Blasco, Joan. 2002. 'La difusión del periodismo en el País Valenciano (1909–1938)' *Anales de Historia Contemporánea* n. 18, (pp. 355–382).

Butler Flora, Cornelia. 1984. 'Roasting Donald Duck: Alternative Comics and Photonovels in Latin America' *Journal of Popular Culture* vol. 18, n. 1, (pp. 163–183).

Cabrera Infante, Guillermo. 1959a. 'Una reforma necesaria' *Revolución* 13 enero 1959 (p. 7).

——. 1959b. 'Somos actores de una historia increíble' *Revolución* 16 enero 1959 (p. 15).

Cabrera Pérez, Raquel. 2003. 'Conozcamos y Cuidemos nuestros billetes' *Revista del Banco Central de Cuba* (n. 2), [consultado 3 de febrero de 2010]. http://www. bc.gov.cu/anteriores/RevistaBCC/2003/No2-2003/Documentos/ Conozcamos_y_ cuidemos_nuestros_billetes-RevBCC-No2-2003.pdf

Calzado Aldaria, Antonio. 2007. 'La propaganda en la Guerra Civil. La pluralidad republicana contrastó con el férreo control informativo de las autoridades sublevadas' *La Guerra Civil en la Comunidad Valenciana. Vol. 12. Prensa, propaganda y agitación.* Coord. por Romà Seguí i Francés. Prensa Valenciana: Valencia, (pp. 9–27).

Cardi, Juan Ángel. 1986. 'Veinticinco años sí es algo...' *25 años de humor en Palante* ed. Évora Tamayo. Editora Abril: La Habana.

Cardona, Rodolfo y Zahareas, Anthony N. 1970. *Visión del esperpento. Teoría y práctica en Los esperpentos de Valle-Inclán.* Castalia: Madrid.

Caro Baroja, Julio. 1969. *Ensayo sobre la literatura de cordel.* Revista de Occidente: Madrid.

Carpentier, Alejo. 1997. 'La revista *Mad' Letra y Solfa. Literatura. Libros.* Ed. América Díaz Acosta. Letras Cubanas: La Habana, (pp. 191–192).

Carrier, David. 2000. *The Aesthetics of Comics.* Penn State Press.

Casares, Julio. 1961. *El humorismo y otros ensayos. Obras completas.* Tomo VI. Espasa Calpe: Madrid.

Castelao, Alfonso. *Humorismo. Debuxo humorístico. Caricatura.* http://www.museo castelao.org/albumnos/humorismo.html [consultado 9 agosto 2010].

Castro Ruz, Fidel. (a) 8 enero 1959 [consultado 31 de enero de 2010] http://www.cuba. cu/gobierno/discursos/1959/esp/f080159e.html

——. (b) 7 junio 1959 [consultado 31 de enero de 2010]. http://www.cuba.cu/gobierno/ discursos/1959/esp/f070659e.html

——. (c) 26 octubre 1959 [consultado 25 agosto de 2010]. http://www.cuba.cu/gobierno/ discursos/1959/esp/f261059e.html

——. *Palabras a los intelectuales* [consultado 31 de enero de 2010] http://www.cuba. cu/gobierno/discursos/1961/esp/f300661e.html

Catalá-Carrasco, Jorge L. 2014. 'Vanguardia y Costumbrismo en prensa gráfica (1920 a 1939): los andaluces Tono y Martínez de León' *Andalucía en la Historia* (n. 43) (pp. 74–79).

——. 2011a 'Cuban Humour Magazines and Comics during the Special Period: An Overview' *International Journal of Comic Art* 13(1), (pp. 208–234).

——. 2011b 'From Suspicion to Recognition? 50 Years of Comics in Cuba' *Journal of Latin American Cultural Studies* 20(2), (pp. 139–160).

——. 2008a. 'El humor gráfico revolucionario en Cuba. El camino hacia un arte militante' *Revista Latinoamericana de Estudios Sobre la Historieta,* no. 29, vol. 8, (pp. 1–18).

——. 2008b. '*Costumbrismo* and cubanity in Rafael Fornés' *International Journal of Comic Art* vol. 10, no. 2, (pp. 495–518).

Chacel, Rosa. 'Cultura y pueblo' *Hora de España* (n. 1), enero 1937 (pp. 13–22).

Columba, Ramón. 1959. *Qué es la caricatura.* Columba: Buenos Aires.

Cooper, Sara E. 2008a. 'Humorismo en Cuba: *Bohemia* Comics from The Year of the Revolution' *Kunapipi: Journal of Postcolonial Writing* vol. 30, 1, (pp. 116–135).

——. 2008b. 'Cuba and the US in a Sandbox: Cuban Funny Papers' *Changing Cuba / Changing World* ed. Mauricio A. Font, Bildner: New York (pp. 235–265).

Crusells, Magí. 2003. *La Guerra Civil española: Cine y propaganda.* Ariel: Barcelona.

Cuadrado, Jesús. *Atlas español de la cultura popular. De la historieta y su uso 1873–2000.* Tomo II. Sinsentido: Madrid, 2000.

Cubano Libre, El. Suplemento Humorístico. (Año I, n. 1) sept. 1958.

——. (Año I, n. 2) oct. 1958.

——. (Año I, n. 3) dic. 1958.

Curioso Impertinente, El. 1922. 'Pedro A. Valer' *Bohemia* vol 13, n. 13, 26 mar 1922 (p. 6).

De la Fuente Soler, Manuel. 2011. 'La memoria en viñetas: historia y tendencias del cómic autobiográfico' *Revista* Signa *20* (pp. 259–276).

Delhom, J. M. 1989. *Catálogo del Tebeo en España 1865–1980.* Círculo del Cómic: Barcelona.

Delhom, J. M. y Navarro, J. 1980. *Catálogo del Tebeo en España 1915–1965.* IGOL: Barcelona.

Desnoes, Edmundo. 1963. 'De La Charanga al Pitirre. Cuba en el humorismo gráfico: 1857–1963' Rotograbado de *Revolución*, 23 sept 1963.

——. 1964. 'El humorismo' *Casa de las Américas* (nos. 22–23) (pp. 113–125).

——. 1965. 'El humorismo en nuestra historia. Visión de la isla' *Bohemia* 29 enero 1965

——. 1967. *Punto de vista.* Instituto del Libro: La Habana.

Díaz, Estrella. 2008. *Luces y sombras.* Linotipia Bolívar: Bogotá.

Díaz-Plaja, Fernando. 1980. 'La caricatura española en la Guerra Civil' *Tiempo de Historia* n. 73. Madrid: 1980 (pp. 3–130).

Diccionario de la literatura cubana. Tomo I. 1980. Letras Cubanas: La Habana.

Diccionario de la literatura cubana. Tomo II. 1984. Letras Cubanas: La Habana.

Dorfman, Ariel y Mattelart, Armand. 1981. *Para leer al Pato Donald.* Siglo XXI: México D.F.

Dorticós, Osvaldo. 1963. ''Hoy', un periódico del Partido, del ideal y del pueblo' *Cuba Socialista* (Año III, No. 22), junio 1963 (pp. 20–27).

Dounovetz, Sergei y Roca, Paco. 2010. *El ángel de la retirada.* Bang: Barcelona.

Eco, Umberto. 2004. *Apocalípticos e integrados.* Trad. Andrés Boglar. DeBolsillo: Barcelona.

Eisner, Will. 2006. *Comics and Sequential Art.* Poorhouse Press: Paramus.

Escalante, César. 1963. 'Lo fundamental en la propaganda revolucionaria' *Cuba Socialista* (Año III, No. 25), septiembre 1963 (pp. 18–31).

Esteban, José (ed.). 2009. *Caricaturas republicanas. Luis Bagaría.* Rey Lear. Madrid

Fagen, Richard R. 1969. *The Transformation of Political Culture in Cuba.* Stanford Univ. Press: Stanford.

Fernández Flórez, Wenceslao. 1945. *El humor en la literatura española.* Discurso leído ante la Real Academia Española (14 mayo 1945). Imprenta Sáez: Madrid.

——. 1957. 'Prólogo' *Antología del humorismo en la literatura universal.* Labor: Madrid (pp. VII–XXIII).

Fernández Soria, Juan Manuel. 1990. 'Medios de comunicación y extensión cultural en el Ejército republicano' *Comunicación, cultura y política durante la II República y la Guerra Civil. Vol II. España (1931- 1939).* Dir. Manuel Tuñón de Lara. Universidad del País Vasco: Bilbao (pp. 376–401).

Figueras, Francisco. 1907. *Cuba y su evolución colonial.* Imprenta el Avisador Comercial: La Habana.

Fontseré, Carles. 1978. 'Renau-Fontseré: Los carteles de la guerra civil' ed. María Ruipérez *Tiempo de Historia* n. 49 (pp. 10–25).

Fornés Bonavía, Leopoldo. 2003. *Cuba. Cronología: cinco siglos de historia, política y cultura*. Verbum: Madrid.

Fornés Collado, Rafael. 2002. 'Apuntes de un dibujante y una entrevista' *Revista Latinoamericana de Estudios Sobre la Historieta* vol. 2, n. 8 (pp. 191–202).

Foster, David W. 1989. *From Mafalda To Los Supermachos*. Boulder: Lynne Rienner.

Foucault, Michel. 1990. *The History of Sexuality. An Introduction*. Trad. Robert Hurley. Random House: New York.

Franqui, Carlos. 1968. 'Prensa guerrillera y clandestina' *UPEC* (nos. 5–6) (pp. 21–25).

——. 1980. *Diary of the Cuban Revolution*. Trad. Georgette Felix et al. Viking Press: New York.

——. 1983. *Family Portrait with Fidel*. Trad. Alfred MacAdam. Jonathan Cape: London.

Galindo Alonso, María Asunción. 1996. *La novela de una hora*. Tesis doctoral (Dir. Gonzalo Santonja Gómez).

Gallardo, Francisco y Miguel Gallardo. 2012. *Un largo silencio*. Astiberri: Bilbao .

Gamonal Torres, Miguel A. 1987. *Arte y política en la Guerra Civil Española. El caso republicano*. Diputación Provincial de Granada: Granada.

García Buchaca, Edith.1963. 'El Primer Congreso Nacional de Cultura' *Cuba Socialista* (Año III, No. 18), febrero 1963 (pp. 8–29).

García Canclini, Néstor. 1975. 'Para una teoría de la socialización del arte latinoamericano', *Casa de las Américas*, UNEAC: La Habana (pp. 99–119).

——. 1990. *Culturas híbridas: Estrategias para entrar y salir de la modernidad*. Grijalbo: México D.F.

——. 1995. *Consumidores y Ciudadanos. Coflictos multiculturales de la globalización*. Grijalbo: México D.F.

García Delgado, David. 2009. 'Pecadoras y bohemios. Un esbozo de la prensa sicalíptica en España a comienzos del siglo XX' *Nonnullus. Revista digital de historia*, n. 4 (pp. 25–35).

Gasca, Luis. 1969. *Los cómics en España*. Lumen: Barcelona.

Giménez, Carlos. 2011. *Todo 36–39 Malos Tiempos*. De Bolsillo: Barcelona.

Giralt, José Antonio. 1922. 'Enrique Riverón' *Bohemia* vol 13, n. 9, 26 feb (p. 6; p. 26).

Girona Albuixech, Albert. 1986. *Guerra i revolució al País Valencià (1936–1939)*, Eliseu Climent: València.

Gociol, Judith y Rosemberg, Diego. 2003. *La historieta argentina. Una historia*. Ediciones de la Flor: Buenos Aires.

Gómez de la Serna, Ramón. 1930. 'Gravedad e importancia del humorismo' *Revista de Occidente* XXVIII: Madrid (pp. 348–391).

——. 1968. *Ismos*. Brújula: Buenos Aires.

——. 1974. *Automoribundia 1888–1948* 1 y 2. Guadarrama: Madrid.

González Calleja, Eduardo. 1990. 'La prensa falangista y la prensa del Movimiento y del Estado: consideraciones sobre su origen y desarrollo' *Comunicación, cultura y política durante la II República y la Guerra Civil. Vol II. España (1931- 1939)*. Dir. Manuel Tuñón de Lara. Universidad del País Vasco: Bilbao (pp. 495–517).

González-Grano de Oro, Emilio. 1980. 'Miguel Mihura, Tono y la prehistoria del humor codornicesco' *Actas del Sexto Congreso Internacional de Hispanistas*. Coord. por Evelyn Rugg, Alan M. Gordon. (pp. 340–343).

——. 2004. *La Otra Generación del 27. El Humor Nuevo español y La Codorniz primera*. Polifemo: Madrid.

——. 2005. *Ocho humoristas en busca de un humor. La Otra Generación del 27. Mihura, Tono, Herreros, Neville, Jardiel, López Rubio, Perdiguero y Laiglesia.* Polifemo: Madrid.

Gordon, Ian. 1998. *Comic Strips and Consumer Culture. 1890–1945.* Smithsonian: London.

Green, Stuart. 2011. *From Silver Screen to Spanish Stage.* University of Wales Press: Cardiff.

Groensteen, Thierry. 2000. 'Why are Comics Still in Search of Cultural Legitimization?' *Comics & Culture. Analytical and Theoretical Approaches to Comics.* Ed. Anne Magnussen y Hans-Christian Christiansen. Museum Tusculanum Press: Copenhagen (pp. 29–41).

——. 2006. *Système de la bande dessinée.* Presses Universitaires de France: Paris.

——. 2008. 'A Few Words about *The System of Comics* and More...' *European ComicArt* (vol. 1, n. 1) (pp. 87–93).

Habermas, Jürgen. 2002. 'La Modernidad: un proyecto inacabado' *Ensayos políticos.* Trad. Ramón García Cotarelo. Península: Barcelona (pp. 373–399).

Hall, Stuart. 1990. 'The Emergence of Cultural Studies and the Crisis of the Humanities' *October* vol. 53 (pp. 11–23).

——. 1992. 'Encoding/decoding' *Culture, Media, Language. Working Papers in Cultural Studies, 1972–79.* Ed. Stuart Hall et al. Routledge: Cambridge (pp. 128–138).

——. 2003. 'Introduction' *Formations of Modernity.* Ed. Stuart Hall y Bram Gieben. Polity: Cambridge (pp. 1–16).

Hernández, Arístides Esteban y Piñero, Jorge Alberto. 2007. *Historia del humor gráfico en Cuba.* Milenio: Madrid.

Hernández, Flor de Liz. 2006. 'Mirta Muñiz: una leyenda viva de la publicidad en Cuba' *Biográficas* [consultado 31 de enero de 2010]. http://bg.biograficas.com/Muniz.php#.

Hernández Cava, Felipe y Seguí, Bartolomé. 2008. *Las serpientes ciegas.* BD Banda: Pontevedra.

Hernández Serrano, Luis. 2010. 'Dibuja y no me preguntes para qué' *CubAhora. Revista informativa* (Año XI), 2 de febrero 2010 [consultado 3 de febrero de 2010]. http://www.cubahora.cu/index.php?tpl=principal/ver-noticias/ver-not_ptda.tpl.html &newsid_obj_id=1026098

Hill, Kim Quaile y Hurley, Patricia A. 1980. 'Freedom of the Press in Latin America: A Thirty Year Survey' *Latin American Research Review* (Vol. 15, No. 2) (pp. 212–218).

Hoggart, Richard. 1957. *The Uses of Literacy.* Chatto and Windus: London.

Iglesias Rodríguez, Gema. 1993. 'La propaganda política durante la Guerra Civil Española: la España republicana' [Tesis de doctorado], Universidad Complutense de Madrid, 1993.

Inge, Thomas M. 1979. 'Introduction' *The Comics as Culture* en *Journal of Popular Culture* (vol XII, n. 4) (pp. 631–639).

de Juan, Adelaida. 1999. *Caricatura de la República.* Ed. UNIÓN: La Habana,.

Juliá, Santos. 2006. 'De 'guerra contra el invasor' a 'guerra fratricida'' *Víctimas de la Guerra Civil.* Coord. Santos Juliá. Booket: Madrid (pp. 11–54).

Kantaris, Geoffrey y O'Bryen, Rory. 2013. 'Introduction: The Fragile Contemporaneity of the Popular' *Latin American Popular Culture. Politics, Media, Affect.* Tamesis: Woodbridge.

Kapcia, Antoni. 2005. *Havana. The Making of Cuban Culture.* Berg: Oxord.

——. 2008a. *Cuba in Revolution. A History since the Fifties.* Reaktion: London.

——. 2008b. 'Does Cuba Fit Yet or Is It Still 'Exceptional'?' *Journal of Latin American Studies* n. 40 (pp. 627–650).

Kumaraswami, Par. 2009. 'Cultural Policy and Cultural Politics in Revolutionary Cuba: Re-reading the Palabras a los intelectuales (Words to the Intellectuals)' *Bulletin of Latin American Research* (Vol. 28, No. 4) (pp. 527–541).

Kunzle, David. 1973. *History of the Comic Strip. Volume I: The Early Comic Strip. Narrative Strips and Picture Stories in the European Broadsheet from c. 1450 to 1825*. UCP: Berkeley.

——. 1978. 'Chile's *La Firme* versus I.T.T.,' *Latin American Perspectives* (pp. 119–133).

——. 2005. 'The Comic Book in a 'Revolutionary Process': Chile in 1973' *Cartooning in Latin America*. Ed. John Lent Hampton: Cresskill (pp. 143–153).

——. 2007. *Father of the Comic Strip. Rodolphe Töpffer.* UPP: Jackson.

La Novela de una Hora (n.1). 1936. Editores Reunidos: Madrid.

Laiglesia de, Álvaro. 1981. *'La Codorniz' sin jaula.* Planeta: Barcelona.

Lent, John A. 'Five Historical Stages of Cuban Mass Media 1723–1983' *Studies in Latin American Popular Culture*, 1989 (pp. 253–270).

Li, Axel. 2006. 'Reencuentro con el escultor y caricaturista Tony López' *La Gaceta de Cuba* n. 4, jul-ago (pp. 43–45).

——. 2007(a) 'Otras coordenadas del Loquito. Entrevista con René de la Nuez' *La Jiribilla* (n. 327) [consultado 31 de enero de 2010]. http://www.lajiribilla.cubaweb. cu/2007/n327_08/327_19.html

——. 2007(b)'Releyendo al Loquito y otros pareceres' *La Gaceta de Cuba* (n. 5), (pp. 32–35).

Lipszyc, David y Vieytes, Enrique J. 1966. *Técnica de la historieta*. Escuela Panamericana de Arte: Buenos Aires.

Llana, María Elena, 2009. ''El idioma es un misterio insondable'. Entrevista a la narradora cubana María Elena Llana'. Helen Hernández Hormilla. *Revolución y Cultura* n. 3 mayo-junio (pp. 57–63).

Llera, José Antonio.2000. 'La Ametralladora precursora de La Codorniz' Actas del II Congreso Internacional sobre el Humorismo, Pozuelo de Alarcón, Academia de Humor (pp. 51–65).

——. 2003. *El humor verbal y visual de* La Codorniz. CSIC: Madrid.

——. 2007. 'Documentos inéditos sobre La Ametralladora y La Codorniz de Miguel Mihura' *Anales de Literatura Española* n. 19 (pp. 115–135).

Lobo Montalvo, María Luisa et al. 1996. 'The Years of *Social*' *The Journal of Decorative and Propaganda Arts* (Vol. 22, Cuba Theme Issue) (pp. 105–131).

López Rubio, José. 2003. *La otra generación del 27. Discurso y cartas.* José Mª Torrijos (ed.). Centro de Documentación Teatral: Madrid.

López Ruiz, J. M. 1995. *La vida alegre. Historia de las revistas humorísticas, festivas y satíricas publicadas en la villa y corte de Madrid.* Compañía literaria:Madrid.

Lorente Aragón, Juan Carlos. 2000. *Los tebeos que leía Franco en la Guerra Civil Española (1936–1939)*. Imphet: Madrid.

Luke, Anne. 2007. *Youth Culture and the Politics of Youth in 1960s Cuba* [Tesis de doctorado], University of Wolverhampton.

de la Luz y Caballero, José. 2006. 'Aforismos' *Historia del pensamiento cubano. Volumen I. Tomo 2.* Ed. Eduardo Torres-Cuevas. Ciencias Sociales: La Habana (pp. 115–155).

Madariaga de la Campa, Benito. 1990. 'Politización y propaganda en los semanarios infantiles durante la Guerra Civil Española' *Ojáncano* 3 (pp. 51–63).

Mainardi, Patricia. 'The Invention of Comics' *Nineteenth-Century Art Worldwide* (vol. 6, iss. 1), 2007 [consultado 3 febrero 2009].http://www.19thc-artworldwide.org/index.php?option=com_content&view= article&id=145:the-invention-of-comics&catid=46:spring07article&Itemid=68

Mainer, José Carlos. 2002. 'El humor en España: del Romanticismo a la Vanguardia' *Los humoristas del 27*. Patricia Molins *et al.* Sinsentido: Madrid (pp. 17–31).

Mañach, Jorge. 1955. *Indagación del choteo*. Editorial Libro Cubano: La Habana. [consultado 10 octubre 2008].http://lilt.ilstu.edu/jjpancr/Spanish_305/indagaci%C3%B3n_del_choteo.htm

Maraña, Félix. 1990. 'San Sebastián, centro cultural y editorial durante la Guerra. *La Ametralladora* y otras publicaciones' *Comunicación, cultura y política durante la II República y la Guerra Civil. Vol I (País Vasco 1931–1939)*. Dir. Manuel Tuñón de Lara. Universidad del País Vasco: Bilbao (pp. 193–206).

Marble, Annie Russell. 2004. 'The Reign of the Spectacular' *Arguing Comics. Literary Masters on a Popular Medium*. Ed. Jeet Heer y Kent Worcester. Univ. Press Mississippi: Jackson (pp. 7–8).

Martín Barbero, Jesús. 1998. *De los medios a las mediaciones. Comunicación, cultura y hegemonía*. Gustavo Gili: Barcelona.

——. 2000. *Contemporaneidad latinoamericana y análisis cultural Conversaciones al encuentro de Walter Benjamin*. (con Herlinghaus, Herman) Iberoamericana: Madrid.

——. 2001. *Al sur de la modernidad. Comunicación, globalización y multiculturalidad*. Universidad de Pittsburgh: Pittsburgh.

Martín Martínez, Antonio.1968. 'La civilización de la imagen (1917–1936)' *Revista de Educación*. Ministerio de Educación: Madrid (pp. 139–153).

——. 1978. *Historia del cómic español: 1875–1939*. Gustavo Gili: Barcelona.

——. 2000. *Apuntes para una historia de los tebeos*. Glenat: Barcelona.

——. 2000. *Pioneros de la Historieta. Los Inventores del Comic Español, 1873-1900*. Planeta-DeAgostini: Barcelona.

——. 2006. 'La industria editorial del cómic en España' *Tebeosfera* Manuel Barrero coord. Astiberri: Bilbao (pp. 13–32).

——. Entrevista personal conducida en Barcelona [15 diciembre 2008].

——. 2008. 'Los tebeos de la Guerra Civil Española. Niños y propaganda' *Tebeosfera* (2ª Época 2): http://www.tebeosfera.com/documentos/textos/los_ tebeos_de_la_ guerra_civil_espanola_ninos_y_propaganda.html [consultado 13 julio 2010].

Martínez de Pisón, Ignacio. 2012. *Enterrar a los muertos*. Seix Barral: Barcelona.

de Mateo Remacha, Antonio. 2002. *Chicos. Semanario infantil, 1938–1956. El arte en viñetas*. Sinsentido: Madrid.

Matly, Michel. 'El cómic español y la Guerra Civil: transición y primera década de democracia – 1976–1992' *Tebeosfera*, 2ª época, n. 12. http://www.tebeosfera.com/documentos/documentos/el_comic_espanol_y_la_guerra_civil_transicion_y_primera_decada_de_democracia_-_1976-1992.html [consultado 13 febrero 2015].

Mayordomo, Alejandro y Fernández Soria, Juan M. 1993. *Vencer y convencer. Educación y política, España 1936–1945*. Universitat de València: Valencia.

Merino, Ana. 2003. *El Cómic Hispánico*. Cátedra: Madrid.

Merino, Ana y Tullis, Brittany. 2012. 'The Sequential Art of Memory: The Testimonial Struggle of Comics in Spain' *Hispanic Issues Online* (11) (pp. 211–225).

Merino Acosta, Luz. 2007. 'La caricatura política' *Figures, Genres et Stratégies de L'Humour en Espagne et en Amérique Latine* (ed.) Yves Aguila. Presses Univ. Bordeaux: Bordeaux (pp. 63–68).

Mihura, Miguel. 1962. *Mis memorias* en *Obras completas*. AHR: Barcelona.

Mitaine, Benoit. 2012. 'Memorias dibujadas: la representación de la Guerra Civil y del franquismo en el cómic español. El caso de *Un largo silencio*' *Memoria y testimonio. Representaciones memorísticas en la España contemporánea* Georges Tyras y Juan Vila eds. Verbum: Madrid.

Mogno, Dario. 2005. 'Parallel Lives: A History of Comics and Animated Cartoons in Cuba' *Cartooning in Latin America*. Hampton Press: New Jersey (pp. 217–239).

Moix, Terenci. 2007. *Historia social del cómic*. Bruguera: Barcelona.

Morales, José Ricardo. 2000. *Ensayos en suma. Del escritor, el intelectual y sus mundos*. Biblioteca Nueva: Madrid.

Moreiro, Julián. 2007. '*María de la Hoz*. Tono y Mihura en las trincheras' *Anales de Literatura Española* 19 (pp. 161–172).

Morreall, John. 1987. *The philosophy of Laughter and Humor* (ed.) SUNY: New York.

Muñiz Egea, Mirta. 1997. *Magazine Mella, una publicación clandestina de la juventud cubana (1944–1958)*. Pablo de la Torriente: La Habana.

Negrín, Javier. 2003. '*El Pitirre*. Humor revolucionario I' *Revista Latinoamericana de Estudios Sobre la Historieta* (vol. 3, n. 12) Pablo de la Torriente: La Habana (pp. 193–228).

——. 2004. '*El Pitirre*. Humor revolucionario II' *Revista Latinoamericana de Estudios Sobre la Historieta* (vol. 4, n. 13) Pablo de la Torriente: La Habana (pp. 1–36).

Neira Vilas, Xosé. 1988. *Los días cubanos de Alfonso Castelao*. UNEAC: La Habana.

Nuez de la, René. 1998. 'Siempre un caricaturista parte de algo o alguien' *Ko'eyú latinoamericano* (n. 80 nov.) (pp. 20–23).

Nuez de la, René y Cardi, Juan Ángel. 1968. 'Apuntes para una historia del humorismo cubano' *UPEC* (nos. 5–6) (pp. 41–44).

Núñez Díaz-Balart, Mirta. 1992. *La prensa de guerra en la zona republicana durante la guerra civil española (1936–1939)*. Tres tomos. Ediciones de la Torre: Madrid.

Ortega, Gregorio. 1989. *La coletilla. Una batalla por la libertad de expresión 1959–1962*. Editora Política: La Habana.

Ortega y Gasset, José. 1969. 'El error Berenguer' *Obras Completas. Tomo XI*. Revista de Occidente: Madrid.

——. 1947. *España invertebrada. Obras Completas. Tomo II*. Revista de Occidente: Madrid.

——. 1947. *La deshumanización del arte e ideas sobre la novela. Obras Completas. Tomo II*. Revista de Occidente: Madrid.

——. 1947. *La rebelión de las masas. Obras Completas. Tomo IV*. Revista de Occidente: Madrid.

Ortiz Vian, Janet (ed.) 2006. *Sabino. La sabiduría en el humor gráfico de Rafael Fornés*. UNIÓN: La Habana.

Orwell, George. 1964. *Homage to Catalonia*. Penguin: London.

Otero, Luis. 2000. *Flechas y Pelayos*. EDAF: Madrid.

Palenque, Marta. 2006. 'Ni Ofelias ni Amazonas sino seres completos: Aproximación a Teresa de Escoriaza' *ARBOR, Ciencia, Pensamiento y Cultura* CLXXXII 719 (pp. 363–376).

Payne, Stanley G. 2009. 'El problema Negrín' *Revista de libros*, n. 151–152, julio-agosto (pp. 9–11).

Paz, Octavio. 1974. *Children of the Mire. Modern Poetry from Romanticism to the Avant-Garde.* Trad. Rachel Phillips. Harvard Univ. Press: Cambridge.

Pérez de Urbel, Fray Justo. 1977. 'Entrevista' por José Mª Ortiz. *Bang! Información y estudios sobre la historieta* n. 13 (pp. 17–18).

Pirandello, Luigi. 1974. *On Humor.* Trad. Antonio Illiano y Daniel P. Testa. UNC Press: Chapel Hill.

Poggioli, Renato. 1971. *The Theory of the Avant-Garde.* Trand. Gerald Fitzgerald. Icon: NewYork.

Pogolotti, Graziella. 2007. *Polémicas culturales de los 60.* Selección y prólogo. Letras Cubanas: La Habana.

Pogolotti, Marcelo. 2002. *La república al través de sus escritores.* Ediciones Letras Cubanas: La Habana.

Porcel, Andrés *et al.* 1992. *Historia del tebeo valenciano.* Prensa Valenciana: Valencia.

Porcel, Pedro. 2002. *Clásicos en Jauja: la historia del tebeo valenciano.* Ponent: Alicante.

——. 2010. *Tragados por el abismo. La historieta de aventuras en España.* Edicions de Ponent: Alicante.

Porta Martínez. Pablo. 1985. *1937, Castelao e Souto en Valencia.* Do Castro: A Coruña.

Portuondo, José A. 1965. *Crítica de la época y otros ensayos.* Universidad Central de Las Villas: La Habana.

Posada Medio, José Luis. 2005. *Cabeza para pensar, corazón para sentir. Grabado y dibujo humorístico.* Centro Pablo de la Torriente: La Habana.

Poveda, José Manuel. 1980. 'El humorismo en la caricatura' *Prosa.* Ediciones Letras Cubanas: La Habana (pp. 83–86).

Preston, Paul. 2011. *El holocausto español. Odio y exterminio en la guerra civil y después.* Debate: Villatuerta.

Prieto, Melquíades y Moreiro, Julián. 2004. *La Codorniz. La revista más audaz para el lector más inteligente. Antologia (1941–1978).* Edaf: Madrid.

——. 2007. *Quevedos. Humoristas gráficos en el exilio americano* (n. 34).

Quintela, Carlos. 1963. 'El semanario 'Mella'' *Cuba Socialista* (año III, no. 22), (pp. 128–130).

Reed, Roger. 1989. *The Evolution of Cultural Policy in Cuba: From the Fall of Batista to the Padilla Case.* Tesis de doctorado. Université de Genève. .

Regalado Someílla, Yamile. 2005. 'Visual Culture and the New Cuban Man: Examining a Core Force of the Cuban Revolution, 1959–1963' *International Journal of Comic Art* (vol. 7 n. 2) (pp. 164–197)

Revolución. 'El artista de la Revolución' [sin firma] 12 enero 1959 (p. 12).

——. ''MUÑEQUITOS': opio preparado por la USIS' 16 oct. 1961.

——. 'Gusanerías. Cuba: objeto de 'comics' imperialistas' 4 sept. 1962.

Ricci, Évelyn. 2006. 'Les loisirs du petit franquiste: Flechass y Pelayos (1936–1939) *Ocio y ocios. Du loisir aux loisirs (Espagne XVIIIe-XXe Siècles).* Ed. S. Salaün et F. Étienvre. Université de la Sorbonne-Nouvelle-CREC: Paris (pp. 142–157).

del Río García, Eduardo. 2004. *Marx para principiantes.* Era Naciente: Buenos Aires.

Ríos Carratalá, Juan Antonio. 2005(a) *La memoria del humor.* Universidad de Alicante: Alicante.

——. 2005(b) 'La guerra de los humoristas'. http://www.cervantesvirtual.com/servlet/SirveObras/01316142033915958978802/p0000001.htm#I_0_ [consultado 24 agosto 2010].

——. 2005(c) 'Miguel Mihura también fue a la guerra, aunque poco'. http://www.cervantesvirtual.com/servlet/SirveObras/01048074430148353000035/p0000001.htm [consultado 24 agosto 2010].

Riverón, Enrique. 1921. 'Nuestro Salón de Humoristas' *Bohemia* año 12, n. 39, 25 sept. (p. 11).

Roca, Paco. 2013. *Los surcos del azar.* Astiberri: Bilbao.

Rodríguez Suriá, Horacio 1932(a) 'Bola de nieve, MACHO MANGO y Cascarita' *Carteles* n. 20, 15 mayo (p. 6). 1932(b) *Carteles* n. 19, 8 mayo (p. 6).

Rowlandson, William. 2003. 'Cabrera Infante and Parody: Tracking Hemingway in 'Tres tristes tigres'' *The Modern Language Review*, Vol. 98, no. 3 (pp. 620–633).

Sabin, Roger. 1993. *Adult Comics. An Introduction.* Routledge: London.

Saco, José Antonio. 2006. 'Memoria sobre la vagancia en la Isla de Cuba'. *Historia del pensamiento cubano. Volumen I. Tomo 2.* Ed. Eduardo Torres-Cuevas. Ciencias Sociales: La Habana (pp. 51–87).

Salcedo, José Manuel (selec.) 1988. *La Codorniz. Antología 1941–1944.* Chumy Chúmez (asesor) Arnao: Madrid.

Sánchez, Reinaldo. 1990. '*Don Junípero.* Vehículo del Costumbrismo en Cuba' publicado en la *Revista Iberoamericana*, nos. 152–153, vol. LVI, julio-diciembre (pp. 759–768).

Sanchis Llàcer, Josep Vicent. 2010. *Tebeos mutilados. La censura franquista contra Editorial Bruguera.* Ediciones B: Barcelona.

Sarró, Miguel 'Mutis'. 2005. *Pinturas de Guerra. Dibujantes Antifascistas en la Guerra Civil Española.* Traficantes de sueños: Madrid.

Sarusky, Jaime. 1983. 'René de la Nuez. El humorista de las victorias' *Granma Semanal* (19 jun.).

Schelling, Vivian. 2000. 'Introduction: Reflections on the Experience of Modernity in Latin America' *Through the Kaleidoscope. The Experience of Modernity in Latin America.* Verso: London (1–33).

Seguí i Francés, Romà. 2007. 'El libro y el arte en la Valencia de la guerra. El *cap i casal* se convirtió en un importante centro de producción editorial y artística' *La Guerra Civil en la Comunidad Valenciana. Vol. 12. Prensa, propaganda y agitación.* Coord. por Romà Seguí i Francés. Prensa Valenciana: Valencia (pp. 31–69).

'Sento', Vicente Llobel Bisbal. 2013. *Un médico novato.* Sin Sentido: Madrid.

Seoane, María y Santa María, Víctor. 2008. *110 años de Caras y Caretas: la tragedia y la comedia de la Argentina.* Octubre: Buenos Aires.

Solà i Dachs, Lluís. *L' Esquella de la Torratxa (1872–1939),* Bruguera: Barcelona, 1970.

Sharman, Adam. 2006. *Tradition and Modernity in Spanish American Literature: From Darío to Carpentier.* Palgrave: London.

Shaw, D. L. 1958. '*Humorismo* and *Angustia* in Modern Spanish Literatura' *Bulletin of Hispanic Studies* (vol. xxxv) (pp. 165–176).

Smolderen, Thierry. 2009. *Naissances de la bande dessinée. De William Hogarth à Winsor McCay.* Les Impressions Nouvelles.

Taffet, Jeffrey F. 2004. 'Selling the Alliance: US Propaganda vs. Chilean Editorial Cartoons during the 60s' *International Journal of Comic Art* (Vol. 6 No. 1), (pp. 163–190).

Thomas, Hugh. 1977. *Cuba, or The Pursuit of Freedom.* Eyre & Spottiswoode: London.

———. 1971. *Historia de la Guerra Civil Española.* Vol. 1 y 2. Círculo de lectores: Barcelona.

Thompson, John B. 2004. *The Media and Modernity. A Social Theory of The Media.* Polity: Cambridge.

Torre de, Guillermo. 2001. *Historia de las literaturas de vanguardia.* Visor: Madrid.

Tuñón del Lara, Manuel. 1997. *La España del siglo XX.* Librería Española: París. 1966.

———. 'La cultura durante la guerra civil' *La Guerra Civil Española 17. La cultura.* Dir. Julián Viñuales Solé. Folio: Barcelona (pp. 7–57).

Unamuno, Miguel de. 1958. 'Malhumorismo' *Soliloquios y conversaciones* en *Obras Completas. Tomo IV.* Afrodisio Aguado: Madrid (pp. 616–624).

———. 1983. *Amor y pedagogía.* GREFOL: Madrid.

'Una buena iniciativa descaminada' *Mensajes. Cuadernos marxistas* (año 3, n. 1) enero 1958 (pp. 19–23).

Valdés García, Félix. 2002. 'Influencia del pensamiento español en la filosofía cubana de la primera mitad del siglo XX' 39 Congreso de Filósofos Jóvenes, Gijón. http:// biblioteca.filosofia.cu /

del Valle-Inclán, Ramón. [1924] 2002. *Luces de bohemia.* Alonso Zamora Vicente ed. Espasa: Madrid.

Valls, Mª de los Ángeles. 1999. *La caricatura valenciana en la II República (1931–1939).* Ayuntamiento de Valencia: Valencia.

Varona, Enrique José. 1907. *Desde mi Belvedere.* Imprenta y Papelería de Rambla y Bouza: La Habana.

Vega Díaz, Francisco. 'La amistad entre Ortega y Ramón Gómez de la Serna' *Cuadernos Hispanoamericanos* (vol. 403–405), 1984 (pp. 317–328).

Villalba Salvador, María. 2001. 'El crítico de arte José Francés. Una aproximación a su figura y su obra crítica'. *Goya.* Madrid (pp. 368–378).

Viñao Frago, Antonio. 1990. 'The History of Literacy in Spain: Evolution, Traits and Questions' *History of Education Quarterly.* Vol. 30. No. 4. History of Education Society (pp. 573–599).

Winter, Ulrich (ed.). 2006. *Lugares de memoria de la Guerra Civil y el franquismo. Representaciones literarias y visuales.* Vervuert / Iberoamericana: Frankfurt / Madrid

Wolk, Douglas. 2007. *Reading Comics. How Graphic Novels Work and What They Mean.* Da Capo: Cambridge.

ARCHIVOS CONSULTADOS

ESPAÑA (1936–1939)
Barcelona
Biblioteca del Pavelló de la República
Salamanca
Centro Documental de la Memoria Histórica
Valencia
Biblioteca del Ateneo Mercantil
Hemeroteca Municipal
Biblioteca de Ciencias Sociales "Gregori Maians"

Diarios consultados en archivos de España con presencia de humorismo gráfico (historieta, aleluyas, humor gráfico, caricatura)

Adelante
Ahora
Claridad
CNT

El Diluvio
Fragua Social
Frente Rojo
La Hora
El Mercantil Valenciano
Nosotros
El Pueblo
La Voz Valenciana

Revistas consultadas con presencia de historietas:

Bando nacional:
Vértice
Y

Bando republicano:
No Veas
La Traca
L' Esquella de la Torratxa
Estampa
Blanco y Negro
Mundo Gráfico
Crónica

Prensa de trincheras consultada con presencia de historietas:

Bando nacional:
La Ametralladora

Bando republicano:

¡Adelante la 13! Órgano de la 13ª Brigada Mixta, Tercera Brigada Internacional (mayo 1937-junio 1937)

Altavoz del Frente. Segunda etapa (septiembre 1938)

Avanzada. Semanario Comunista del Comité Provincial de Albacete (junio 1937-octubre 1937)

Blindajes. Portavoz de las Fuerzas Blindadas del Ebro (oct 1938-enero 1939)

Comisario (diciembre 1938)

Fusil y Libro. Órgano de las Milicias de la Cultura de la 31ª División (octubre 1937-)

Levante. Revista de Orientación e Información para los Comisarios del E. de Levante (enero 1939)

Madrid. Órgano del grupo de Transmisiones de Campaña. Albacete (marzo 1937–1938)

Nuevo Cinema (junio 1938)

Nuevo Ejército: Órgano de la 39 División. Órgano de la 47 División. (segunda época agosto 1937-diciembre 1937)

Trincheras (abril 1938-noviembre 1938)

Unidad: Órgano de la 48 Brigada (mayo 1937-octubre 1937)
La Verdad (diciembre 1937)
La Voz del Campo. (abril 1937-junio 1937)
La Voz del Combatiente (enero 1937-marzo 1939)
La Voz de la Trinchera. Órgano de la 108 Brigada Mixta (septiembre 1937-julio 1938)

Prensa de trincheras consultada con presencia de humor gráfico:

Actividad (junio 1937)
A L'Assaut. Journal de la XII Brigade International (febrero 1937-abril 1937)
Bayonetas Internacionales. Órgano de la 45 División (septiembre 1938)
3ª Brigada. Órgano de la 10ª División (marzo 1937)
Caballería popular
Choque. Portavoz de la 34 División (1938)
El Día. Portavoz del Frente popular de Aragón (junio 1937)
Ereintza (1936–1937)
Frente y Retaguardia. Portavoz de las Juventudes Libertarias de la provincia de Huesca y su frente (diciembre 1937)
Il Garibaldino. Giornale della Brigata Garibaldi (mayo 1937)
Muchachas. Unión de muchachas de España (1938)
Nuestro Ejército: Órgano de la Tercera División (julio 1937-octubre 1937)
Por qué luchamos. Boletín interior de la 38 Brigada (septiembre 1937-febrero 1938)
Ruta (1936)
Titán (abril 1937)
Vanguardia. Órgano del Comité Regional de Aragón del Partido Comunista de España (SEIC) (mayo 1937)
Vers la Liberté: Journal du Bataillon A. Marty. 12 Brigade Internationale

Cuadernillos de historietas:

Hay que evitar ser tan bruto como el soldado Canuto (peripecias y desdichas de un mal soldado), 1937a.
Hay que evitar ser tan bruto como el soldado Canuto (peripecias y desdichas de un mal soldado) 2ª edición, 1937b.
Hay que evitar ser tan bruto como el soldado Canuto (peripecias y desdichas de un mal soldado) segunda parte (25 octubre 1937).

Prensa de trincheras consultada sin presencia de humorismo gráfico:

Mujeres
Proyectil
Movilització
Victoria
Nuevo Horizonte
Ejército invencible
Nuestras Tareas

Ideas y Armas
Standard Cultural
¡A Vencer!
¡Independencia!
Cruz Roja Española
La Reforma Social
A.M.I.
El Artillero Internacional
¡Ataquemos! Órgano del Batallón Edgar André
Bandera Roja
Boletín Orgánico
Boletín de la Organización de la S.E.
Bulletin des Comisaires Politiques DES B.I.
Centro. Boletín de Orientación Político-Militar. 7ª División.
Suport
AERCU (Asoc. Espa. Relac. Cult. con la URSS.)
Camarada
El Leninista
El obrero de choque
La voce de le donne
Transporte en guerra
Lorenzo. Portavoz del Cuartel de Sanidad
Mandos. Forjadores de victorias. Asociado a la 35 División
Alfaraz
Nuestra División. Órgano de la 16.
Diario de la Marina
Frente Popular. Diario de la República

Revistas de exiliados republicanos con presencia de historietas y humor gráfico:

Sinaia

CUBA (1959–1961)

La Habana
Biblioteca del Instituto de Literatura y Lingüística "José Antonio Portuondo Valdor"
Biblioteca Nacional José Martí

Diarios consultados en archivos de Cuba con presencia de humorismo gráfico (historieta, humor gráfico, caricatura)

Revolución
Noticias de Hoy

Revistas consultadas con presencia de historietas:

Bohemia
El Pitirre
Mella
Palante
Trabajo
Zig-Zag

REINO UNIDO

Nottingham
Henessy Collection

Londres
British Library

Índice

A.E.A.R., Asociación de Escritores y
Artistas Revolucionarios   76
Abela, Eduardo   47, 48, 56, 64, 171, 210,
216, 239
Acción Española   69, 76
¡Adelante la 13!   ix, 102, 103, 307
Álbumes de guerra   83, 84
Aleluyas   13, 25, 83, 86, 87, 89, 115, 120,
130, 143, 144, 147, 306
Literatura de cordel   6   l5, 86, 297
Allen, Woody   147
Analfabetismo   72, 73, 83, 101, 103, 104,
107, 189, 196, 267, 261
Arte
Militante   77, 181, 207, 297
Nuevo y Humor   3, 22-27, 36, 49, 50,
280
Puro   23, 73, 74, 77
Social   23, 73, 74, 77
Artes Plásticas   31, 41, 56, 61, 82, 84, 196
Bardasano, José   ix, 10, 82, 85-90, 116,
117, 119-121, 153, 154, 280, 285
Baroja, Pío   4, 27, 33, 36, 45, 48, 296
Barros, Bernardo   43, 50, 54, 56, 57, 135,
209, 277, 281, 296
Batista, Fulgencio   1, 5, 170, 173, 176,
177, 179, 180, 187, 188, 191, 195, 207,
219, 223, 286, 304
Bergson, Henri   32, 33, 45, 209, 281, 296
Bertoldo   139, 144, 154
Blanco, Rafael   43, 54, 56, 57, 64, 210,
213, 230, 274, 281, 291
Bofarull i Forasté, Jacint   xi, 99, 133-139,
280, 285
Bohemia   vii, 4, 12, 41, 49, 50, 51-55, 58,
59, 61, 63, 64, 167, 172, 179, 180, 191,
208, 211, 280, 281, 295, 297, 298, 299,
305, 306, 310
Durante la Primera Guerra Mundial   52
Botellas   170, 173, 178, 202, 204, 219,
262
Buen Humor   21, 38, 50, 73, 98, 115, 117,
140, 147, 211, 222, 279
'Bon', Bonet i Sintes, Romà   22
Bull, John   131
Cabrera Infante, Guillermo   5, 61, 169,
183, 188, 193, 208, 215-217, 219-221,
259, 287, 288, 295, 296, 305
Canuto   ix, 9, 102-105, 107, 108, 109,
111, 123, 308
Cao, José María   3
Caras y Caretas   2, 52, 54, 282, 305
Caricatura   3, 11, 13, 30-32, 43, 44, 48,
50-54, 56-58, 61, 62, 64, 78, 83, 87, 88,
92, 106, 116, 125, 133, 135, 154, 167,
171, 172, 175, 176, 185, 186, 209, 210,
213, 223-225, 227, 230, 247, 250, 253,
257, 272, 273, 280-282, 296-298, 300,
302, 304, 306, 309
Caricaturas requisadas   143, 144
Carnicero   x, 76, 127, 129-133
Caro Baroja, Julio   65, 86, 297
Carpentier, Alejo   61, 183, 185, 186, 200,
216, 297, 305
Carteles   vii, 4, 41, 49, 50, 60, 63, 64,
167, 179, 181, 210, 280, 282, 283, 305
Cascarrabias   78
Castelao, Alfonso   4, 31-33, 83-85, 87,
215, 277, 297, 303, 304
Castro, Fidel   170, 174, 176, 178, 181,
188, 191, 204, 218, 224, 225, 257, 267,
El Acusador   180
Censura de prensa cubana   170-178, 180,
181, 188-195, 204, 218, 223-225, 257,

267, 297

Censura de prensa española   10, 38, 75,
    82, 1041, 123, 125, 133, 142, 162-3,
    285, 291

'Chago', Armada, Santiago   48, 64, 172,
    212, 215, 235, 239, 242, 253, 278, 290,
    295

    El Cubano Libre   173, 174, 229, 286

    El Pitirre   175, 186, 203, 204, 226,
        230, 234, 236-238, 240, 241, 247,
        268, 269, 273, 287, 288

    Julito   26, 175, 176, 202, 204

    Salomón   12, 200-202, 227, 231, 274,
        275, 276

Chamberlain, Neville   93

Choteo   4, 31, 41- 47, 185, 209, 281, 302

Chúmez, Chumy   3, 142, 162, 163, 224,
    226, 290, 291, 305

Comic book   15, 63, 179, 213, 270, 301

Comité de No Intervención   78, 93, 127,
    131, 135

Cripta de Pombo   29-31, 49, 280,

Crisis   1-3, 6, 23, 75, 277, 289, 292, 300

Cubismo   30, 58,

De la Luz, y Caballero, José   46, 301

De Lara Gavilán 'Tono', Antonio   22, 50,
    87, 126-7, 135, 139, 140, 142-4, 149,
    150, 156-7, 158-60, 163, 226-7, 250,
    273, 278-80, 284-6, 290

De Mateo, Antonio   10, 302

Desnoes, Edmundo   62, 168, 175,
    207-213, 217, 227, 241, 242, 282, 289,
    298

Díaz-Plaja, Fernando   11, 87, 88, 101,
    118, 298

Disney   131, 168, 179, 271, 284

Eco, Umberto   8, 182, 298

Eden, Anthony   93, 96, 131, 134, 137,
    135, 143

El bobo   ver Abela, Eduardo

El perro, el ratón y el gato   21, 38, 211

El Pitirre   viii, xi, xii, 2, 3, 5,-7,12, 17, 41,
    64, 144, 157, 159, 161, 162, 175, 186,
    187, 202, 203, 207, 209, 211, 213-227,
    229-238, 240, 241, 243 245-269, 272,
    273, 276, 284, 286, 287-291, 295, 298,
    317

Esperpento   29, 297

Estampa   102, 115, 116

Exilio

    Republicano   133, 139, 153, 154, 172,
        173, 183, 211, 217-219, 230, 242,
        304

    Sinaia   x, 153, 155, 156, 285, 309

Existencialismo   3, 24, 200, 202, 227,
    268, 278, 287, 289, 291

Falange   79, 80, 81, 111, 140

Fascismo   23, 70, 75-77, 80, 87, 118, 130,
    135, 137, 191, 286

Fernández Flórez, Wenceslao   3, 31, 59,
    215, 259, 290, 298

Fetichización   182,

Figueras, Francisco   4, 41, 42, 281, 298,

Flechas y Pelayos   11, 82, 156, 303, 304

Fornés, Rafael   x, xi, xii, 3 45, 62, 64,
    212, 257, 278, 282

    Don Sabino en Información   227-229

    El Pitirre   157, 159, 215, 216,
        230-233, 242, 268, 269, 273,
        286-288

    Sabino en Revolución   159, 186, 274,
        275, 289, 293

Franco, Francisco   78, 79, 80, 87, 95, 96,
    117, 127, 130, 133, 150, 191, 218, 261,
    285

    Censura de prensa   82, 83

Franqui, Carlos   167, 180, 181, 183, 187,
    191, 199, 207, 269, 286, 299

Frente Rojo   80, 83, 84, 87, 307

Freud, Sigmund   31, 36, 209

Gaceta Literaria   75, 76

García Canclini, Néstor   30, 181-183, 197,
    207, 208, 279, 288, 289, 299

García Lorca, Federico   59, 73

Gasca, Luis   10, 11, 299

'Generación del 27, la otra'   21, 22, 31,
    34, 69, 139, 140, 148, 154, 215, 220,
    279, 299, 301

Gómez Carreras, Carlos 'Bluff'   ix, 110,
    127, 128, 133, 130, 131, 280, 286

Gómez de la Serna, Ramón   3, 29-32, 34,
    37, 46, 49, 73, 154, 215, 292, 299, 306

Goñi, Lorenzo   ix, 110-114, 120, 134,
    162, 163

Goya, de Francisco   70, 209, 211, 306

    Duelo a garrotazos   70

Gracia y Justicia 77
Groensteen, Thierry 7, 13, 15, 16, 300
Guevara, 'Ché' Ernesto 173, 181, 202
Gutiérrez 21, 30, 38, 50, 73, 77, 92, 98,
  115, 130, 140, 146, 147, 157, 211, 214,
  279, 285
Hall, Stuart 4, 7, 8, 44, 197, 300
Hernández Guerrero, Roberto xii, 215,
  216, 229, 230, 252, 256-258, 269, 273
Heraldo de Cuba 54
Historieta,
  Introducción de 3, 4
  Cubana 12, 13, 41, 165, 284, 295
    Industria nacional 183, 267
    Prerrevolucionaria 168, 169
  Española 10,11, 38, 289, 295, 296
    Infantil 10, 11, 71, 156
    Para adultos 11, 100
  Definición 14, 15, 16, 71
  Didactismo 102, 269, 284
  Modernización 63
Hitler, Adolf 87, 95, 96, 117, 122, 127,
  130, 134, 135, 137, 144
Hoggart, Richard 7, 300
Hora de España 77, 204, 297
Humorismo
  Gráfico 1-7, 9 11-14, 21, 41, 42, 47,
    48, 51, 61, 64, 78, 80, 82, 83, 84, 87,
    88, 92, 95, 97, 100, 110, 122, 126,
    127, 143, 144, 146, 149, 154, 157,
    162, 167, 168, 172, 173, 176, 186,
    207, 209, 210-2013, 216, 221,
    224-226, 229-231, 247, 250, 253,
    272, 285, 296, 297, 300, 303, 306,
    308, 309
  Definición 13, 26-34, 45-50, 53, 54,
    57
  Desarrollo vanguardista 3, 24, 36, 56
  Y Modernidad 44
  Y Plasticidad 43
  Salones de humoristas en España 31,
    74
Iglesia Católica 133
Infancia 38
Jardiel Poncela, Enrique 21, 22, 148, 215,
  226, 259, 279
Jiménez, Ramón Juan 29, 59
Junta de Defensa Nacional en Burgos 79

Kapcia 5, 6, 191, 192, 204, 300
'K-Hito', López García, Ricardo 22, 38,
  115, 130, 227, 273
L'Esquella de la Torratxa 98, 99, 116,
  133, 211, 305, 307
La Ametralladora, x, 2, 3, 5, 22, 37, 87,
  98, 99, 101, 125, 127, 139, 140-151,
  154, 162, 174, 211, 226, 258, 259, 284,
  287, 290, 301, 302, 307
  Aleluyas 87, 144
  Diálogos Estúpidos 37, 142, 258
La Codorniz x, 2, 3, 5, 22, 37, 39, 111,
  131, 139, 142, 144, 149, 151, 154,
  156-163, 225, 250, 259, 278, 285-287,
  209, 291, 299, 301, 304, 305
La Guerra Civil Española 2, 3, 5, 6, 9-11,
  22, 24, 37, 39, 67, 69, 70, 72, 76, 77,
  81, 84, 87, 88, 97, 99-103, 105, 107,
  109, 110, 111, 114-117, 119, 122, 123,
  125-127, 131, 133-153, 154, 163, 187,
  204, 205, 211, 215, 218, 229, 247, 258,
  277-279, 283, 284, 290, 292, 295-303
La Guerra Fría 173,
Las galerías Dalmau 6, 74
La Hora 9, 86, 88, 89, 92-98, 133, 285,
  307
  La historieta de Cornejo 88-92, 95,
    120
  Sancho Pérez 93-95
La Traca ix, 78, 87, 92, 98, 110, 116,
  125-133, 211, 286, 307
  Prensa sicalíptica 125
Las Layetanas de Barcelona 74
'Ley' ver Soriano Izquierdo, José
'Lilo' ver Mihura, Miguel
López, García, Ricardo ver K-Hito
López Rubio, Francisco 22
López Rubio, José 3, 4, 21, 22, 49, 115,
  135, 227, 273, 279, 280, 300, 301
Lunes de Revolución 5, 17, 186, 193, 194,
  215-217, 267, 288
Machado, Gerardo 47, 48, 64, 171
Mad 173, 185, 186, 200, 210, 214, 226,
  290, 297
Madrid Cómico 51, 60
Mañach, Jorge 4, 42, 45-47, 49, 59, 209,
  224, 281, 302
Martín-Barbero, Jesús 65, 197, 278, 302

Martín Martínez, Antonio   10, 14, 38, 72,
    73, 77, 87, 88, 98-101, 108, 115, 116,
    133, 147, 282, 283, 290
Massaguer, Conrado   54-61, 64, 210, 230,
    281, 283, 296
Mella   12, 41, 62, 176, 177-179, 186,
    195, 207, 208, 213, 214, 221, 272, 303,
    304, 310
Mickey   131
Mihura 'Lilo', Miguel   2-5, 22, 23, 37,
    87, 127, 131, 135, 139, 140, 142, 144,
    146-149, 151, 154, 156, 157, 159, 162,
    163, 226, 227, 273, 278-280, 284-287,
    299, 300, 301, 303, 304
Miquel i Carceller, Vicent   125, 131
Militante (humor)   12, 71-98, 123, 127,
    241, 253, 257, 272, 280, 285, 291
Modernidad   4, 43, 44, 50, 57, 61, 63, 64,
    167, 278, 280, 299, 300, 302
Morales, Ricardo José   153, 268, 303
Moreno Guiral, Mario   41, 42
Muchas Gracias   21, 38, 50, 73, 140,
Muñequitos (ver historieta en Cuba)   168,
    178, 184, 185, 196, 197, 207, 210, 212,
    225, 269-271, 304
Muñiz, Mirta   12, 176, 177, 178, 199,
    300, 303
Mussolini, Benito   87, 95, 96, 122, 127,
    130, 131, 134, 135, 137
Negrín, Javier   5, 12, 114, 118, 143, 149,
    218, 222, 226, 227, 229, 242, 257, 258,
    268, 303
Neville, Edgar   22, 49, 115, 142, 148,
    156, 157, 163, 215, 226, 259, 279, 290,
    300
No Veas   82, 88, 89, 98, 116-118,
    120-124, 135, 153, 211, 285, 307
Nueva Cultura   14, 76, 77, 84, 85, 296
Nuez, de la René   xii, 12, 171-173, 186,
    207, 208, 214-216, 223-225, 229, 230,
    242, 250, 251, 253-257, 272-274, 286,
    291, 301, 303, 305
*Octubre. Escritores y artistas revolucio-
    narios*   76
Ortega y Gasset, José   3, 24-30, 35-37,
    45, 46, 49, 73-75, 142, 148, 190, 279,
    284, 303
    Y liberalismo   29, 30

La deshumanización del arte   24, 25,
    27, 28, 35, 49, 73, 148, 220, 303
Palacio Valdés, Armando   26-28, 31
Palante   7, 12, 224, 267-269, 272, 291,
    297, 310
Partido Comunista
    Cuba   62, 176,
    España   76, 80, 308
Picasso   13, 30, 83,
    Guernica   14, 84
    Sueño y mentira de Franco   14
Pirandello, Luigi   25, 26, 33, 35, 36, 304
Poggioli, Renato   23, 267, 268, 304
Pop Art   13
Porto, Tomás   ix, 9, 103, 105-107, 109
Portuondo, Antonio José   2, 304, 309
Posada, Luis José   x, xii, 159, 161, 162,
    215, 216, 226, 230, 235, 247, 249-253,
    268, 273, 288, 290, 295, 304
POUM (Partit Obrer d'Unificació
    Marxista)   80, 87, 117-120, 122, 123,
    285
Poveda, Manuel José   4, 43, 54, 56, 304
Prensa clandestina   1, 167, 176, 183, 207,
Prensa de guerra   102, 303
Prensa de trinchera   vii, 5, 9, 11, 83, 92,
    98, 99-102, 110, 307, 308
Primo de Rivera, Miguel
    La dictadura   37, 38, 74, 78, 279,
    La Nación   78
Propaganda   71, 79-81, 84, 85, 87, 100,
    103, 104, 125, 139, 142, 180, 181, 184,
    187, 189, 199, 200, 202, 270, 276-298,
    300, 301, 302, 305
Racismo en el cómic   61, 63, 257
Radio Reloj   12
Renau, Josep   76, 126, 153
República Española
    Primera   70
    Segunda   1, 38, 39, 92, 100, 125, 126,
        280
    Y el fascismo totalitario   70, 76
Revista de Avance   58, 60, 281
Revista de Occidente   5, 24, 31, 42, 60,
    297, 299, 303
Revolución   xi, 5, 17, 41, 62, 159, 172,
    175, 176, 181, 186-188, 195, 200-202,
    204, 207-210, 216, 222, 223, 225, 225,

227, 230, 231, 235, 241, 242, 259,
269-271, 273, 275, 276, 288, 289, 295,
226, 298, 304, 309
Revolución en Cuba
  Política cultural   64, 170, 183, 191,
    193, 214, 274, 284, 289
  Palabras a los intelectuales   170, 183,
    191, 267, 297, 301
Rodríguez Suriá, Horacio   61, 64, 305
Roig, de Leuchsenring, Emilio   57-59
Ruiz, Sergio   226, 229, 241, 247
Saco, Antonio José   4, 41, 42, 46, 281,
  305,
'Sergio'   ver Ruiz, Sergio
Simplicissimus   50, 56
Slapstick   49, 53, 61, 144, 148
Social   vii, 4, 41, 49, 57-60, 62, 64, 167,
  280, 283, 301
Socialismo   76, 117, 179, 195, 198-200,
  267, 292
  Militante   76
Solidaridad Obrera   69, 80
Soriano Izquierdo, José 'Ley'   10, 92, 93,
  95-98, 108, 126, 133, 280, 285
Souto, Arturo   83-85, 153, 304
Steinberg, Saul   x, 144, 145, 162, 163,
  186, 213, 214, 222-226, 253, 274, 286,
  290
Superman,
  Mito   8, 269
  Creación   63

TBO, *tebeo*   10, 71-73, 92, 99, 100, 122,
  212, 295, 298, 301, 302, 304, 305
The New Yorker   58, 213, 144, 154, 186,
  213, 286, 290
'Tono' ver de Lara Gavilán, Antonio
Torre, de Guillermo   24, 26, 28
Trienio Liberal   70
Trincheras. Semanario del soldado   92,
  107-14
Unamuno, de Miguel   4, 26, 27, 28, 33,
  34, 59, 74, 81, 306
  Malhumorismo   33, 306
Vanguardia
  Artística   2, 23
  Deshumanización   24, 25, 27, 28, 35,
    49, 73, 148, 220, 303
  Y humor   3, 4, 6, 17, 26, 30, 39, 279
  Definición del humor en España
    23-27, 31, 34, 35
  Definición del humor en Cuba   41, 42,
    56
  Desarrollo en Cuba   49, 50
  Histórica   23
Valle-Inclán, del Ramón   28, 29, 33, 297,
  306
Varona, Enrique José   4, 41, 47, 185, 209,
  281, 306
Zig-Zag, revista   12, 171-173, 176, 180,
  210, 216, 226, 229, 253, 268, 269, 286,
  310